十一日乙酉晴 箱根

午後武田師來言与宮島菊生及唐山婦信在處午後以
私情學做詐印捨有種騙的方法以事伊為為非
私但言巳兒王候庵為伊云不可印行於二君皆房供言年壽

又恨立菊生房搞信与飛潤是亲好为手想謊詐人得騙
人千立仍為味氏子平心地糊塗後兄石到此才了密做所
成撞不遠具小快搞乃人諸知為的偽名遠居此紹兒
人此為向另原姊孝底偽信了大小尼肉而圆方向好年紅
威徒出為名為人所元起乃此作乃人年巳三十の殊尾是惟
不停咸乃矢伊恆只此言乎又言又今子乃坐楊方庙面
目生此不但衔门外难出至印街门中人以偽談相数
有固乡一住乎每的姑依有虔窖送伊里虽
阴喝各江的俊经吾巷纸徒同偽乞年不肯為超到在
屬辰于堅經我为不印通收拾石印行

十二日丙戌晴

照埵面东润谈尉局雨监义曰镜经对局一壁陈不肯便右
饭所言
照收呈學大件 黄虔珍起曷陰虎通潤君叛勤
訥胀泡等不再搞巳巳西有平坐搞固迨批當內某

光緒元年乙亥十月十五日戊寅陰晴

杭州即少莊因赴南廠行走之便即門賀諸張嘯廬仍延

館為人賀諸六皆人皆上

署中包封到內有呈�南公 帳男之 昨約保荆南子瑞微借

沈子赴京鄉試榜師係粵廠初 廟府託伊遊東平令與一案

金�)硯砂之香一包又蓮肪連宁野山省編參一包計三支又湯

伯師子燮和言宁濬文恭取省貴彖富文集恩補之辭

筆託書風種某砂微公車榜君被妣行呼內連船傷貝字

丹名信言匯此菊人作徵資又乃偶弳房台弳信

庚年子院省有信言廣府辰賴後 明中虞石士

忘興種種生省信言廣府辰賴後 帽毀之補送迩衣妻

君上鄉尔本瀟水書院 堂軰五事 勒詢干的皆徐秋潤題住端

雪君榜及馬字忄怯一章扑作的興三春 因思命趣謀之主

琦琳子六 此逃西涯別結兩週此有此皆别列此工丽此亭庐

係 采郷呈幽居半生十四歲

書題 戌詠款一龠之到詢 付外好廣万何穀倓此宫丹貴六徊

十六日己卯晴

晚州郷諸刊作各體丁傲点卞各新程之般馬岳八倍念慮知識命

不夜作請絡化既扣他商为行此詢猷石餘行聖諾之先年人心即又

石此宇延此一連的本上求發不固應言的莪石洞廣件任別再挩殺公所

鸣沙

004

晚清官场镜像
杜凤治日记研究

邱 捷　著

社会科学文献出版社
SOCIAL SCIENCES ACADEMIC PRESS(CHINA)

本研究获得

广东省哲学社会科学规划项目（批准号：GD11CLS07）基金资助

目　录

绪　言

　　中山大学收藏有一部现存 40 册、共三四百万字的晚清州县官日记，作者杜凤治。2007 年广东人民出版社出版了《清代稿钞本》第 1 辑，杜凤治日记以《望凫行馆宦粤日记》为书名被全部影印收录。不过，"望凫行馆宦粤日记"其实只是第 1 本封面的题署，以后各本封面的题署不尽相同，而日记之第 37 本后半部分到第 41 本所记系作者告病回浙江山阴故里后乡居的内容，已非"宦粤日记"。

　　日记的第 41 本封面有"张篁溪先生遗存"长方形印章，"篁溪"为张伯桢（1877~1946 年）之号，张是广东东莞篁村人，近代著名学者、藏书家。这说明杜凤治日记曾被张伯桢收藏。因周连宽先生的努力，日记得以入藏中山大学历史系资料室，21 世纪后转藏中山大学图书馆特藏部。这部日记入藏中山大学历史系资料室几十年间，知道的人不多，利用的人更少。20 世纪，周连宽先生撰文做过介绍，①冼玉清先生在研究广东戏曲时也引用过。② 在《清代稿钞本》出版

---

① 宽予：《望凫行馆日记手稿跋》，《艺林丛录》第 7 编，香港，商务印书馆，1961。周连宽，笔名宽予，周先生的文章不长，但看得出他通读过这部日记。
② 冼玉清：《清代六省戏班在广东》，《中山大学学报》1963 年第 3 期。

前，何文平的博士学位论文《盗匪问题与清末民初广东社会（1875～1927）》①亦引用过该日记。《清代稿钞本》出版后，张研利用日记中杜凤治任职广宁知县的部分，对清朝州县对地方的控制、知县衙门组织等问题做了研究。②徐忠明利用日记的个别案例对清朝官员如何侦破、审理命案做了研究，论述非常精彩。③陈志勇则在前人研究的基础上，利用该日记研究了同治、光绪年间官府演戏的情况及对戏剧的一些政策。④王一娜在自己的著作和论文中引用了日记的若干记载。⑤笔者也利用这部日记先后撰写了几篇论文。⑥

这部日记分量很大，用较草的行书写成，以蝇头小字补写、插写之处甚多，有的地方简直让人眼花缭乱。杜凤治又有自己的书写习惯，不一定按照草书、行书的规范来写，很不好辨认，他还喜欢用些冷僻的异体字。加之，杜凤治是一名中下级官员，在史籍中相关记载极少，要重建他的历史，难度相当大。日记涉及的人物数以千计，多数也是

①　中山大学中国近现代史专业 2002 年博士学位论文。根据学位论文修改的成果是《变乱中的地方权势——清末民初广东的盗匪问题与社会秩序》，广西师范大学出版社，2011。

②　张研：《清代县级政权控制乡村的具体考察——以同治年间广宁知县杜凤治日记为中心》，大象出版社，2011。张研还在多篇论文中引用过这部日记。

③　徐忠明、杜金：《谁是真凶——清代命案的政治法律分析》，广西师范大学出版社，2014。徐忠明还在若干篇论文引用过这部日记。

④　陈志勇：《晚清岭南官场演剧及禁戏——以〈杜凤治日记〉为中心》，《中山大学学报》（社会科学版）2017 年第 1 期。

⑤　王一娜：《清代广府乡村基层建置与基层权力组织——以方志的记述为中心》，南方日报出版社，2015；王一娜：《方志中的历史记忆与官绅关系——以晚清知县邱才颖在方志中的不同记载为例》，《社会科学研究》2016 年第 6 期。

⑥　邱捷：《知县与地方士绅的合作与冲突——以同治年间的广东广宁县为例》，《近代史研究》2006 年第 1 期；《同治、光绪年间广东首县的日常公务——从南海知县日记所见》，《近代史研究》2008 年第 4 期；《关于康有为祖辈的一些新史料——从〈望凫行馆宦粤日记〉所见》；《中山大学学报》（社会科学版）2009 年第 2 期；《同治、光绪年间广州的官、绅、民——从知县杜凤治的日记所见》，《学术研究》2010 年第 1 期；《潘仕成的身份及末路》，《近代史研究》2018 年第 6 期；《晚清广东州县催征钱粮探微——以〈望凫行馆宦粤日记〉的记载为中心》，《安徽史学》2021 年第 1 期。

不见于史籍的小官、幕客、吏役、士绅、庶民等，又往往用字号、官职别称、绰号、郡望等来称呼，弄清日记中每位人物是谁已不容易，了解他们的事迹更难。日记中涉及征收、缉捕、审判等事项，以及官场交往的礼仪等，往往与《会典》等官文书规定有出入，很多情况下必须结合其他文献才读得明白。鉴于以上种种，字面上读懂这部日记已不容易。日记内容丰富，但又散乱，记载流于琐碎，不少事情没有下文，要在几百万字的日记中梳理出头绪很费时间和心思。据笔者所知，《清代稿钞本》影印出版后，不少学者知道这部日记的史料价值，但翻阅后就知难而退了，多数人也没有足够时间把这部几百万字的日记仔细读完，因此，日记中大量有价值的信息尚未得到充分利用。

笔者在近 20 年间一直阅读这部日记，2011 年在广东省社会科学规划办申请了一个"杜凤治日记研究"的项目，2012 年又接受了广东人民出版社点注这部日记的任务，因而得以反复、认真地读这部体量巨大、相当难读的日记。在点注过程中，也随手摘录下一些自己觉得有趣的片段，这些摘录就成为本书的基本史料。笔者对摘抄的日记做了认真的解读，再参考其他文献，结合鸦片战争以来广东政治、社会、经济的变化进行分析，旨在写出一本介绍、研究杜凤治日记的书。希望点注本出版后，杜凤治日记会被更多研究者注意和利用。

本书主要探讨以下问题：第一，杜凤治的生平及日记的史料价值；第二，官员之间、官绅、官民的关系，并讲述同治、光绪年间广东各级官员的一些故事；第三，晚清州县官的公务，包括主持考试、审理案件、地方教化、缉捕盗匪、管理省城、对外交涉等方面；第四，州县钱粮催征和州县官的收支；第五，州县官与士绅的合作与冲突。

对清代州县制度、司法、赋税、官员生活等问题，中外学者都做过深入研究，成果丰硕，但以往的论著对"细节"和"故事"注意不多，且基本没有引用过杜凤治日记，笔者写这本书，很大程度上就是想提供一些以往或未被充分注意的"细节"或"故事"。

因此，笔者在选择"细节"或"故事"写作本书时注意详人所略、略人所详。对前人已经做过系统深入研究的问题、学者都熟知的事就尽量不重复或少重复。例如，研究清代州县制度的著作很多，但对州县官如何管治大城市则很少论及，杜凤治两任南海知县时是广东省城（广州）的"市长"之一，笔者对南海知县与一般州县官不同的公务就多花了些笔墨。又如，关于清代佐杂，目前有不少新成果，提出很多有新意的论点，促进了清代制度史的研究，但这些成果引用的州县官著述不多，杜凤治的日记则有很多关于州县官与佐杂关系的记录，对讨论是否存在县以下行政区划的"佐杂分防制"以及"佐杂听讼"等问题，都提供了很有意思的一手资料，故也稍微多写。再如，对州县衙门的书吏，学界已有很多研究成果，故本书就没有写书吏的身份、选用、职责等问题，对书吏的舞弊也只顺带提及几个比较有趣的事例，更多的篇幅写了书吏役满顶充时围绕州县官"公礼"的讨价还价。杜凤治作为知县，所写讨价还价的细节真实可信，从中可反映州县官如何分享书吏的非法收入，以往研究者不容易找到这样的资料，所以本书就详写了。再如，前人有关清代州县司法的论著对州县官在羁押、死刑判决与执行等方面的权力论及不多，杜凤治日记则有些前人或未注意的案例，所以，写的时候也是以"前人或未注意"作为材料选取的原则。再如，学界对清代赋税制度也有很多高水平研究成果，所以本书对赋税制度就没有多做讨论（杜凤治在日记中也没从赋税制度的角度多写），而是侧重写了学界或未充分注意的州县官率队下乡催征、殷丁与士绅参与催征、普遍以暴力手段催征等事实与细节。再如，清朝的基层政权设立在州县，州县官被称为"亲民之官"，但手上资源、人手毕竟有限，不可能有效地直接管治数以十万计的辖区人口，而士绅阶层在本地自有其虽非法定而实际存在的权力网络，州县官必须通过这个网络才可以把官府的权威延伸到基层社会。对此，前人研究成果也很多，但杜凤治笔下的广东官绅关系有其特点，尤其是官府鼓励、谕令设立的公局，是广东士绅掌控乡村基层社会的权力机构，这样的机构在其他省份似乎少见，因此，笔者选取日记中官绅关系的史料时就比较注意有关公局、局绅等反映"广东特点"的记载。

杜凤治日记有关听讼的记载，完全可作为一部清朝司法制度研究专著的核心史料，特别值得研究清代州县司法的学者注意。研究清代州县司法需要利用各种档案与州县官自己编写印行的公牍、官箴书，但上述经过加工整理的文本通常不易反映州县官审案时的真实思考过程，杜凤治日记可以补充这方面的不足。本书举了杜凤治办案的若干案例，主要不是想反映州县官"如何"审案，而是想反映州县官"为何"如此审案。对杜凤治某些不顾案情、不合王法的判决，也提出一些粗浅的看法。

笔者主观上希望提供一些有价值的新史料，提出一些有启发的新问题，但是否做到，也不敢太自信。此外，本书有些内容，笔者也知道学界同行并非没有注意，但为论述方便，或者觉得颇有故事性，也写了，只是写的时候不展开，以免陈词滥调太多。

杜凤治大半生在官场浮沉，他对一切与做官有关的事都很感兴趣，"宦海""官场"两词在日记中反复出现，常说宦海险恶、宦海飘零、宦海无定、宦海艰辛、宦海升沉、宦海风波、浮湛宦海，又常说官场险恶、官场鄙陋、官场如戏场、官场如抢如夺、官场可笑、官场恶薄。杜凤治对官场知之甚多，感慨极深，日记所记最多的是官场之事，故其日记是研究晚清官场不可多得、极具特色的史料。本书主要写的也是晚清官场，故以《晚清官场镜像——杜凤治日记研究》

为书名。"镜像"是借用光学、几何学的一个概念，书名的意思无非是说杜凤治的日记像一面镜子，照出了晚清官场的百态。不过，这面镜子，有时是平面镜，有时则是哈哈镜，故成像效果各异。而且，"镜子"只是比喻，"镜子"中的"镜像"不仅是散乱、扭曲的，而且是抽象的，因此，就需要分析和研究。

希望本书对于清代政治制度史、清代赋税史、清代法制史、近代社会史、近代广东地方史等领域的研究有些参考价值。

第一章
杜凤治和他的日记

一　杜凤治其人

（一）家族与家庭

中山大学收藏有一部晚清州县官日记，作者杜凤治，榜名人凤，字平叔，号后山（有时写作垕三，曾号五楼），浙江省绍兴府山阴县长塘人，生于嘉庆十九年四月二十三日（1814 年 6 月 11 日），卒于光绪九年二月二十七日（1883 年 4 月 4 日）。同治五年（1866）到广东任广宁县知县，以后继续在广东四会、南海、罗定等地任州县官，光绪六年（1880）因老病辞官回乡。[①] 他辞官回乡后预先为子孙拟定的自己讣闻的功名、官衔是："皇清郡庠生、道光癸卯科副榜、甲辰恩科举人、诰授奉政大夫、晋授中宪大夫、钦加四品衔、赏戴花翎、广东南海县知县，历任罗定直隶知州，佛冈直隶同知，广宁、四会知县。"[②] 杜凤治终其一生是清朝的一个中下级文官。

---

① 据杜凤治日记的内容及《清代广东官员履历引见折》第 5 卷，第 58 页（广东省档案馆藏复印件）。引见单上杜凤治自称 46 岁，但同年的日记称自己 53 岁，同治十年二月十四日的日记提到当年接受"门斗诸友"的建议，少报了 7 岁。关于科举时代谱年与官年不一致的分析，可参看郗志群《封建科举、职官中的"官年"——从杨守敬的乡试朱卷谈起》，《历史研究》2003 年第 4 期。
② 《望凫行馆宦粤日记》（下文简称《日记》），"分房另爨条款"，《清代稿钞本》第 18 册，广东人民出版社，2007 年影印版，第 676~677 页。

杜凤治的高祖杜文光，廪生，康熙丁酉（1717）科举人，曾任四川南部县知县；曾祖杜章传，文林郎；祖父杜若兰，原名华封，号荣三（一作蓉山），廪生，朝议大夫、通奉大夫；父杜清鉴，号种墨，太学生，朝议大夫、通奉大夫。[1] 日记遇到"清"字往往写作"青"，显然是为避父讳。杜凤治的祖母陈氏出自大族，其族先辈陈大文（简亭），在乾隆、嘉庆朝仕至两江总督、兵部尚书。杜凤治第二位妻子何氏是乾隆年间河南巡抚何煟（加总督、尚书衔）的侄孙女，第三位妻子娄氏的父亲当过河南滑县知县。祖孙的婚姻都可反映山阴杜氏是簪缨世族。杜凤治的伯父杜金鉴曾任湖南浏阳知县。[2] 曾祖杜章传的文林郎散阶当系因杜金鉴官职所得的貤赠。杜氏家族、宗族中有功名而又任官者不少，如日记中多次出现的杜联（莲衢）是杜凤治的远房族侄，翰林出身，官至内阁学士兼礼部侍郎，曾任广东学政。堂兄杜凤梧（尺巢）曾任安徽泾县知县。日记中又提到一位族亲杜藻，其时在山西任知府。杜凤治两个成年的儿子都捐有职衔，他的几个侄儿，或有科举功名，或捐纳了官职。

但杜凤治的祖父、父亲都没有做官，其祖是生员，其父是"太学生"，当系捐纳的监生。日记中先称其父为"先朝议公"（朝议大夫，从四品官的散阶），后来称祖、父为"两代通奉公"（通奉大夫，从二品官的散阶）。朝议大夫虚衔，系杜凤治得选广宁知县后由同知衔加一级，为父母请得的从四品封典；通奉大夫虚衔，系光绪帝登极时有恩诏，杜凤治就由四品衔加三级获得诰赠祖父母、父母得享从二品封职。[3]

---

① 《日记》，光绪六年十二月三十日，《清代稿钞本》第19册，第123页。
② 同治《浏阳县志》卷15，"职官"。
③ 《日记》，光绪八年正月初十日，《清代稿钞本》第19册，第382～383页。

到杜清鉴这一代，杜家家境已不富有。杜凤治说其父某次因祭祀祖先费用无着，"渐以废读"，自己幼年跟随父亲在湖南，其时父亲"公务旁午"，大概杜清鉴曾以官亲身份帮助其兄杜金鉴处理公务。杜清鉴对孩子的教育甚严，要求他们勤习书法。杜凤治谦称自己"笔致不佳，又心野而懒，且惮劳，以故无成"，但实际上他的字还是不错的。他赴京后父亲还写信予以教诲，杜一直珍藏父亲的信函和书法，并要求子孙"奉为世宝"。①

杜凤治在家乡先娶田氏，生子女各一，田氏早死；续娶之何氏，生一女后亦死；道光二十七年（1847）续娶娄氏，生子女各二。咸丰五年（1855），杜凤治赴京候选时娄氏已怀孕，留在家抚养未成年的几个子女（田氏所生者已成年），生活极其艰难。咸丰六年，娄氏致函杜凤治，备述困苦之状，其中说道："欲死则难舍儿女，不死则支持实难。"但杜凤治只能复信说几句安慰的空话。何氏所生之女，得病后无钱医治夭折。

同治元年（1862），太平天国忠王李秀成占据苏、浙，太平军攻入杜凤治家乡绍兴，杜凤治的长兄在战乱中病死，弟弟被太平军掳去下落不明，妻娄氏带着几个小孩逃难。稍为安顿后，娄氏与幼子桐儿都得了病。不久，杜凤治赴京期间出生、从未见过父亲的桐儿病死，次日，娄氏也病死，死前还担心粮食不够，嘱咐儿女要照常食粥。杜凤治记录了家庭变故后悲叹："乃予落寞十年，绝少生色，微资载寄，都付沉沦，一门寒饿流离，丧亡殆半；予则身逸心劳，徒事焦急忧煎而鞭长莫及；无以对妻，无以对兄弟，即无以对祖、父，不早努力，贻祸靡穷，书至此，悔憾怵伤，执笔如醉。"② 他对三位亡妻都

---

① 《日记》，同治七年九月初四日，《清代稿钞本》第 11 册，第 148 页。
② 《日记》，日记开头之"序"，《清代稿钞本》第 10 册，第 8 页。

颇有感情，尤其是娄氏。杜凤治后来虽又续弦，但一想起娄氏就悲痛不已。同治九年他在潮阳催征，七月初一日半夜睡不着，就起来写了悼亡妻诗十首。[①] 光绪八年八月十一日是娄氏忌日，其时杜凤治已68岁，在日记中再写娄氏去世时的苦况，"回想及此，肝肠寸断"。[②]

有十多年杜凤治在外都是孤身一人，开始时无力续弦，后来境遇改善，也没有纳妾，因为选择合适者不易，"倘因不佳而令去，亦不好看，且此等人贤德者必少，恐儿女辈不服，则不如娶正之为得也"。[③]

同治五年杜凤治到广东后，同乡陶澂（安轩）向他介绍了一位同族的女子，该女子在广东出生长大，当时28岁。日记以调侃的语气记载了这场婚事的由来：

> 予初意要求一三十八九、四十一二之老女，庶可压服儿女。乃家中说媒年余仍无就绪，一到广省，安轩即说此家，予以为太年轻，安轩以为太老亦不成样，予意未定。无如此外并无来说者，亦是因缘，看光景似乎要成。外间说现年三十四岁（八折），已与蓉生信：予既如老童应试倒填年贯，新人亦应如老生望邀钦赐，不得不伪增其年矣。[④]

新妻子陶氏应在同治六年与杜凤治成亲，但日记第二本已佚，所以具体情况不详。

① 《日记》，同治九年七月初一日，《清代稿钞本》第12册，第307~308页。
② 《日记》，光绪八年八月十一日，《清代稿钞本》第19册，第605页。
③ 《日记》，同治五年十一月廿七日，《清代稿钞本》第10册，第101页。
④ 《日记》，同治五年十一月廿七日，《清代稿钞本》第10册，第101页。清朝有些高龄童生怕被取笑，应县试时会少报年龄。因清朝有对多次赴乡试不中的高龄生员钦赐以举人的惯例，有些老生员为得到这个待遇，就把年龄报大。

杜凤治对这位续弦妻子很尊重，两人相处得不错。陶氏为杜凤治生了五个儿子，其中一个夭殇。他先前的三位妻子也生了多个儿女，但其中四个在他赴粤前已殇，仍存活的有田氏生的杜子榕（桂儿、念田）、娄氏生的杜子杕（桢儿），还有两个女儿"纹"和"线"①。

杜凤治来粤后，儿子作为官亲也跟来，杜子榕、杜子杕在粤也都生了子女，衙署里陆续就有六子、五孙、一女、二孙女等未成年子孙辈。纹女与女婿生了一男一女，也与杜凤治同住。杜凤治的四哥、八哥以及侄儿杜子楷（师侄），还有外甥、内侄等都作为官亲住在衙署，并都参与公务。

除这部日记外，未见杜凤治有其他著述。他来粤后公务繁忙，还几乎每天写详细的日记，估计也没有多余的时间和精力从事其他著述。然而，他留下的这部日记，其史料价值要超过很多著述。

（二）赴粤前的经历

杜凤治是道光癸卯（1843）科顺天乡试副贡，道光甲辰（1844）恩科乡试举人，道光二十七年（1847）会试报罢回乡，当年冬父死，此后几科会试都没有参加。咸丰三年（1853）初，杜凤治赴京会试，但是年春太平军进抵江苏，杜凤治无法继续北行，不得不半途折返浙江。

按清朝选官制度，举人还可以通过拣选、大挑、截取三个途径获取官职。嘉庆年间后规定，三科会试未中之举人，可参加大挑。大挑每六年举行一次，候挑举人取得同乡京官印结后，由礼部查造清册，咨送吏部，吏部对申请者过堂验看，然后请旨派王公、大臣会同挑选，挑选标准重在形貌与应对，参与大挑之举人大约有六成可入选。咸丰五年，杜凤治入京，以举人大挑二等获得"拣选知县"资格。

---

① 日记中称之为"纹女""线女"，可能是乳名或小称。

此后几年，遇到各省有知县拣发的机会，杜凤治都到吏部参与候拣，前后共30多次，但由于种种原因，每次都落空。在这几年，杜凤治到过一些官员家中当教书先生或书启幕客。他晚年回忆当年在京教馆时"每月仅得脩金京钱十六千，合银一两三四钱之则"。① 东家提供的饭食很差，不食无法养命，食又难以下咽，有时只好买臭腐乳两块才吃得下。② 即使后来境遇稍微改善，但因战乱，北京同家乡联系不便，他对家人"分文未能将寄"。在赴粤任官前一两年他才得以把儿子、儿媳接到北京，但因收入无多，捐官又花费了大部分积蓄，以至于连蚊帐、席子都买不起，子、媳要用一个被囊带着孙子阿来睡觉。③

杜凤治以举人大挑获取任官资格，也属于正途出身，但如果按照正常的顺序拣发，他基本上没有机会补缺。清中叶后，除了翰林院庶常散馆以知县用者可以迅速得缺之外，一般进士也有可能等候多年，而举人之知县铨补，有迟至30余年者。④ 道光、咸丰以后捐纳大开，再加上有大量军功人员，举班候缺更难。咸丰十一年（1861）后，杜凤治在京先后为顾姓、韩姓官员司笔札，收入稍丰，想到"拣发难凭，马齿日长"，决心另辟蹊径以求出任官职。同治二年（1863），他注销了举人大挑二等的资格，改"由拣选举人加捐不论双单月知县，兼不积班选用"。

有清一代实行捐纳制度，晚清内忧外患频仍，捐纳的花样更多，除俊秀（平民）捐监生后可捐官衔外，正途出身者也可"捐加"官衔以及捐某种加快选缺任职的程序，杜凤治加捐"不论双单月知县，兼不积班选用"，就是如此。此后，他又"捐加"了一个同知衔。知

---

① 《日记》，光绪六年十二月初九日，《清代稿钞本》第19册，第93页。
② 《日记》，光绪七年闰七月十四日，《清代稿钞本》第19册，第288页。
③ 《日记》，同治十三年十二月初八日，《清代稿钞本》第16册，第376页。
④ 商衍鎏：《清代科举考试述录》，生活·读书·新知三联书店，1958，第94~96页。

县的品级是正七品，同知一般为知府的副手，正五品。在多数情况下同知的实际职权未必比得上知县，但品级较高，且加同知衔不妨碍知县委缺。官员还可以在本身加衔的基础上再往上为先辈加捐封典，杜凤治祖、父的朝议大夫（从四品）、通奉大夫（从二品）封典也是加捐而来的。

同治三年春，杜凤治这批候选官员被吏部归入"三十七卯"，七月底，杜凤治抽签在"不积班"四人中名列第三。按以往惯例，单月选一人，双月选一人，杜凤治在本卯排第三名，必须重轮，等到所有卯次轮完后，再由第一卯轮起，大约要七八年。杜凤治正自叹命运不好时，排第二名的孙润祥丁忧，杜凤治排名升为第二，得缺机会增加。但他仍没有很快就得到官职，同治四年初，第三十六卯最后一名被选，六月，三十七卯的第一名选去。当年五月，翰林院庶常散馆考试名次较后的庶吉士改为知县任用，庶吉士改知县者俗称为"老虎班"，其他候选者全得让路。按清朝制度，本来州县官任缺之权在吏部，但太平天国战争后督抚基本掌握了州县官的委任权，由吏部选缺的知县每月只有一两名或三四名。所以，杜凤治等到同治四年底还未轮上。幸而这年是大计之年，不少知县被弹劾，空出一批知县官缺，于是，杜凤治到次年（同治五年）有了机会，三月到吏部抽签，抽得广东省广宁县知县缺，四月二十七日，到吏部领到赴任的凭，于是成为清朝的实缺官员。

在清朝，对中下级地方官，吏部发给赴任的凭（有关官员任命的谕旨、文书会先通过驿站寄给督抚），杜凤治的凭上面写明限本年八月初七日到任，但这只是官样文章，超过一点时间不会受到处罚。对官员赴任，朝廷既不安排交通工具，也不发给、借支路费，一切由官员自行解决。因此，杜凤治领凭后就必须设法筹措赴广东的旅费和其他费用。杜凤治的族亲兼挚友、内阁学士杜联其时被任命为广东学政，杜联是从二品高官，学政是钦差，可以通过驿道赴粤，沿途官府提供食宿。但杜联以驿道难行，决定自费取道山东至清江，再由长江到江西入粤。

州县官从北京到广东赴任，本人加随行者的旅费，还有各种打点、馈赠费用，共需几千两银。一般人借贷甚难，但赴任官员总能借到，因为官员没有这宗银两就无法赴任，官就当不上，所以，利息再高也得借。北京的票号以及某些有钱人看准了这一点，也知道多数官员赴任后有能力偿还，于是就把"官债"做成了一项对象固定、高回报的生意。杜凤治中签后一个来月，就有四五十人上门向他介绍债主。有一个裁缝名王春山，有数千两银，都是从放官债积蓄而来，但杜凤治觉得此人"骤富而骄"，而且王裁缝还要求杜凤治介绍他与杜之族亲、挚友、新任广东学政杜联相见，有所请托，结果双方未谈拢。与杜凤治同时得广东缺的海丰知县屈鸣珍和永安（现紫金）知县阳景霁，因怕借不到钱，都以"对扣"（借款的一半扣为利息）借得官债，这就使同为赴粤官员的杜凤治难以同金主讨价还价，最终他也不得不以"对扣"向票号借银 4000 两，实际只到手 2000 两，而且银子成色不足，还要给介绍者中人费。① 不久，杜凤治又以"对扣"借了 680 两，实际到手 340 两。这些银两，说定了到任后迅速归还，通常债主会亲自或派出伙计跟随赴任官员，取得债银后回京，往返旅费也由借债者承担。

杜凤治想到到任之初手头会很紧，为节省旅费，就让跟随自己在京居住的大儿子、儿媳、孙儿与两个女儿乘内河船先回浙江家乡，因为乘坐内河船较乘轮船便宜。杜凤治说，为筹备赴任，自己"身劳心灼，魂梦不安，两目日觉昏暗"，白发白须都多了，不禁感叹"一官甫得，老境已来"。②

---

① 《日记》，同治五年七月初二日，《清代稿钞本》第 10 册，第 37 页。
② 《日记》，同治五年七月初六日，《清代稿钞本》第 10 册，第 39 页。

由于筹措路费和办理其他事项，杜凤治拖到八月初三日才离京赴粤。当日早上，杜凤治同 14 岁的儿子杜子枋、外甥莫雨香等人和四个"家人"（仆役）雇了 5 辆马车出发，路上歇宿两晚，在八月初五下午到达天津。八月十四日从天津登上轮船，十八日到上海，因办事和等船期，杜凤治到九月初五才登上赴香港的轮船，九月初八抵达香港，第二天即乘坐轮船赴广州，当天到达。

杜凤治同治五年八月初三（1866 年 9 月 11 日）离开北京，九月初九（10 月 17 日）抵达广东省城，共用了 37 天。

（三）宦粤经历

到达省城广州，稍安顿好以后，杜凤治就派"家人"持手本到总督、巡抚、布政使、按察使、粮道、知府等各级上司衙门"禀到""禀安"；此后连日到各上司衙门谒见，其间又分别拜会、会见各上司衙门的幕友和在省城的其他官员，并随时打听上司之间的关系等官场信息。他每次到上司衙门都要给"门包"，还有其他数不清的用费，因为带来的银两不够开支，杜凤治先后向广州的银号和私人借了3500 多两，多数要支付一分半到二分的月息。协成乾银号掌柜孟裕堂很看好杜凤治，认为杜相貌堂堂，做官一定春风得意，而且广宁县是优缺，"可做至开方"（年入过万两），所以借出 650 两短期债务不讲利息，并表示如杜有需要还可以帮忙。[①] 用今天的话来说，孟裕堂是做"长线投资""感情投资"。

按清朝制度，州县官分发到各省后，由布政使挂牌宣布赴任的命令和颁发赴任的公文，才算走完任职程序，当然，布政使要秉承总督、巡抚的意旨去做。杜凤治是持吏部凭正常分发的知县，总督、巡抚、布政使知道新任学政杜联同杜凤治的关系，且没有特别理由不让

---

① 《日记》，同治五年十月十四日，《清代稿钞本》第 10 册，第 84 页。

他赴任，于是，杜凤治在九月廿九日接到布政使衙门送来饬赴任的札。杜凤治给送札的来人"规费"10元，但来人嫌少不肯收，最后给了24元才打发走。①

杜凤治赴广宁就任前按官场惯例应到各上司衙门辞行听训。杜凤治到总督衙门辞行时因为没有带门包和各种小费，督署门上（门政"家人"）不肯代递禀辞手本，杜凤治派"坐省家人"（州县官派驻省城办理事务的"家人"）来谈妥门包数额并过付后，门上才肯通报。杜凤治动身赴任前，这类费用花了200多两。

十月十五日，杜凤治带着幕客以及十余个"家人"乘坐两艘船赴广宁，十月廿四日到达广宁，同前任张希京（柳桥）举行交接仪式，正式接任广宁知县。

杜虽然精明强干，但毕竟第一次出任地方官，经验不足，因征粮问题与广宁士绅产生尖锐的矛盾，引发上控和"闹考"事件。经几个月的博弈，事件得以化解，在学政杜联以及巡抚蒋益澧、署理布政使郭祥瑞、肇罗道台王澍的帮助下，杜凤治没有受到处分，调署四会继续当知县。他于同治七年正月廿六日（1868年2月19日）交卸离开广宁，同年二月初一（2月23日）到四会接任。

不久，杜联离开广东，蒋益澧、郭祥瑞均被罢职，杜凤治一度被视为"蒋、郭之党"，总督瑞麟对其冷落，署理按察使蒋超伯挑他毛病，这两年是杜凤治宦粤十余年最"黑"的时期。他一度哀叹："何苦如此？所为何来？若回头有路，三百水田，决不干这九幽十八地狱营生也！"② 他赴任时的债务未清，初任广宁又有亏累，还要养家和周济亲属，除了硬着头皮把官当下去别无选择，于是千方百计走门

---

①《日记》，同治五年九月廿九日，《清代稿钞本》第10册，第74页。

②《日记》，同治七年四月十三日，《清代稿钞本》第10册，第562页。

路，终于保住了官职。

四会比广宁收入少，但事务较简，杜凤治又有足够的才具，四会任上做得相当顺利，在上司和地方绅士当中都获得了好名声。到同治八年七月十八日（1869 年 8 月 25 日）卸四会任，回到省城等候新的委任。

同治八年十一月，杜凤治被上司委派到潮阳县催征，十一月廿四日（12 月 26 日）到达潮阳，下乡催征七八个月，得到督办潮州催征的道台沈映钤的赏识。同治九年（1870）夏，杜凤治接到藩台调其任帘差的札文，于七月十五日（8 月 11 日）回到省城。当年广东乡试，杜凤治被派为外帘官。

本次乡试，肇罗道方濬师为乡试提调，与同为外帘官的杜凤治在闱差期间建立了良好关系。出闱后，方濬师在布政使王凯泰面前为杜凤治说话，杜虽没有得到新的"优缺"，但不久就接到回任广宁的札文，同治九年十月廿七日（11 月 19 日）再任广宁。再任广宁后，杜凤治注意处理好同地方绅士及各级上司的关系，也逐渐引起总督瑞麟的注意，终于迎来了仕途的辉煌时期。因方濬师推荐，瑞麟把杜凤治列入署理南海知县的人选，同治十年二月廿五日（1871 年 4 月 14日），杜离开广宁，调署南海县。

杜凤治于同治十年三月初六日（4 月 25 日）接署南海知县，六月正式补授。南海是广东首府广州府的首县，一般也称为广东省的首县。杜凤治在第一次南海知县任期内以其才能得到总督瑞麟等省级高官的器重，当然，馈送、贿赂也起了重要作用，因此还算顺利，以至于很多同乡说，在广东的浙江人中杜凤治官运第一。[①] 当了两年多南海知县后，杜凤治因担心亏累以及按察使张瀛在缉捕问题上找他麻

---

① 《日记》，同治十一年三月十六日，《清代稿钞本》第 14 册，第 48 页。

烦，主动要求卸任。瑞麟等高官曾挽留，但杜凤治去意坚决，得到上司的同意，并让他升任知州，署理罗定直隶州。杜凤治于同治十三年三月廿五日（1874 年 5 月 10 日）交卸，因为南海是首县，交代事务繁杂，杜凤治在省城逗留了近两个月，到五月廿六日（7 月 9 日）才到罗定州接印，一年九个多月后，于光绪二年三月十七日（1876 年 4 月 11 日）交卸，回任南海。

光绪二年春杜凤治回任南海知县，三月廿五日（4 月 19 日）接印，到光绪四年三月二十日（1878 年 4 月 22 日）交卸。他两次任南海知县共五年多。第二次任南海知县的前期，由于同巡抚张兆栋、布政使杨庆麟是同年，与杨的关系又较好，开头也算顺利。但总督刘坤一逐渐对杜凤治有了看法，曾对人说杜"两次南海亦不见佳，署罗定时亦不过尔尔"。① 加上此时南海县盗案三参四参期限将到，于是杜凤治又一次主动请求卸任。

光绪三年十一月，罗定知州黄光周休致，杜凤治希望卸去南海知县后正式升补此职，巡抚张兆栋、布政使杨庆麟都表同意。但次年二月佛冈发生土匪抢劫事件，总督刘坤一奏报佛城失守，佛冈同知朱兆槐被参劾，总督、巡抚、布政使都要杜凤治署理佛冈厅同知办理善后。佛冈是苦缺，办理所谓乱事善后更要赔垫，杜凤治不愿意去，本来想立即告病，但其妻陶氏提醒说，"儿子均幼小，不能不忍气，过几年再说"，杜只好勉强赴任。其实佛冈乱事不大，没有多少事务需要善后，杜凤治很快就处理完毕。五月，杜凤治染上疟疾，六月回省城就医，上司委派别人调署佛冈厅同知。十月初三日（10 月 28 日）杜凤治再次署理罗定州知州，十一月初十日（12 月 3 日）接印。但他再任罗定后一切不顺。光绪五年四月，他上年七月所生的幼子病

---

① 《日记》，光绪庚辰九月初四日后补记部分，《清代稿钞本》第 18 册，第 615 页。

殇，接着他本人又被刘坤一撤任，四月二十七日（6月16日）新罗定知州范子昂来接印，八月，其子杜子榕（桂儿）病死。杜凤治想到自己来粤，一直仕途顺畅、家口平安，"顺风走了十五年，可云久矣，日不常午，月不常圆"，自己年已望七，身体日渐多病衰弱；其时张兆栋、杨庆麟先后丁忧去职（杨丁忧后不久去世），上司均已换人，不可再恋栈，产生了辞官归里的念头，但又未下最后的决心。在省城十个月，前思后想，终于在光绪六年三月上禀求退。在此后几个月内，杜凤治处理了南海任上部款7600余两等交代未清的事项，在九月初一日（10月4日）离开广州踏上回乡之途。

杜凤治在日记里一再称在广东官不好当。杜联有一次同杜凤治说："天下宦途险恶未有如广省者，念及此实为寒心。既入网罗，何日得摆脱离此苦海也！"[1] 杜凤治深有同感。在第二次南海知县任上，有一次杜凤治同布政使杨庆麟谈及各省官员任免，也说"天下官之难作、吏治之难未有如广东者也"。[2] 广东民情强悍，人心浮动，盗匪多，钱粮难收，涉外事件多，清朝各种则例已远远不适合广东实际，且广东经济发达，物价高昂，官员必须比其他省份的官捞取更多银钱才可以维持，故各种贪污受贿案件层出不穷。在这种大背景下，广东官场勾心斗角格外严重。

各级官员都说广东的官难当，而且普遍认为州县官甚至比佐杂还难当。当州县官除了辛苦以外还相当受气。同治十年八月，因为办案受了盐运使钟谦钧的气，杜凤治在日记中写了州县官们调侃的一段顺口溜："前生不善，今生州县；前生作恶，知县附郭；恶贯满盈，附郭省城。"几年后，按察使周恒祺升任外省布政使，不满

---

① 《日记》，同治八年八月初二日，《清代稿钞本》第11册，第504页。
② 《日记》，光绪三年八月廿七日，《清代稿钞本》第18册，第461页。

杜凤治不送程仪，在总督刘坤一面前对杜"大有微辞"，杜再次引用这 24 字"口号"。①

古今中外经常会有人说官不好当，清朝州县官也确实不容易当。然而，官员们尽管调侃、抱怨，但都愿意到富庶的广东当官，尤其是愿意补上南海知县这种要缺、优缺，杜凤治也是如此。为什么杜凤治当知县当得那么卖力？因为在清朝，当官是读书人最能实现自己理想、最有社会地位、最能光宗耀祖，也最容易谋取经济利益的职业。他做官的收入是家庭生活的主要来源（后来虽参股钱庄，但收益不是很多），宗族、亲戚还要他接济，仅仅为了自己、家庭、宗族和亲戚，他就必须当官。通过十几年的宦粤经历，杜凤治大抵实现了这个人生目标。

（四）为人处世

杜凤治 53 岁开始任官，当时这个年岁已算暮年，但他身体强壮，很少生病，腿脚灵便，眼不花，耳不聋，到六十三四岁时仍为自己"无甚疾痛，腿脚稳健，耳目尚无翳障"感到欣幸。他说"予向无肝胃气血内伤之疾，即寒热外感亦偶然，以是首剧五年，年逾六旬，鲜请病假"，只是偶有肠胃不适，到了光绪戊寅年（1878）后身体才变差，一年半以后就辞官归里了。② 强健的体魄和充沛的精力使他能应付繁剧的公务，而且还有余力写下详尽的日记。

杜凤治是一个对自身要求比较严格的士大夫，在日记中反复提醒自己要讲究三纲五常、孝悌忠信，以"格物、致知、诚意、正心"和"修身、齐家、治国、平天下"的原则要求自己、评论人和事。每逢父母生辰、忌日，日记都会记载祭祀的情况。对家乡的宗祠、祖

---

① 《日记》，同治十年八月十七日，《清代稿钞本》第 13 册，第 360 页；《日记》，光绪庚辰九月初四日后补记部分，《清代稿钞本》第 18 册，第 625 页。
② 《日记》，光绪庚辰九月初四日后补记部分，《清代稿钞本》第 18 册，第 649～651 页。

祠、祖墓的维修祭祀他都非常重视，为此从宦囊付出不少。有一次父亲忌日因公务不能祭祀，他感到非常内疚，在日记中感叹："一官忙促，遂致以先人讳忌，不克亲身一拜。"① 他对兄弟、妻子很尊重，不纳妾，对子女、孙辈、媳婿、侄甥等关照有加，又严格管教。在日记中他提到，族内"诸房皆不能振起，待臣举火者实不乏人"，除自己家庭、杜氏家族外，他对舅族以及前妻、妻子家族亦经常予以接济。② 他还花费巨资为子侄捐官。③ 他的儿子杜子榕回乡后来信流露不愿意花钱周恤族人的意思，杜凤治认为儿子"眼光如豆，视骨肉如陌路"，"与予另一肺肠"，去信教训。④ 杜凤治告病回乡后，对于早年借款，不管债主是否健在，不管是否有借据，只要对方提出而自己又有印象，就都一一清还。⑤ 总的来看，他属于士大夫当中修身谨严的那一类。

儒家提倡"仁者爱人"，杜凤治对朋友、同僚、下属、下人甚至一般人，都会表现出富有人情味的一面。杜家老仆樊茂发、张三、蒋升，已殇亡子女的乳媪，生活都很困苦，这些人早与杜家没有关系，但杜凤治仍予以一些资助。⑥ 州学增生张琦父为佃农，两兄在武营当兵，自己教馆，愿拜为门生，杜凤治知其家贫，嘱咐来见时不必用赘仪，但张琦来见时仍送赘敬 10 元及水礼八色，杜不收赘敬，只收取部分礼物，还对张琦勉励有加。⑦

然而，作为官员，杜凤治有时也官威大发，表现得蛮横凶狠、决

---

① 《日记》，同治六年十二月十八日，《清代稿钞本》第 10 册，第 442 页。
② 《日记》，同治六年九月初十日、十二月十八日，《清代稿钞本》第 10 册，第 232、451 页。
③ 《日记》，同治九年十二月初九日，《清代稿钞本》第 13 册，第 27～28 页。
④ 《日记》，光绪元年六月十一日，《清代稿钞本》第 17 册，第 164～165 页。
⑤ 《日记》，光绪六年十二月廿四日，《清代稿钞本》第 19 册，第 118 页。
⑥ 《日记》，同治七年九月十六日，《清代稿钞本》第 11 册，第 159 页。
⑦ 《日记》，光绪元年六月初一日，《清代稿钞本》第 17 册，第 137～138 页。

绝任性。他在审讯命盗等案疑犯时经常用酷刑，致受审者重伤；在催征钱粮过程中也毫不怜悯地采用拘押、烧屋等强制手段。有时明知是无辜者也因对方顶撞或看不顺眼而扣押、责打。同治九年春，他在潮阳催征期间，有一次外出因轿夫失足致其跌倒受伤，他正对上司不给他委缺却派他干这份苦差恼火，于是迁怒轿夫，恨不得一顿板子将其打死。但闯祸的后肩轿夫逃走，于是就鞭责没有过错的另一个后肩轿夫出气。第二天，杜凤治气消，命令不要再追究逃走者，只是将逃走者的轿钱给冤枉被鞭打者作为补偿。[①] 类似的事日记记下不少。

杜凤治虽然只是乙榜出身，但很好学，从其日记的文笔、所写的几首诗看，他学问功底还可以，且对自己的学问很自信。他辞官归里路过江西南昌滕王阁，看到当日江西巡抚刘坤一和时任学政李文田写的两副对联。他所抄下刘坤一的对联是："兴废总关情，看落霞孤鹜、秋水长天，幸此地湖山无恙；古今才一瞬，问江上才人、阁中帝子，比当年风景如何。"杜凤治评论："亦是撷拾而成，取其笔意尚倜傥耳，必有捉刀者，岘庄（按：刘坤一字）安能为此？出联颇有思议，对语欲问当年风景于帝子、才人，竟如梦呓，大不成话。"所抄李文田联是："峰碣已千金，事往人来，有低回楼观古今山川开阖；阑干仍百尺，隔邻呼酒，且领略帆樯星斗车盖风云。"杜评："联语故为怪僻，多不可解，非得苏、虞二先生诗证之，不能豁然也。卖才弄怪，一见可知；字亦学板桥，取法即未见高卓。"[②] 刘坤一曾任两广总督，是杜凤治的上司，李文田是探花，但杜凤治并不把他们两人的学问放在眼里。

日记记载了很多买书的事，有时花费一二百两银子。在公务繁忙

---

① 《日记》，同治八年三月廿九日，《清代稿钞本》第 12 册，第 213~214 页。
② 《日记》，光绪六年十月十五日、十六日，《清代稿钞本》第 19 册，第 37、39 页。杜凤治是派人抄录，显然有错字。"苏、虞二先生"指北宋文学家苏辙（1039~1112）、元代文学家虞集（1272~1348）。

的情况下杜凤治一直保持读书的习惯，也注意结合实际读书，到任所前后都认真阅读该地地方志，到潮阳催征时又认真阅读蓝鼎元的《鹿州公案》。有一次，他在致周星誉的信中一口气写了18页纸讨论《明史》的史事。① 其议论虽迂腐，但从中可见他对明代史事相当熟悉。同治六年十一月，他在广宁知县任上，其时催征钱粮辛苦且艰难，广宁士绅又认为他"催征太严"，于是发起抵制县考。他找不到解决的办法，心烦意乱，于是索性忙里偷闲，有一天完全不理公事不见人，在县衙闭门不出，拿出一部《北史》阅读，读到"琅琊王俨被害于和、穆、令萱"一段，在日记里大发了一番议论。② 《北史》这一段与他当时的境遇毫无联系，他的心得、议论也无甚高见，但在这个时候能把无关紧要的书读进去、读出心得，用以减轻压力，足以反映其读书人本色。他还读了不少杂书，例如，在日记里就几次很恰当妥帖地运用了《聊斋志异》的典故。③ 在四会任上还曾向学官黄圣之（纪石）借阅以男同性恋为主题的"禁书"《品花宝鉴》。④

特别值得一提的是，杜凤治对外国新事物表现出了解、学习的兴趣。来粤后他买的第一批书中就有徐继畬的《瀛寰志略》，他的新知识很多来自这部书。他曾在赏月时想到："泰西人谓大地如一球，金木诸星亦一地球，在我地球中以为地，而在金木星中者，视之则亦一星耳。日居中不动，其动者地球运行耳。诸星环日运行，地球亦如一

---

① 《日记》，同治七年八月初三日，《清代稿钞本》第 11 册，第 109～112 页。

② 《日记》，同治六年十一月初七日，《清代稿钞本》第 10 册，第 368 页。此数人为北齐琅琊王高俨、和士开、穆提婆、陆令萱。

③ 如他曾因方功惠所请名师教其子写出的八股文"调高响透，满纸琳琅，按之无一字题中语"，认为这种文章完全没有理法，但有机会考中，议论说："倘仅以博功名，则烂泥砖亦可敲门，闱中盲于鼻者正多，挟此以往，取进士举人有余。""盲于鼻者"一句就暗用了《聊斋志异·司文郎》的故事。（《日记》，光绪元年七月初十日，《清代稿钞本》第 17 册，第 221 页）

④ 《日记》，同治七年闰四月廿二日，《清代稿钞本》第 11 册，第 22 页。

星，星多如许，可知天日之中，如地球者当不知凡几也。"① 同治九年七月，他在汕头与德国鲁麟洋行的买办郭紫垣谈话。郭对他谈及普法战争，他在日记中用了六七百字记录郭紫垣所说的内容。② 杜凤治所记普法战争的来龙去脉大致靠谱，说明他对世界大势的变化有一定理解能力。在南海知县任上时，英国驻粤外交官员闲谈中通过翻译告诉他有关苏伊士运河的事。③ 尽管他听得不是很明白，没有记下这条运河的名字，但仍把这件新鲜事写入日记。他辞官归里后在报纸上读到俄国沙皇"被人用开花炮轰毙"的消息时，在日记中写下："叛党谋弑俄皇业已五次，至第五次竟被轰毙。叛党何人，该国君臣久已深知，乃竟不克铲除，至五次而终死其手。何叛党之悖逆强横、该国君臣之泄沓至于斯极也，怪哉！"④ 可见杜凤治虽然关注世界大事和西方新事物，但他始终是从一个中国士大夫、清朝官员的角度去观察和思考的。

在日记中随处都可以反映出杜凤治沉着冷静、精明务实、观察入微的性格。这里举一个小例子，如他在日记中记下对英德知县朱云亭的观感："在（藩署）官厅遇英德朱君名云亭号惺园，年约三十余，其神气恐非正路，亦似有才，口不择言，其行走时两手如兜，较张石邻（按：南海知县张琮，杜凤治的后任）两手如缩更觉难看，不知是何路数也。"⑤ 寥寥几笔就把朱云亭的仪表、性格特点写出，眼光和语言都很刻毒。在晚年，杜凤治见其次孙（炯孙）读书不成，要他学习钱铺生意，教训他"留心时务学经纪"：

①《日记》，同治九年十月十八日，《清代稿钞本》第 12 册，第 518 页。
②《日记》，同治九年七月十二日，《清代稿钞本》第 12 册，第 323 页。
③《日记》，同治十年九月初三日，《清代稿钞本》第 13 册，第 393 页。
④《日记》，光绪七年二月廿三日，《清代稿钞本》第 19 册，第 172 ~ 173 页。
⑤《日记》，光绪三年九月初九日，《清代稿钞本》第 18 册，第 403 页。

经纪谓何？如买米柴砖木一切家用物，于平日留意，与人闲话亦可留心，何处好何处歹，何处贵何处贱，熟悉于心，一到买用之时，胸中早有成算，自然不致受亏。百作工匠入门，一经开手，即无了期，亦当早定算计，如竹木油漆，每项工程几何，几日可毕，用竹木油漆若干，亦有数目，自不能偷挪游衍。最难防者裁缝一项，必要彻底算计，现绸几丈几尺作衣一件，尺寸分明，亲看督工，与彼闲话，在彼不防而一切弊病尽入我目。诸如此类，楮墨难罄，全在凡事留心，观此知彼，一隅三反，日久经纪自能精通。①

杜凤治对孙子的教导无疑来自他自己的人生经验。事事留心、勤于观察、谨慎细密、精明警觉，这种能力对他在官场趋吉避凶，以及处理公务，尤其是听讼、理财，是很有用的。

（五）为官之道

杜凤治出身于仕宦家族，曾跟随父亲在伯父杜金鉴的湖南浏阳县衙度过一段童年生活，壮年后在京城历练，结交不少翰林、进士出身的官员，又在官员家当过教书先生和笔札师爷，早就熟谙官场规矩和运作，无须像草根阶层出身者那样，考中科举、得选后才学习各种官场礼仪。他进入仕途时已是人生成熟期。家庭出身、几十年的经历加上自己的禀赋和努力，他很快就适应了州县官的角色。

在任官两年后，他在日记中写道："予奉檄来此，自誓要作好官，不敢望作名臣，冀幸作一循吏，自问自心不敢刻不敢贪，可对天地、祖宗、神明。"② 他的日记并不准备给别人看，这些话不能视作

---

① 《日记》，"分房另爨条款"，《清代稿钞本》第 18 册，第 685 页。
② 《日记》，同治七年四月十三日，《清代稿钞本》第 10 册，第 562 页。

虚言假语。稍后，他在四会县衙自撰了两副对联。一副是："屋如传舍，我亦传舍中一人，明昧贪廉自存公论；堂对绥江，彼皆绥江上百姓，是非曲直何用私心。"另一副是："上不负朝廷，下不虐百姓；前不玷祖父，后不累儿孙。"① 公开挂出来的对联自然有官样文章的意味，但也是他自励的目标。他对清廷忠心耿耿，对教化、考试、征输、缉捕、听讼等州县官例行公务努力完成，作为"父母官"，对治下的庶民百姓不至于做得太过分。他后来虽然没有飞黄腾达当上高官，辞职归里时只是正五品的直隶州知州（捐加四品衔），但仕途顺利，如果按晚清官场的一般标准，杜凤治不失为一个好州县官。

州县官公务繁忙，而且要处理好同上司、同僚、下属、地方士绅的关系，恩威并济地统率管理书吏、衙役、"家人"。杜凤治对自己勇于任事、任劳任怨的性格颇为自豪，他教训儿子杜子枚说：

> 生怕任劳任怨，可躲则躲，可推则推，非丈夫所为。目前荫下优游固无不可，倘要单枪匹马卓立人丛中作一番事业，不任劳怨能出人头地乎？只须看我为官十余年，首剧五年，承上启下，大绅大富，旗务洋务，何处不要精神去对付？何事不任劳怨？即欲畏首畏尾且躲且推万不能也。且予生性能作事，肯任劳怨，汝辈自病自知，不必他求，效法于予斯可矣。②

杜凤治十几年间都很勤奋。在日记中说自己到任广宁知县后"从无一月在署安居"，"偶见猫犬安卧，心实羡之叹吾不如"；③ 南海知县公务更繁忙，"日日奔走，公事山积，日事酬应，夜间每阅至

---

① 《日记》，同治七年八月三十日，《清代稿钞本》第 11 册，第 146 页。
② 《日记》，"分房另釁条款"，《清代稿钞本》第 18 册，第 684 页。
③ 《日记》，同治六年九月初十日，《清代稿钞本》第 10 册，第 231 页。

三四更，往往五更，黎明即出署有事，亦未尝一言告劳"。① 他经常一天之内处理多件公务。例如，在广宁任上，同治六年十二月二十一日（1868年1月15日），他清晨起床立即出发到几十里外的乡间勘验一宗抢劫案的现场，再到另一处为一宗人命案验尸，其间还召见当地绅耆催征钱粮。② 下乡催征钱粮时，经常是白天召见绅耆催征，晚上要督促、责比粮差、殷丁，每晚还得处理衙署专人送来的公文。他即使生病也不敢多休息，稍有起色即起来处理公事。他审案也很认真，说自己："堂判至少亦数百字，否则千余言数千言不定，均附卷可查，亦一片心血也。公平持论，毫无私曲，据理直断，天人鉴之。"③ 日记中有他审讯多件案件的详细记录，说"公平持论，毫无私曲，据理直断"当为自夸，但在大多数情况下，杜凤治是以"青天大老爷"自居并为此努力的，确实比多数州县官勤于和善于审案。对未能勤政的官员，杜凤治颇有批评、讥讽。杜凤治的挚友周星誉（叔芸、叔云）以翰林科道外放广西道员，一度被撤，杜在日记中议论周"性懒而又暗，一经得位，授柄家人，己则高卧"，这样当官一定当不好。④

杜凤治常说自己不爱财，以不苟取自诩，在日记中也极少记录"额外"的收入。他当然也收受银钱，但比较审慎。日记常记拒绝、璧还别人馈送的银两。但他精于计算，当州县官十几年还是积累了一笔可观的财产。

杜凤治非常注意编织官场关系网。他在京候选多年，结交了各种于官场进退有用的朋友。潘祖荫（侍郎、尚书、京筵讲官，潘任军

---

① 《日记》，光绪庚辰九月初四日后补记部分，《清代稿钞本》第18册，第637页。
② 《日记》，同治六年十二月廿二日，《清代稿钞本》第10册，第448~449页。
③ 《日记》，同治七年七月二十日，《清代稿钞本》第11册，第92页。
④ 《日记》，同治十三年七月二十日，《清代稿钞本》第16册，第71页。

机大臣时杜凤治已辞官归里）是其"荐卷"师,① 李鸿藻（后任尚书、军机大臣）是其同年，还有几位翰林如周星誉、杨庆麟等同他是至交好友，日记中常有致送潘、李、周、杨等京官炭敬、冰敬的记载。潘祖荫对其补缺、调署等事相当关注，并施加了影响。杨庆麟后来任广东布政使，对杜就颇为关照。杜凤治在北京时同吏部、刑部、兵部的办事官员和书吏建立了交情，来粤后这种关系就成为他重要的人脉资源，上司也要托他打通北京的关节。肇庆府知府蒋立昂（云樵）之子军功保举并加捐同知，但名字被搞错，又想加知府衔，乃托杜凤治致函"京友"设法办妥。肇罗道道台王澍与杜凤治同乡且有戚谊，杜凤治曾拜王为师。王澍调任后大计得"卓异"，按定例须引见，吏部应调取。上京引见要花费很多银两，又未必能升官，王澍想不去。吏部考功清吏司书吏致信王澍：如欲免调取，每年需银 200 两。② 王澍接信后向杜询问来信者底细，并托杜与"京友"讲价减为 100 两。② 同治十年初，杜凤治得知督抚把自己列为调补广东首县南海知县的候选人，立即疏通活动，后顺利得到吏部的同意。③

杜凤治初到广东时有一个很硬的后台——广东学政杜联，杜联是他的同宗、同年。在日记中，杜联被称为"莲翁"（杜联号莲衢）。杜联的籍贯是浙江会稽，杜凤治的籍贯是浙江山阴，④ 两人是同宗族较疏远的亲戚。杜凤治早年在杜联门下读书，在京候补时，与杜联结下极深的情谊。此前广东学政多数放翰林院编修、检讨之类的中下级

---

① 咸丰六年潘祖荫是丙辰科会试同考官，曾推荐杜凤治卷，但杜于该科未中。荐卷的考官与应考者也属于师生关系。

② 《日记》，同治九年十月二十日、闰十月廿二日，《清代稿钞本》第 12 册，第 522、569 页。

③ 《日记》，同治十年二月初四日，《清代稿钞本》第 13 册，第 109～111 页。

④ 《大清缙绅全书》（同治七年春），"京师·内阁"及"广东"部分。会稽与山阴为同城而治的邻县，两人籍贯不同，当分属同宗族的不同支派。

京官，最高为侍讲学士、侍读学士（四品），杜联却以内阁学士兼礼部侍郎衔出任。学政本是钦差，在省里地位仅在将军、督抚之下，在藩、臬两司之上，杜联是从二品大员，可说与督抚相当，且任满回京后还有可能被重用。杜联多次直接过问有关杜凤治的事，督、抚、藩、臬都不能不给面子。后来的巡抚张兆栋与布政使邓廷楠、杨庆麟等高官是他同年，在晚清注重同年的官场伦理氛围下，杜凤治得到一些照应。

在北京的朋友不断向杜凤治提供各种官场信息和建议。如翰林周星誉是杜凤治挚友，杜不断慷慨地对周予以"资助"。据日记所记，周为人自负贪财，不甚爱惜羽毛，但有才气且交游广泛，作为京官有一定政治能量，经常向杜凤治提供各种政坛、人脉信息和建议，并为杜疏通各种关系。广粮通判方功惠（柳桥）是瑞麟的亲信，杜凤治同他建立了交情，两人互相欣赏，方功惠也向杜凤治提供了大量广东官场高层的信息，两人还经常毫无顾忌地议论各级上司。杜凤治在几年间得到瑞麟的信任，方功惠起了一定作用。

为编织、维护官场关系网，杜凤治在省城一有时间就去拜客；平日送礼馈赠、问候应酬、书信往还，他都不会疏忽。尽管心里对上司经常不满甚至暗地里咬牙切齿，但巴结逢迎的功夫却做得很足，该送的银两只多不少。对同寅、下属，在涉及银钱的事情上做得也比较漂亮。例如，同治七年春，杜凤治调署四会，按"规矩"给道、府两位顶头上司各送100元"到任礼"，其时正是旧肇庆知府郭式昌和新知府五福交接之时，在这种情况下很多官员只送给后任，但杜凤治"新府一份，旧太尊一份"，"一切门包小费均照例"。[1] 两广总督瑞麟病故后，官员所送奠仪，都是按缺份"肥瘦"定所送多寡。杜凤

---

① 《日记》，同治七年二月二十日，《清代稿钞本》第10册，第508页。

治其时署理罗定州知州，收入一般，但想到送奠仪"是举虽为死者，乃作与生者看"，因瑞麟赏识自己，让自己当上南海知县，少送会有"物议"；本来已打算按较高标准送600元（"佳缺"连州知州才送200元），但后来决定再加到500两，以表示自己不是"忘恩负义者"。①

杜凤治能巧妙地周旋于省级上司之间。他初任广宁时，两广总督瑞麟与广东巡抚蒋益澧、署理布政使郭祥瑞与署理按察使蒋超伯水火不相容，藩、臬矛盾还直接与处置广宁士绅控案有关。蒋益澧、郭祥瑞被视为杜凤治的袒护者，但杜凤治没有使瑞麟把自己列入蒋、郭一派予以打压，后来还逐渐得到赏识。蒋超伯虽视杜凤治为对方的人，但杜通过多方努力设法减少蒋的敌意，保住了官位。他在官场的进退颇有分寸，总结出"欲不大黑，切不可大红，最为作官要诀"。② 十多年间，杜凤治避免卷入高官的斗争当中，使对立的双方都接受、重视他。他很自豪地认为自己全靠本事，与总督瑞麟素无渊源却当上了首县南海知县。瑞麟特别信任武将郑绍忠，杜凤治心里对郑不大看得起，但处处恭顺迎合，加以笼络，所以赢得郑绍忠的尊敬和好感，在广宁、四会任上，杜都得到郑绍忠的帮助和支持。

杜凤治颇有心计和手腕，这在处理官场关系、解决棘手问题、审理复杂案件中都有体现。例如，同治六年十月郑绍忠招抚盗匪黄亚水二之后，打算把他斩首，找杜凤治商量。杜认为这样做违背了原先免死的承诺，还会吓跑其他有投诚意愿的盗匪；建议杀掉黄亚水二的一些羽翼，把黄带回营中"管束防逸"，"伊已如釜中之鱼，砧上之肉，一二月后，欲加之罪，何患无词？寻一事作为违令斩之，更两面俱

---

① 《日记》，同治十三年十一月初九日，《清代稿钞本》第16册，第303～304页。
② 《日记》，同治十年二月三十日，《清代稿钞本》第13册，第162页。

圆"。郑绍忠"大为叹服",后来就完全按杜凤治所说的办,一年以后才杀掉黄亚水二。①

有时,杜凤治也会抓住一些机会在官场中表现自己不畏权贵的风骨。如在南海知县任上,翰林潘衍桐兄弟与某户疍民因争夺沙坦涉讼,杜凤治实地勘查后没有按照潘氏的要求做出判决。尽管潘衍桐有信来,但杜凤治"当堂申斥,并于堂判中批明,责其以编修之清高而不知自爱"。② 杜凤治知道潘衍桐未必能直接为难自己,偶尔不给翰林面子,以体恤小民的面目出现,反而有利于在官场和民间提高自己的声望。

初任南海以后,杜凤治也逐渐成为"老州县",在官场建立了自己的名声、地位和人脉关系,他不必像在广宁、四会任上那样处处小心翼翼。在后期的日记中,他对上司的议论越来越大胆,后来对一些上司也敢冷落、顶撞了。按察使张瀛几次批驳了杜凤治对案件的处置并派委员来调查,但杜不怎么害怕,反而同上司、同僚讥笑、指斥张瀛。光绪二年,杜凤治在罗定州任上,署理肇罗道齐世熙派一名巡检为委员来催各房承充典吏。杜觉得此举无谓,且要自己花费,在日记中写道:

> 予莅此已将二年,方道台从未委过委员来州,即有委,亦系照例差使,本人从不到者。兹齐世熙以一饿不死之候补道,到任无几即委委员,名为公事,实调剂佐杂耳。该巡检以为绝好美差,各房典吏必有赂遗,岂知本州十房罔不清苦,食用为难,安

---

① 《日记》,同治六年十月十五日,《清代稿钞本》第 10 册,第 324 页;《日记》,同治七年十月三十日,《清代稿钞本》第 11 册,第 207 页。
② 《日记》,同治十一年七月廿七日、八月初十日,《清代稿钞本》第 14 册,第 212 ~ 213、240 页。

有闲钱饱委员之饿壑？该委员初到禀见，予辞以冗，嗣见各房（十三日事）不肯馈贴，又再三求见。予不能为彼勒各房书供欲壑也，仍不见。蔑视委员即蔑视委之者也，不识好歹轻重之人只可如此待之。①

杜凤治以蔑视委员来表示对委派者署理肇罗道齐世熙的蔑视，齐后来也没有对杜凤治怎样。

在任官初期，杜凤治兢兢业业，不敢有嗜好、嬉游，但后来他吸上了鸦片，烟瘾还颇大。任南海以后日记中又经常有与其他人"手谈"的记录，从日记看不出杜凤治玩的是何种赌博游戏，但看得出其兴趣颇浓。下面是光绪元年他在署理罗定知州任上给学正黄怡（荣伯）的一封短简：

　　大礼已毕，积雨未晴，衙斋闲旷，不但先生官独冷也。遗衰破睡，尽可仍续旧谭，唯敝处不便遍邀。敢浼飞符，都为知会，弟则若为不速之客来者，煮茗以俟，勿哂荒嬉。想元规兴复不浅，定有同心，如个中有一人不愿，幸勿强之，嘱之。兴发偶然，狂浏数字，借颂荣伯学博吟佳，阅讫付之祖龙。②

其时正值同治皇帝大丧期间，杜凤治连日率领罗定州的文武官员在城隍庙举行哭临典礼。典礼结束的当日晚上，杜凤治就请黄怡出面约几个人来州署"手谈"（杜作为知州不好亲自出面）。杜凤治知道在国丧期间嬉戏赌博有违官箴，所以嘱咐黄怡阅信后烧掉。这种事如

---

① 《日记》，光绪二年正月十二日，《清代稿钞本》第 17 册，第 521～522 页。
② 《日记》，光绪元年正月廿五日，《清代稿钞本》第 16 册，第 463 页。元规，指北宋时大臣孙沔（字元规），有军政才能，但不拘小节。

果在清朝前中期是不可思议的，从这件小事也可窥见晚清官场观念和规则的微妙变化。

二 日记介绍

（一）日记各本的主要内容

2007 年，广东人民出版社出版了《清代稿钞本》第 1 辑，杜凤治日记以《望凫行馆宦粤日记》为书名被全部影印收录。"望凫行馆宦粤日记"是第一本封面的题署，可能作者本想以此作为日记的总名，但以后各本封面实际上的题署各不相同。

杜凤治在日记第一本的开头说，在道光二十二年（1842）至二十七年（1847）写过日记，后停写几年，咸丰五年（1855）至同治元年（1862）又记了几年，辑为五本，但同治元年秋得知家庭成员多人在太平军进攻浙江时遇难，万念俱灰，日记再停记，直至同治五年选官后才重新写日记。前两次的日记已佚失不存。

同治五年五月初五日，杜凤治再次开写日记，此后十几年基本没有中断过，即使在审讯案件、下乡催粮、缉捕盗匪，以及到省城谒见上司、办事，甚至在遇到麻烦、仕途出现危机时（如广宁绅士上控、闹考那段时间），也都坚持记日记，往往连续几天都写两三千字。同治六年十二月初二日（1867 年 12 月 27 日），他同道台王澍等在傍晚接见广宁廪生岑鹏飞等人、处置闹考事件后已近午夜，但这天仍记了3600 余字。同治八年六月初四日（1869 年 7 月 12 日），他到肇庆府府城办事后，在归途的船上足足写了 6000 多字。

现存日记共 40 本，都用宣纸写成，开本大小不一，各本封面题署与该本内容不尽一致。绝大部分日记是当天所记，但也有过一两天补记的，少数是若干日后一起补记，甚至有几年后一总补记的。有时杜凤治会对日记稍作修改补充。

多数日记虽写于繁忙的公私事务之余，但往往几千字一气呵成，笔误不算多，且思路清晰，记录详细而有条理；举凡与上司、同僚、士绅的对话，处理公务、案件的过程，祭祀祠庙，科举题目，典礼仪式，与他人的争论、矛盾，多有详细记述，对公文、信函往往也摘要抄录，日后如发现误记则在两行之间或页面天头以小字更正、补充。从日记补写的情况，以及从杜凤治公务的繁忙程度，可以断定，他不可能先写草稿、修改后再抄正，多数日记保留了记录时的"原始状态"。

当日纸张价格不便宜，杜凤治任官之初，仍保留寒士的习惯，节约用纸，每页日记都写得很密，而且字写得很小，补写的字更小，这使今人阅读时很困难。后来杜凤治境遇改善，他无须再如此撙节，所以，后面的日记就字体写得较大，行距也较宽，阅读起来比前面几本容易些。

日记第一本封面署"望凫行馆宦粤日记"，杜凤治父母坟墓所在地土名"栖凫"，"望凫行馆"之名应从此而来。第一本开头写重立日记的缘起，其中有不少篇幅追述了家庭在太平天国战争期间的苦难，以及自己参加科举考试、举人大挑、候选补缺、得官等事的概略。日记正文从同治五年五月初五（1866 年 6 月 17 日）开始，记筹款赴任、离京赴粤及到广宁赴任等经过。其中有不少有关北京官员生活以及杜凤治对天津、上海、香港、广州的观察印象，还写及到粤后续弦事。

第二本已缺失。第 40 本封面用小字写了丢失第 2 本的经过："失去任广宁之第二本，真堪怅。着跟班吴进由佛冈运书箱晋省，一箱登岸失手落水，失去第二本，究不知落于何处，无从查考。"

第三本到第六本前面部分，均为首任广宁知县时之事，其中写了清剿广宁土匪黄亚水二与谢单支手、广宁绅士控告"浮收"、应对士绅闹考等事。这几本颇为详细地记载了征粮时官吏的各种手段，以及官、绅、民之间围绕征粮的种种纷争。

第六本后面部分到第十一本前面部分，记署理四会知县的经历，有较多听讼办案之记载。第十一本后面部分与第十二本前面部分写卸任四会回省城候缺的经历。第十二本后面部分写接到赴潮阳催粮差委、动身赴潮阳的经过。

第十三本与第十四本前面部分写在潮阳催征新旧粮事，对潮汕地区强悍民风、长期欠粮抗粮以及官、绅、民复杂的关系有颇为生动的记载。第十四本后半部分写奉调回省城参加帘差考试、准备入闱等事。第十五本大部分写自己在同治九年庚午科广东乡试时作为外帘官的经历。

第十六本到第十八本前面部分，记再任广宁知县时之事。

第十八本后面部分到第二十八本前面部分，为首任南海知县时之事。

第二十八本后面部分到第三十四本，为首任罗定州知州时之事。这几本有关催征、听讼的记载较多且较详细。

第三十五本到三十七本，为回任南海知县时之事。第三十七本在光绪三年十一月廿七日（1877 年 12 月 31 日）后停写近三年。至光绪六年九月初一日（1880 年 10 月 4 日）才重写。辞官回乡路过三水芦苞，补记光绪三年十一月廿七日至光绪六年九月的"前事大略"，这 37 页总记三年前卸任南海、短暂任佛冈直隶厅同知，以及再任罗定知州，到辞职归里等事的概况。第三十七本后面还有 43 页系回乡后所写，其中 26 页记述告病回乡经过，处分财产的"分房另爨条款"，最后 17 页的"补记"是有关家族祭祀安排和自己身后安葬等事项，及对"分房另爨条款"的一些修改。

第三十八本前面部分写回乡旅途，后面部分到第四十一本都写回乡后的生活，其中有不少追忆早年生活的文字。后面的日记多数比较简略，大约是因为无大事可记，且杜凤治日渐老病，难有精力多写。日记记到光绪八年十月初十（1882年11月20日）为止，当日日记最后一句还没有写完，很可能是写日记时突然发病。

杜凤治两次广宁任上以及四会、首次罗定任上的日记都很详尽，基本无漏记、缺记。任南海知县时的日记有时相对简略，因为南海知县的公务繁忙得多。他两任南海前后任交接期间本来会有很多令我们感兴趣的重要事实，但遗憾的是，交接期间多日缺记，补记的一些内容也较凌乱。

（二）日记特点

杜凤治精力充沛，思路清晰，下笔很快，十几年间大部分时间天天写日记，特别是对公务记录得很详细。他把自己看到的、听到的、想到的以及亲身经历的平实记下，很多时候似乎是想以此宣泄情绪。在当时，几百万字的日记绝无刻印出版的可能。日记中有大量对上司、同僚、下属甚至至亲好友刻薄的评论及若干个人隐私，① 也说明杜凤治写日记时并不打算把日记示人。日记所记应该是杜凤治经历、观察、思考、判断的真实记录。作为史料，这样的日记更为可信。日记多数是当天记下，记忆失误也会少一些。

体量巨大、记录连贯、记载详细都是杜凤治日记的主要特点。日记记录了杜凤治考试、催征、缉捕、听讼等公务的详情，还有大量官员任免、官场内幕、中外交涉、风土人情、物产物价、奇闻逸事等内容，如此详细的日记很少见。因为公务忙闲不同，杜

---

① 例如，《日记》第1册就多处记载在北京时与被称为"梅"和"蕙"（或"慧"）的两个人分别"作竟夕谈"，这两个人看来地位不高，杜任官后还寄给这两个人各几元，猜测两人都是"相公"（男妓）。虽然其时官员常狎玩"相公"，但这毕竟不是可以公开告诉别人和让子孙知道的事。

凤治各本日记的重点也不一样。在广宁任上，较多记述催征以及与士绅的矛盾、冲突。在南海任上的日记虽也算详细，但偏重于记督、抚、藩、臬交办的事项与官场内幕，对催征、审案的记述则相对简略。在四会、罗定任上，因为其他公务较少，所以记述下乡催征和审案就特别详细。很多案件逐日记述，涉案者、勘查现场、验尸、案件来龙去脉以及自己思考、判断的经过都写得颇为详尽清晰。如同治七年九月在四会处置江昆汉被杀案，十几天内日记就此案记述了一万多字。

有闻必录、毫不隐讳也是杜凤治日记的重要特点。如署理布政使郭祥瑞和巡抚蒋益澧同杜凤治关系很好，还支持他渡过与广宁士绅冲突的难关。但日记仍记下郭祥瑞、蒋益澧滥支公帑以及蒋益澧被罢免离任时以"赏银"的办法让绅民多送万民伞、高脚牌等事。[1] 总督瑞麟对杜凤治有知遇之恩，杜凤治对瑞麟亦颇有佳评，但日记多处记载瑞麟纳贿的事实及他人对瑞麟贪财的议论。不过，日记极少议论太后、皇帝、朝廷;[2] 对自己的支出记录详细，对收入则记录不多，于此等地方也可见他精明谨慎之处。

日记的文笔颇为生动，下面抄录一段。

同治五年十一月，他在广宁任上下乡催粮，记录下自己的观感:

　　一路山连水绕，弥望皆竹，始沿河行，两岸因山凿路，仅如线然，窄处唯容一人，而又竹枝横出，甚碍行路。继入山坳，中

---

① 《日记》，同治六年六月十三日、九月廿九日，同治七年二月二十日，《清代稿钞本》第 10 册，第 126、286、506～507 页。
② 一个例外是杜凤治在日记中详细记录了其族侄杜元霖（葆初）信中关于翰林院侍讲王庆祺以善唱二黄得同治宠，"已以仇十洲春册及房中丹药进，兼启之以龙阳之好"的传闻以及同治皇后自杀的传闻。（《日记》，光绪元年三月初七日，《清代稿钞本》第 16 册，第 524～525 页）

间溪水潆细，其清可鉴。民居错落，有六七处水碓，颇饶山居之胜，令人大动归隐之思。使我有家可归，此身无累，吾乡风景有过之无不及，胡为昕夕焦劳、栖栖仆仆？为官乎？为私乎？行年五十有三，何日得身心宁静也！追溯一生心伤往事：父母固不可留，而妻至再继，犹不克偕老白头，屈指死已五年，我则块然老鳏，绝无生趣，殇二爱女一幼子，想起亦甚可怜。又兼兄弟无存，迄今内署谁能助我？真是一个独生！前后左右寥寥无几，术家谓我命凶强，信然！

　　出山入竹林，蓊翳天日，中通一线，无论舆马，即单身独行，亦须低首侧身而过，右数尺许仍为河道，左则一望丛绿无际矣，渭川千亩不足数也。惜生笋苦而不可食，大杀风景，美煞"清贫馋太守"，且将奈何？（苏诗有"料得清贫馋太守，渭川千亩在胸中"）①

　　上述文字一气写成，既写景又结合自己的境遇抒情，还引用典故，没有一个字涂改，只是后来把诗句出处补写在日记天头空白处。

　　如前所述，杜凤治写日记多是当时记下，"为写而写"，他肯定没有考虑过后人是否容易读懂。读这部日记，尤其是前面几年以较草行书写成、写得密密麻麻那几本，仅辨认字迹就需要花费不少力气。此外，日记提及的人物通常使用字号（且当时字号往往可用同音、近音字书写）、小名、绰号、简称、代称、官名、官名别称、姓氏郡望，而多数人是名不见经传的小官吏、幕客、地方绅士等，为各种史籍及《古今人物别名索引》等工具书所不录。有时，同一个人在日记不同地方称谓往往不同，如日记写及潘祖荫就有"伯师""潘伯

---

　　① 《日记》，同治五年十一月廿三日，《清代稿钞本》第10册，第99页。

师""伯寅师""河阳师""河阳"等称谓；不同的人称谓相同的也有，如广宁前任知县张希京与广粮通判方功惠在日记中都被以号相称，称作"柳桥"，蒋益澧和蒋超伯在不同地方都曾用隐语称为"三径"。同一官名所指往往是不同的人，如日记多称布政使为"方伯"，但十几年间本任、署理的布政使有七八人，不清楚交接时间，就很难判断日记某处所写的"方伯"指谁。有时写到官场人物、事件，还使用隐语。有一次，他抄录其幕客顾学传（小樵）来函谈广东官场事的大略：

> 小樵信中谓回件专递福地，因月中匠头衔在前，故须月中公开，折履、长纳公为此甚生气。内事有知者，西狩公察议，三径、七里均严议，落落大议处。诗婢主人撤销，惠已另简，本守及载戬干俱回原省，我姑大约非休文先生（韶）即旧主彭城郡也。督幕事无确据完结，有杖之闻，有暂信，卯金有一枝之想矣。骊骊牧有来东之说，琅邪则无升信也。①

根据相关典故、姓氏郡望以及当时广东官场的变化，笔者猜测"西狩公"指总督瑞麟，"三径"指巡抚蒋益澧，"七里"指署理布政使郭祥瑞，"落落大"或指方濬颐，"本守及载戬干"指代理肇庆知府郭式昌、署理罗定州知州戈聿安，"休文"或指沈映钤，"彭城"或指知府刘淇年，"我姑"指新肇庆知府，"诗婢主人"指署理知府郑梦玉，"卯金"指督幕刘十峰，"骊骊牧"或指蒋益澧调来之云南知州沈云骏（仲骧），"琅邪"或指王澍（有升任传言），其余就猜测不出了。书信、日记用隐语未必是为保密，也可能是文人文字游戏的积习，然而，这就增加了今人阅读的困难。幸而在这部数百万字的

---

① 《日记》，同治六年十二月十八日，《清代稿钞本》第10册，第443页。

日记中，这类文字不是很多，而且，即使读不懂这些段落，对利用日记中的重要史料影响亦不是很大。

（三）日记的史料价值

在20世纪五六十年代，史学界关注的都是重大事件和重要人物。杜凤治只是个州县官，没有机会参与高层决策和全国性的大事，他宦粤期间又恰恰是近代中国没有特别"重大事件"发生的年代，因此，他的日记对研究太平天国、中法战争、戊戌维新、义和团运动、辛亥革命等参考价值不大，日记涉及洋务运动的内容也很少，这很可能是日记收藏在中山大学历史系资料室多年却无人利用的重要原因。

时至今日，史学研究的对象更为广泛、更为多元，政治制度史、社会史、法制史等成为发展迅速的学术领域，在研究中，学者对历史的"细节"更加关注。在新的学术环境下，这部体量巨大、记载详尽、内容丰富的晚清日记自然会受到重视。而且，日记作者杜凤治作为州县官承上启下，上面接触督抚以下各级官员，下面要同绅民直接打交道，涉及面广，所以，日记的史料价值是不言而喻的。

本书全部内容，其实也是论证这部日记的史料价值。在这一目只做概括论述，除后文不会再提及的内容外，本目将尽量少引用日记的具体文字。

笔者认为，杜凤治日记最大的价值在研究清朝司法与清朝州县制度两个方面。清代州县官留下著作、日记者不少，近年出版的《清代稿钞本》等史料丛书，收录了若干种州县官日记，有些日记也写到公务，但像杜凤治日记这样连续十几年、几百万字、绝大部分写公务的，似乎没有第二种，在研究清代州县制度与司法方面，很难有其他日记可与杜凤治日记相比。

第一，这部日记是研究清朝法制的独特且难以替代的史料。

几十年来，中外学术界对清朝法制史做了相当全面深入的研究，成果极为丰硕，相关史料举不胜举。吴佩林在《清代县域民事纠纷与法律秩序考察》一书的学术史部分对1980年后30多年的清代法律史研究做了全面、深入、客观的述评，他的述评很重视从史料的角度写，尤其是档案史料。① 遗憾的是，该书的参考文献中并没有列入杜凤治的日记。据笔者所见，除张研、徐忠明外，也鲜有学者在研究清朝法制时利用这部内容如此丰富的日记。

对于清朝法制史研究，刑部档案以及州县官们编撰的公牍、案例都是必须特别重视的史料；四川巴县、南部县以及台湾淡水、新竹等地的档案也常被引用。不过，全中国那么多州县，留下档案的却不多。例如广东清朝州县的档案就极难寻觅，巴县、南部、淡水、新竹的档案未必能反映广东的情况。而且，清朝多数司法文书是官吏按照法律、制度以及各种惯例加工整理出来的。州县官写的官箴类著作以及编撰成书的公牍，隐讳、加工的情况就更多了，作者对入选的公牍也必然做过选择。② 这些档案、官箴书、公牍如何形成今人看到的最后版本，实际情况同档案、公牍所反映的有何差异，州县官审案时是怎么思考、判断、决定的，这些从档案、官箴书、公牍中都不容易看出。杜凤治日记则会详细记录案件审讯过程以及自己的观察、疑问、分析判断、做出判决的理由。清朝州县司法实践中一些完全违背法律、制度的做法，学者们不是没有注意和做过研究，但日记还是有很多前人没有注意到的内容（例如以"钉人架子"钉死捕获的盗匪而不上报）。当然，笔者完全知道档案等史料具有不可替代的价值，并不是说杜凤治日记比档案更重要，但说这部尚未被研究者广泛注意的

---

① 吴佩林：《清代县域民事纠纷与法律秩序考察》，中华书局，2013，绪论。
② 杜凤治的同僚聂尔康著有《冈州公牍》（光绪己卯刊刻，香港致用文化事业公司1993年出版了影印本）。该书辑录了聂尔康新会知县任上的公牍，其中有不少值得研究者注意的内容，但引用过该书的学者似乎不多。

数百万字的日记，是研究清朝法制史相当独特、相当有用的史料，可对以往史料做重要补充，相信是可以成立的。

第二，这部日记对研究清朝州县制度有重要价值。

多年来，中外学者对清朝州县制度做了深入研究，成果之多难以详为列举。瞿同祖的《清代地方政府》可说是当代学术界研究该问题的奠基之作。[①] 近些年，魏光奇的《有法与无法——清代的州县制度及其运作》是中国学界研究该问题的高水平成果。[②] 瞿同祖、魏光奇两书所附的数以百计的参考文献，都是研究清朝州县制度的基本文献，其中有大量州县官写的官箴书、公案以及辑录的公牍等。这些文献中，似乎没有州县官的日记，更没有杜凤治这部日记。张研的《清代县级政权控制乡村的考察——以同治年间广宁知县杜凤治日记为中心》一书以及若干论文引用了这部日记，但她只是引用了杜凤治广宁任上的一小部分日记，而未引用其他部分更为丰富的内容。

杜凤治日记有助于进一步探讨清朝州县衙门的实际运作，官府对基层社会的管治，州县官行使权力时与律例、会典、则例的调适和差距。这部日记以记载公务为主，又很详尽，因此，有助于学者了解大多数文献没有记载的官员关系、机构运作、官场礼仪等方面的具体细节。

例如，清代的直隶州，学界一般认为"有着与府相等的地位"。[③] 清人也是这样看的。杜凤治想正式题升同知，但方功惠不赞成，劝杜力求题升直隶州知州，方说："目下之同知尚值钱乎？直牧何等体面，即捐知府亦得便宜几许。直牧分位与知府埒，且可署知府事，未

---

① 瞿同祖：《清代地方政府》，范忠信、晏锋译，何鹏校，法律出版社，2003。

② 魏光奇：《有法与无法——清代的州县制度及其运作》，商务印书馆，2010。魏光奇早些时的另一本书《官治与自治——20世纪上半期的中国县制》（商务印书馆，2004）也有大约三分之一的篇幅讨论晚清县制。

③ 瞿同祖：《清代地方政府》，第5页。其他有关清代州县制度的论著基本沿用此说。

闻同知能署知府也。"① 虽说"直牧分位与知府埒",但直隶州知州毕竟品级低于知府(前者正五品,后者从四品)。从杜凤治署任罗定州的日记可知,二者差别不仅在品级上。杜凤治在罗定任上,必须下乡催粮、负责案件初审、主持州试(童生第一级考试,与县试同),这些知府都无须亲自做。知府对上司自称"卑府",但杜凤治署理罗定州时对上司不是自称"卑州",而是与散州知州、知县一样自称"卑职"。于此看来,直隶州知州的地位与权责又与一般州县有近似之处。日记记载了多位学官在非考试期间可以兼作局绅,又可以离开衙门到其他地方办自己的事,这恐怕也是一般研究者没有注意到的。

又如,州县官是如何征收钱粮的,有关资料、论著可以说浩如烟海,但这些资料、论著对细节的记载、叙述却不丰富。杜凤治十几年连续记载自己征收钱粮的经历,对催征钱粮过程中官员、书吏、差役、士绅、殷丁等人的言行有生动详细的记述,这是在其他史料中不易见到的。又如,有关明清科举考试的资料、论著不少,但主持考试与入闱参与考务的官员留下的记述并不多。杜凤治对每次县试的题目、录取情况以及出案名次的考虑都会详细记述。日记的第 15 本《乡试奉调入闱日记》,用了 5 万多字记载自己在同治九年广东庚午科乡试做外帘官的经历。我们对清朝乡试在关防严密的情况下竟会出现弊案难以理解,杜凤治虽然没有具体写到科场弊案,但他关于内帘、外帘操作细节的描述,可使我们想象出各种作弊的可能性。

早有学者注意到,尽管清朝对官员的职权、责任、奖惩、行为等,有很多《会典》《则例》等成文法予以规定,《大清律例》中

---

① 《日记》,光绪三年六月十八日,《清代稿钞本》第 18 册,第 368 页。

也有不少条文是针对官员特别是州县官犯罪的，但"王法"既被官员标榜和遵守，却又随时随地被官员视为具文，大小官员心照不宣地集体做违反"王法"的事。魏光奇的书名《有法与无法——清代的州县制度及其运作》可视作对这种情况的概括。日记中大量记录的士绅参与征收钱粮甚至被责成催征，佐杂参与审案，州县官在拘押、用刑方面大量的"违法"行为，以"借盗销案"的办法消弭任内的缉捕责任，实际上已经制度化的士绅基层权力机构公局，等等，都不符合清朝成文的典章制度。杜凤治既按"王法"办事，但更多是遵循官场中实际存在的运作规则。杜凤治的言行和想法在当时州县官中具有代表性，这些将有助于我们对清朝地方政府机构的运作以及晚清政治制度改革面临的社会基础和思想基础加深认识。

第三，这部日记是研究晚清社会生活史，特别是官员生活史的珍贵资料。

杜凤治从北京到广东赴任，宦粤十几年，然后辞官携眷回到浙江山阴故乡，无论居与行，他都把自己的经历和所见所闻详细记录。晚清民生的方方面面，如年成物价、衣食住行、风俗祭祀、演戏赛会等都会被记入日记，这就为我们了解晚清社会生活提供了大量细节资料。因为杜凤治是官员，因此，这部日记对了解晚清官员的生活更具价值。

这部日记以大量篇幅详细记载日常公务、各级官员之间的公私交往以及官员的衣食住行、家庭家族、阅读娱乐等事实，包括州县官的收支与日常生活。美国学者曾小萍（Madeleine Zelin）写了一本书《州县官的银两——18世纪中国的合理化财政改革》①，这部著作从

---

① 〔美〕曾小萍：《州县官的银两——18世纪中国的合理化财政改革》，董建中译，中国人民大学出版社，2005。

陋规、养廉等问题切入，对雍正年间的财政改革做了出色的研究，但我们如果想要知道清朝州县官具体的收支情况，在曾小萍这本书中难以找到答案。杜凤治日记为"州县官的银两"提供了一个可以连续考察的案例。杜凤治虽然极少将自己的"法外"收入写入日记，但还是留给我们不少了解真相的线索，甚至有若干直接记录。对于支出，杜凤治多数都详细记录。读完这部日记，我们可了解州县官在微薄的俸禄以及有限的养廉这两种"合法"收入以外，如何通过各种已成规则、惯例获取更多银两，以保证公务所需的额外支出、对各级上司"规范性"的贡奉以及维持家庭生活、接济亲属的开销。

笔者参与讨论近代历史题材文学、影视作品时，常会遇到诸如"官员之间如何见面、称谓"等问题，从这部日记中可以找到不少答案。有人听笔者介绍日记的一些内容后甚至说，这部日记中的一些情节完全可以作为电视连续剧的题材。

对官员与书吏、衙役、幕客、官亲、"家人"的关系，日记中也提供了很多以往我们难以获得或不会注意的细节。官员、幕客虽有不少著作提及上述人物，但多为冠冕堂皇的词语，真实情况未必会写出来。杜凤治日记则如实记下，有些叙述甚至会令我们觉得有点意外。

杜凤治对自己生病、治疗的记录相当详细，他对疾病症状及同医生的讨论、不同医生的处方、服药后的感觉与疗效等写得颇为细致，也可以作为研究清代医疗史的资料。

第四，为研究很多历史人物提供了补充资料。

尽管杜凤治是下级官员，但他接触了各种人物。例如，研究潘仕成、康有为家族，就可以利用这部日记。[①] 日记里记载甚多的瑞麟、

---

① 邱捷：《潘仕成的身份及末路》，《近代史研究》2018 年第 6 期；《关于康有为祖辈的一些新史料——从〈望凫行馆宦粤日记〉所见》，《中山大学学报》（社会科学版）2009 年第 2 期。

刘坤一、蒋益澧、郑绍忠、方耀等人，在晚清都相当重要，但迄今相关研究成果很少，今后如果有学者要研究上述人物，杜凤治这部日记是应该参考的资料。

第五，可为研究广东地方史提供不少资料。

日记中的很多记载是研究地方史踏破铁鞋难觅的资料。如多次记载了广州的观音山（越秀山）、白云山、南海神庙的风景，对其他地方的名胜如肇庆七星岩、南海西樵山等，都有颇为详细生动的记载。日记还记下了一些重要地标的变化沿革，如原位于卖麻街的旧两广总督署在第二次鸦片战争中毁于英法联军之手，原址后来还被法国人用以修建教堂（广州圣心堂，又称石室），同治五年十月初六日（1866年11月12日）条记下了当时督署迁到司后街（今越华路）新址。同治十年十月和同治十一年十一月的日记，分别写了自己跟随总督、巡抚祭祀南海神庙的情形。迄今学界对广东地方官府定期祭祀南海神庙的情况知之不多，日记的记载就很有参考价值。又如，日记多次记载辖境中有虎豹，同治十年正月的日记详细记述了自己购买猎户以洋枪猎获的老虎以及剖割老虎的情况，① 是探讨大型猫科动物在广东分布历史的一手资料。再如同治十一年十月、十二年五月，杜凤治两次到藩署办事，顺便游览了藩署的鹿园。藩署原来范围很大，但"洋人进城，东边园地房屋被法国占去为领事府"，杜凤治用了1000多字记录藩署围墙、署内道路、鹿园以及藩署杂乱无章的情况。② 如果研究广州动物园、南越国宫署遗址的沿革，杜凤治日记的有关记载值得参考。③

---

① 《日记》，同治十年正月廿六日、廿七日，《清代稿钞本》第13册，第99~100、101页。
② 《日记》，同治十一年十月初四日、同治十二年五月初三日，《清代稿钞本》第14册，第323~324、558~560页。
③ 从民国一直到20世纪50年代，鹿园旧址都圈养野生动物供市民参观，是今日广州动物园的前身。

杜凤治在四会知县任上，"绘刊全省地图委员五品衔候补批验所大使潘名露移文咨送全省地图一大部，又肇属图三本"。① 笔者请教过广东的图书馆专家，得知目前广东的图书馆藏有同治五年、光绪二十三年的广东舆地全图，前者或就是杜凤治收到的那种。但日记提到"绘刊全省地图委员"，可见其时有一个专门负责绘制、刊刻地图的机构（应该是临时的），并委派了一批官员做这件事。清朝官员懂得测量实地、绘制地图的应该没几个人，而鸦片战争后很多新变化要在地图上体现，究竟实际上完成地图、从事测量绘制的是什么人，地图是如何绘制、刊刻出来的，分派、管理有什么规定，等等，都是近代历史地理学、图书馆学等学科值得研究的问题。

　　杜凤治对每天天气都有记载，有时各个时辰的变化也会记下，还会提及天气对农业、居民生活等方面的影响，一些异常、灾变的天气也会详细记录。鉴于晚清连续的天气记录几乎无存，方志的记录又较粗疏，因此，这十几年日记不间断地记下的天气变化，对研究近代广东气象、天气的变化也很有参考价值。

---

① 《日记》，同治七年九月初三日，《清代稿钞本》第 11 册，第 147 页。

第二章

杜凤治宦粤时的广东社会

一　同光之际广东的治乱

（一）　晚清广东短暂的安靖时期

杜凤治在粤时间是同治五年到光绪六年，即 1866～1880 年。无论时人还是后人，都认为同治中期到光绪初期是清朝的一个"中兴时期"。[①] 杜凤治来粤前两年（同治三年，1864），曾国荃部攻陷天京，对清朝威胁最大的太平天国运动失败。杜凤治来粤的那一年（同治五年，1866）春，太平军余部谭体元部在粤东被清军消灭。此后两三年，纵横驰骋于苏、皖、豫、鲁等省的捻军也被镇压下去。尽管西南、西北少数民族起事延续时间较长，但已不会危及清朝的生存，清朝统治的核心地区东北、华北和财赋来源所在——富庶的东南省份，出现了一个相对平靖的时期。在中法战争以前，虽一再出现边疆危机，但没有发生外国侵略中国的大规模战争，边疆危机对中原和富庶的东南省份影响不是很大。由于一批满汉"中兴名臣"的努力，清廷的权威得以重建，全国大部分地区的统治秩序得以重整，虽然出

---

① 可参看〔美〕芮玛丽《同治中兴——中国保守主义的最后抵抗（1862—1874）》房德邻等译，中国社会科学出版社，2002，以及虞和平、谢放《中国近代通史》第3卷《早期现代化的尝试（1865—1895）》（江苏人民出版社，2007）等著作。

现督抚军政权力扩大、中央大权旁落等权力格局的变化，但毕竟没有对清朝的统治构成颠覆性威胁。通过洋务"新政"，清朝的军事改革、官办新式学堂、官营近代企业等都取得了一定成绩。广东则是这段时期相对"安靖"、经济文化等方面有所发展的省份之一。

杜凤治任职的广宁、四会、南海、罗定等州县，从道光、咸丰到同治初年，曾是战乱、动乱严重的地方。在道、咸之际，阶级矛盾、社会矛盾极其尖锐，省和州县对地方普遍失控，因此才会酝酿出中国历史上最大规模的农民起义——太平天国运动以及蔓延大半个广东的洪兵起事。道光末年两广总督徐广缙、广东巡抚叶名琛的一份联衔奏折，向朝廷报告了广东"士习日坏，民气日嚣"的现象，列举了多个士民挑战官府、朝廷权威的典型事例，说到东莞91乡乡民"非肆行劫掠，即随处抢夺"，甚至"平日良民"也敢于明目张胆参与抢劫，士绅则庇匪分赃，徐、叶对到处都有绅、民犯上作乱感到焦虑。[①] 其时大动乱尚在萌芽状态，此后十余年，广东战乱、动乱不断，其间还有英法联军的入侵。杜凤治在日记多处回顾了咸丰年间广宁、四会、罗定的州县城被洪兵围攻、滋扰的情况。

不过，到杜凤治抵粤之时，局面已大为改观。虽然小的乱事不断，中等的乱事有粤西土客大械斗的余波、潮汕地区的抗粮抗官等，但在杜凤治任职的各州县，清朝统治秩序还是比较正常的。省一级官员对州县实现了有效管治，杜凤治作为州县官，尽管不断抱怨绅民不听话、不纳粮、不守法，但其"父母官"的权威得到绅、民尊重，可以通过官府、宗族、士绅权力机构实行管治，谕令、判决也基本得到执行。在杜凤治日记中可看到，其时广东官、绅的合作关系比较正

---

① 刘志伟、陈玉环主编《叶名琛档案：清代两广总督衙门残牍》第2册，广东人民出版社，2012，第444~445页。

常，州县官比较有效地把清朝的统治秩序延伸到各镇、各乡、各村。而且，官府经常派出军队举办规模不等的清乡，以"就地正法"等严厉手段惩处抢劫、拐卖人口等案的疑犯，高压手段也是维持一段时期安靖的重要原因。

从日记看，在这十几年间，从督、抚、藩、臬到州县官，对清朝的统治秩序都是颇有信心的。下面举出几个事例。

杜凤治到广东后，在日记中也记载过官府对参与"乱事"者追究惩处的事。但大局稳定后，官府处置政策趋于宽松。同治十二年七月，杜凤治在南海知县任上，有人密报"连平州有著名巨匪钟华甫"，以往曾"抗官戕勇，窝匪抢劫"，现此人到了省城，住在督署附近的华宁里。杜凤治接报后没有马上去拘捕，而是同广州知府一起去向总督瑞麟禀报。瑞麟指示："咸丰以前，广东遍地皆贼，封王拜帅者现今存尚不少，如准人告发，不胜扰扰，以故既往不咎。今既反正，概不追究，如果是此等人，拿之也不便办之也。"杜凤治为免出意外仍将钟华甫拘押，审讯中得知，钟华甫当年曾开炮抗官，但后来已将家中"炮火刀械"都上缴官府了，自己也捐了县丞，分发江西，身上还带着捐官的收据。① 日记没有记载最终处置结果，但有瑞麟的指示，估计不会重办。瑞麟作为在广东的最高官员，显然是对局势稳定有信心才会如此表态。

杜凤治在署理罗定知州任上审理过一宗前任留下的"张启昌控郭佐宸伪照诳骗伊钱捐监案"。郭佐宸不到案，其父郭汝龙控告张启昌"系从贼著匪"，因此前任知州亦将张押候。杜审理时认为："粤省红匪滋扰之时，裹胁跟随为贼用者，乡间愚民十有八九，肃清以后首逆就戮，即有名著匪亦多骈首市曹，其余裹胁跟随情尚可原者，圣

---

① 《日记》，同治十二年七月初二日、初三日，《清代稿钞本》第 15 册，第 73 ~ 74 页。

朝宽大，办理善后，概不深究，予以自新。以此论之，张启昌为贼与否初无实据，即真有之，无人切实指证亦应宽恤。郭汝龙架词越控何为乎？"于是就事论事，只判决郭姓伪照骗钱案，"张启昌无辜久押，当堂释之"。① 他对此案的处置与瑞麟所定原则是一致的。

咸丰年间，罗定州的戴永英兄弟起事，失败被杀，其妻妾子侄拘押监中近 20 年。杜凤治认为"罪人不孥，事已日久，不能详办，何苦任其瘐毙"，就把他们全部释放了。② 对所谓"叛逆"首要，清朝并非"罪人不孥"，战乱期间会株连亲属甚至斩草除根。杜凤治之所以敢于不禀报上司就把"首逆"戴永英的亲属释放，除了同情心以外，也因为其时已经承平，把他们放出来不会危及清朝的统治秩序，自己也不会因此被上司指责追究。

日记还记载了其他省份的类似事例。杜凤治的同乡、远亲赵又村，曾"失身"太平军，太平天国失败后成了清朝的候补官员，将要署事，上司质问他"发逆"占据浙江时他干了什么，但上司没有参揭他，只是"改为新班，与新到者挨次轮署"，赵又村只是失去了委署的机会而已。杜凤治在致赵的信中写了很多指责的话，但答应日后有机会予以帮忙。③ 另一位为太平军办过盐务、"人谓伊已受伪官"的举人鲍存晓更为幸运，他虽然在壬戌会试中一度被阻止入闱，但后来一些京官仍为他出具印结，鲍存晓在戊辰会试中中了进士，还"居然点庶常"。④ 在中国历史上大规模的农民战争中，太平天国起义是士大夫参与特别少的一次，太平天国高层与骨干没有清朝举人、进士出身者。但太平天国曾占据广大地区，士绅与之有过合作者必不在

① 《日记》，光绪元年七月初九日，《清代稿钞本》第 17 册，第 217 页。
② 《日记》，光绪二年二月十五日，《清代稿钞本》第 17 册，第 557 页。
③ 《日记》，同治五年八月十九日，《清代稿钞本》第 10 册，第 59~60 页。
④ 《日记》，同治七年闰四月初一日、五月十一日，《清代稿钞本》第 11 册，第 4、38 页。

少数，广东洪兵起事也有士绅参与，然而，以往学界对此研究成果很少。① 上述案例提醒我们，士绅投靠太平天国和其他农民起事以及战后清朝对"失身者"的处置，是一个可以进一步探讨的问题。

同治九年冬，开建（今封开县）知县俞增光两次禀报上司，称毗连开建之广西怀集县（今属广东）凝洞地方千余"匪徒"前来开建县徐村滋扰抢劫，部分"匪徒"来自广宁，"倘不速办恐酿成大变"，请求派官兵剿捕。其时杜凤治再任广宁知县，他和怀集知县贵蒸（云翥）都对俞增光的禀报表示怀疑。杜凤治便派人打听，查清只是怀集县的吴、罗六姓与开建县徐姓大械斗。他一面据实上禀，一面"发谕谕绅耆办团练，禁子弟往凝洞帮斗"。肇罗道台、肇庆知府认可了杜凤治的判断，督抚也接受了他的意见，只是派出数百兵勇平息械斗。俞增光则因铺张上禀、惊慌失措被撤任。② 大械斗当然属于严重危害清朝秩序的大事，往往还会有土匪参与，演变成大乱也并非没有先例。但杜凤治判断这场波及两省辖境的大械斗并非竖旗起事，也不是大规模匪乱，无须重兵剿办。从这个案例可知，虽有些官员遇事惊慌失措，但像杜凤治这样有一定见识的官员，则因为了解大局，遇事就比较镇定，杜凤治对自己能够控制广宁县的绅耆、限制广宁人参加械斗还是有信心的。

杜凤治初任广宁时，总督瑞麟对副将郑绍忠招安处置黄亚水二一再"札谕面谕"，面授机宜。③ 杜凤治任南海知县时，总督、巡抚为

① 贾熟村的《太平天国时期的地主阶级》（广西人民出版社，1991）有所提及，但未展开。近年也有一些论著论及这一问题，如刘晨《太平天国乡村政治再研究——以乡官群体为中心》，《安徽史学》2019年第6期；刘晨的《太平天国社会史》（中国社会科学出版社，2019）对士人参与太平天国政权的活动也有很精彩的论述。
② 《日记》，同治九年十一月至十年二月多日记载，《清代稿钞本》第13册，第6、39~41、46、89、117页。
③ 《日记》，同治六年十月初六日，《清代稿钞本》第10册，第296页。

省城普通抢劫案、杀人案也会不断过问。瑞麟等高官可以把注意力放在规模不大的盗匪团伙首领和某宗刑事案件上，也说明那时没有严重威胁清朝统治秩序的大事。杜凤治再任广宁知县时，地方绅士报告有一个以罗启为首的盗匪团伙，有二三十人，杜凤治认为："盖贼匪亦一时不及一时，此番较之谢单支手、刘狗、黄亚水二不逮远矣。"① 所谓"贼匪亦一时不及一时"正是19世纪六七十年代广东局势相对平靖的反映。

同治十一年十月，杜凤治到南海、番禺交界处履勘地界后乘船回省城，其时已天晚，日记记曰："时两岸灯火如星点，予往来省河非一次，未见上灯时景象，太平富盛，比户安居，苏杭不是过也。"② 日记又记载了多次"官民同乐"举办大规模巡游庆典的盛况，也说明社会的相对平靖。广州以往有迎春巡游的习俗，咸丰年间因战乱停止。同治十二年，广州知府冯端本想到"现在年丰民安，迎春大典一切仍旧，亦见太平景象"，与南海、番禺两首县知县商议，决定"仍十余年前洋人未入城之先之旧，两县饬各行头制办春色抬阁，一切执事均要鲜明"。③ 同治十二年是双春年，十二月官府又出面饬各行举办另一次全省城数十万人参与的迎春抬阁。④

同治七年，杜凤治在四会知县任上时，民间有游龙灯之议，杜凤治认为："本地此时向无龙灯及台阁扮戏各样灯之戏，以此时非节之故。民间以一县无事，比户安平，讼狱稀少，年谷丰登，与民同乐，共为此戏，亦古人乡人傩之意，故不禁之。"游龙灯的队伍请求游进

---

① 《日记》，同治九年闰十月初八日，《清代稿钞本》第12册，第546页。
② 《日记》，同治十一年十月初五日，《清代稿钞本》第14册，第325页。
③ 《日记》，同治十二年正月初六日、初九日，《清代稿钞本》第14册，第427～429、430～431页。
④ 《日记》，同治十二年十二月十七日，《清代稿钞本》第15册，第271～273页。

县衙，杜凤治也同意了，而且还给予了赏钱。① 可见此时四会也是相对平靖的。

（二）大乱余波与匪患

当然，所谓安靖只是对比道光咸丰年间、同治初年及清末而言，小规模的乱事仍存在。杜凤治宦粤期间，粤西的土客大械斗尚有余波。这场大械斗始于19世纪50年代中期，大约平息于同治六年。大致情况是：广东粤西各县有较多客家人，本来就存在土、客矛盾，咸丰四年洪兵起事，最初粤西参加洪兵者以讲四邑话的土著为多，官府为对抗洪兵，着重发动客籍士绅组织团练，而土著士绅也组织了团练，两者在与洪兵作战时已互斗，洪兵主力被消灭或离开广东后，土客互斗不仅没有停息，还因双方都有军事组织而升级。其时广东又适逢英法联军入侵，粤西很长时间仍有陈金钉等洪兵余部，官府没有力量平定，土客械斗于是愈演愈烈，蔓延到恩平、开平、鹤山、新宁（今台山）、高明、阳春等十几个县。仅鹤山、高明、开平、恩平几县，就有数以千计的村庄被焚毁，"无老幼皆诛夷，死亡亦无算"，"两下死亡数至百万，甚至彼此坟墓亦各掘毁"。② 清朝官员有些支持客家，有些支持土著，到同治初年，则以清剿客家方面为主。时人与后人对这场延续多年的大械斗有不少记载。③ 因其延续时间长、范围广、杀伤多，有学者认为这场大械斗是"被遗忘的战争"，并做了全面的专题研究。④ 同治五年初，蒋益澧出任广东巡抚，亲自带队平息动乱，用军事、政治、经济等手段，终将这场动乱平息下去。

---

① 《日记》，同治七年十月十四日，《清代稿钞本》第11册，第180页。
② 民国《赤溪县志》卷8，"附记·赤溪开县事纪"。
③ 如陈碧池撰辑《海隅纪略》，章伯锋、顾亚主编《近代稗海》第10辑，四川人民出版社，1988。
④ 刘平：《被遗忘的战争——咸丰同治年间广东土客大械斗研究（1854～1867）》，商务印书馆，2003。

杜凤治到粤时土客大械斗的战乱已大致平息，其任职之处，除罗定外，都不是土客械斗严重的州县，所以，他在日记中较多是间接或追忆性的记述。如同治六年十一月的日记记：肇罗道王澍"往鹤山办土客事"，打算带在鹤山任过学官的肇庆府学教授陈遇清同去。[1] 一年后的日记记"武营与学官金言曹冲、恩平客匪仍起滋扰，一日各县同起，与土民大相仇杀，高明、鹤山业已闭城防守。制宪闻已饬令臬宪诣办"，[2] 稍后又有"府报谓高明客匪屯聚抢劫"的消息。[3] 可见，土客大械斗虽大致平定，但余波未平，其阴影仍笼罩在官员心中。

　　杜凤治在粤任官十几年，没有面对过真正的造反者，也没有遇到过聚众千人的大股盗匪团伙。他初任广宁时，在广宁、四会一带有两个盗匪团伙，一个以谢单支手为首，一个以黄亚水二为首。杜凤治上任后第一次接到地方绅士来报股匪案："为有绰号单只手者，姓谢，著名土匪巨魁，其一手不知何时为枪所伤折，迩来横行一乡，手下余匪三四十人而积年漏网老贼。"[4] 杜凤治接报后立即亲自带兵勇、衙役前往剿捕。

　　谢单支手是四会杜榔乡人，手下曾达二百二三十人，但杜凤治任广宁时只剩下几十人。谢单支手得到厚田绅耆黄能信、黄佐中（武生）以及巡塱绅耆黄国芳（军功）等的支持、接济，有五品功牌的刘玖（刘九、刘琼玖、刘狗）也支持谢。四会书吏谢龙光经常向谢单支手通风报信。同治七年，谢单支手、刘玖均被捕获斩首枭示。

　　黄亚水二是广宁厚田乡人，其团伙规模略大于谢单支手团伙。他

<hr>

① 《日记》，同治六年十一月廿六日，《清代稿钞本》第 10 册，第 399 页。
② 《日记》，同治七年十一月初十日，《清代稿钞本》第 11 册，第 216 页。
③ 《日记》，同治七年十一月十二日，《清代稿钞本》第 11 册，第 217 页。
④ 《日记》，同治五年十一月十二日，《清代稿钞本》第 10 册，第 93 页。

与本宗族的厚田绅耆黄能信、黄佐中有很深仇怨。石桥绅士黄河光、黄炳辉（在籍广西典史）、李拔元（武举）、温良华（监生）等"则与单手为仇，纵容黄匪……积棍陈琼林（按：已革武举）为黄匪母舅，而邑中绅士多与陈棍相交，故庇之者多"。① 后郑绍忠禀报瑞麟后招安了黄亚水二，又按杜凤治的建议一年后找个理由将其处决。

谢单支手、黄亚水二两个团伙各有勒索、开赌、抢劫、掠卖人口、焚毁尸棺等严重违法行为，又经常互斗。两个盗匪团伙背后都有宗族、绅耆、书吏、衙役的支持。支持谢单支手的厚田黄姓是土著，巡塱黄姓是客家；支持黄亚水二的石桥黄姓则为土著，与厚田黄姓不同宗。② 而这些村庄之间也时常发生械斗，又经常向官府互控对方纵匪助匪。这两个团伙反映了晚清广东匪、绅、民之间的复杂关系。

因为对不久前的粤西土客大械斗记忆犹新，杜凤治担心如处置不当，"即使亚水二已降，而厚、巡二村之于石桥，必如恩平等县之土客日起仇杀之心"，③ 因此并不主张一概严厉镇压。于是，他同郑绍忠商议，宣布"聚者即为匪类，散者即为良民"。④ 先制止械斗，迫使盗匪团伙撤走，劝谕两方绅耆具结不再互斗，不再接济和引入盗匪助斗，并利用黄、谢两团伙的矛盾各个击破，先招安黄亚水二，然后再设法拘捕谢单支手，终于把两个团伙先后剿灭。此后，日记记录杜凤治任职之地的盗匪团伙都只有几个人或一二十人，声势、实力都不如上述二人。

在日记中多处记载了盗匪使用洋枪，这很值得注意。太平天国战争是西方枪炮大量引进中国的重要契机。如李鸿章的淮军，已放弃冷

---

① 《日记》，同治六年七月初八日，《清代稿钞本》第 10 册，第 150 页。
② 《日记》，同治六年七月十四日，《清代稿钞本》第 10 册，第 159～160 页。
③ 《日记》，同治六年十月初六日，《清代稿钞本》第 10 册，第 297 页。
④ 《日记》，同治六年七月初十日，《清代稿钞本》第 10 册，第 153～154 页。

兵器而基本使用西式枪炮，但大多数清朝军队仍是冷热兵器并用，杜凤治在日记中从未提及县衙差役使用洋枪。同治五年杜凤治初任广宁时，查夜中遇到典史张国恩也在巡逻，"带三人，穿短衣，手持鸟枪"。[1] 日记很少记载绿营、勇营官兵有洋枪。然而盗匪谢单支手本人和随从的三个人都有一支或两支洋枪，还时时放枪。[2] 在另一次追捕中，也有盗匪"连放鬼枪拒捕"。[3] 杜再任广宁时，围捕盗匪黎亚林等，围捕者"畏其洋枪不能近"。[4] 他在四会任上时，县城东门外登云街远昌绸布铺被抢，劫匪持有洋枪，邻居、更练不敢出头。[5] 任四会时抓到的著匪李佑，带有"五响洋枪一支"。[6] 他任南海知县时，省城油栏门外盗匪抢劫钱铺，开洋枪把更夫打死。[7] 同治十一年，日记提到一宗抢劫渡船、枪毙洋人的案件。[8] 另一则日记记载了省城太平门外六名持洋枪的盗匪抢劫银号事。[9] 同治十二年，杜凤治到南海县沙头公局拜会局绅，讨论该地发生的盗匪抢劫并用洋枪打死更练的案件。[10] 他在罗定知州任上，也发生过一二十人"手放洋枪，又执利刃"行劫的案件。[11] 短短几年间，在杜凤治任职州县的城乡都发生过涉及洋枪的劫案，于此可见同治后期广东盗匪持洋枪行劫已渐渐成风。

广东毗连港澳，购买洋枪洋炮有特殊的便利，一旦被追缉，也可以轻易逃往港澳。日记记载，南海县一次大劫案后，盗匪多逃往香

---

① 《日记》，同治五年十月廿七日，《清代稿钞本》第 10 册，第 88 页。
② 《日记》，同治六年七月十四日，《清代稿钞本》第 10 册，第 158 页。
③ 《日记》，同治六年十月廿八日，《清代稿钞本》第 10 册，第 357 页。
④ 《日记》，同治九年闰十月初八日，《清代稿钞本》第 12 册，第 548 页。
⑤ 《日记》，同治七年三月三十日，《清代稿钞本》第 10 册，第 552 页。
⑥ 《日记》，同治七年十二月初九日，《清代稿钞本》第 11 册，第 241 页。
⑦ 《日记》，同治十年十月初六日，《清代稿钞本》第 13 册，第 433 页。
⑧ 《日记》，同治十一年七月十六日，《清代稿钞本》第 14 册，第 189 页。
⑨ 《日记》，同治十一年十月十二日，《清代稿钞本》第 14 册，第 332 页。
⑩ 《日记》，同治十二年四月廿二日，《清代稿钞本》第 14 册，第 541 页。
⑪ 《日记》，光绪元年二月廿五日，《清代稿钞本》第 16 册，第 505 页。

港，并在香港销赃。① 盗匪被追缉时还有逃往新加坡的。②

日记中记载了不少其他州县严重的抗官、焚劫事件。县丞沈茂霖（雨香）作为委员在廉州查洋药、收军饷，带领差、勇捉拿走私鸦片的团伙，私枭首先开炮，然后"将雨香及满船人均擒去，书差、丁勇人等俱破膛，雨香则悬之高竿，欲其晒死。正在将死未死，县官往求，那边亦有绅士向其说，如官不死尚可不奏，尔等亦轻，倘一死，事闹大矣。那边不肯，活活死在竿上"。③ 此事既说明鸦片私枭的猖獗凶残，也透露了私枭团伙同官、绅都有勾结，平日很可能通过贿赂造成一个"猫鼠互利"的局面，沈茂霖因为太认真却缺乏实力而送了命。

至于粤东的潮汕地区，更是充满小规模动乱。海丰知县屈鸣珍（子御）往潮出差，为盗围攻，焚烧十余船，仆从十死八九，屈投水获救。④ 同治八九年间，杜凤治作为委员被派往潮阳县催征新旧粮欠。日记记载此地：

> 风尚不古，民情强悍，弱肉强食，械斗成风，各村连横从约，互树党援，仇雠相寻。稍有资产者甚至一步不可行，偶然不戒，即为仇乡捉去，性命随之；否则羁押勒赎，称其家资，盈千累万，不满所欲不释也。各乡寨垣如城，坚固逾石（乃三和土作成，云以蔗糖、糯米和成），炮不能石。抢劫之风，甚于广肇二府，夜不安枕。其垣之坚，盖为拒盗计，迨恃众抗官，国课数十年不名一钱，凡官催征，必须募勇数百，谓之打村，乡人则以

---

① 《日记》，同治十年九月廿四日，《清代稿钞本》第 13 册，第 417 页。
② 《日记》，同治十年十一月初三日，《清代稿钞本》第 13 册，第 464 页。
③ 《日记》，同治九年七月初三日，《清代稿钞本》第 12 册，第 309～310 页。
④ 《日记》，同治六年十一月廿二日，《清代稿钞本》第 10 册，第 389 页。

枪炮拒之，两相攻击，官胜则入村任所欲为，不胜则无望征收一分一厘矣。①

但在民风强悍的潮汕，竖旗起事反抗朝廷的事也并不比珠三角、粤西多。在这两年的日记中，提到潮汕地区的土豪拥有旧式火器，却没有提到洋枪。

日记中对盗案的记述给我们留下了很多了解晚清广东治乱情况的信息。如杜凤治再任广宁时，日记有如下一段记载：

> 晚上忽有古水开至石狗之渡船舟人陈亚六呈控：本月廿八由古水开行至曲水石山下敢扇湾河时，已二更时候，遇贼艇二只，共匪约二十余人，乱放鬼炮，不敢与敌，夜深喊救无人，将各客人身上衣服及银柜中一切银信尽数劫去。当时传讯，陈亚六供：该渡夫江积陈姓，自同治二年开和合饷渡至今，从未遭事，兹被劫后次早奔投石狗源昌等店。匪二十余人，有三人用布包头，听其口音甚生硬，不辨何处人。判令回去候会勘，饬差严拿按办。②

这只是一宗不算重大的案件。从上述记载我们可知：（1）其时广宁有定期定点往返的渡船，经营渡船需要向官府缴纳特殊的赋税，故称为"饷渡"；（2）渡船不仅承载旅客，而且还有代客带送银信的业务，但渡船没有自卫的枪炮，可见当时社会秩序大抵上安靖；（3）其时虽无大股盗匪，但拦河抢劫等案时有发生，在本案中二十

---

① 《日记》，同治九年三月十一日，《清代稿钞本》第12册，第196～197页。"炮不能石"一句原文如此。
② 《日记》，同治十年一月三十日，《清代稿钞本》第13册，第105页。

多名盗匪既有本地人，也有外地人，行劫时还开洋枪威吓；（4）渡船被劫后船主"次早奔投石狗源昌等店"。为何这些店铺会成为报案的第一处所？推其缘故，当系石狗墟为公局所在地，晚上、清晨公局无人接案，但店铺中的绅商有局绅，所以船主就把源昌等店作为首先"奔投"报案的地点了。

（三）杜凤治对广东风气与治乱的议论

在日记里，杜凤治一再认为，广东民情风俗不好，"治"是暂时的，日后仍不免大乱。

在清朝，浙江是全国文教、科举最发达的省份之一，作为浙江籍的正途出身官员，杜凤治在道德、文化方面有着优越感。他经常拿家乡浙江与广东比较，大发议论。首次去广宁赴任途中，杜凤治就感叹："江面亦平坦，大有江浙之风。两岸风景亦颇秀美，但少山耳。惟江中窃盗出没，行路戒心，民情刁悍，习为不善，不及江浙远矣。"① 在罗定知州任上，他总结宦粤近十年的观感："粤东人情贪愚，知威而不知恩，所谓德化或者他省可行，此间断不能行。"②

杜凤治尤其看不起广东的绅士。同治六年冬，他催征时顺便到涉及浮收的书吏沈荣家的祠堂，沈荣有五品顶戴，"为此立伊母生祠请封，门标大夫第"。杜凤治因为沈荣祠堂的"僭妄"，感慨说："其体面皆孔方兄所为，在江浙地方，方且鄙之不暇，而此间则真畏之尊之如大绅士矣！"③ 后来，他看到例贡、例监也称为"成均进士"，因而议论广东风俗：

> 广省人情嗜利、喜体面、信淫祠，既嗜利则无钱不想，不义

---

① 《日记》，同治五年十月十五日，《清代稿钞本》第 10 册，第 84~85 页。
② 《日记》，光绪元年十月十六日，《清代稿钞本》第 17 册，第 403 页。
③ 《日记》，同治六年十二月二十日，《清代稿钞本》第 10 册，第 446 页。

之财亦所不顾，不得不信淫祠。且利与体面不相并，体面必要脸，识羞耻才为体面；而既嗜利，则其体面亦不能顾羞耻矣。虽见笑大方，而彼自以为得意也。盗贼多者亦中此三病，称大王一呼百诺，任我指挥，又抢掳有钱，以淫祠惑人，故宁为盗。即俨然不为盗而为绅者，其心其行甚于盗，且有为盗贼所不屑为、不肯为而腼然为之，并不盗贼若矣！①

其时，"广东风气，一经发达登科及第，则不论千百里外、异府各县不同宗之本家，皆请其祀祖，即不往请，登第者亦必往拜"，祭祖时不仅大排筵席，而且还厚赠并无亲族关系的同姓中式者，"一借其荣，一图其利"。顺德梁耀枢中同治辛未科（1871）状元后，全省各地梁姓纷纷请他去祭祖，梁"所获不赀"。广宁拔贡何瑞图中举后，"凡姓何者无不与联宗祖，亦获千金之则"，往顺德途中落水溺亡，杜凤治评论说"可悯可嗤"，认为这是江浙所无的陋俗。②

他在潮阳催征时，日记中论潮州风俗：

是地非无生性本正直厚笃者，天生人无私，不以海滨蛮荒而外之，而山川钟毓未免强悍，不识理者多耳。予谓此地人分而为三：三中一分为真好人，一分为可善可恶人，一分则为烂仔不好人。而不好人中又分为三：三中之二尚可恕，或重惩令改，或墩禁终身；而其一分则皆穷凶极恶，逢赦不赦，一经弋获立置重典者也。且淫风流行，少年男子往往名为妹为娘，而搔头弄姿，顾影自怜，争赛妖媚，恶俗不可偻举。

---

① 《日记》，同治六年十月廿五日，《清代稿钞本》第10册，第354页。
② 《日记》，同治十一年十一月十八日，《清代稿钞本》第14册，第373页。

他认为，潮州风俗中唯一高雅的只有功夫茶。①

他在南海知县任上，经常处理"卖猪仔"出洋的案件，还经常奉命"就地正法"盗犯。日记记曰："广东抢劫、拐卖两案，一经审实，臬台过堂，即便定罪弃市，每月两县办此数次，多至百余名，办愈严，犯愈多，圣人复起亦无法可以弭之。"② 有一次监斩后又议论说："臬宪府宪发办审定斩决之犯，通省皆有，约以千计……而犯者仍接踵，恝不畏死，口称十八岁后又一少年好汉。（广东）民情强悍，嗜利轻死，究与江浙等省不同也。"③ 同治十二年底立春巡游过后，杜凤治因省城观看巡游人数众多，发出感叹，认为广东虽富庶，但"人心浮动，男女好嬉游，少务正业，娼赌二事甲于天下，必非久承平者"，"十年之后必有变动"，"设有一陈涉、黄巢辈起，攘臂一呼，十万众可立致也"。④

杜凤治认为，广东人口太多是日后仍会发生大乱的重要原因。同治十二年乡试考生入场时，一路旁观者人数众多，杜凤治感叹："广东人何如此之多也！是何处来的？真不可解！每年出洋不下千万，犯法正典刑者亦不少。"⑤

在罗定知州任上，他对当地"溺女"的恶俗感到不解和深恶痛绝。他注意到："此地妇女最苦，在田作工者皆妇人，妇人如此得力，而生女奈何溺之乎？死者可悯，生者如牛马作苦亦可怜，不知男子何事何在，习懒性成，风气恶极。往往老妇年已五十六十，生子七八个皆强壮有力，倘皆无妻，犹待此老妇勤力耕种养之也。此等男

① 《日记》，同治九年六月廿四日，《清代稿钞本》第 12 册，第 300 页。
② 《日记》，同治十二年四月初四日，《清代稿钞本》第 14 册，第 523 页。
③ 《日记》，同治十二年十一月十九日，《清代稿钞本》第 15 册，第 233 页。
④ 《日记》，同治十二年十二月十七日，《清代稿钞本》第 15 册，第 273 页。
⑤ 《日记》，同治十二年八月初六日，《清代稿钞本》第 15 册，第 118 页。

子，大半为盗，杀之不胜杀，何不生时即溺之乎!"① 杜凤治有一次看到沿途男孩多，想到：

> 男子如此之多，十年后长大何事可作、何饭可吃？未有不流为盗者也。故予尝言：广省风气不善，重利轻命，设有一不逞者出，攘臂一呼，十万众可立致，十年以后，恐必有事。目下虽安平，瑞中堂在此十年，一味羁縻，其办中外事亦如此，一旦溃裂，势不可遏。所以予常言此地不可久居，刻刻思归。吾越自来少罹兵革，长发之乱，为古今所罕觐，此后或不至有事，居家过日，必以吾越为最善之区矣。②

杜凤治对广东的富庶颇为赞叹，但对广东的民风、民情却始终不看好。光绪二年九月，他到佛山一带勘查劫案，看到南海田园畅茂，觉得已达到了孟子所言之"土地辟、田野治"的境地，但他又说，"地方官何暇及此？乃民间不待官劝，俱肯勤力田园"所致。接着，他想到粤省土地肥沃、物产丰富，谋生不难，但盗贼多，乞丐少，为盗贼者非尽贫苦人，便认为原因是广东风气奢侈、嗜烟赌者多，加上生育过多，人满为患，父兄管束不严，人心浮动，因此他又说，"不出十年，设有一大奸慝出，口称仁义，好客疏财，攘臂一呼，十万众顷刻可立致"，广东"不出十年必将大变"。③ 次年七月，总督刘坤一召集广府、六大县、四营将、绅士讨论水灾引起物价上涨如何应付，有绅士说："广东现在情形，谓不日即有咸丰四年红头之变。"杜凤治则认为眼下尚不至于，但十年内外必有事，广东"游手好闲之人

---

① 《日记》，光绪元年十月十九日，《清代稿钞本》第 17 册，第 410 页。
② 《日记》，同治十三年十月初四日，《清代稿钞本》第 16 册，第 239 页。
③ 《日记》，光绪三年九月十一日、十三日，《清代稿钞本》第 18 册，第 69、74 页。

太多，思乱可以有为之人亦不少，皆散处未萃耳。设有仗义疏财、辍耕叹息之奸雄出，攘臂一呼，势必人如归市，十万众可立致也"。①

二 日记反映的中外关系

（一）日记中的西方新事物

西方国家以枪炮敲开中国大门是从广东开始的。两次鸦片战争中，广州都蒙受战火，连两广总督衙门也被毁，旧址成为法国教堂的所在地。布政使署这样重要的衙门，东边一部分也被法国占为领事馆。同治末年，越南"已被法国占据数郡"，其时钦州、廉州属广东，与越南接界，广东高官对越南局势很担忧。② 这些都是杜凤治目睹、耳闻、亲历并记入日记的。

广州又是西方新事物传入中国的窗口。广州在鸦片战争前是唯一的通商口岸，从战后到同治、光绪年间的二三十年，西方的新事物进一步传入：外人的洋行、银行、船坞等纷纷设立，沙面沦为英法的租界，著名的西医医院——博济医院于 1866 年成立（其前身于 1835 年已建立）。洋务运动期间，广州建立了同文馆、机器局、招商局分局等。中国人开设的洋货店、西餐馆、照相馆等改变了居民的消费习惯。西方的外交官、商人、游客与广州的官、绅、民有更多的接触交往，也发生了不少纠纷。广东人可以随时到香港、澳门，从而又有机会接触更多西方新事物。杜凤治是一位参与对外交涉的地方官员，他又勤于记录，其日记对了解同治、光绪年间西方事物在广东的影响是相当有价值的史料。

---

① 《日记》，光绪三年八月廿七日，《清代稿钞本》第 18 册，第 429 页。
② 《日记》，同治十二年十一月初一日，《清代稿钞本》第 15 册，第 208 页。

同治、光绪年间是洋务运动开展时期，广东在瑞麟主持下也有制器设厂、创办新式学堂等举措，小官杜凤治基本无缘参与洋务，但因其有时跟随督抚察看地方政务，也留下一些侧面记录。

其时广东的高级官员因公在省内往来已经常乘坐轮船。如同治十年，瑞麟乘坐轮船前往拜祭南海神庙，日记注明："此船系中堂发帑自制，雇洋人驾驶已久矣。"① 盐运使署也有专用的轮船。② 光绪三年七月，总督、巡抚赴虎门阅看炮台，半夜乘坐火轮前往，天明可到，当天返回省城。③ 甚至私人活动也乘坐轮船。同治十三年四月，都司黄添元（捷三）约杜凤治与番禺知县胡鉴、广粮通判方功惠到省城西郊泮塘的彭园游玩。黄添元表示自己有公务要晚一点到，杜、胡、方三人就租了一条船，以小火轮牵引。回程时，胡鉴乘坐另一艘火轮与杜、黄、方分头回城。④ 这说明当时官员使用小轮船已经相当普遍了。

同治十一年五月，广东得到福州船政局制造的安澜号兵轮，杜凤治跟随瑞麟和一干文武官员去看这艘中国自制的军用轮船。日记记曰："据言其船造成共该实银五十万两，工料俱精致坚固，胜于广东所制，闻有洋人去看亦云胜于外国所制……其船妙在无一洋人，皆汉人自为之，一切排场与洋人无异。"⑤ 当年十月，杜凤治又跟随督抚乘坐这艘轮船视察炮台。⑥ 安澜号一直使用到清末民初，在历史上有一定名气。

日记又记载了同治十一年粮道、海关监督、四营将等一干文武官

---

① 《日记》，同治十年十月初四日，《清代稿钞本》第 13 册，第 432 页。
② 《日记》，光绪三年四月初九日，《清代稿钞本》第 18 册，第 248 页。
③ 《日记》，光绪三年七月十八日，《清代稿钞本》第 18 册，第 416 页。
④ 《日记》，同治十三年四月十二日，《清代稿钞本》第 15 册，第 451 页。
⑤ 《日记》，同治十一年五月十九日，《清代稿钞本》第 14 册，第 128～129 页。
⑥ 《日记》，同治十一年十月廿五日，《清代稿钞本》第 14 册，第 346～347 页。

员到省城外之海珠岛"同观洋人机器，用火轮自能织布、造衣之类"。① 以往研究者不知道海珠岛这所工厂，作为洋务运动期间的官办民用企业，海珠岛的机器织造厂要早于光绪二年创办的上海机器织布局，但没有持续办下去。日记又记载同治十三年闰六月总督瑞麟、巡抚张兆栋率领布政使、盐运使、粮道以及广州知府、两首县知县等官员"赴炮局阅看机器"，"机器系温歘园掌管，初制就试演，为铸枪炮用，与火轮船上各物异曲同工"。② 温歘园即温子绍（1834～1907），"于泰西机器制造之事悉心考究"，被瑞麟任用总办军装机器局。③ 日记又记载光绪三年二月总督刘坤一、巡抚张兆栋等一众官员"看火药局所办之机器"，"此机器局系批验所大使潘露（号镜如）承办，已有两年，为铸大炮、装轮船而设，非比新城炮局只可铸造洋枪小件也"。杜凤治也参与了观看，"遍阅机器，其运用之妙，殆非思议所及"。日记称潘露系时任福建布政使潘霨（后任贵州巡抚）之弟，一度因采办洋人机器价格参差被撤任，杜凤治认为潘露是被冤枉的。刘坤一对机器甚为满意，杜凤治估计潘露很快就可以回任。④

从日记看，很多外国之器物已进入中国人的生活。杜凤治已使用钟表，他南下赴粤路过上海时就买了一只表，花了 10 元。⑤ 日记记时间干支、"几点钟"并用。他刚到广州时，"至大新街照小影，中小两镜面，计三洋五钱银"。⑥ 其时拍照片价格可说相当昂贵，能消费得起的当为比较富裕的官绅、商人。他又曾为儿子请医生种牛痘，"送医生种资洋银四元，痘浆小孩银二钱，轿钱五百，背小孩来之人

---

① 《日记》，同治十一年三月初七日，《清代稿钞本》第 14 册，第 35 页。
② 《日记》，同治十二年闰六月廿八日，《清代稿钞本》第 15 册，第 65 页。
③ 民国《顺德县续志》卷 17，"列传二·温承悌传"。
④ 《日记》，光绪三年二月廿七日，《清代稿钞本》第 18 册，第 170 页。
⑤ 《日记》，同治五年九月初一日，《清代稿钞本》第 10 册，第 61 页。
⑥ 《日记》，同治五年十月初七日，《清代稿钞本》第 10 册，第 80 页。

二百文"。^① 这个价格也不便宜。

广州已经有专卖外国产品的商号。他刚署理南海知县，就遇上徐云甫、梁月亭开牛栏宰牛发卖，"假洋人名免多费"。徐、梁还在鬼基（按："鬼基"在今广州六二三路一带）高桥脚开设安源泰洋货店，该店"实无他货，只洋酒矣"。^② 如果购买洋酒的只是居住在广州的外国人，那么这种生意应由外国商人做，但开店的是两个中国人，因此，笔者推测这间"洋酒专卖店"的顾客也有中国人，其时中国人已接受了洋酒的口味。

有些外国人甚至还在广东省城开设娱乐场所，清朝官员为防止"滋事"，对这类事都会设法禁止，洋人为此同中国官员进行了反复交涉。同治十年四月，总督瑞麟以"鬼基洋人演鬼戏"，且"戏厂中有赌场"，命杜凤治与督标副将喀郎阿去查看，杜查明确有"鬼基洋人因演戏诱中国人赌博"。可能由于法国人坚持，瑞麟只好与法国领事商定鬼基只准演戏不准开赌。^③ 次年，德国领事照会，要求允许德商在城西黄沙开戏园，瑞麟示意杜凤治复照拒绝并出告示禁止。^④ 又有"洋人在四牌楼开门延人看西洋景致"以及"番禺河南地方有洋人赁屋演戏法事"。^⑤ 四牌楼（按：今广州解放路）在省城老城中心，与督、抚、藩、臬、南海县等重要衙署近在咫尺。从上述记载看，洋人似乎曾经在广州开演过"鬼戏"，估计观众有限，仍以演中国戏为主，官府对此一再阻拦，但洋人则一再照开。这些戏园主要还是以营利为目的。遗憾的是，我们无法知道所演出的"鬼戏"的具体剧目。

由于口岸陆续开放，广东原有的社会经济格局受到冲击，发生了

---

① 《日记》，同治九年十月十三日，《清代稿钞本》第 12 册，第 512 页。
② 《日记》，同治十年四月三十日，《清代稿钞本》第 13 册，第 205 页。
③ 《日记》，同治十年四月二十、廿二日，《清代稿钞本》第 13 册，第 183、191 页。
④ 《日记》，同治十一年五月十六日，《清代稿钞本》第 14 册，第 125 页。
⑤ 《日记》，同治十一年十月廿二日，《清代稿钞本》第 14 册，第 342 页。

不少变化，日记也有所反映。同治十二年的日记说："予初到时，省河大眼鸡即头网船尚多，年深月久俱已霉烂殆尽，非洋人夺其利之故乎！即自澳门、香港有火轮渡，中国之商船绝迹不行，而火轮船俱已大发财源矣。言之可恨！"① 几年后他辞官归里路过粤北南雄州，以前该州"只收船税一款有数万金，今则只二三千金矣。自洋人火轮船盛行，既便且速，官、商多由火船出入，粤省度岭者十无一二，以故行店坐食赔本，夫子不多，且亦呼唤不灵，客到须坐候夫集，盛衰情形，今昔如判天渊，萧索至此，犹恐日甚一日也"② 这都反映了轮船航运发展后，广东原来的水陆运输业急剧衰落。

其时广东官、商已通过电报获取必要信息。但在同治年间广东还没有电报，很多重大信息要靠香港转来，"京信由洋人电报来，最速亦最准"，香港洋人的电线曾因故中断，致使消息不通，一度有瑞麟要调动的传闻，但官场无法证实。③ 同治皇帝去世的消息也是先由外国人传到广东的。同治十三年十二月廿八日（1875 年 2 月 4 日）的日记记：

> 皇上遇天花之喜，均臻康吉，已普施恩泽矣。听事由省中驰报云：某日英国领事有密信致署制台张中丞，不知何事。中丞当传冯首府密语，首府出，又往见将军，转拜尚中协（本次日要去看火船，见将军、拜尚协者，为次日看火船不去也），皆密语。从此外间轰传英国电报云十二月初六日有非常之变矣，坐省亦竟敢作函与门上通知，恐英国必不敢擅造谣言也。④

---

① 《日记》，同治十二年五月十八日，《清代稿钞本》第 14 册，第 575～576 页。
② 《日记》，光绪六年九月廿五日，《清代稿钞本》第 19 册，第 20 页。
③ 《日记》，同治十年五月初四日，《清代稿钞本》第 13 册，第 209 页。
④ 《日记》，同治十三年十二月廿八日，《清代稿钞本》第 16 册，第 423 页。

其时省城到罗定的信件一般要四五天，这封"驰报"的信时间会短些。同治帝去世的时间是十二月初五日（1875 年 1 月 12 日），也就是说同治帝死后 23 日，清朝中级官员署理罗定知州杜凤治才通过坐省家人得到皇帝已"龙驭上宾"的消息，如果听事所说属实，那么广东省城的高官也是在同治帝驾崩多日后才通过英国人得知了这一消息。《申报》在同治帝死后 14 日（同治十三年十二月十九日）已报道说："昨日接得京都本月初六日来书，惊悉本月初五申时大行皇帝龙驭上宾。"① 其时香港已有电报，港沪时有轮船往还，粤港每天来往的人员成百上千，广东高官也会阅读报纸和通过香港获取信息，何以广东官场对同治帝去世这个重要消息知道得如此迟？抑或早有风闻却不敢表露要等清廷正式的哀诏？但从杜凤治日记看，他本人确实是十二月廿八日才得知这个消息的。

同治帝死亡信息过了很久杜凤治才知道，这又说明在同光之际，即使在广东，外国新事物的影响也不宜估计过高。其时外国输入广东的商品，不算鸦片，最大宗、最影响民生的就是洋米了。光绪三年七月因水灾引发米价上涨。杜凤治在日记中写道："盖广东全赖洋米接济，现在米价如此高昂（如以他日论，洋人电报甚速，洋米早接踵而至矣），洋米无至者，为五印度年荒，安南洋米均被截留，船无来者，来源不旺，得不日涨价乎！"② 不过，其他外国商品，尤其是工业产品，对广东居民日常生活的影响不如今人想象的大。我们可以根据粤海关对 1860 年与 1881 年几种进口货值最高商品的比较看到一些端倪（见表 2 – 1）。

---

① 《申报》1875 年 1 月 26 日，第 1 页之头版头条新闻。
② 《日记》，光绪三年七月廿七日，《清代稿钞本》第 18 册，第 424 页。

表 2 - 1　1860 年与 1881 年粤海关几种进口商品货值比较

单位：海关两

年份	棉织品	米	棉纱、棉线	毛织品	棉花
1860	1546808	1480663	663093	661033	3813938
1881	538355	4839243	1100383	—	818887

资料来源：广州市地方志编纂委员会办公室、广州海关志编纂委员会编译《近代广州口岸社会经济概况——粤海关报告汇集》，暨南大学出版社，1995，第 258 页。

以往我们谈鸦片战争后中国社会经济变化时，经常会引用外国工业品进口引起某个地方"衣洋布者十之八九"这类史料。但从表 2 - 1 以及粤海关这二三十年的统计数据看，与居民生活关系特别密切的棉纺织品增长不算迅速，每年价值几十万两、一百几十万两的棉织品，不足以使全省几千万居民的衣料发生根本改变；而且，从粤海关进口的外国棉织品还要分销到其他省份，并非仅供广东消费。于此可见，同治、光绪之际，即使在开放最早的广州，外国工业品影响居民生活的情况也不宜夸大。另一个佐证是：杜凤治日记中为自己和家人购买洋货、洋衣料的记载极少，也没有请西医看病的记录。

（二）杜凤治对洋人的观感

杜凤治是一个受过系统儒家教育的士大夫、清朝的中下级官员。在当日的中国，他在自己所在群体中或属于佼佼者，也具有一定代表性，因此，他在日记中对外国事物和洋人的态度值得一提。

第二次鸦片战争时杜凤治正在北京，但这个时期的日记没有保留下来，后来的日记也没有追述英法联军攻打京津的事实，但他赴粤前显然对外国事物接触不多。日记写他第一次乘坐轮船时的所见和感受：

> 同诸君看火轮机关，转动处物件甚多，精妙无匹。下锚、上货以及取水、磨刀琐事，无不以机关转运，不费人力，亦巧甚

矣！夺造化之奇！是何鬼物，有此奇妙之想，亘古绝无。人事至今发泄殆尽，吾不知后又将如何。①

当日的中国人，第一次看到轮船往往都会有一种震撼之感。孙中山也记述了自己1879年（时年13岁）第一次上轮船的感受："始见轮舟之奇，沧海之阔，自是有慕西学之心，穷天地之想。"② 不过，杜凤治的年龄、地位、阅历与少年时代的孙中山完全不同，所以，他虽然把观察到的外国新事物记入日记，感叹洋人之巧与奇，却没有进一步的探索。

杜凤治对外国新事物关注、欣羡，但对洋人威胁清朝统治、霸占中国土地、以蛮横态度欺压中国官民是反感的。同治五年九月，他来粤赴任路过香港，记下了香港夜景和自己的感慨：

> 满山满江灯火，如万点星光，真乃大观！洋房自岸直至山半，又沿岸约数里；夹板火轮百余号停泊江心，灯火达旦，迨晓犹荧荧未绝也。此地及上海北门外俱为夷人占去，非我所有，整治改观，不惜财力。楼阁巍峨，灯火连宵，笙歌四起，游人如织，不必秉烛，真千古未有之奇，亦千古未有之变，不知伊于胡底！凡事有始必有终，看他横行到几时耳。③

同治八年十一月，杜凤治取道香港赴潮阳，途经虎门炮台旧址，他慨叹："真为天险，使当事者诚心守此，岛夷岂能越此哉？可叹

---

① 《日记》，同治五年八月十三日，《清代稿钞本》第10册，第53页。
② 《复翟理斯函》，《孙中山全集》第1卷，中华书局，1981，第46页。
③ 《日记》，同治五年九月初八日，《清代稿钞本》第10册，第63页。

也!"① 路过香港时他有机会上岸，再次记下了对香港的观感：

> 街道开阔洁净，即汉人开店者亦皆洋楼。其路往往由底而高，盖本山也。因山作屋，故层层叠叠，背山又逼，以故屋以后又见屋，楼以后又见楼耳。夷人于此设官，照汉例，有督、抚、藩、臬、府、县，亦延汉人作师爷，又有人带刀及鞭巡街，因此行人各安各业，无争闹者。②

从潮阳回省城路过香港的记述是："夷人夜禁綦严，九点钟不准人行，街衢寂静，有数红衣鬼查夜而已。地灯遍处皆是，其明如昼。"③ 英国人按照本国标准对香港建设、管治，其市容、秩序往往予有思想的新来访者以震撼，康有为、孙中山日后都谈过香港印象对自己改革、革命思想产生的影响。然而，作为州县官，杜凤治则更关注英国人在香港的官治和秩序。

同治十一年冬，他的堂弟杜澍（若洲）传闻乘坐轮船失事，杜凤治在日记中议论说："西人数万里来此，往来如织，若平地然，虽为开辟以来所无，而此道既通，日见其多，不能因其险而不行也。火轮不畏风不畏水，只畏船中失火与遇礁石。如夹板船则非风不能行，风大常坏事。"④ 尽管他对轮船的了解还比较肤浅，但也明白轮船代替帆船是必然的，即使偶然出险，洋人还是会乘轮船来，中国人也不得不乘坐轮船。

杜凤治在四会任上，有一次肇庆府发下各州县文书，"内有法国

---

① 《日记》，同治八年十一月廿一日，《清代稿钞本》第12册，第61页。
② 《日记》，同治八年十一月廿二日，《清代稿钞本》第12册，第62~63页。
③ 《日记》，同治九年七月十五日，《清代稿钞本》第12册，第327页。
④ 《日记》，同治十一年十二月十六日，《清代稿钞本》第14册，第403页。

天主教传教广肇罗头目（驻扎肇、广府）行文来，为传教事，恐人不信致滋事端，出示开导，嘱代书六张悬挂，并高要一文亦一告示、府一札亦一告示，来文官封亦照中国样移文，亦同钤一长印，上半一十字架，下半左八字右八字，系篆书，乃'圣号遗训，振道东传'八字"。① 这是法国利用不平等条约传播天主教的一个例证。清朝官员杜凤治对外国传教士的"僭妄"行为非常反感。

有一次，杜凤治在藩台衙门遇到外国领事官员会见布政使。日记记下：

> 先进一四人蓝呢轿，次进一四人绿呢轿，又一三人小轿。两大轿出二鬼子，仍照平日穿着，长裤腿、尖鞋，二人帽不同，外罩一黑短衫。蓝轿一人，衫上左右肩下有两盘金圆物，不知所绣伊何。绿呢轿一人，帽两头尖，右边亦有一绣金圆花，左则无。小轿一人，周身着黑，似是仆人，亦非黑鬼。其状沃若，其服支离，真是衣冠犬羊。②

杜凤治的观察、记录非常细致。在今天看来，这三个外国人的仪表行为并无不当之处，杜凤治斥之为"衣冠犬羊"，完全是一个中国传统士大夫"夷夏"观的体现。

等他任南海知县后，同洋人打交道多了，受洋人气也不少，对"洋鬼子"难免又多了一层怨气。同时，也直接了解、感受到中国各阶层民众对洋人横行霸道的反感。同治十三年，他在日记中抄录刘长佑办理越南情形的奏折，评论说："法国哄于越南，日本窥视台地，

---

① 《日记》，同治八年五月十一日，《清代稿钞本》第11册，第394页。
② 《日记》，同治八年十一月十五日，《清代稿钞本》第12册，第54页。

同一意也，狨焉思启。中国人痛恨洋人深入骨髓，日前通商衙门有洋官去，言天津又有谣言要杀尽洋人，各国无不惊慌，虽无实事，然究不妙，恐不久必有败约之事。"①

　　同治、光绪年间，欧美人在华有大量的经济活动，不仅有条约认可的生意往来、产业买卖，而且还有条约没有规定的投资建造工厂、经营航运（或与华人合资）。一旦钱债、土地案涉及外国人，官员判决时就为难得多。中外都有人千方百计把外国人引入官司，以使获得有利于自己的裁决。例如，道光、咸丰年间广东著名的富商兼大官、巨绅潘仕成由于盐务失败，被官府查抄家产。其侄潘铭勋与其父把属于潘家的部分房地产卖给英国人沙宣。潘铭勋父子原先估计潘仕成是奉旨被抄之人，为避免匿留之罪，不敢承认这些产业。谁知潘仕成不甘，一再控告潘铭勋盗卖自己的产业。② 租赁这些房产的若干店户开头不承认沙宣"管业"的权利，英国驻广州领事许士（Hughes，P. J.）出面干预，照会广州各级官员。瑞麟指示承认沙宣的产权，潘氏家族的纠纷另行归断。③ 谁知案情又起新波澜。美国领事赵罗伯（Jewell，R. G. W）照会瑞麟，称潘铭勋出售给沙宣的产业，内有潘氏家族早就典与美国人的地段。瑞麟、杜凤治都认为，潘仕成、潘铭勋叔侄都是有意拉洋人涉入讼案，"明系以洋人挟制官长"；④ 承审官杜凤治更是恼火，但又没有办法，只好尽量满足洋人的要求。潘氏叔侄（尤其是潘仕成）涉讼经年，苦累不堪，最后得到好处的是外国人。同治十二年闰六月，"在鬼基摆西洋景摊，据称出洋十七年"的冼日山怂恿德国署领事福察法发照会干预一宗标的只有百两的钱债

---

① 《日记》，同治十三年八月十三日，《清代稿钞本》第16册，第120页。
② 《日记》，同治十年四月十八日，《清代稿钞本》第13册，第177页。
③ 《日记》，同治十年五月十六日，《清代稿钞本》第13册，第226页。
④ 《日记》，同治十年七月初七日、十一月初十日，《清代稿钞本》第13册，第301、478页。

案。杜凤治认为冼索债无据，"串谋讹索，希图借洋人以钳制官长，殊属可恶"。但冼有德国人支持，杜不敢惩处。① 杜凤治对这些添麻烦、损官威的洋人，心中自然非常恼恨。

同治、光绪年间发行量较大的中文报纸往往由外国人创办、华人主笔。杜凤治到粤后，《申报》《中西日报》《香港华字日报》相继创办发行。广东省城各级官员都会阅读这些中文报纸。同治十二年，佛山同知乔文蔚违规派出差人办案（本为南海知县职权），乡人殴差致毙，"新闻纸说得差役凶恶至万分"，广州知府与杜凤治商量如何处置，知府命杜先把新闻纸寄与乔看。② 杜凤治很快就对新闻纸有了看法。有一次按察使对杜凤治说起新闻纸上讥讽杜的报道，杜答复说："省城不快意之讼棍甚多，知臬台看新闻纸，特费数金刊上讥予自命太高、夸张得意，欲臬台知之耳。"③ 后来，杜凤治在日记里讥讽臬台作为司道大员不应该喜欢看新闻纸，否则，洋人、小人、无赖人都可以利用新闻纸来播弄、欺蒙，臬台靠新闻纸了解下属很可笑。④ 光绪元年二月，新闻纸言杜在南海任上对白契议罚太重，讽刺杜"善于理财"。又有新闻纸报道"罗定近时被受屈人烧毁衙署，又押死一生员"。杜凤治非常恼火，写道："如果造谣言刻新闻纸为有凭，则人人皆为之矣。洋人不知就里，唯得银即为之刷刻，混淆黑白，颠倒是非，莫甚于此，官安得而禁之哉！"⑤ 在"新闻控制"这个问题上，杜凤治算是一位"先驱"了。

瑞麟曾对杜凤治谈道："有夷人领事官来见，甫坐即由怀中掏出一纸，上写十姓，云武乡试求中此十姓，此必广东人打闹姓，浼其来

---

① 《日记》，同治十二年闰六月廿四日，《清代稿钞本》第 15 册，第 66～67 页。
② 《日记》，同治十二年六月廿二日，《清代稿钞本》第 15 册，第 4 页。
③ 《日记》，同治十三年三月初一日，《清代稿钞本》第 15 册，第 370 页。
④ 《日记》，同治十三年三月廿四日，《清代稿钞本》第 15 册，第 411 页。
⑤ 《日记》，光绪二年二月廿二日，《清代稿钞本》第 17 册，第 564 页。

托情，啖以重利者。"① 即使对晚清官场贪污之风司空见惯，开列名单公开要求在科举考试中录取也是不可思议之事。在日记里，多数驻粤外交官贪财颟顸、胡搅蛮缠、喜欢奉承、无法无天，而且还经常兜揽词讼。杜凤治认为领事馆官员干预案件主要是为了获得利益。领事馆官员出头往往比一般官绅有力有效，涉案人请求他们帮助，事前事后也会按照惯例予以银钱酬谢。杜凤治虽主要以中国官场的经验看待在粤洋人的言行，但他的记载有很大的可信性。

与洋人打交道是几面受气的事（洋人、上司、百姓），且难以谋取任何好处，杜凤治在日记中所表达的对外国人的观感毫无疑问是真实的。他的心态，在晚清办理涉外事务的府州县官中应有代表性。

杜凤治在南海知县任上参与了很多涉外的公务，将于后文第四章予以论述。

（三）"神仙粉"事件

同治十年，广东发生了一次中外交涉危机。当年五月下旬，广州、佛山等地讹传洋人派人在水井洒放"神仙粉"，人饮水后要求洋人医治，洋人就逼人信教，官府还拿获了所谓"洒药"的人。民间一时群情汹涌，有人声言要烧毁教堂。各国领事纷纷抗议，瑞麟等广东官员心急如焚，千方百计平息事态。杜凤治作为南海知县秉承瑞麟意旨参与处置，日记相关内容反映出当时中外关系、民众对外国人的态度以及清朝官员处理中外交涉危机的一般手法。

六月初二日清晨，瑞麟紧急召见司道等官以及广州知府梁采麟、南海知县杜凤治、番禺知县胡鉴等官员讨论，其时武营已拿得一"施药粉"的妇女梁何氏送交南海审讯，番禺又拿得一男子郭亚元。民间哄传，以讹传讹，匿名揭帖各处出现，至有拆毁外国教堂之谣

---

① 《日记》，同治九年十月十三日，《清代稿钞本》第12册，第489页。

言，佛山更甚。瑞麟指示广州府、两首县立即发告示安民，缉拿"施药"者与造谣者，但告示内容不要牵涉洋人。①

英国领事许士致函瑞麟，要求中国官员迅速弹压，瑞麟即命人将许士的信带交杜凤治及其他主要文武官员阅看。安良局的官绅调查各乡，得知"各乡尚属安静，亦实无食粉致死者"。瑞麟又命自己的幕僚另拟告示稿，宣布"造言生事者斩"，并悬赏捉拿"首先起事、捏布蜚言之人"。后瑞麟收到美国领事馆官员的一份申陈，附有佛山刊刻的揭帖两纸，系抄写的四言诗，署名是"除暴安良护国佑民大将军官梦钟"，诗中说"广东无福，遭夷淫毒，为今之官，番鬼奴仆，受鬼使令，有如六畜"，瑞麟也发交杜凤治等一干官员看。此时，有人又报称在省城河南某处见一人将药洒放井中，哄动了许多人。杜凤治对外国人授意施放"神仙粉"之事半信半疑。瑞麟要把捉到的"人犯"正法以威慑民众，但杜凤治表示："番禺所拿之郭亚元予不知，即如梁何氏、刘吴氏，一老妇、一愚妇人耳，未必受雇分药者，无非见人分药取得一包耳。供词如此，虽人情叵测未可知，但究无实据，杀之未免不忍。"②

其时有传言外国人将保释施放"神仙粉"的人，毁教堂的谣言越传越烈。西关又报称有"将药丢入井中"之梁亚福被扭送到文澜书院，千余民众聚集书院外。绅士表示要把梁亚福送官究治，但聚集的民众鼓噪说送官后法国人必来保释，要把梁亚福打死，绅士不得已，将梁亚福推出，众人拥至大门内，石子木棍齐下乱殴，顷刻殒命。但日记也说"梁亚福素有疯疾，绅等问其所掷何物，供系石子，何人授与，无有实供"。③ 显然，梁亚福是个无辜者。

---

① 《日记》，同治十年六月初二日，《清代稿钞本》第13册，第252页。
② 《日记》，同治十年六月初三日，《清代稿钞本》第13册，第254~256页。
③ 《日记》，同治十年六月初四日，《清代稿钞本》第13册，第257~258页。

佛山也传言吃了"神仙粉"的有千余人，却并无死者。杜凤治认为事情没有那么严重。但瑞麟认为，揭帖不仅针对洋人，还"辱詈官长至于斯极"，怎可说无事？英国领事许士又建议瑞麟以总督名义再发单衔告示。瑞麟一再表示担心闹成去年天津教案一样的事件，自己和各级官员都会受惩处。杜凤治说了一些让瑞麟宽心的话，建议尽快公开处决郭亚元和自认施药、平日念咒诵经为人治病的妇女郑曾氏以平息民愤，瑞麟点头。郑曾氏的口供是："惠州人，寡居，年五十六岁，一身在小北门住，现迁东校场，平日与人拜神画符，医治小儿病症。因六月初一日在校场口遇一不识姓名的男人，给与神仙粉一包并银五两，令往东便一带村庄分派，业已分派殆遍，初三日午刻至东关百子桥地方，正把神仙粉施送，被人看见叫喊，把该妇人捉获乱殴，神仙粉搜去，牵至东校场将其丢入水塘，适差役巡到，将其扶起解案审讯。"不久后郭亚元被处斩，郑曾氏则伤重身死。[①]

派往佛山调查弹压的游击黄龙韬（小姜）回来向瑞麟报告，佛山有揭帖，"上画四人，又画四狗，题云：'看似人，实似狗，实在非狗，是谓分府与五斗，都司、千总不知丑，日日与教堂看门口。'"许士致瑞麟的信"言佛山尚要拆教堂并戕官之言"。[②] 佛山人烟稠密，但官府力量远不及省城，所以，瑞麟把佛山作为关注的重点。

官府的告示声言要查拿施放"神仙粉"和散布谣言、张贴揭帖者，却没有特别说明外国人与"神仙粉"无关，于是英、法领事都发照会抗议，甚至有"齐欲发兵来省自行拿办造言污蔑之人"的传闻。瑞麟越发紧张，又担心土匪乘外国兵来之机作乱抢掠。杜凤治认

① 《日记》，同治十年六月初五日，《清代稿钞本》第 13 册，第 261 页。
② 《日记》，同治十年六月初七日，《清代稿钞本》第 13 册，第 263 页。"四狗"指驻佛山的文武"四衙"，即佛山同知（分府）、五斗口司巡检、佛山都司、彩阳塘千总。

为外国人只是空言威胁，"伊所云兵船将来者，纯是虚声恫喝，看光景即不为出示，亦未必来，即来亦不能到即开炮乱打。伊要拿人，何处拿起？我们俟其船来时，先问其起此无名之师何意，伊必云中堂不为洗耻，自来拿人泄愤；则又问他我们和好条约上并无外国人可拿中国人之理，如外国人而拿中国人，我们中国官亦可拿外国人矣。此事不在条约约之，须大家移文通商衙门请示核办，如要打仗，亦俟通商衙门信到再打。且私意揣英、美、布各国亦未必任法国人横行也"。杜凤治这番话反映出他对中外交涉的天真无知，不过，他只是下级官员，不知道也难怪。瑞麟已拿定主意对外国人"从权曲意顺从，为目前苟全计"，于是又命令将拿到在佛山张贴揭帖、长红的任亚兴先行正法。任亚兴供认并不知道"神仙粉"之事，"不过借洋人为名鼓众闹事耳"。①

这时，省城官场上下已乱作一团。任亚兴所供"神仙粉"与洋人无干、污毁洋人是为制造作乱机会，这正是瑞麟需要的，准备出告示称洋人与此无涉。但官员担心这个告示百姓不会信，反会激起民变。外间流言法国人带来"神仙粉"四千箱，胡鉴审问任亚兴时所记录之供词有"神仙粉"来自香港的话，瑞麟一见便大怒，认为胡鉴并未体谅自己洗刷洋人、消弭大祸、维持大局的苦心，这样的供词传出去会引起人心变动，质问为何不用严刑把供词打回去。如果出现民变，官员要受处分，洋人打过来，土匪即起，广东顷刻变为焦土，官员性命也不可保。要求官员不要怕因向洋人让步而引发民变，如民间生事可以调兵办理。谕令胡鉴、杜凤治等官员加速审讯，尽快获取"与洋人无涉"的口供，然后公开，并回馈外国领事。②

----

① 《日记》，同治十年六月初十日，《清代稿钞本》第 13 册，第 267~269 页。"布"国指普鲁士。在近代广东，"长红"指大幅红纸所写或大幅纸上写红字的通告。
② 《日记》，同治十年六月十一日，《清代稿钞本》第 13 册，第 270~273 页。

按照瑞麟的指示，杜凤治带领兵、差押送任亚兴、沙亚满到佛山处决，不久，被指为任亚兴指使者的苏亚贯也被捉到，瑞麟命按照对待任亚兴的办法将其尽快处决。瑞麟对杀人后局势迅速平靖很满意。①

在19世纪70年代，"神仙粉"这类事件很多地方都发生过，就常识而论，说外国传教士或其他外国人授意施放"神仙粉"毒害人逼中国人入教，经不起推敲。但由于民众痛恨外国人尤其是外国传教士干预亵渎中国传统礼俗和民间信仰，又不满官员事事畏惧顺从外国人；加之其时绝大多数民众缺乏科学知识，愚昧迷信，因为误会（如疯人梁亚福往水井丢石头）或有人故意煽动（如苏亚贯），"神仙粉"事件就造成了广泛的社会恐慌。社会下层也确存在某些希望发生动乱的人，他们同时把矛头对准洋人和官府，指责官员的言辞甚至更为尖锐。民间广泛的敌意、不满一触即发，造成严重的事件甚至动乱是很容易的。

较之杜凤治等下层官员，瑞麟"委曲求全""稳定大局"的想法更为强烈，他曾与英法联军作战，对外国人心怀畏惧，② 比未与外国军队交过锋的官员更怕洋人，只求外国人没有借口扩大事端，相安无事，为此不惜一再顺从外国领事的要求，向下属施加压力。对胡鉴记录的供词生气，以及急于处决供认"神仙粉"与洋人无干、散布揭帖是为制造作乱机会的任亚兴，都是为尽快对外国人有所交代。

但同时，官员对民情也必须有所顾及。如果处置不当，也会闹出大乱。所以，郭亚元、郑曾氏就成了平息"民愤"的牺牲品，所谓施放"神仙粉"的供词肯定是屈打成招。瑞麟并不在乎口供是否属实，不在乎是否冤枉，只在乎口供是否符合他维护清朝在广东统治秩

---

① 《日记》，同治十年六月十二日、十三日，《清代稿钞本》第13册，第273～275页。
② 后来瑞麟曾向杜凤治等讲述同英法联军作战惨败的情形，见《日记》，同治十一年五月初三日，《清代稿钞本》第14册，第114页。

序的需要。对地位低下的小民自然无须顾惜，几个人"无札无文，凭空请令"就被押去杀头，连"就地正法"的简易程序也没有走。梁采麟、杜凤治等官员虽曾劝谏瑞麟不要轻易处决太明显无辜的人，但他们也不反对借几个人头平息事态。

"神仙粉"事件发生之日，正是晚清教案进入高发期之时，此事在广东演变成一场教案并非不可能。但由于瑞麟不惜代价迅速处决"施药"者（可以肯定是无辜者）与造谣者，千方百计在不得罪洋人和"顺从民意"中间寻找平衡点，终于把民间的反抗压下去，避免了一场大教案的发生。

三　日记中的广东民生礼俗

（一）对社会生活细节的记录

前文说到，杜凤治宦粤期间是晚清广东相对安靖的时期，不仅没有波及全省的战乱、动乱，也没有大面积、持续时间较长的自然灾害，这十几年广东还算风调雨顺。光绪二年，杜凤治称自己"来此整有十年，无一荒岁"。① 日记多处记载了年谷丰登的景象，同治八年早稻丰收，谷每百斤只值银六钱。② 虽有"谷贱伤农"、增加田主缴纳地丁负担的问题（因为交纳钱粮要用银），但自清朝中叶开始广东就已需要大量粮米输入，米贵是引发社会不安的重要因素，因此，连年丰收也是这十几年广东相对安靖的重要原因。

杜凤治对广东富于他省很有感慨。有一次，他因省城一次演戏就花费几百两银，议论说："所费不但可作中人之产，在乡村可作一素

---

① 《日记》，光绪二年九月初六日，《清代稿钞本》第18册，第55页。
② 《日记》，同治八年五月廿一日，《清代稿钞本》第11册，第406页。

封之家也。予谓广东诚为美地，即如此举，他省恐不能。回忆贼匪横行军务各省，朝不保夕，安能梦想及此？即现在军务已靖，疮痍未复，亦断无余力及此。"① 杜凤治在广东当了十几年官，对广东的高物价已经习惯，所以，当他因病辞官离开广东进入江西赣州后，见物价便宜，感慨"牛羊鸡鹅猪鱼鸭，柴米油盐酱醋茶，及市中食用，粤东无一物不贵者（省中更甚），天下所无也"。② 日记很多地方反映了广东的物价水平要超过他的家乡浙江。日记记载，"浙江幕脩甚微，如嘉兴大缺，刑席脩脯六百元为最多耳"，浙江幕客的收入远低于广东。③ 在咸、同年间的大战乱中，浙江所受破坏较广东严重，同、光年间的恢复发展也不如广东。幕客收入的差异主要是由两省经济水平和物价水平决定的。因为广东富庶，所以从司道、州县到佐杂都希望到广东任职。

其时广东商业也逐渐恢复和发展。同治八年，杜凤治得知四会附近的水口厘卡一次上解5000两银，两个月收入就相当于四会一年的地丁，于是感叹说："会邑虽小，纵横亦百余里，一年征赋不及一水口出入商贾货物之厘头，予以为嗣后何必征收，只设局抽厘足矣。每石粮抽几何田赋，亦何尝不可抽厘哉？可哂可叹也！"④ 厘卡收入高反映了清朝对商人的盘剥，但也反映了商业、交通的发展，如果社会动乱、民生凋零、交通阻塞，厘卡就不可能稳定地获得大量收入。

同治五年，杜凤治从北京取道天津、上海、香港到广东赴任；同治九年，杜凤治从省城赴潮阳催粮；他任广宁、四会、罗定的州县官，经常舟行西江；光绪六年九月，杜凤治与家人取道北江跨梅岭，

---

① 《日记》，同治十二年正月十二日，《清代稿钞本》第14册，第437页。
② 《日记》，光绪六年十月初三日，《清代稿钞本》第19册，第27页。
③ 《日记》，光绪六年十一月廿八日，《清代稿钞本》第19册，第75页。
④ 《日记》，同治八年五月廿一日，《清代稿钞本》第11册，第388页。

经江西回乡，水陆兼程，旅途艰辛，共用了 80 多天回到浙江山阴。每次行程，他都对沿途陆路、水道、城镇、名胜、风景、船费、旅馆住宿费、饮食费、挑夫费、居民生活、各地物价等做记录。例如，同治五年的日记记下：乘坐轮船从天津至上海每人船票价 19 两；在上海住店每日房饭大钱 280 文，杜凤治认为"可云贵极，别处一百六十至足矣，而所吃仅一粥一饭"；由上海乘轮船到香港每人票价 15 元；由香港乘轮船到广州坐"楼上"每人票价 1 元，坐"平面"每人票价 6 角。① 又如，光绪六年九月辞官归里时全家老小、家人坐轿过梅岭，"予与太太大轿夫每名行中实给三百文，账上每名开六百五十文；担夫一百卅余名，每名行中给钱不过一百数十文，账上开每名三百数十文。他如保夫、夫头、行中伙友各费以及行李上河、行李安放，行中无不要钱、无不加贵，共计银四十余两"。②

日记记录了广东米粮价格。同治十年初冬，米价上涨，杜凤治记，省城米价"上白每元银买得廿五斤，次白每元银廿八斤，下白每元卅四斤。合成上米每百斤银二两八钱五分，次白百斤银二两五钱十分，下白百斤银二两一钱五分"。③ 比较同治八年的谷价，该年米价显得比较高。光绪三年，广东米价每斤需四十六七文，广西每斤仅十七八文。但广西境有厘卡七道（广东各厘卡不抽收谷米厘金），所以广西往广东贩米，除去厘金反要亏本。④ 上述两年的米价都是因高于平日才被记入日记的。

日记还提及省城米粮的消费，据此有助于推算其时广州的人口。关于晚清广州城人口有各种不同的数据，1882～1891 年海关的十年

---

① 《日记》，同治五年八月十一日、十八日、廿四日，九月初八日，《清代稿钞本》第 10 册，第 53、55、57、64 页。

② 《日记》，光绪六年九月廿五日，《清代稿钞本》第 19 册，第 18～19 页。

③ 《日记》，同治十年十一月初九日，《清代稿钞本》第 13 册，第 476 页。

④ 《日记》，光绪三年七月廿七日，《清代稿钞本》第 18 册，第 424～425 页。

报告估计广州人口有 160 万 ~ 180 万。① 这个数字恐怕过高。杜凤治调查过米埠的粮食售卖数量：省城地面人口"每日须食米七千石左右，此则文武各衙门、河下往来船只、蛋户人等、洋人地面尚未在内"。② 7000 石约折合今 80 多万斤，从米粮消耗估算（其时一般人只吃两顿饭，而且粮食不止大米一种），再加上食米并非来自米埠的人口，广州人口超过百万是完全可能的。

日记几处记录了广州房产的价格。前浙江盐运使、著名绅商潘仕成因为盐务失败被抄家，官府决定把潘家在西关聚族而居的大宅院出售，总督瑞麟亲自定价 38000 两，杜凤治作为南海知县具体执行此事。这所宅院因为价格太高没有人买得起，后被西关商人管理的爱育善堂以 3 万多两的价格购得，作为爱育善堂的"公局"（办事场所）。③ 潘仕成的宅院是超级大豪宅，但如果折合粮价，也只相当于两三万担白米。道台沈映钤的公馆，号称广东省城第一大房子，出售价格是 4200 两银子。④ 潘仕成、潘铭勋涉讼的 68 间铺屋，总价是 27710 两银子。⑤ 这批铺屋位于繁华商业区，平均每间价格为 400 多两。但较之房价，广东省城房租价格贵得多。同治八年，杜凤治的幕客金玉墀（楚翘）在省城租了一处小房子，每季度房租 15 元，且并非按月交租，即便住几天也要按三个月算。⑥

日记有不少买书的记录，比较房价和书价，今人很可能会觉得晚清的书籍贵得离谱。廿四史一部，白纸价 160 两，黄纸价 140 两，还

① 《近代广州口岸社会经济概况——粤海关报告汇集》，第 877 页。
② 《日记》，光绪三年七月十九日，《清代稿钞本》第 18 册，第 427 页。
③ 《日记》，同治十年九月初四日，十一月十六日、二十日，《清代稿钞本》第 13 册，第 384、486、494 ~ 495 页。
④ 《日记》，同治十三年十二月廿四日，《清代稿钞本》第 16 册，第 417 页。
⑤ 《日记》，同治十年四月廿九日，《清代稿钞本》第 13 册，第 202 页。
⑥ 《日记》，同治八年八月十三日，《清代稿钞本》第 11 册，第 513 页。

都须自行装订，加装箱 200 两以上。① 《通志堂经解》一部价 200
两。② 《全唐文》一部 200 余本价银百元，"皇朝三通"一部价银百
两。③ 也就是说，买两套廿四史（连装箱）或四部"皇朝三通"的
钱，就可以在广州繁华商业区购买一处铺屋。宦粤时，杜凤治同方功
惠软硬兼施逼迫潘仕成租借书版印刷了一批《佩文韵府》，回到绍兴
后杜送了一套给女婿陈仲和，陈"大喜过望，踊跃欢忻"。因为一套
《佩文韵府》"极便宜需三四十金"，陈虽富家，也舍不得买。④

当时还没有近代意义的邮政，信件通过信局、马差等寄送。同治
七年，杜凤治托钱庄转寄两封京信，寄给周星誉（叔云）的一封因
为页数多，且有重要文件，所以要四千文，另一封要六百文。⑤ 光绪
二年，杜凤治派专差从罗定送信给岑溪县知县寿祝尧（玉溪），"给
工食银九钱，限八日来回"。⑥ 杜凤治派到省城在督署前开设驻省机
构的施高、潘泰，雇一专差函告杜凤治回任南海已为定局的消息，
"足费五两零"。⑦ 这封信很重要，要专人加快送到，邮资就特别贵。

一些有关金融、货币的记录也很有趣。杜凤治在京城习惯使用咸
丰年间的大钱，同治五年到粤赴任。刚出京就记："出京至俞家园
（出砂锅门三十里）已纯用铜制钱，每两银（漕、库等平）仅换京钱
二吊四五百文。自铸大钱以来，留京十余年，不见用制钱，今忽睹
之，犹有旧时风景也。"⑧ 路过上海时又记下："上海均用规银，规银

---

① 《日记》，同治十年五月十五日，《清代稿钞本》第 13 册，第 223～224 页。
② 《日记》，同治十一年正月廿六日，《清代稿钞本》第 13 册，第 588 页。
③ 《日记》，同治十一年二月十四日，《清代稿钞本》第 14 册，第 6 页。"皇朝三通"
　现在的排印版是《清朝通志》《清朝通典》《清朝文献通考》。
④ 《日记》，光绪七年五月二日，《清代稿钞本》第 19 册，第 230 页。
⑤ 《日记》，同治七年八月初一日，《清代稿钞本》第 11 册，第 108 页。
⑥ 《日记》，光绪二年正月初六日，《清代稿钞本》第 17 册，第 517 页。
⑦ 《日记》，光绪二年正月廿九日，《清代稿钞本》第 17 册，第 534 页。
⑧ 《日记》，同治五年八月初五日，《清代稿钞本》第 10 册，第 50 页。

者，较京中常用松江银尚可每两申出五分，其平较京平亦可每两申出二分，以京平九十八两作为百两。"① 日记中的大量类似记录，对研究晚清货币、财政、经济和社会生活具有参考价值。

日记记下不少社会经济史研究者会感兴趣的细节。例如，杜凤治在南海知县任上，处理过一宗"长生会"案件。南海县神安司刘某牵头设立了一个"长生会"，办法是每人每次收银6分，共收180次计10两8钱后不再收，如有丧事，会中给予20两丧葬费。数以千计的人入会，但刘某等会首后来无法兑现承诺，于是引发三四千人闹事，将刘姓所住房屋及宗祠拆毁，又攻打其他会首居住的村庄，土匪也乘机抢劫。杜凤治一面设法弹压，一面通过绅士处置，设法将会首家产查清变卖。根据长生会细账，会友所交每银一两可归还四钱。② 这说明晚清已有规模颇大的民间互助、互济的金融活动。当时，丧葬对一般居民而言是一项很沉重而又不能不开支的负担，因此刘某的"长生会"才有如此大的吸引力。但刘某的承诺，是不可能兑现的。后来查出长生会有"主会人"军功彭盛华，彭的背后还有进士黄嘉端父子。③ 这些绅士在举办"长生会"时不可能不谋私利。后来，杜凤治又处理过佛山染纸色行东家、西家（雇工）的一宗讼案：

> 此案经前县断结（西家必欲东家用染色人听其指挥，一味把持挟制，不许东家自用人，不遂所欲，数众罢工涉讼。其实西家为首皆非工作人也），如用三人，准东家自用一人，用西家二人；收徒亦只许收一人，照断相安日久。去年西家习翻，又经委

① 《日记》，同治五年八月廿九日，《清代稿钞本》第10册，第59页。
② 《日记》，同治十年八月十二日、十一月廿六日，《清代稿钞本》第13册，第353、504页。
③ 《日记》，同治十一年三月廿一日、五月初三日，《清代稿钞本》第14册，第54、114页。

员照前断断结，乃西家又翻。昨请姚朵云讯断，谓西家言结上无"遂志堂"三字，不肯遵断。遂志堂者，西家自立名目，凡工作人入其堂（必是捐入堂也），祃首派令各处工作。本有生色行，凡染纸如色绫行、联兴行，所用工作皆由生色行出，自立遂志堂，东家不堪其挟持，以至多事。朵云昨晚见予言："予前于结上涂去遂志二字，故又翻控。"予言明日亲自提讯，谕原差将两造暂留一日。自海关回，不得不看卷，见卷页繁多，毫无头绪，且其名目、情由多不可解，看至一半，尚不知其为何事，迨全卷阅毕，略略懂得伊两造所争之故。外面伺候已久，即出堂判一切仍照前断，唯将遂志堂名目革去，不准复设，嗣后东、西和好，毋得再生事端，如敢再翻，定将起意为首之人严办，以儆效尤。饬令具结，否则将西家收押。堂判传出，两造均具结完案。①

从这段记载可知，其时佛山染纸色行西家行会有脱产的专职首领，并有同东家、官府博弈的一套办法。杜凤治的判决偏于东家，但他对行会内东、西家的关系和矛盾很不熟悉和不明白。

（二）各种祭祀、庆典

作为州县官，杜凤治的一项经常性的工作就是进行朝廷规定的拜祭（如拜祭万寿宫、同治帝的祭奠、历代皇帝皇后忌辰的例行祭祀等），定期祭祀该州县入祀典的各个神庙，不属于"淫祀"的当地神灵也入祭祀之列。因此，只要杜凤治本人在衙门，每月朔、望，日记基本上有到各庙"照例行香"的记录。杜凤治还参与、目睹了各级上司的祭祀活动。日记对这类祭祀做了详略不等的记载，可为清代祭

---

① 《日记》，同治十一年十月初八日，《清代稿钞本》第 14 册，第 328 页。"祃首"本义是工商行业祭祀的主持者，也是行业与官府打交道的代表。

祀典礼研究提供系统的参考资料。

这些官方的祭祀活动非常频密，现以同治八年春杜凤治在四会知县任上的祭祀为例。当年元旦，作为知县，他"五鼓朝服率领同城文武各官诣万寿宫望阙叩首朝贺。更蟒服诣圣庙、文庙、武庙、天后宫、五路庙、真武庙、城隍庙、包公祠，衙内土地祠、灶神、仓神、五树将军各行礼"。这个月除元宵日的照例行香外，还有多位先帝先后的忌辰要祭祀。二月份的祭祀活动更频繁。初一日照例行香。初三日是文昌帝君圣诞，天未亮就到文昌庙率属祭祀。初五日，"寅正三刻起来，恭诣圣庙行释菜礼……予献至圣先师暨复、宗、述、亚四圣，正副老师分献东西两哲，典史、把总分献两庑。礼毕，二学官、捕厅又祀乡贤、魁星、土地神，未大祭，先祭后殿"。初六日，"黎明率捕衙、城守诣凤山堂借地恭祀社稷，又诣南门外沙尾东岳庙借地冲大门祀风云、雷雨、山川神祇，并祀城隍；又率捕厅祀包公及衙内土地、尊神"。初十日，祀天后，又祀明都御史、总督谈恺、王钫。十三日，春祀文昌帝君。十四日，春祀祝融火神。十五日，武庙关帝行春祭礼，照例各庙行香。廿四日，清明。廿六日，孝昭仁皇后忌辰。① 这些频繁的祭祀是清朝把统治秩序深入州县的重要礼仪，杜凤治本人也非常重视，为筹办和举行这些祭祀活动花费了不少时间、精力和钱财。

同治十一年，总督瑞麟立下新规定，省城朔、望圣庙和文武二庙行香，官员皆须亲到，可见此前有些官员会缺席。当年正月十五，首县知县杜凤治寅初即起，到天后庙等候，然后四处行香。二月初一，也是如此。按惯例，初一先到文庙，十五先到武庙，文武庙由总督、布政使轮流去，按察使、盐运使、粮道、广州知府等则分别到文昌

---

① 《日记》，同治八年正月、二月各日，《清代稿钞本》第11册，第260~316页。

庙、天后宫、城隍庙、龙王庙，两首县知县就到风火神庙。省级高官往往不亲到，委员代理，但重大祭典，高官也到。当年因为万寿宫新维修，二月初一祭祀后，瑞麟还率省城大小官员到此恭听圣谕。二月初三的上丁祭，恰好又是文昌圣诞，由总督主祭圣庙，布政使主祭文昌宫。初四日总督主祭东门外神祇坛，巡抚主祭西门外社稷坛。①

然而，瑞麟的规定并未改变官员缺席祭祀的情况。如光绪三年七月十五日照例的三庙行香，总督刘坤一、布政使杨庆麟都告病缺席，很多官员也都以各种理由不来。②

日记多次记载对南海神庙的祭祀。南海神庙位于省城东南80里处（今广州市黄埔区庙头村）。"每岁春秋仲月壬日致祭南海庙，主祭官具蟒服，行二跪六叩头礼……每年十月内，巡抚择壬日照例致祭一次"。③ 但存世的南海神庙文物、文献对南海神庙的例行祭祀记载很少。杜凤治的日记记下，每年八月的例行祭祀，"照例应藩宪往承祭，番禺随往陪祀"，但布政使有时也委托广州府理事同知或广粮通判代祭。④ 日记提及巡抚蒋益澧、张兆栋乘船往祭南海神。同治十年，瑞麟兼署广东巡抚，十月到南海神庙祭祀，杜凤治作为首县知县陪同，日记用了1200字描写自己随祭的经历。因神庙外河道水浅，南海、番禺知县事先令在泊船处搭成浮桥九十丈，仅这座浮桥就花费了二三百两银子。瑞麟乘轮船，预祭的文武官员提前乘船到庙外河道停泊等候一夜。等次日瑞麟到达，登岸进庙拜祭，行三献礼毕，瑞麟先回船返程，其他各官也乘自己的船回省城。⑤

官府还有不少临时性的祭祀、祈禳。例如，同治十一年三月，广

---

① 《日记》，同治十一年正月、二月各日，《清代稿钞本》第13册，第555~602页。
② 《日记》，光绪三年七月十五日，《清代稿钞本》第18册，第411~412页。
③ 同治《番禺县志》卷17，"建置略四·坛庙"。
④ 《日记》，光绪三年八月廿一日，《清代稿钞本》第18册，第452页。
⑤ 《日记》，同治十年十月初三至初五日，《清代稿钞本》第13册，第429~433页。

州一带天旱不雨，总督瑞麟及一干官员连续多日祈雨。先是十二名幼童，"念两经，设大八仙桌两张，按八卦摆列，用五色旗帜八幅，亦按八卦，令幼童执旗，按方位站立、参互行走"，司、道、府、厅各官到大佛寺看幼童演练。本来，番禺知县应到龙王庙井中恭请圣水（白云山龙王庙在番禺境），但其时番禺知县胡鉴不在省城，杜凤治代替胡鉴于三月初七日晚上打火把前往白云山龙王庙井中取得圣水。初八日天明，瑞麟及以下文武各官到城北观音山龙王庙，杜凤治把圣水瓶安放在大殿的香案上，瑞麟率领各官三跪九叩，十二童子念经走旗，少顷又读文告，僧道晦经，整个祈雨祭祀花了大半天。[①] 此后仍未下雨，各官又在东门外神祇坛祭祀云雨风雷、名山大川、本境城隍之神，并下令禁屠宰三日。十六日下雨，但不多，瑞麟及各官乃步行到神祇坛祈雨。[②] 有官员献议"蜥蜴祈雨之法"；有人又说观音山五层楼新维修，"全壁皆红色，且新，此系坎位，火气过重，早言必有旱灾"，提议在五层楼"设坛建醮诚祈，并竖一黑色旗，上画一白圈，取天一生水之义，三日内必有雨也"。杜凤治就设法找到蜥蜴、童男，在城隍庙祈雨，藩、臬等高官再上白云山祈雨。[③] 上下折腾不已，到三月二十四日后，终于等到连降大雨。其实，广东春旱不可能持续很久。官场连续的祈雨活动，可以反映出官场文化以及当时社会的思想水平。

同治十一年五月初一（1872 年 6 月 6 日）发生日食，督、抚、司、道、府"各衙门延僧道鸣鼓救护，初食，出大堂对日行三跪九叩首礼"，杜凤治也虔诚地参与。[④] 他从《瀛寰志略》等书得来的

---

① 《日记》，同治十一年三月初六日、初七日，《清代稿钞本》第 14 册，第 33 ~ 35、37 页。

② 《日记》，同治十一年三月十二至十六日，《清代稿钞本》第 14 册，第 43 ~ 48 页。

③ 《日记》，同治十一年三月十八至二十日，《清代稿钞本》第 14 册，第 49 ~ 51 页。

④ 《日记》，同治十一年五月初一日，《清代稿钞本》第 14 册，第 110 页。

有关太阳、地球、月球的新知识，并没有使他对祈禳仪式产生怀疑和提出异议。

杜凤治在广东续弦的妻子陶氏是生长于广东的浙江人，"粤人信鬼甚于江浙，即一小家、一小铺、一破船，每日烧香无算。在衙门、公馆，恭人敬奉神鬼。然粤人风俗，门有门官，檐有'天官赐福'，神厅除'天地君亲师'供正中，左为财神、右为历代昭穆宗祖外，正中桌下供五方龙神、地主贵人。至于灶神，则家供奉、普天同之者也"。杜认为"粤中所祀，尚存古礼"，回到浙江家乡后，仍让陶氏按广东风俗祭祀。①

日记记载了不少民间祭祀、赛会活动。同治八年八月，杜凤治在省城候缺，曾目睹城中心双门底大醮盛况：

> 至藩司前一直抵双门底，两边所悬挂除灯外皆作成人物，每方约长七八尺，内人物七八九枚不等，合成一出戏。其人面貌生动，喜怒如生，间能动则暗洋鼠牵引使然，衣冠、宫室、杂物以及刀剑、盔甲均极鲜明。广东呼人物为公仔……外县亦偶有其事，虽俗亦南微胜景也。藩司前直通双门底，一路皆布篷，双边中间均悬公仔斗方，不下数百方。至双门底，则搭花台，台不甚高，其边皆雕镂木板，四面及顶，高约如三层楼，仰望堕帻。其宽如街，其长则有七八丈。台上前台空空，后一台正唱小清音……唯前后两副锡五事，兼嵌玻璃，内雕人物，高如予一人又半。在后台者略矮。此物虽不称奇，亦云罕靓，晚间上灯更可观。②

---

① 《日记》，光绪六年十二月廿八日，《清代稿钞本》第 19 册，第 122 页。
② 《日记》，同治八年八月廿六日，《清代稿钞本》第 11 册，第 522 ~ 523 页。

双门底每年大醮有一定群众基础，各店铺东主担心闹事、火灾，本不是很愿意举办，但"各铺手作工伙则专望此快乐数日"，官府屡禁亦徒然。① 日记还记下了城隍圣诞的盛况："都城隍庙神圣诞，昨夜在庙坐地过宿不下万千人，庙中庙前已满，直坐至清风桥、双门底。"②

同治八年的龙王庙赛会，被督、抚分别招请入衙署。③ 日记记载了其他多次"官民同乐"举办大规模巡游庆典的盛况。如同治十二年正月初六立春的"春色抬阁"："南海属各行头制抬阁三十二台，各头役部勇数百名。各同官观者，谓南海有藤牌手四十名，俱祖右臂持刀，左手持牌，其臂肥且白，粗如栲栳。竟能挑选四十名之多。"因为周边州县早知道消息，外地来者甚多，"道旁及东郊观（者）不下百万人。先日刻卖经过路程单，经过之地，两边房屋无不租赁与人搭台观看，男妇杂沓，举国若狂，竟有一楼房租十余洋银者……"巡游从南海县署出发，到番禺县署，经府署、学院、臬署，再经抚署进入督署，穿行出督署后，抬阁队伍又绕行到各司道衙门，由东向西行再次进入督署，总督瑞麟在仪门外坐看。全部队伍出东门到演武场，然后祭祀芒神（太岁神），祭后各官回自己衙署。④ 当年是双春年，十二月官府出面饬各行再举办一次迎春抬阁，早在一个月前两县就派出差役催办，"南海三十台，番禺二十台"。在省城的地方官由知府起到河泊所止都参与迎春仪式，每个衙门"仪仗执事、装潢修整、雇倩人夫"，都要花费数两银子。事前知府和杜凤治确定了巡游路线，保证总督、巡抚等高官及其亲属可以在衙署观看；将军、副都

① 《日记》，光绪三年十月三十日，《清代稿钞本》第 18 册，第 572 页。
② 《日记》，同治十一年七月廿四日，《清代稿钞本》第 14 册，第 206 页。
③ 《日记》，同治八年十月初二日，《清代稿钞本》第 12 册，第 15 页。
④ 《日记》，同治十二年正月初六日，《清代稿钞本》第 14 册，第 427~429 页。

统以巡游线路不经其衙署派人来询问,杜凤治表示可以安排。巡游时,百姓把官员也作为观看的对象。① 这种大规模的巡游活动,既反映了官民的信仰和社会风俗,也体现了官府在省城的管治能力。两次春色抬阁大巡游,观看、参与的人有数十万甚至百万之多,但日记没有说出现较大事故。

(三) 官、民与戏剧

因为不少演员参与了咸丰年间的洪兵起事,广东官府一度禁止演戏,后来也没有明令开禁。但因为官员娱乐、庆典的需要,特别是总督瑞麟喜欢看戏,在同治中期戏剧已成为城乡文化生活,特别是官员、富商文化生活不可缺少的内容。日记多次记载总督、巡抚、布政使、按察使等高官因升官、到任、离任、生日设戏宴的事,两首县都要出力出钱,因为"戏班归南海管辖",② 所以杜凤治通常是这类戏宴的主要操办者,并承担大部分费用(一般是南海负责六成,番禺四成)。

同治十一年慈禧太后诞辰,瑞麟在督署演戏三日,"向来每逢万寿庆辰,中堂演戏三日,两县所费约千金"。③ 可见遇有重要皇家庆典,在督署连演数日戏已经成为惯例。同治九年乡试后的鹿鸣宴有演戏,后省中高官公宴主考,"即在主考住之行台演戏一日"。④

官场演戏相当频密。同治十年七月,瑞麟被授为文渊阁大学士(后转文华殿),省城各官为庆贺共送戏宴。⑤ 七月十二日慈安皇太后万寿,演戏三日,杜凤治"初次听广东戏班",但他对广东戏评价不

---

① 《日记》,同治十二年十二月十七日,《清代稿钞本》第15册,第274页。
② 《日记》,光绪三年十月廿八日,《清代稿钞本》第18册,第567页。
③ 《日记》,同治十一年十月初九日,《清代稿钞本》第14册,第329页。
④ 《日记》,同治九年九月十四日、二十日,《清代稿钞本》第12册,第430、450页。
⑤ 《日记》,同治十年七月初九日,《清代稿钞本》第13册,第306页。

高。① 同月廿八日，省城众官饯别刚来即调走的巡抚刘长佑，设戏宴于省城大佛寺。戏班本来定好廿九日到香港演出，大佛寺的戏宴结束后，戏班就立即去码头登上赴香港的轮船。②

公宴演戏花费大，数百两只为一天用，不仅两首县要花费大笔银两，有时瑞麟自己也出钱。同治十年万寿演戏，瑞麟询问戏班，得知官府令戏班演戏，两首县每日只给 40 元，民间则要给 200 元，于是"谕令好演，每日除首县四十元，本署外赏百元"，杜凤治后来知道瑞麟为这三天戏花费了 300 元。③ 即使加上瑞麟的赏银，戏班的收入仍低于为民间演出，平日杜凤治付给戏班的价钱只及民间的 1/5。可见官府命戏班演出实际上是一种"官买"或变相徭役。

同治十年末，瑞麟下谕拟次年正月十二日现任官团拜时在大佛寺善后局后厅演戏，费用由藩台以下各官分摊，"如不敷两县包圆"。瑞麟还命传周天乐戏班正月十六到十八在督署演戏，十九日传连高升班进督署演出，二十日则传周天乐班在大佛寺为原按察使孙观升任直隶布政使饯行。但周天乐班预定了正月十二日到澳门为洋人演出，于是又命传普尧天班。杜凤治还对省内其他戏班演员、行头等做了比较。④ 演戏不仅要请戏班，还有费用、场地、宴会、排位、治安等事务，杜凤治连日与番禺知县胡鉴以及瑞麟亲信广粮通判方功惠商议、筹备。廿二日，胡鉴又在番禺县署演灯戏，廿四日谳局委员、知县聂尔康等公请海关监督崇礼。二十六日，布政使邓廷楠在自己衙署演戏为孙观饯行。事后，瑞麟对两县筹办的灯戏很满意。⑤ 同治十二年瑞麟生日时，各官送戏祝寿，在炮局搭戏台演戏。后来，瑞麟又在督署

---

① 《日记》，同治十年七月十二日，《清代稿钞本》第 13 册，第 310 页。
② 《日记》，同治十年七月廿八日，《清代稿钞本》第 13 册，第 330~331 页。
③ 《日记》，同治十年七月廿八日，《清代稿钞本》第 13 册，第 331 页。
④ 《日记》，同治十一年正月初四日，《清代稿钞本》第 13 册，第 558 页。
⑤ 《时记》，同治十一年正月二十日、廿六日，《清代稿钞本》第 13 册，第 579、589 页。

演戏三日酬谢各官贺寿之情。①

瑞麟去世后，接任的两广总督英翰排场比瑞麟还大，跟随来粤者
"上下约百余人，幕中星、相、医无所不有，太夫人最喜听戏，闻戏
班亦带来"。②

其他高官也喜演戏。同治十二年二月初四，新任布政使俊达宴请
前任邓廷楠以及除督、抚外的各级文武官员。当日是杜凤治母亲忌
日，他本不想参与，但作为俊达下属，且身为首县知县，不得不出席
戏宴。③

其时送戏已成为下属巴结上司的惯例，省城以外各官也如此。杜凤
治调署罗定知州，赴任路过肇庆，就与高要知县孙铸（慕颜）商
定，知府瑞昌的太太、道台方濬师的老太太生日，请档子班演出，
杜、孙各分担一日，每日洋银60元，较省城的"官价"多20元。④
即使多20元，戏班收入还是远低于民间演出。

中下级官员也经常为自己的喜庆演戏。如同治八、九年间，杜凤
治作为催粮委员出差潮阳，潮阳知县张璿为其母祝寿演戏三日。⑤ 在
潮海关当委员的小官娄凤来儿子考中秀才，为此断续演戏十几次庆
祝，其中一次连演三天。⑥ 杜凤治在罗定任上时，曾请一男女档子班
大喜班来衙署演出，在三堂特地搭建一小戏台，还请同城官观看。吏
目钟诰也请大喜班清唱请客。杜的下属、州衙书吏以及衙署"家人"
本想在杜凤治太太生日前送戏三日，杜凤治起初拒绝，经再三请求，

① 《日记》，同治十二年三月廿六日，四月初三日、初九日，《清代稿钞本》第14
册，第515、522、566页。
② 《日记》，光绪元年二月十五日，《清代稿钞本》第16册，第487页。
③ 《日记》，同治十二年二月初四日，《清代稿钞本》第14册，第447页。
④ 《日记》，同治十三年六月廿九日，《清代稿钞本》第16册，第38页。
⑤ 《日记》，同治八年十二月十九日，《清代稿钞本》第12册，第121页。
⑥ 《日记》，同治九年正月十一日，《清代稿钞本》第12册，第131页。

乃同意演戏，但不准以太太生日的名义。官员看戏肯定不会支付合理费用，所以戏班请求在外面演出。州城东门外地保"禀知该地绅富居民请示，拟于神滩庙演唱大喜档子班三日"，杜本认为"档子不比男班，恐生事端，本宜不准"，但以其亏本，批准演三日，责成地保并签差值日总役提防宵小、火灾，令戏班演后不准留在罗定。①

光绪三年七月，杜凤治的好友许其光（涑文）问杜凤治想不想看戏，于是杜记下了一次官员集资看戏的事：

> 予问："何处有戏？广东班乎外江班乎？"涑文言："亦非广东亦非外江，官厅中广西人如汤雪门诸君，因广西人在东就馆及跟官者均能上台演剧，如京城之玩儿票者。无有行头及锣鼓、管弦之人，另叫一外江档子班同演，不放赏不加官，十余人每人出十元洋银约百余元，档子班价值一切在内，演十一、二两日，正逢万寿普天同庆（戏台即在伊西间壁陈宅），即上游闻之亦无妨也。"②

这次演戏，演员既有身为官员幕客、跟班的业余演员，也有一外江档子班同演，也就是说有女演员参与，看戏的官员各集资 10 元。因为是"私人"性质的演戏，且有一干票友，所以没有完全按"官价"，但每人 10 元看两天戏，费用仍不算低。

在各州县，民间也多有演戏之事。民间演戏多与祭祀酬神有关，一则因民间信仰，二则便于筹资与获得官府同意。对民间的演戏，同意或禁止就凭地方官一句话。

有些演戏是官府提倡的。四会县每年五月衙署内福德正神生日都

---

① 《日记》，同治十三年十月廿四至廿九日，十一月初三日、初七日，《清代稿钞本》第 16 册，第 279~285、291、296~297 页。

② 《日记》，光绪三年七月十二日，《清代稿钞本》第 18 册，第 408 页。

演戏，"并请乡间阮、梁二位圣佛真身同座"。"阮、梁二佛"即南宋时期"修道证果"的当地人阮子郁、梁慈能，据称"代著灵异，捍患御灾"，在其庙中有金漆肉身神像，因被地方官请旨敕封，所以属于正神。① 每年城中、署内演戏酬神，必迎此二神，演戏"官亦出钱"。同治七年祭神演戏时，杜凤治的妻子、女儿、孙子孙女都想去观看，杜凤治因此事与"瞻仰二位活佛"有关，就同意她们去，只是多派"家人"、衙役去照料。②

对民间的演戏酬神，官府往往并不乐见，但又很难一概禁止，因此，就会以防范奸宄、鼓励节俭风俗等理由加以限制。同治六年八月，广宁西门外伏虎祠有四日夜戏，杜"恐滋事端，嘱严查城门，弹压众庶，缉拿奸宄"。演了几夜后，就派典史去禁止继续演出，但禁不了，杜凤治很恼火。③ 到十月，广宁民间又有演戏和傀儡戏的事，杜"以附城绅士完纳不前，而于嬉游征逐则不惜财"，并担心演戏时"藏奸"，谕令禁演戏、拆戏台、驱逐戏班。④

同治七年闰四月，四会绅民请求在城中天后宫演戏，因为天后也是正神，年年都祭祀演戏，不能禁止。但其时四会监狱关押着谢单支手、刘玖等要犯，杜凤治担心出事，就同师爷金玉墀、守备蔡钊商议后，要求绅士、书役再商议："可否城外择地搭台，恭请神牌，亦足将敬。否则在城中本庙，天甫明即演至暮即止，不演夜戏。两说如均难行，则令绅士、书役等具结共保无事方可。"⑤

① 光绪《四会县志》编7，"人物志·仙佛"。
② 《日记》，同治七年闰四月廿九日、五月初二日，《清代稿钞本》第11册，第29、33、34页。
③ 《日记》，同治六年八月十九日、八月廿四日，《清代稿钞本》第10册，第197、210页。
④ 《日记》，同治六年十月十二日，《清代稿钞本》第10册，第315页。
⑤ 《日记》，同治七年闰四月初九日，《清代稿钞本》第11册，第10页。

其他地方也有各种演戏活动。杜凤治在潮阳催征的日记记下："书差在土地祠演影戏敬神","潮属皆行此戏"。又有"骑竹马、唱徽调"的马灯戏。村人赛会时"演纸影之戏"。① 东莞赛会演戏，观者数千人，不幸发生火灾，烧死男女七八百人。②

光绪二年，南海"澳边乡演戏，扒龙舟夺标开赌、卖戏台看戏，前已禁止，拆台，将戏班驱逐，取具耆民永不敢演戏、开赌甘结"，到八月，杜凤治"闻有复搭台演戏之事，饬差督勇往拆戏台，并谕吉庆公所将戏班叫回"，还拘捕、掌责了演戏的首事耆老。③ 因为民间演戏会引发治安问题，有时为预防事端，官府便一禁了之，或通过戏班行业组织"吉庆公所"进行管理。

同治十三年，杜凤治同吉庆公所打过一次交道。当时他到佛山与当地绅士筹划疏浚河道，经费主要靠派捐。杜凤治和绅士商量后给吉庆公所派捐 2000 元。吉庆公所司事邓清吉表示只愿意捐银 1000 两，杜就将邓传来拘押，最后吉庆公所答应再加 500 两，邓清吉才被释放。④ 吉庆公所有钱，所以才被派捐巨款。虽说疏浚河道是为公益，邓清吉不愿多捐，也并无违反王法之处，但杜凤治立即把他拘押，可见吉庆公所司事人在官员眼中也没有什么地位。

南海县是著名的富庶之地，所以演戏的场面非其他地方可比。在前文提及的澳边乡驱逐戏班后，杜凤治到石湾勘查劫案，得知此地曾"高搭戏台、四班合演"，连演三日，花费二三千金，又有七八醮台。⑤

---

① 《日记》，同治八年十二月廿四日，九年正月初九日、二月初二日，《清代稿钞本》第 12 册，第 114、128、147 页。
② 《日记》，同治八年十月廿二日，《清代稿钞本》第 12 册，第 28 页。
③ 《日记》，光绪二年八月十六日、十九日，《清代稿钞本》第 18 册，第 30～31、34～35 页。
④ 《日记》，同治十三年三月二十日，《清代稿钞本》第 15 册，第 402 页。
⑤ 《日记》，光绪二年九月十二日、十三日，《清代稿钞本》第 18 册，第 71～73 页。

官山演戏花费更多。光绪三年十一月，官山大醮，"醮篷高耸云霄，华丽掀昂；又三戏台，名班三部同时分演，需费万余金"。① 仅翠山玉一个戏班四日五夜的报酬就要 1200 两。万余金的花费，系来自"各生意中抽提存储，三年一次"。②

杜凤治任过职的广宁县、四会县、南海县、罗定州、佛冈厅每年地丁额（因有无闰略有不同）约为八千多两、一万五千多两、四万八千余两、九千几百两、三千四五百两。③ 拿石湾、官山一次演戏的支出与上述州、县、厅的地丁额比较，可见某些民间演戏花费之大。

其时戏剧既有广东班，也有外江班。同治十三年正月十六，巡抚张兆栋太夫人有祝寿演戏，看外江班，但因"中堂（瑞麟）太太不喜看桂华外江班"，十八日又请中堂太太看广东班。④ 光绪三年十月，按察使周恒祺升布政使，在家演女档子班，"有几个老女档昆腔佳极"。⑤

日记记录了不少戏剧剧目。总督瑞麟宴请幕客和文武官员，演出剧目有《胡迪骂阎》《绣襦记》《羊叔子杜元恺平吴擒孙皓》《梁山伯与祝英台》，瑞麟另一次请客演戏正本是聊斋的《胭脂》。日记还记录了瑞麟对《击石缘》《白罗衫》两剧的议论。⑥

（四）男花旦与"女档子"

在官府、民间受到如此广泛欢迎的演戏活动，自然会形成行业并有相当数量的从业人员。戏剧演员虽然给官、绅、民带来很多欢乐，

① 《日记》，光绪三年十月三十日，《清代稿钞本》第 18 册，第 572 页。

② 《日记》，光绪三年十一月初六日，《清代稿钞本》第 18 册，第 580~581 页。

③ 广东清理财政局编订，广东省财政科学研究所整理《广东财政说明书》，广东经济出版社，1997，第 46~47 页。

④ 《日记》，同治十二年正月十六日，《清代稿钞本》第 14 册，第 439 页。

⑤ 《日记》，光绪三年十月初六日，《清代稿钞本》第 18 册，第 532~533 页。

⑥ 《日记》，同治十一年七月十二日、十月初九日，同治十二年四月初七日，《清代稿钞本》第 14 册，第 184、330~331、527 页。

但他们本身，甚至戏剧行业组织的主持者社会地位都很低，演员（优伶）与娼妓、皂隶、狱卒、仆役等都被视为贱民。因此，在典籍中有关清代戏剧演员的记载不会很多。杜凤治的日记则记下了同、光年间广东戏剧演员的一些有趣片段。有些演员因演技高超已颇有名气，如尧天乐班有三名旦角，"一名立新仔，一名立德仔，一名新英银，为班中翘楚，演唱揣摩出色"，在演出时赢得各官称赞。① 但这三个演员是男是女、姓甚名谁杜凤治都没有记下，大概也不关心。

光绪三年，杜凤治审理了大绅伍子猷与翠山玉班头牌小旦（男伶）刘亚苏的一宗讼案。刘亚苏又名刘苏，自幼卖身伍家，是伍家蓄养的优伶。由于演技高超，每年戏班"工价"达2500元。伍家称：刘亚苏出名后沾染奢侈恶习，挥金如土，"工价"不足其挥霍，伍子猷"已为向班主蔡南记借银两次共五千五百元之多"。而刘亚苏则想脱离伍家"自立场面"。伍子猷一怒之下把刘亚苏捆送南海县丞衙门（南海县丞与知县不同衙），后又解到南海县。杜凤治对"簪缨世族"的伍家"蓄养优伶"大不以为然，且估计刘亚苏原先的大部分"工价"其实是被伍家收取；但又不能不给伍家面子，只能采纳伍家为刘亚苏向班主借银的说辞，判决刘亚苏承担这宗巨额债务。但刘亚苏肯定拿不出，就责令刘亚苏继续在翠山玉班演出，每年"工价"的一半赡养母妻，另一半用于还债，逐年扣还。另外判罚刘亚苏3000元，作为离开伍家的身价（因顾及伍家身份和体面不便明言是身价）。但杜凤治的判决又说明，刘亚苏赎身后并非卖身给翠山玉班，还清债务后可以离开翠山玉班到"工价"更高的戏班演出。判决后，翠山玉班的司事立即代刘亚苏缴交"罚款"。因为刘亚苏在香港也"红极"，缺演一次就要罚一二百元，所以戏班要把刘亚苏保

---

① 《日记》，同治十三年正月十九日，《清代稿钞本》第15册，第309页。

出让他尽快赴港演唱。①

杜凤治的判决其实是对刘亚苏有利的：允许立即保释继续演出，又允许刘亚苏赎身，还允许刘日后可以选择"工价"较高的戏班，不排除有喜爱刘亚苏的官绅背后为他讲情。刘亚苏本是奴仆兼优伶，社会地位属于最底层，但因演技出众，受到广泛欢迎，每年"工价"竟远高于官府高级幕客的脩金，高于南海知县俸禄与养廉之和，也高于一些州县官的实际收入。

刘亚苏是男旦，而其时已经有不少女演员，有女演员的戏班称为档子班。不少官员还对档子班情有独钟。同治十一年正月，海关监督崇礼设宴演戏请客，客人以旗人为多，"亦演外江女档子班"。② 几天以后，一干府县官员回请崇礼，由两首县操办，"各班女档均叫来，所演两班，一连喜班，一福升班，女档中以小环、连好、胜仔为翘楚"。③ 崇礼夫人和他本人分别于六月廿一、廿二生日，为庆双寿，"每年必演档子班请各官"。④ 就连"大有非礼勿言、非礼勿行之概"的刘坤一，光绪三年八月廿六日也"忽传男女档子班晋署演剧，至三更方罢"，此前刘"从未叫女档子进署"，曾问身边的门上、巡捕请档子班进署演出会不会让人闲话。⑤ 似乎瑞麟、崇礼等满族高官对档子班在衙署演戏比较不介意，刘坤一则有点担心影响其一省表率的形象，但最终还是屈服于档子班的吸引力。

杜凤治署理南海知县不久，同方功惠（柳桥）到原任南海知县陈善圻（京圃）家看戏，日记记下了一段有关女演员的细节：

---

① 《日记》，光绪三年七月廿八、八月廿六日，《清代稿钞本》第 18 册，第 425 ~ 426、459 ~ 460 页。

② 《日记》，同治十一年正月十五日，《清代稿钞本》第 13 册，第 575 页。

③ 《日记》，同治十一年正月廿四日，《清代稿钞本》第 13 册，第 586 页。

④ 《日记》，同治十二年六月十四日，《清代稿钞本》第 14 册，第 615 页。

⑤ 《日记》，光绪三年八月廿九日，《清代稿钞本》第 18 册，第 464 页。

班中男女皆有，即档子班，女孩子为多。有女妓安仔者，年长矣，向有微名，唱老生戏，京圃、柳桥诸君欲伊唱《辕门斩子》，安仔不肯。京圃唆予与言，且言南海杜大老爷昨封卫边街一大屋，你亦居卫边街，不怕得罪大老爷封屋乎？安仔遂无言，《琴挑》《山门》毕即演《辕门斩子》，果然名不虚传。①

　　陈善圻曾任南海知县，与安仔地位悬殊，从日记描写的情景看，两人似乎熟悉，可以开点小玩笑，而且陈善圻还知道安仔的住处。安仔在陈善圻面前任性了一下，但对不那么熟的杜凤治还是有点怕，毕竟南海知县一句话就可以决定演员和戏班的命运。从"安仔""胜仔"这类艺名，也可猜测女演员被社会广泛接受的时间不会太长，否则艺名不至于如此土气。

　　刘坤一这样的高官对请女档子进署演出还有点顾虑，而中下级官员就不仅看女演员演出，而且把她们作为猎艳的对象。督署前的华宁里有一趣宜馆，有女优陪酒，光顾者多为官员、幕客。清饷局委员张仲英迷于女优，闹得亏累不堪，致使其妻自杀。② 知县彭翰孙（南坪）、曾海珊"有女档子癖"，据说知府刘湘年曾想纳一女档子为妾，瑞麟还向方功惠问起此事。③ 杜凤治在罗定州衙署看戏时，知道戏班女演员采莲的姐姐也是"档子"，被知县叶大同（穆如）买为妾，便特地询问采莲，在日记中用了七八十字写关于叶大同纳妾的事。④ 本来，《大清律例》对官员"娶乐人为妻妾"可予以"杖六十，并离异"，⑤ 但此时官场已不以此为怪，还将其作为八卦话题。

---

① 《日记》，同治十年四月廿四日，《清代稿钞本》第 13 册，第 202 页。

② 《日记》，同治十二年二月廿六日，《清代稿钞本》第 14 册，第 479～480 页。

③ 《日记》，同治十二年十二月十一日，《清代稿钞本》第 15 册，第 264 页。

④ 《日记》，同治十三年十月廿六日，《清代稿钞本》第 16 册，第 282～283 页。

⑤ 《大清律例》，张荣铮等点校，天津古籍出版社，1993，第 224 页。

第三章
官场众生相

一　官场的生态

（一）官员之间的关系网

清朝官员如果是文官而又处在实缺位置的话，多数在城镇办公和居住；不过，在州县所在的城镇和省城，官员群体的人数和构成就大不相同。以杜凤治任过职的州县为例，广宁全县仅有知县、典史、教谕、训导4个文官。①罗定州一州的文官也不多，同城只有知州、学正、训导、吏目几个文官，州城外还有一名州判（驻罗镜）、一名巡检、三名驿丞。②他在南海知县任上时，属下同城文官有典史、教谕、训导、河泊所所官，县丞驻西关也算同城（不同衙）；不同城的有主簿（驻九江）和六名巡检。③但因为南海县城也是省城，因此，同城官员群体就大不一样，上起督抚、学政、藩臬，中有运司、粮道、广府，同级的有番禺县知县，再有其他衙署的佐杂官、首领官；此外，还有将军、副都统以下的旗营官员，督标、抚标、广协的绿营武官和

① 道光《广宁县志》卷7，"职官志"。
② 民国《罗定志》卷5，"职官表"。
③ 道光《南海县志》卷19，"职官表二"；宣统《南海县志》卷9，"职官表"。道光志称道光年间废河泊所，宣统志未载，但杜凤治日记中有河泊所所官，很可能是咸丰年后复设。

粤海关的官员等。在省城候缺、候补的官员，虽与实缺官员有别，但候补、实缺之间会经常流动。上述这些官员形成省城或府、州、县城的特权阶层，主导着当地的政治、文化生活。

清朝在各省省城还设有从制度看是临时但实际上已成常设的局所。有学者对道光、咸丰、同治以后各省的局所作了颇为详细的论述，分析了局所的起源、扩张情况、扩张原因以及衙门、局所并行对晚清地方行政的影响。[①] 实际主持、负责局所运作的都是候补、候缺的道府、同通、州县、佐杂。日记写到广州城中的局所有善后局、厘局、划拨局、交代局、报销局、清饷局、保甲局、安良局、谳局、谳盗局、积案局、海防局、洋务局等。局所的设立并无会典等行政法规依据，存在职权交叉重叠的情况。

从晚清的广州地图可以清楚看出，上述督抚、学政、司道、广府、两县、将军、绿营的衙署，基本集中在内城中心狭小的地段内，只有粤海关署在外城。[②] 无论实缺还是候补、候缺官员，为公务、交往的方便，多数选择住在城内。官员及他们的幕客、随从等人，大部分时间都在内城狭小的空间中活动。在外州县，除巡检外多数文官衙署也在州县城内。

相对于广大民众而言，官员是一个特权阶层。官员的圈子并不大，文官多是外省人（学官可以是广东人，但他们不主导官场），而当时广东人能听说官话者不多。杜凤治十几年的日记很少有与普通居民交往的记载，他在省城绅商中也没有结交多少朋友，与之交往者主要是官员、幕客以及在粤的亲友、同乡。

---

① 关晓红：《从幕府到职官：清季外官制的转型与困扰》第 1 章第 3 节 "局所的滥觞与扩张"，生活·读书·新知三联书店，2014。

② 这些衙署的所在地基本在今日广州越秀区的中心，东起大东门，西至海珠路，南起文明路，北至东风路，这片城区的面积大约三四平方千米。地图见中国第一历史档案馆等编《广州历史地图精粹》，中国大百科全书出版社，2003，第 85~89 页。

官员之间有相当规范的上下行文书、公务会见等制度，还有大量的私人交往。下文将着重讨论官员如何获取信息及他们的私下交流。

作为官员，及时取得官场信息自然重要。日记提到，京报、省报、辕门抄、红单、私人通信以及新闻纸、电报，都是省城官员获得信息的重要途径。其中京报、省报是官方或半官方印刷发行的，杜凤治任州县官时会定期收到。如同在京城一样，广州的山西票号消息也十分灵通，"西号放债，一有风声即截止不借"；当官场高层有变动的传言时，官员通常以票号的消息来判断其可靠性。①

官员之间的交往，受成文的典章制度的约束，不成文的规矩、习惯，上不了台面的规则也起到不小作用。多数官员会按照这些制度和规矩、规则行事。明显违反官场规矩、伦理者，如果是高官就会有损威信，如果是中下层官员就会让上司有看法，同僚鄙视。在这种氛围下，在涉及自身利益时官员彼此之间明争暗斗，但也注意维护共同利益，尤其在与绅民、上司打交道时，颇能彼此照应。官官相护、官官相帮被认为是理所当然的事，上司在委缺、委差时，在公务上适当照顾同乡、同年、亲故，只要不过分，也会被官场理解容忍。

遇有涉及官员脸面、影响整个官场声誉的事，总有一干官员出来设法大事化小、小事化了。杜凤治在南海知县任上经常为无差无缺的官员向上司求情疏通，有时明知某个官员的年龄、健康、能力、操守等条件完全不适合任缺任差，但往往以如果无缺无差这个官员及其家人将无法生活下去为理由为其争取。他这样做既有为自己在官场获得好名声的功利考虑，也有自觉遵循官场伦理的一面。

善于处置官场关系可以提高自己在官场上的威信。如广东巡抚李

<hr>

① 《日记》，同治十一年七月廿二日，《清代稿钞本》第 14 册，第 204 页。

福泰调往广西病故后，两广总督瑞麟不计以往两人的嫌怨，在广东官场为李福泰张罗了丰厚的赙仪，这使杜凤治等很钦佩。广东官场根据"受恩""戚谊""交谊"的深浅和缺份优劣、任职时间长短等分配李福泰赙仪份额，受过李福泰提携的官员不够尽力则被视为忘恩负义。① 官员在交往时都会趋利避害，但面子上又不能太势利。例如蒋益澧、郭祥瑞同瑞麟争斗失败后被降职，广东官员自然怕被视为蒋、郭之党，但在蒋、郭离粤时多数官员都去送行。杜凤治因为受过蒋、郭之恩惠，更是从四会专程赶到佛山、三水相送。

清朝鉴于明朝的教训，严禁官员"朋党"。但从杜凤治的日记看，官员们尽管没有如明代那样的以政治态度结交、抱团、对立的党派，但每个人都尽量编织和充分利用自己的官场关系网。从督抚到佐杂，无不把编织、维护、扩大、巩固自己在官场的关系网视作要务而不敢丝毫疏忽。

从日记看，官员之间经常进行坦率的交谈，这既是及时交流、获取信息的重要途径，也是结纳官场朋友、表示和巩固互信的一种方式。日记中描述官员之间说话有时可说是百无禁忌，与今人想象中等级森严、谨言慎行的清朝官场大相径庭。杜凤治常常与同自己关系良好的知府冯端本、广粮通判方功惠等人议论其他官员，甚至以相当尖刻的语言抨击盐运使钟谦钧、按察使张瀛等上司。有时高级官员接见下属时说话也相当随便。如瑞麟就经常向杜议论其他各级官员，还随口透露自己对官员任免的考虑或官员之间的恩怨等信息。说话行事较谨慎的张兆栋有时也如此。同治十二年，杜凤治当了两年多南海知县后向巡抚张兆栋提出卸任，张兆栋问杜是否真心求卸。杜申述求卸原因，其中之一是支出太巨，仅总督衙门一年就过万金。张兆栋听了就

---

① 《日记》，同治十年四月廿五日，《清代稿钞本》第 13 册，第 195～196 页。

说："既真亦好,我告君一言,君可不必在外宣扬。武场时一日晤中堂言及君,中堂意似不足,谓用君为南海非出彼意。中堂言虽如此,而用舍之权操于我,不能由他如愿,作只管放心作去,外间亦不必漏言。"① 稍后,杜凤治对张兆栋说瑞麟的亲属、家人广收贿赂,瑞麟本人未必分肥,张兆栋笑着回答"未敢具结,难说难说"。② 巡抚向下属透露总督其实不是很信任你,但用不用你由我说了算,还与下属议论总督受贿;无论在什么时代的官场,这样说话行事都有点犯忌,但这也反映了"常规"的另一面。

争权夺利是官场的常态,上司和靠山会升降浮沉、调动死亡,官场的关系网存在很大变数,每个官员都会觉得自己的仕途命运不可捉摸。例如,道台华廷杰深受巡抚李福泰信任,但总督瑞麟却不喜欢他,李福泰一调走,华即难以在广东官场立足。杜凤治与华关系较好,因此慨叹:"官场风波,可云险恶,莫不用尽心机,真如枪往刀来,性命相扑者也,然亦何苦有势时定要作到极顶红也。"③ 曾任南海知县的陈善圻也是巡抚李福泰的红人,将军长善不喜欢他,想把他参免,但陈有李福泰庇护得以平安无事。李福泰一调走,陈即由"红"变"黑"。对此,杜慨叹:"官场险恶,广省尤甚。一失所恃,立见升沉。"④ 又说"官场如抢如夺"。⑤ 官场升降瞬息万变、出人意料,各种烦琐礼节、各种口是心非的表演,让杜凤治一再感到"官场如戏场"。⑥ 杜凤治初入仕途时对官场三味领会尚浅,比杜年轻得

---

① 《日记》,同治十二年十二月廿二日,《清代稿钞本》第15册,第280页。
② 《日记》,同治十三年正月十二日,《清代稿钞本》第15册,第302页。
③ 《日记》,同治十年正月初七日,《清代稿钞本》第13册,第80页。
④ 《日记》,同治十一年三月初二日,《清代稿钞本》第14册,第28页。
⑤ 《日记》,同治十二年二月初五日,《清代稿钞本》第14册,第454页。
⑥ 《日记》,同治十三年三月廿八日、五月初十日,《清代稿钞本》第15册,第417、497页。

多的上司、肇庆知府郭式昌提醒他："（君）太认真太直性，官场不可与人有真性情，广东更甚，治民不可一味正道，如开古方，须要权术，如一味直道而行，究受亏不少。"杜凤治认为郭的话"真药石语言也！"① 随着杜凤治官场历练的增多和关系网的拓宽加固，其在官场中也逐步游刃有余。

（二）上司下属之间的礼仪、规矩与馈赠

关于各级官员的权责、公务活动以及祭祀、拜会等礼仪，会要、则例都有记载，一些在粤任职的封疆大吏如林则徐、张之洞、刘坤一等人的奏稿、书信、日记也写了他们在粤执行公务的情况。杜凤治日记则以一个中下级官员的视角记录了很多会要、则例所不载的上司下属关系的细节。

在各省，从督抚到佐杂形成各种上司与下属的关系。官场上下尊卑等级森严，各级衙署之间的上行、平行、下行公文有一套相当严密的制度，大量请示、汇报、指示都通过公文来处理。同时，督抚、司道、广府等高中级官员，通过堂期和临时召见的方式接见下属讨论公务。下级官员到任、离任、外出、回归等，都要向各级上司禀到、禀见、禀辞，在一些场合要为上司站班（下属按级别排列站立迎送上司）。官场平日的称谓也有很多讲究，以外官而论，下属称督、抚、司、道为"大人"，称知府为"大老爷"，后来同知、通判、知州也被称为"大老爷"，知县因通常有加衔，后来也称"大老爷"，佐杂一般被称为"老爷"。下属对上司的自称也有很细的规矩，藩、臬、运对督抚自称"司里"，道台对上司自称"职道"，知府对上司自称"卑府"，同知以下自称"卑职"。② 平日各种公务活动甚至私人聚会

---

① 《日记》，同治七年二月二十日，《清代稿钞本》第 10 册，第 507 页。
② 方濬师：《蕉轩随录　续录》卷 12，盛冬铃点校，中华书局，1995，第 454 页。

都必须注重上下尊卑。杜凤治对宴会的座席常有详细记录，日记提及重大宴会有座位图，对赴宴者的官职、头衔有注明，座位严格按照官场的级别安排。对这套惯例官场上下都会自觉遵守，如果违反，尤其是下级官员违反，就会被鄙视，甚至影响仕途。

上级官员，特别是督抚、布政使，掌握下属官员的仕途命运，下属任免升降，基本要看上司的意志。当然，不同级别的上司、下属情况不尽一致。上司有对下属考核并出具考语的权责。督、抚与布政使对下属任免升降权力最大。遇到大计之年，督、抚都要把若干官员列入"六法"予以"甄别"，如被列入，仕途就从此黯淡无光甚至到此为止了。道、府对下属没有直接任免之权，但他们推荐、指控以及出具的考语，多数情况下会被督、抚、藩认可。州县官也要对属下的学官、佐杂进行考核，出具考语。例如，同治十年，杜凤治就对属下的南海教谕、训导、县丞、九江主簿、典史，金利司、神安司、三江司、黄鼎司、江浦司、五斗口司巡检，河泊所大使等官出具八字考语秘密呈报广州知府。①

在清代，官场的上下级关系还体现在下属对上司的银钱、礼物奉献方面。上司与下属形成的利益输送关系是有规矩的，不同缺份上送的节寿礼都有"向章"，少送了上司不满意，多送了开了先例后任为难，其他官员也会认为这是向上司献媚。杜凤治是州县官，也有学官、州判、县丞、典史、巡检等下属，日记记载下属送礼物的事不少，送银钱则没有提，但按常理不可能没有。逢年过节，以及上司本人、上司的父母和太太生日，州县官都要送"干礼"（银两）和"水礼"（物品）。上司对下属所送的"干礼"会照单全收，但对"水礼"则都只收部分以表示客气。

---

① 《日记》，同治十年十一月十二日，《清代稿钞本》第 13 册，第 481 ~ 482 页。

尤其是府、道两级，他们与其他官员一样，靠俸禄、养廉不足以维持公务开支及本人和家族生活，但府、道不直接征收赋税，需要有其他收入来源。有些府、道有固定的特殊收入来源，如"广省道员以南韶为第一缺，为其管理太平关也。自蒋香泉中丞改章将羡余提公后大不如前，然犹较诸道之专靠节寿者尚为优也"。① 又如肇庆府是广东第一府缺，主要是因为肇庆知府管辖下的黄江厘厂，"每五年一充厂役，公礼五六万元"，每年上解后尚可剩余五六七万两甚至十万两银。② 广州知府获得额外收入的途径也多，如省城的都城隍庙以往奉送广州知府到任"规矩银"二万两，后来香火衰落，但送给知府的"公礼"仍有五千两。③ 而多数道、府没有那么阔气，如"肇罗道无节寿则署中不能举火矣"。④ 同治十一年，崇龄挂牌署理惠州府，杜凤治评论："惠缺无甚肥美，全靠各州县节寿。"⑤ 光绪三年，布政使杨庆麟问韶州府、雷州府的优苦，杜回答："韶有七属，雷仅三属，此等府缺无他润泽，唯靠节寿耳。"⑥ 而且，道、府两级同样也要向自己的上司送节寿礼以及向京官送炭敬、冰敬，因此，州县官对道、府的节寿礼必不可少。

日记中没有杜凤治送钱银给督、抚、藩、臬的记载，不排除送了而不记。但所送礼物也价值不菲。同治十一年，杜凤治给兼署巡抚的总督瑞麟送寿礼，"制台一边礼收大红碧髓朝珠、翡翠搬指、翎管及烛、面共四色；抚台一边带件二：一翠玉一碧髓，及绸匹、酒腿等四

① 《日记》，同治十三年三月初八日，《清代稿钞本》第15册，第378页。
② 《日记》，同治十三年五月十三日，《清代稿钞本》第15册，第511页。
③ 《日记》，同治八年八月初十日，《清代稿钞本》第11册，第510页；同治十一年七月廿三日，《清代稿钞本》第14册，第206页。
④ 《日记》，同治十一年八月廿六日，《清代稿钞本》第14册，第263页。
⑤ 《日记》，同治十一年九月十八日，《清代稿钞本》第14册，第293页。
⑥ 《日记》，光绪三年六月十九日，《清代稿钞本》第18册，第371~372页。

件，连门包在外约在三千金以外"。① 后来调署收入少得多的罗定州，杜凤治想到自己受瑞麟知遇之恩，所以所送礼物远超罗定州的惯例，给督署的堂礼与门包也加倍。但瑞麟只收价值不高的几件礼物，杜凤治非常感激，认为瑞麟对自己"器重、体恤俱全"。② 瑞麟根据亲疏、缺份肥瘠，对礼物全收或收部分或不收，以表达对下属不同的态度，适当收部分礼物，是为表示谦逊以及对某个属员的器重与体恤。

作为州县官，杜凤治处于官场偏下的位置，他经常以下级官员的视角观察、评判官场的上下关系。有一次，他看到两名候补州县官对布政使万分巴结，在日记中评论这两个人："所希冀者无非盼得一美差、委一佳缺耳，非真心悦诚服，谓事上之礼宜如是也。予作第一缺虽不敢误差，然亦不能先意承旨若是也，然而不足奇也。我辈事司道，司道于督抚亦如我辈之于司道也。"③

杜凤治本人其实在巴结上司方面也颇为费心费力，认为对上司"先意承旨"是理所当然的，只是要注意分寸，司道对督抚也是如此。因为当下属不易，尤其是做南海知县要应付多个上司，杜在日记中也经常会为"作小官之难，作小官而权大任重之更难"叫苦。④ 因为上司虽有权，但意见往往不一致，未必有明确指示，更不愿意担责，一旦出了事就追究下属。

上司对下属虽处于主导地位，但也不可以对下属任性妄为。一个受到下属尊重的上司，要有掌控官场的能力，要注重官场规矩礼仪，要明白典章制度不切实际之处而不苛求下属，对下属利益有所体谅，对穷官、苦官予以体恤，等等。杜凤治佩服的上司有总督瑞

---

① 《日记》，同治十一年三月廿六日，《清代稿钞本》第 14 册，第 63 页。
② 《日记》，同治十三年三月廿七日，《清代稿钞本》第 15 册，第 418～419 页。
③ 《日记》，同治十年十一月十八日，《清代稿钞本》第 13 册，第 508 页。
④ 《日记》，同治十年五月十七日，《清代稿钞本》第 13 册，第 227 页。

麟、巡抚张兆栋、布政使王凯泰、广州知府冯端本等（但也不是没有看法），而对总督英翰、刘坤一，署理按察使蒋超伯、按察使张瀛、盐运使钟谦钧等上司就有不少负面评论。杜凤治刚走上仕途时，对各级上司是比较敬畏的，在广宁、四会任上，他对署理按察使蒋超伯的畏惧时时流露于笔端。等到后来当了几年南海知县，官场中有了较多历练，积累了一定人脉，宦囊也充实了，于是胆气渐壮，对一些看不上眼的上司就敢于议论甚至顶撞。在清朝，承平时期上司只掌握下属仕途的命运，但要置下属于死地，或把下属送进监牢是很困难的。杜凤治宦粤十几年，日记没有记载过上司让下属文官吃官司的案例（武官则有"军法从事"的个别例子）。一个文官，即使级别很低，如果决心不当官了，有时上司也毫无办法。廉能正直、在官场威望极高的林则徐，晚年在云贵总督任上，也被降职的知县广和京控案搞得疲惫不堪，此事成为林则徐决心告病的原因之一。[1] 杜凤治日记也记录了多起小官挑战上司的事例。

县丞伊齐斯欢与布政使成孚是同乡，且同为红带子，屡求成孚关照不遂，于是将成孚任内受贿委缺之官员、官职、涉案者与行贿数额写成文字，先呈送给成孚，意欲威胁，成孚不理。伊某便向巡抚、总督衙门呈递，声明做了这件事这辈子不再打算做官了，既经翻脸，不与我终身衣食费用断不干休，督抚如不理就到北京呈部。巡抚只好托粤海关监督俊启（星东）调处。杜凤治听说伊某因此勒索到万金。[2]

曾任南海、电白知县的吴信臣（服斋），进士出身，任南海不及

---

① 来新夏：《林则徐年谱新编》，南开大学出版社，1997，第 673 页。林则徐有关此案的奏稿见《林则徐全集》第 4 册"奏折卷"，海峡文艺出版社，2002，第 412 ~ 415、457 ~ 464、502 ~ 504、540 页。

② 《日记》，光绪庚辰九月初四日后补记部分，《清代稿钞本》第 18 册，第 643 ~ 644 页。

半年被撤，郑梦玉（云帆）接任。吴因在收入较多的季节前被撤，亏累巨万，怀疑按察使梅启照与郑同乡，上下其手，"与梅公大闹，甚至怀刃拼命，梅公助以万金，云帆亦认接数万始罢"。后吴以"浮躁"被弹劾。[①] 杜所说细节与数额或有夸张，但吴信臣"大闹"之事应属实。有时下属甚至顶撞更高层的上司。琼山知县袁祖安（敦斋）被委署潮阳知县，拒绝接受，同总督瑞麟发生争拗：

> 伊力求免署潮阳，谓该处民情习悍，费用浩烦［繁］，才力实在不足，恐有误事，反辜中堂栽培。中堂言："我正要一才力不足的去，非要能员去作潮阳也。"敦斋下跪叩头苦求。中堂生气言："你不到潮阳去，我要送你回家去矣。"敦斋亦负气，大声言："送卑职回去，亦是中堂恩典。"即站起坐下，大相龃龉。好容易梁山翁、方柳桥、诸领袖官为之再三婉求，并为弥缝饰卸，现算已说开，而琼山一时不能去矣。[②]

然而，袁祖安没有因为这次顶撞被参劾和变"黑"，几年后还被委任为首县番禺知县。大概是袁不仅认了错、纳了贿，而且有总督特别信任的人（如方功惠）疏通关说。而且，瑞麟位高权重，不计较一个小小知县的冒犯，反可博取宽容大度的名声。

日记中记下官场上下关系的常态和特殊事例，都可丰富我们对晚清官员上下关系的了解。

（三）应酬与公务耗时的比较

看杜凤治的日记，一个很深的印象是清代官场的应酬真多，尤其

---

① 《日记》，同治七年十二月初二日，《清代稿钞本》第 11 册，第 233～234 页。
② 《日记》，同治十年二月十六日，《清代稿钞本》第 13 册，第 132～133 页。梁山翁为知府梁采麟，方柳桥为广粮通判方功惠。

在省城。作为首县知县，杜凤治公务本来就多，但在应酬上花费的时间也不少。

礼仪性的禀见、禀辞、站班、参堂，主持或陪同祭祀，上司出行到省城接送，上司迎新送旧，节日、朔望日到上司衙门例行祝贺，同僚之间彼此祝贺，占用了很多时间，从制度上看这些活动属于公务，但与南海县的治理关系不大。

以同治十年四月下旬为例看杜凤治的应酬与公务。二十日讨论公务与纯属应酬的拜客、会见穿插进行，连续几天都有与公务无关的客人来见。二十三日是杜凤治生日，前一天已有客人来贺寿。生日当天是督抚堂期，见总督（瑞麟其时兼署巡抚）后又顺路拜客、送行，"归则客坐待拜寿者多，到门即去更多，捕、巡各属亦请见，均见拜寿"。① 二十四日是府试头场，两县按规例去站班、参堂，然后顺路拜客，为几家官员、幕客嫁女娶媳贺喜，接着到番禺知县胡鉴家为其母祝寿，接着是戏宴，到下午又赴按察使孙观的宴请，饮到二更。二十五日匆匆忙忙处理公文，然后到知府衙门商量已故巡抚李福泰赙仪事，出来又多处谢寿、拜客，下午到抚署请令，押犯监斩。二十六日除公务外又有送行、吊唁，回到家快天黑，再处理公文。二十七日上午看南海武试射箭（下午委托其他人看），下午见布政使禀告公事，又为别人缺、差之事说项。二十八日是督署堂期，见总督报告请示公事，回署时顺路答拜、送行，到县署就为武县试出图。廿九日奔走公事，傍晚洋人来拜。三十日上午出门后先看瑞麟亲自审讯案件，然后向瑞麟禀报请示洋务事件，出来就去请令押犯监斩，斩讫便会同游击黄龙韬到鬼基新填地"假名洋人"索规闹事之安源泰洋货店抓人，

---

① 《日记》，同治十年四月廿三日，《清代稿钞本》第13册，第192页。"捕、巡各属"指在省城和各巡检司的下属。

回署写武童初覆案，写完已经三更。①

可见，即使在公务忙得一塌糊涂的时候，很多应酬仍不可免。其他时段日记所记的应酬甚至更多。官员本人及其父母、太太生日，以及临时喜庆（如升官、得到朝廷赏赐、调任新职、生子娶媳嫁女、搬迁），不仅下属、同僚，就是上司也会来祝贺送礼。官员及家人去世，其他官员一定会去吊唁。这是身在官场的人都必须留意不可怠慢的要事。日记里杜凤治拜客的记载很频繁，一个半个时辰内拜很多家是常事，有些只是"飞片"拜客（留下名刺而不进屋），这种拜客方式是官员们保持联络的一种简便方式。

在其他州县任上，因为公务较南海少，杜凤治为应酬所费时间更多。如同治十三年七月初三是肇罗道方濬师太夫人生日，杜凤治在六月廿七日即从罗定出发前往肇庆府城祝寿，抵达后连日送礼、拜寿、赴戏宴，又拜访其他官员；七月初五日开船回罗定，初十日回到州城。为这次祝寿前后花费了十三日。回来后，杜凤治在当月十九日、二十日、廿一日、廿二日又连日宴请罗定文武官员、局绅、幕客等人。

瞿同祖引用清人的言论指出，在清朝州县官是真正行"政"之官（"治事之官"），而州县官的上司知府、道员、按察使、布政使、巡抚、总督都只是监察官（"治官之官"）。② 因此，这些上司应酬所用的时间会比州县官更多。

省城的高级官员会在"堂期"定期接见下属，堂期以外的时间，除非召见或因特别重要的事求见得到批准，否则下属是很难在堂期以外见到上司的。堂期一般是十天内固定两天，如督、抚的堂期是逢

---

① 《日记》，同治十年四月廿四后各日，《清代稿钞本》第 13 册，第 192~206 页。
② 瞿同祖：《清代地方政府》，第 29 页。

三、八日。是日，司道、四营将先见巡抚，然后轮到府、县级官员；而首府、首县先见总督，然后轮到司道、武官。督抚通常只用半天或大半天时间接见下属，如杜凤治四会任上有一次谒见瑞麟，督署号房告诉他"中堂每早即两司来亦不上手本，向来未初见客，一交二点钟概不见矣"。① 号房所说或有夸张，但杜凤治首县任上的日记也经常提到瑞麟下午就概不接见了。只有布政使、按察使、盐运使才可经常单见督抚，首府、首县一般也可以，对其余官员，督抚往往每"班"（次）接见若干人。每个高级衙署都按级别设有"官厅"，供下属官员等候召见；往往快轮到了，临时有无须轮候的高官或洋人来拜，小官们又要继续耐心等待。等候大半个上午才被召见，甚至到时督抚"道乏不见"也是常事。乾隆年间的王文治写有"平生跋扈飞扬气，消尽官厅一坐中"的诗句。② 王文治是翰林侍讲外放的知府，别说见藩臬，见督抚通常也优先，他尚且觉得难忍，一般下级官员官厅等候时的心情就更可想而知了。

杜凤治没当首县知县之前，除非有上司特别关注的公务，否则在堂期与多人一同谒见，只能同上司讲上几句话。而且，十天两次的堂期并非都如期进行，督抚、藩臬因本人病、亲人丧病、老夫人生日甚至戏宴等理由，都有可能"挡堂"（取消堂期，概不接见）。瑞麟"挡堂"的情况很多。例如，同治十一年七月十三日本应是督抚堂期，但"督抚均挡衙门，督辕尚演戏，抚台亦为今日申刻请司道、各候补道暨本府酒，故均挡衙门"。③ 即便是比较勤政的刘坤一任粤督，也经常"挡堂"。杜凤治说："近来两院堂期不见时多，故司道

① 《日记》，同治七年三月初五日，《清代稿钞本》第 10 册，第 531 页。"两司"指布政使、按察使。
② 方濬师：《蕉轩随录　续录》卷 2《官厅》，第 43～44 页。
③ 《日记》，同治十一年七月十三日，《清代稿钞本》第 14 册，第 184 页。

堂期亦不见客也。"① 每年十二月到第二年一月，各级衙署都"封印"停止公务，这一个月官场都忙于应酬，既有省城全体官员都参加的"公宴"，各高官又互请，下属有急事也无从禀报请示，正月下旬开印后宴请仍在继续。②

地位相近的省级高官并无制度性的会商办事机制，正式拜会礼仪烦琐，就往往利用共同祭祀等机会交换意见，而这类场合很难深入讨论和做决定。光绪三年，总督刘坤一因担心方耀在惠州清乡时滥杀，打算派道台级别的委员到惠州会同办理，巡抚张兆栋意见也相同。张就在九月初一共同祭祀的时候询问刘坤一，刘只是含糊答应。张兆栋感到很难理解，同多位下属谈及。杜凤治认为这是刘坤一的"权诈"，因为祭祀时不少官员在场，人多口杂，刘坤一不想方耀知道自己想制约他的权力。布政使杨庆麟也认为刘坤一这样做是"权诈"，既然祭祀时人多不愿公开讨论，"二位大人何不互相拜见面谈？"③ 从杜凤治的日记看，督、抚之间应酬性拜会较多，遇有重要公务却很少当面认真讨论，宁肯让下属传话。

因为督、抚接见下属的堂期在同一天，藩、臬、粮道等高级官员与府、厅、县官员见督、抚的时间刚好错开，而督、抚在堂期的指示通常是"口谕"，两人的指示又未必一致，广州知府、广州理事同知、广粮通判、两首县这五个主要办事的官员必须既知道督、抚的指示，也知道司、道的意见，否则会无所适从。广州知府冯端本便提出五个省城主要办事的官员在见巡抚后在抚署等候，司、道见总督后再到抚署同他们"彼此一见，庶可照会"。④ 但督、抚接见下属时间长

① 《日记》，光绪三年五月初六日，《清代稿钞本》第 18 册，第 298 页。
② 《日记》，同治十三年正月廿三日，《清代稿钞本》第 15 册，第 311 页。
③ 《日记》，光绪三年九月初四日，《清代稿钞本》第 18 册，第 471~472 页。
④ 《日记》，同治十一年七月初二日，《清代稿钞本》第 14 册，第 175 页。

短不一，冯端本的提议难以长期坚持，而且这种短暂的会见也不可能对稍为复杂的问题深入讨论和做出决定。

很多官员，包括州县官，并没有把多数时间用于公务。日记记了不少懒官，如广宁知县饶继惠（柳夫）有"懒"名。日记记载："闻柳夫高卧衙斋，未申间始起，懒于行动。"不愿下乡催征，离任时就严重亏累。① 罗定协副将熙昌（炽甫）常对杜凤治说自己"清闲无事、无可消遣"，要找杜下围棋。② 但熙昌极热衷于官场应酬，杜临调离罗定时在日记中写道："予畏此公多礼纠缠不了，如今去了倒也罢了，临别犹絮絮以不及送行祖饯为歉，俱浮文也。予尝谓此公有揖癖，朔望或祭祀到必一人一揖，彼此拜会，见即两揖三揖，只有多无少，举茶必起立，临行又一揖或两揖，每来必太太处请安，即便衣来亦然……幸是武官无甚公事，设令作首府县，即分身作十个熙炽甫亦日不暇给也。"③

省城的谳局、谳盗局、积案局负责审讯，审的主要是下面州县上送的要案、要犯。有次刘坤一问积案局委员、候补知府贵某按察使是否常到局，委员每天何时到局何时散归，贵某回答说，按察使只是偶然到局，委员"午正到局，未正散归"。刘坤一掐指一算说："仅一时乎？只有一个时辰，何卷可看，何案可办？进去天热，还要饮饮茶、乘乘凉，即刻阅卷，仅得半时，不论如何明敏，办得何事？"④ 谳局、谳盗局、积案局审案关乎人的生死，关乎清朝统治秩序的稳定，与官员们的仕途也有关，但主管的按察使以及办事的委员都如此懈怠，于此可见官场懒散的风气严重到何等地步。刘坤一虽做了指

① 《日记》，同治七年十月十五日，《清代稿钞本》第 11 册，第 182 页。
② 《日记》，光绪元年十一月初八日，《清代稿钞本》第 17 册，第 441 页。
③ 《日记》，光绪二年三月初八日，《清代稿钞本》第 17 册，第 587 页。
④ 《日记》，光绪三年五月初三日，《清代稿钞本》第 18 册，第 296～297 页。

责，但谳局等机构与督署近在咫尺，何以他平日一无所知？对话时杜凤治在场，反觉得贵某冒昧向刘坤一说出真相是不懂官场规则，回县署后立即把贵某的话函告按察使周恒祺。

官员们在公事上未必勤奋，但在应酬上都不会掉以轻心。应酬与公务孰轻孰重，官员们都要权衡。公务有疏忽差错，如果不是太过分，只要上司关照尚可大事化小小事化了，如果让上司不高兴，缺、差就会不保。过年时广府六大县①知县都会到省城给各级上司拜年；杜凤治在广宁、四会任上也常到肇庆府城给肇庆知府、肇罗道台拜年、祝寿。同治十二年十二月，杜凤治下乡催征，半路遇到南海县五斗口司巡检邓绍忠，邓说上省城为巡抚张兆栋祝寿，并说佛山官员如佛山同知乔文蔚、佛山都司塔清阿等都已上省城，顺德、东莞、香山、新会知县都已经去了。② 高官生日，从要缺知县到佐杂微员都专程到省城祝寿，张兆栋不算是特别讲究这类应酬的高官，尚且如此，如果瑞麟过生日就更加热闹了。

（四）委缺委差与官场关系

在清朝官场，缺和差都是珍贵和稀缺的资源。围绕缺和差的委任，各级官员经常进行复杂的博弈，委缺委差最能体现清代官场中的人际关系。

清朝文武官员的缺额是固定的，缺额增减要经过繁复程序再由皇帝下旨决定。无论何时，候补、候委官员的人数都远多于缺额。咸、同以后，一方面由于军功人员大增，另一方面由于广开捐纳，有资格当官的人更多，补缺署缺更难。即使有机会补缺，不同的缺份也有优苦肥瘠之别。实际上已成为官府机构的局所需要候补候缺官员去办

---

① 清朝时广州府的南海、番禺、顺德、香山、东莞、新会被称为广府六大县，有时简称为六大县或"六大"。
② 《日记》，同治十二年十二月初八日，《清代稿钞本》第15册，第259页。

事，还有大量临时性的事务需要官员去完成、检查、监督，在局所办事以及临时委派的任务都称之为差使，既有局所的总办、委员等"长差"，又有由督、抚、藩、臬、运、粮、道、府衙署为某些事务派出的短期或一次性的差使，州县官也会给候补佐杂派差使。上司衙门为某项事务委派的委员往往是调剂下属的一种手段，后文将对派往州县的委员进行较详论述。差使既是清代地方行政运作必不可少的措施，也是候补候缺官员得以获得收入的重要途径。相对于人数众多的候补候缺官员，差使也难以满足需求，而且，差使同样存在优苦之别。官员们为得缺得差，尤其是为得到优缺优差，无不使尽浑身解数。

按清朝典制，布政使在州县官赴任、署理等事项上有较大权力，但在太平天国战争过后，督抚基本掌握了州县官以下官员任免的权力，甚至道府任免也以督抚意见为转移。① 督抚在行使委、署缺的权力时还出现了很多腐败的情况。② 杜凤治曾在日记中议论："目下更无论，方伯即一小缺亦无权，两院明摆出各用其人，官场如是，意谓广东为甚。"③"方伯即一小缺亦无权"或过甚其词，而布政使的人事权被大为压缩则是事实。杜凤治偏重说广东，是他出于自身感受的感慨，其实各省皆然。

以州县官缺为例，通常由布政使根据制度和惯例提出候选者名单，督抚批准后布政使挂牌公布与颁发赴任的公文。候选名单或事前请示督抚，或揣摩督抚的意旨提出，而督抚也会对名单再进行讨论。

---

① 参见刘凤云《清代督抚与地方官的选用》（《清史研究》1996年第3期）、魏光奇《晚清州县官任职制度的紊乱——透视中国传统政治的深层矛盾》（《河北学刊》2008年第2期）、刘伟《同光年间州县官选任制度的嬗变》（《安徽史学》2010年第1期）等文。

② 如魏光奇的《有法与无法——清代的州县制度及其运作》的第三章第二节就相当详细深入地论述了督抚在州县官任命中的权力，佐杂的委、署更是如此。

③ 《日记》，同治九年七月廿一日，《清代稿钞本》第12册，第332页。

按察使、盐运使、粮道以及道员、知府有程度不等的发言权。广州将军虽不管吏治，但品级高，有时也会对州县以下官员的委任发表意见。此外，从京城高官到在籍大绅对地方官的任命也会有影响。一般而言，一个州县官要成功委、署缺，总督、巡抚、布政使三人的意见要基本一致，督、抚的意见最关键，其他重要官员也没有太强烈的反对意见才行。重要的长期差使（如厘金局、澉局、交代局等局所的总办、委员），虽由布政使、按察使、粮道等司道级官员主管，但督、抚经常会过问。

督、抚同布政使在委、署缺事务上经常会有分歧。王凯泰是一个很有能力、朝廷也看重的布政使，因为勇于任事，同总督瑞麟、巡抚李福泰都有点过节。同治八年，王凯泰已委知州桂芬署理乐会县，乐会是琼州极苦缺，桂芬不愿意去。因桂芬与瑞麟有亲故，李福泰与桂芬亦有情分，恭亲王也有信来为桂芬说话。按惯例，桂芬的委任事先已得到过督、抚的同意，至少打过招呼，但王凯泰公布桂芬的任命后督、抚却支持桂芬抗命，王凯泰无法，只好将桂芬改委署虎门厅。①王凯泰曾打算委任余恩鎏（杜凤治的同年、同乡、好友）署理连州知州，先开单给巡抚李福泰，李不置可否，王再请示瑞麟，称巡抚没有意见。"及中堂往拜中丞，中丞即大言有如此能干方伯，要我们督抚何用？"强烈反对委任余。余恩鎏自然署理不成，王凯泰因此也很难堪，于是请了一段时间病假。②

个别强势的布政使也会坚持自己的主张。杨庆麟翰林出身，当过京兆尹，在京城广有人脉，总督刘坤一对杨颇为忌惮，而巡抚张兆栋则不愿与杨争权，杨庆麟任粤藩后就比较放手行使委缺权力。但多数

---

① 《日记》，同治八年六月十五日，《清代稿钞本》第11册，第445页。
② 《日记》，同治九年二月廿一日，《清代稿钞本》第12册，第172页。

布政使不可能像杨庆麟那样。杨的前任俊达事事唯总督瑞麟马首是瞻。此后任广东布政使的姚觐元（浙江湖州人），为署东莞缺开列孙铸、姚颐寿二人作为候选人，总督张树声毫不客气地予以否决，"谓二员皆湖州同府县人，又且姚姓，大言广东大缺非湖州人、姚家人不能作乎？"从此姚不敢开委缺名单，督、抚又不可能撇开布政使直接委缺，故而"大家搁住，如挤船擦车，一时汇不通也"。①

清朝本来对升官、委缺有一系列制度，省一级也会制定委缺、署缺的实施细则，如同、光年间广东就有《地方官员委署章程》，对知府以下直至佐杂挨委、酌委各缺的资格、程序有相当细致的规定，甚至对多个具体缺份何种资格的官员方可补、署也有详细规定。②日记也记载王凯泰任粤藩后制定章程，"同通不得署州县事，余仿此，各归各班，又州县补缺先正途、次劳绩，又次超委、试用、委用等项"。③然而，再详尽的制度、章程也不可能解决官员委缺遇到的各种复杂情况。一些官员确实不适合任本缺，优、苦缺之间也有必要调剂，久不得缺而又符合制度、章程规定的官员又要有所安置，督、抚、布政使必须根据实际情况裁量变通。而且，委缺是高官最重要的权力，也是得到贿赂的最好机会，所以，督、抚、布政使无法也不愿完全按照制度、章程委缺。制度、章程以及官场舆论都不能不顾，但最终能否得缺，就看个人的条件、关系以及手段了。

督、抚、布政使在委缺，尤其是委要缺、大缺时，表面上会顾及程序及委任者的资格、能力、官声，与此同时关系与机缘也特别重要。杜凤治在日记中称自己调署南海县，既因自己完全符合规定，又有贵人助力，也因碰上机会。其中，肇罗道方濬师的大力推荐起了作

---

① 《日记》，光绪七年十月十五日补记，《清代稿钞本》第19册，第321页。
② 程存洁编著《朱启连稿本初探》下册，文物出版社，2014，第984～1043页。
③ 《日记》，同治七年三月初四日，《清代稿钞本》第10册，第530页。

用。瑞麟也了解到杜凤治是个有能力的官员（很可能方功惠等亲信进了言），且官声不错，上司、同僚、绅士都有好评，布政使邓廷楠是杜的同年且关系好，而杜在吏部的人脉也减少了调署和后来正式补授的阻力。光绪二年春杜凤治回任南海，是因为上年冬署理南海知县胡鉴卷入了一宗外国人租赁码头的纠纷案件，开篆后又发生县署差役因庇赌刺死兵丁之事，督、抚不得不把胡鉴撤任，南海是杜凤治本任，藩台把杜凤治列作接任南海的第一人选，巡抚张兆栋与杜关系良好，新到任的总督刘坤一不反对，于是杜凤治迅速回任南海。

光绪三年，杜凤治的族侄杜承洙（菊人）在谳局审案有劳绩，按察使周恒祺按照相关章程和惯例，表示要为杜承洙争取一个大缺。其时刚好博罗县缺将空出，周恒祺就同布政使杨庆麟商量，杨庆麟答应了，并向周出示博罗缺候委人选名单，杜承洙排在第一，官场中人都知道了杜承洙将得到博罗缺。[①] 过了两天，未见挂牌，周恒祺对杜凤治说还要通过督抚最后决定，但督抚事先已表示同意。谁知事情却突然变化，杨庆麟见巡抚后告诉周恒祺，巡抚提出要把博罗缺给杨梦龙，因为杨梦龙剿匪出过力，杜承洙可改委和平县。周恒祺认为所谓巡抚的意思其实只是杨庆麟本人"于中作怪"。和平是小缺，为让杜承洙不失去署大缺的机会，周恒祺建议杜凤治去跟杨庆麟说杜承洙委和平事不要挂牌，"既宪恩欲与大缺，此次不能，何妨少待"。杜凤治同广州知府冯端本商量，请冯出面说。[②] 稍后杜凤治就得知礼部尚书万青藜致函张兆栋、杨庆麟为杨梦龙说项，以及不久前杨庆麟同周恒祺因公事有过节，所以就拿这件事报复。杜凤治见事已至此，只好对杜承洙说："在汝以捐班试用甫及两年，得委署事，和平纵小，不

---

① 《日记》，光绪三年九月初十日，《清代稿钞本》第 18 册，第 488 页。
② 《日记》，光绪三年九月十五日，《清代稿钞本》第 18 册，第 498～499 页。

至赔累，如是亦云可矣。汝独不见读书捷南宫即用来此数年之久，尚未见印是方是圆，出入听鼓，旅况艰难……此去官声如佳，安知不调署繁缺乎?"① 日记记杜承洙委缺一事没有提及贿赂，新到任的总督刘坤一也没有参与意见，几个高官在委任杜承洙问题上的分歧与态度变化仍属于"正常程序"。杜承洙以捐班试用知县、谳局审案劳绩的资格，差点得大缺而落空，最终得到一个不至赔累之小缺，这个结果主要是由官场关系决定的。

杜凤治的外甥陶子筠（友松）在交代局任差，得到督抚、布政使赏识，按章程应该得缺。陶子筠是同知、通判班，省城只有广粮通判一个著名优缺，无论如何轮不到他，所以，陶子筠希望在省城附近谋求一个缺。虎门同知可以不必常驻，佛山同知离省城近，公务不算繁忙，故欲谋求此二缺中的一个。杜凤治为他向杨庆麟说项求署佛山同知。杨说因为陶在交代局得力，怕巡抚以无人可代替为理由不肯放行。杜凤治说："此缺与虎门同，常可在省，陶丞自愿兼局务，不领薪水。藩台问此缺何如? 予对约每年可作到两吊光景。"② 杜凤治与杨庆麟的对话如谈一宗生意。但陶子筠未能得到佛山、虎门缺，刚好前山同知（又称澳门同知）缺出，经广州知府冯端本力荐，陶子筠以"兼差不领（交代局）薪水"为条件得以委署此缺。③

日记里记载了很多靠贿赂打通关系获得委缺、委大缺优缺的例子。如张经赞（南陔）通过巡抚亲信陈善圻（曾署理南海）得到新会缺，"闻费二方以外"。④ 新宁知县秦廷英，派"家人"持二万两

---

① 《日记》，光绪三年九月十六日，《清代稿钞本》第18册，第503页。
② 《日记》，光绪三年九月十六日，《清代稿钞本》第18册，第501页。"两吊光景"指收入2000两。
③ 《日记》，光绪三年十月初三日，《清代稿钞本》第18册，第526页。
④ 《日记》，同治十年二月廿八日，《清代稿钞本》第13册，第155页。"二方以外"指两万多。

的银票走总督英翰亲信裕庚（候补道）门路，希望调署新会。这个"家人"又同时走英翰从安徽带来的某巡捕门路，以八千两成交。英翰已嘱咐布政使俊达上详，"家人"就到裕庚处取回银单。裕庚大怒，告诉英翰，英翰"疑经手人食油饼，事大决裂"，秦廷英最终调署不成。① 看来二万两是大缺新会的"正常"价格。知县田明曜（星五）"素不识字，不知吏治"，对瑞麟"送礼最勇，不计贵贱"，以缉捕得力，得以署理香山知县，但严重亏累，巡抚张兆栋也不喜欢他。然而，田设法走通潘祖荫门路，而张兆栋与潘关系很好，田又得以调署广府六大县之一的东莞。②

为得缺得差，官员们会走一切可能的门路。知县陈元颖（幼笙）在惠来缺任上时民众闹事，撤任后怕上司追究影响委缺，于是求与其有年谊的在籍尚书罗惇衍（陈之叔父与罗同年）向督、抚、藩缓颊，还想恳求罗帮忙调剂优缺。③ 杜凤治认为，为谋缺谋差求人向督抚进言，在广东最有力的就要算罗惇衍了，如果向总督瑞麟进言，也可以通过方功惠。④

总督、巡抚、布政使委任佐贰、佐杂缺更为随意。日记称瑞麟"于府、州、县缺尚慎重，而佐杂往往不耐人求，允向藩台交条，以为佐杂无关紧要，以故现在佐杂官缺皆有来头"。⑤ 瑞麟在委任府、州、县时也纳贿和徇私，但较之委任正印官，佐杂可以更无顾忌地委任私人。署理五斗口司巡检邓绍忠善于相面，当年瑞麟在广州将军任上，邓说瑞麟不久就会到督署这边来，不久，粤督毛鸿宾降调，瑞麟果然署理粤督，邓绍忠因瑞麟的关照得以长期署理著名"肥缺"南

---

① 《日记》，光绪元年六月十二日，《清代稿钞本》第 17 册，第 169 页。
② 《日记》，光绪元年二月廿四日，《清代稿钞本》第 16 册，第 502 ~ 503 页。
③ 《日记》，同治八年十一月初五日，《清代稿钞本》第 12 册，第 41 页。
④ 《日记》，同治八年十一月十四日，《清代稿钞本》第 12 册，第 52 页。
⑤ 《日记》，同治十二年二月初七日，《清代稿钞本》第 14 册，第 457 页。

海县五斗口司巡检。① 杜凤治推荐通判许如骊（次欧）给杨庆麟看病，杨病情减轻，就立即给许一项优差，又允诺"将来必为委一长差。通判班署州县极难，然只要有劳绩，亦一样委署"。许如骊因此十分感谢杜凤治的推荐。② 任南海知县时，杜凤治只要在家，来客即络绎不绝，很多客人并无公事，"来则无非求差"。③ 从日记看，杜凤治还是满足了很多客人的请求，为他们得缺得差出力。

（五）虐政与"仁政"之下官民关系若干侧面

本目的"民"指没有功名职衔的庶民。日记写及官民关系之处甚多，本目只写一些令人感兴趣的事例。

清朝官府在省城与在外州县，处置官民关系的原则与手法不尽相同。在广宁、四会、罗定等州县，杜凤治一方面会做一些怜老惜贫、重视农事、体恤"良民"、疏河修路、催建义仓、禁溺女婴、设育女堂之事，另一方面又会对百姓采用极为严厉的手段。例如清查"盗匪"时，经常会烧毁"匪屋"；对被认为故意欠粮抗缴的绅民，动辄拘捕、烧屋、责打；与"匪"无关、并无欠粮的人也会无辜受牵累。同治十一年，杜凤治率差、勇到南海县伦表村查案，但很难找到人，因"广东风气，凡遇官到一村，老幼皆逃避去"。④ 为何无论绅民都要躲避？无非是因为官员下乡通常会对绅民责骂处罚，随从的书吏、差役、勇丁更会滋扰勒索。

在清朝官员心目中，自然不存在庶民生命财产合法权利之说。同治九年，候补知县朱用孚（尹伯）奉总督命带领兵勇、火轮船到潮阳县清乡并协助催征，在柳岗乡，勒令该乡绅民交出抗粮和横行乡里

---

① 《日记》，同治十一年正月初六日，《清代稿钞本》第13册，第565页。
② 《日记》，光绪三年九月初七日，《清代稿钞本》第18册，第479页。
③ 《日记》，光绪三年九月初五日，《清代稿钞本》第18册，第476页。
④ 《日记》，同治十一年十一月十八日，《清代稿钞本》第14册，第372页。

的恶绅陈同，否则开炮轰村，"玉石无分，良莠同毁"。然而，陈有
势力、有武装，家里还收藏有火器，柳岗绅民根本没有能力"交出"
陈同。正在该处催粮的杜凤治认为不可开炮轰村，朱用孚不听，还提
醒杜凤治及早离开，以免轰村时误伤，表明他不是空言恐吓。① 后来
朱用孚虽然没有开炮，但于此足见在官员心目中普通民众人命之轻。
在清乡以及处置民众大规模抗官抗粮行动时，官吏、兵差杀人、烧屋
都是常事，日记中有不少记载。

有些官民关系紧张的地方，民间也会实力抗官。同治八年，杜凤
治奉差委到潮阳催征。看到潮阳沿途"大村四围墙皆如城，亦用三
和土筑，其坚固直过于石，名为备盗，实借此以拒父母官"，"村口
栅门低小不容轿入，亦为拒官计"。② 杜凤治认为必须拆毁这些坚固
的村墙，但实际做到并不容易。杜凤治在罗定任上曾委托晋康司巡检
刘嵩龄（玉峰）为一宗田土纠纷勘界，当地竟然"纠集男、妇多人，
预储粪溺撒泼，器械火炮无不齐备"，把刘嵩龄搞得十分狼狈。杜凤
治迅速拘捕了为首者，鞭责枷号，但没有治以更严重的罪名。③ 如果
真有"器械火炮"，已严重违反王法。这个案例反映出民间抗官有时
会有相当激烈的场景，但官员只要能控制局面，也不愿把事情闹大。

当时官府以"民之父母"自命，对百姓又有一些约定俗成的仁惠
之政。例如，杜凤治审理山场界址纠纷时说过："广东官山旷土，各处
皆有小民勤力垦植，听其自便，收花入己，原为例所不禁。"④ "山尽
官荒，二百年来小民勤力开垦以资糊口，处处皆有，亦只听之。"⑤

---

① 《日记》，同治九年二月十八日，《清代稿钞本》第 12 册，第 163 页。
② 《日记》，同治八年十一月廿七日，《清代稿钞本》第 12 册，第 69 页。
③ 《日记》，光绪元年十一月十七日，《清代稿钞本》第 17 册，第 454～455 页。
④ 《日记》，光绪元年七月廿八日，《清代稿钞本》第 17 册，第 258～259 页。
⑤ 日记中的散页，光绪二年三月初二日，原为杜凤治粘贴的插页，《清代稿钞本》
未影印。

"官山原准民间造墓安葬。"① 官员这样做，一则是无法改变多年已形成的官山被民众大量开垦、营葬的客观情况，二则是希望官民相安无事，维护安靖局面。

在广州这样的大城市，民众容易聚众闹事，官府在"硬"的一手以外，也有怀柔的手段，设立了一些救助救济机构，还鼓励、支持绅商设立慈善机构。例如，南海县地界就有官绅联合创办的广东最大的积谷防灾机构——惠济仓。② 在番禺县地界，也有官府设立的育婴堂、普济院、恤嫠公局、麻风院、瞽目院以及大有仓。③ 官办的慈善救助机构由不同衙门管理，除南海、番禺两首县外，有时高级衙署也会直接管理慈善救助机构，如大东门外收养孤寡老妇的普济院，由广东督粮道管理，现仍存普济院建筑一间及光绪十二年署理督粮道李蕊有关普济院规则的告示碑。④ 官府也会对遇灾居民捐廉赈济，对残疾人定期发放一些救助钱米，日记就有多次"放瞽目"的记载，来领取的男女失明者各数千人，总督亲自过问，官府对发放安排、安全保障等也有颇为细致的考虑。⑤

对居民某些违法行为，官府有时也会网开一面。本来，"例载，城垣下濠以内不准民间建屋"，但广州城壕内实际上建了不少房屋，归德门附近城墙外华德里（俗名黄婆阑）早已形成街巷，"铺小屋贫，所居皆手作人"。城内旗丁勒索不满所欲，竟然指使"无赖"放火掷石（似未造成严重后果），附近店户早痛恨旗丁，因此"群起纷

① 《日记》，光绪元年八月廿四日，《清代稿钞本》第 17 册，第 312 页。
② 同治《南海县志》卷 4，"建置略一"。
③ 同治《番禺县志》卷 15，"建置略二"。
④ 伍庆禄、陈鸿钧：《广东金石图志》，线装书局，2015，第 402～403 页。
⑤ 《日记》，同治十年十一月十六日，《清代稿钞本》第 13 册，第 500～501 页；《日记》，同治十二年十一月廿五日、十二月十九日，《清代稿钞本》第 15 册，第 238、274 页。

拿，有众怒难犯之势"，手作人"摩拳擦掌，定要与旗人死不干休"。杜凤治极力劝阻，并允诺日后严禁、惩处肇事"无赖"，实际上是承认并允诺保护华德里贫民的"违章建筑"，总算平息了这场风波。①省城有一万寿宫旧址，衙役私将其地租与手工业者及小贩搭建住处，官府要求在内居住者迁走，对其中贫病交加的人，杜凤治酌量给予银两。② 西关玉带河是广州的排水道，一些穷人在上面建造了浮屋。同治十二年，官绅决定疏浚玉带河，官府决定，对应拆之浮屋，住者"如实穷苦，给以数两屋值"。③

前文已写过举办大规模巡游庆典的盛况。当日的城市，大规模的"官民同乐"庆典极少，在狭小的省城举办这类活动，组织工作和防火、防盗、防止践踏伤人事故等，难度相当大。但从日记看，杜凤治等官员颇为努力，巡游时官民关系显得少见的融洽。

有时官府演戏，百姓也可从旁窥看。同治十年七月，省城各官在内城大佛寺开戏祝贺瑞麟大拜（当月瑞麟授文渊阁大学士），"闲人"在附近屋上观看，兵役打算驱赶，杜凤治出来阻止，说"听其自然，我们散后戏止，自然去矣"，杜主要怕驱赶时引致民众闹事。④ 刘坤一也说过："督抚两衙门演戏，有人闯入，你府县亦不能弹压，督抚亦说不出要府县弹压。何则？以非正务也。"⑤

在今人心目中，清朝的衙署应该是官威所在、任何人也不敢冒犯的，但从杜凤治日记看却不尽然，有些情况还颇为有趣。日记记载了

---

① 《日记》，光绪三年九月十二日，《清代稿钞本》第 18 册，第 490～492 页。
② 《日记》，同治十一年二月廿六日、三月二十日，《清代稿钞本》第 14 册，第 18～19、54～56 页。
③ 《日记》，同治十二年七月初一日，《清代稿钞本》第 15 册，第 70 页。
④ 《日记》，同治十年七月廿九日，《清代稿钞本》第 13 册，第 333 页。
⑤ 《日记》，光绪三年十月廿四日，《清代稿钞本》第 18 册，第 558 页。

在布政使署、督署有很多下层执事人员乱搭乱建的房屋。① 还有一次，抚署巡捕称，在抚署后墙外居住的陈亚贵，因抚署后花园芭蕉叶有碍风水，竟爬墙入园内砍伐百余棵，要求杜凤治查究。陈亚贵闻风逃走，其寡媳梁氏则称入园只是摘叶并无砍伐。后陈亚贵到案，杜凤治查明只是梁氏嫌抚署芭蕉叶遮住窗口光线，砍去数片叶，与园丁发生争吵，所谓伐芭蕉事系园丁嫁祸。抚署花园久已荒废，"草长可隐人，满目荒芜"，园丁常收钱允许人进园采摘草药。按陈梁氏的口供，其家所住房屋竟以抚署围墙作屋墙，并朝抚署花园开窗。杜凤治把陈亚贵押到抚辕请示如何发落，巡抚得知案情后表示无意追究，传谕杜凤治责令陈亚贵"严束寡媳，毋再滋事"，"从宽施恩释令去"。杜凤治想到如果把陈亚贵押回衙署释放，陈难免要受书吏、差役勒索，于是就在抚署头门将陈训斥几句，"即令回家安业"。②

督署、抚署、藩署是省城最重要的衙门，但对冒犯官署的下层执事、庶民等没有严惩，这也反映了清代省城官民关系的另一个侧面。

二　杜凤治的上司同僚

（一）总督、将军

杜凤治宦粤十几年，这段时间有过三位两广总督。他到粤时，两广总督是瑞麟（1809～1874）。瑞麟字澄泉，满洲正蓝旗人，是晚清任职时间最长的两广总督（此前还当了近两年广州将军）。他参与镇压太平天国、捻军，同英法联军打过仗，是广东早期洋务运动的主持

---

① 《日记》，同治十二年五月初三日、廿一日，《清代稿钞本》第 14 册，第 559、582～583 页。
② 《日记》，同治十二年闰六月初二日、初六日，《清代稿钞本》第 15 册，第 20～21、24～25 页。

者，生前为文华殿大学士（故日记中称之为"中堂"）①，死后谥"文庄"。清廷赞扬他说："在粤十年，练兵训士，绥靖边疆，办理地方事宜，均臻妥协"。② 这自然是溢美之词，不过，瑞麟任粤督那十年，确实是近代广东相对平靖的时期。

瑞麟去世后粤海关的报告提到，与瑞麟接触过的外国官员都对其交口称誉，并说"他完全可与欧美的模范政治家媲美"。③ 杜凤治当了瑞麟八年下属，且有几年为首县南海知县，经常要谒见瑞麟，瑞麟对杜凤治也很赏识。日记中对瑞麟有不少感激、钦佩的文字，但杜又毫不隐讳地记下有关瑞麟的负面事实及评论。迄今学术界对瑞麟研究甚少，④ 如果要研究瑞麟，杜凤治的日记当为重要史料之一。

同治十三年，杜凤治得知瑞麟病重的消息，在日记中评论："中堂在此已十年，诸凡明晰，性复和平，是一最好伺候之上司，且于广省公事亦非无功效者。如竟以病而去，真令人念念无已。"⑤ 这完全是站在一个州县官的立场发出的感慨。

瑞麟作为清朝在广东最高级别的官员，对维护清朝的统治秩序不遗余力，也颇有经验和成效。瑞麟处理对外事务，以同外人相安无事为原则，经常妥协退让，对内则以强硬手段治理。方耀、郑绍忠两部在清乡时滥杀，得到瑞麟的许可和鼓励。瑞麟有一个瘫痪的儿子，天天咒骂父亲何故尚不死，杜凤治觉得这是瑞麟纵容方、郑滥杀"伤天和不轻"的报应。⑥ 晚清广东审判盗案实行"就地正法"，这本来

---

① 瑞麟咸丰末年一度授大学士，后革去，但广东官员仍称其为中堂，同治十年再次授大学士。
② 《清史列传》第 12 册，王钟翰点校，中华书局，1987，第 3663 页。
③ 《近代广州口岸社会经济概况——粤海关报告汇集》，第 121 页。
④ 以关键词"瑞麟"在"中国知网"中检索，找不到研究他的专题论文。
⑤ 《日记》，同治十三年七月十七日，《清代稿钞本》第 16 册，第 61 页。
⑥ 《日记》，同治十三年八月廿二日，《清代稿钞本》第 16 册，第 144～145 页。

就容易造成滥杀冤杀，瑞麟较之其他高官更主张从快从重多杀人，谕令不必管有无其他证据，"既有供词，即可杀之"。① 下属的文武官员多数就秉承瑞麟意旨以严厉手段惩办盗案疑犯。

瑞麟是广东官员群体的最高统率者，对待平民百姓严厉，但对下属官员则不失为一个有威望、有能力、有度量的"好上司"。他位高权重，处理官场事务既有决断也很圆滑，能维护官场的规矩和官员的整体利益，对细节也并不昏聩糊涂。杜凤治认为，瑞麟"为人诸凡明澈，且有决断，其短处唯喜听小人谗言"。有一次，瑞麟对杜凤治谈起粮道贵珊宦囊积蓄数目以及吸食鸦片、爱好男风等隐私。② 他显然有不少渠道和办法掌握下属的情况。

瑞麟对下属官员很注意保持亲切谦和的风度，如果单独接见下属，即使是首县知县，也会让到炕上坐，远比其他高官亲切。③ 有一次杜凤治感冒请假几天，销假后瑞麟一见就问候杜是否已痊愈，日记写道："中堂于此等处最讲究。"④ 同治十二年文武乡试和旗营、绿营大阅结束后，杜凤治为下乡催征禀辞，瑞麟对他说："自八月文闱起，继以武闱，又逢大阅，日夕忙忙碌碌，直累到如今，费财费力费心，真亏你们，现可少憩，又要下乡乎？"⑤ 杜凤治听了觉得很暖心。瑞麟对官员各种不符合典章制度的行为，甚至贪赃枉法，虽然也斥责、查办，但动真格的时候不多。例如，晚清广东盐政败坏，私盐充斥，但瑞麟说："我之令文武拿私者拿其大帮者耳（大帮走私必有数千包），如小小经纪夹带一二十包借得微利赡家，不必拿也。"⑥ 这一

---

① 《日记》，同治十二年闰六月廿六日，《清代稿钞本》第15册，第62~63页。
② 《日记》，同治十二年十月初三日，《清代稿钞本》第15册，第181页。
③ 《日记》，同治十二年六月十一日，《清代稿钞本》第14册，第610页。
④ 《日记》，同治十二年八月十八日，《清代稿钞本》第15册，第127页。
⑤ 《日记》，同治十二年十一月初十日，《清代稿钞本》第15册，第223页。
⑥ 《日记》，同治十三年五月初八日，《清代稿钞本》第15册，第494页。

指示表面为"小小经纪",实则还是为照顾官员,因为文武官员乘坐的船只经常携带私盐(包括杜凤治),有瑞麟的意旨,关卡更不会认真搜检官员的船只。瑞麟也不轻易参劾下属官员。杜凤治辞官归里后,有一次在《申报》上读到两广总督张树声参劾盐运使何兆瀛等一批官员的消息,赞叹瑞麟、张兆栋"性皆宽平和恕",除极少数做得很过分的官员外,"十年以来从未见以白简从事"。① 杜凤治钦佩瑞麟,除了"知遇之恩"以外,也因瑞麟是个比较体恤下属的上司。

对瑞麟的"宽容大度",官员们当然欢迎,但广东官场贪渎之风因此更盛行了。瑞麟本人也以"好货"著称。巡抚张兆栋对杜凤治谈论过总督瑞麟纳贿委缺,批评布政使俊达过于逢迎总督,甚至同杜议论总督小夫人亲属纳贿委缺的事。② 同治十二年,新到任的学政章鋆主动告诉杜,瑞麟在京中声名不佳,杜便问京中人议论什么,章鋆说无非是索贿的事。③ 杜凤治对自己用于瑞麟的大宗支出常有记载,对瑞麟亲信以及督署"家人"的额外盘剥勒索更是反感和无奈,认为瑞麟像明末的周延儒,"利归群小,怨集一身",名声都被这些人搞坏了。④ 瑞麟是广东洋务运动的主持者,也不能说没有成效,但杜凤治的评论是:"中堂爱体面,肯用钱,如筑炮台、买机器洋炮,费去不赀,其实皆上当事。"⑤

瑞麟死后,杜凤治在日记中说:"中堂本来有和峤之名,卖缺鬻官,众口同声,死后可以已矣。"又抄录坐省"家人"的信函,其中提到各店铺对官府强迫路祭瑞麟不满,"而各铺民有说无钱者,有说

① 《日记》,光绪六年十一月初六日,《清代稿钞本》第19册,第55页。
② 《日记》,同治十二年闰六月初十日、同治十三年正月十二日,《清代稿钞本》第15册,第33、302页。
③ 《日记》,同治十二年十二月廿四日,《清代稿钞本》第15册,第284页。
④ 《日记》,同治十二年九月廿九日,《清代稿钞本》第15册,第175~176页。
⑤ 《日记》,同治十二年九月十七日,《清代稿钞本》第15册,第153页。

中堂无甚好处到民间者，有说设祭要出于人心情愿，岂有抑勒压派者"，只有少数商人不得不"虚应故事"。瑞麟死后，其亲属、"家人"把督署一切物品拆下带走或卖钱，"闻说督署唯有地皮不镌"，致使办事的官员不胜其负担，民间怨声载道。日记还抄录了一首讽刺瑞麟但词句不通的七律白头帖。①

继瑞麟任两广总督者为英翰（？～1876），字西林，满洲正红旗人。坐省"家人"以及其子杜子榕对英翰来粤的排场及各种负面传闻都一一向在罗定的杜凤治致函报告，如提到英翰的行装竟有"种菊花宜兴盆数千个，菊花数百种，金鱼四大桶，蟋蟀盆及斗栅不计其数，金鱼缸数只，花雕四百坛"。杜凤治因而判断新总督"性情于此已见一斑。局面必大手亦必阔"。② 英翰还广收贿赂，"此次宫保到任，各官送礼俱开单，送玉器用手巾包裹，不设扛箱，宫保照常收受"。③ 到广东后，英翰设立海防局，为得到新的财政来源不惜让赌博合法化。杜凤治觉得这样做不成体统："如何说出口？全不顾脸面，此等人能作如此大官，朝廷正倚畀甚殷、圣眷隆重之时，必以为有才能也，而才能乃如是，可叹！"④

英翰因设立海防局公开征收贿饷，以及随员李世忠等人过于招摇，被广州将军长善、广东巡抚张兆栋联手参劾，不久即被罢免。

杜凤治第二次任南海知县时，两广总督是刘坤一（1830～1902）。刘坤一字岘庄，湖南新宁人，是晚清有见识有学问、有守有为的封疆大吏，时誉颇佳，后世评价也不错。⑤ 但刘坤一对杜凤治不

① 《日记》，同治十三年十二月廿九日，《清代稿钞本》第 16 册，第 425～426 页。和峤是西晋大臣，时人称其有钱癖。
② 《日记》，光绪元年正月三十日，《清代稿钞本》第 16 册，第 472 页。
③ 《日记》，光绪元年三月十九日，《清代稿钞本》第 16 册，第 538 页。
④ 《日记》，光绪元年五月十五日，《清代稿钞本》第 17 册，第 105 页。
⑤ 可参看王玉棠《刘坤一评传》，暨南大学出版社，1990；崔运武《中国早期现代化中的地方督抚：刘坤一个案研究》，中国社会科学出版社，1998。

甚赏识，杜凤治在日记中常连篇累牍批评甚至痛骂刘坤一。

杜凤治对刘坤一做总督的能力很不佩服，认为刘"心乱"，并进而评论："此公实欲励精图治，无论大小事必欲躬亲，而精力、心思不及，得乎此失乎彼，顾了东忘了西，事事欲躬亲，遂至事事无就绪，得不心乱乎！"①

后来，杜凤治同刘坤一关系越来越坏，在日记中评论刘"有统带才而非督抚才"，"政令杂乱无章，不能不令人神往于文庄公时矣"。② 辞官归里时，杜凤治在日记中对刘坤一做总评，认为刘"勉强自制，不受赇赂"，但"至于才德，实一无可取，断非督抚之才"，"两眼不识人，一心无主意，其心乱耳软，胆小性急"，称刘"一畏洋人，二畏京官，三畏绅士"，还害怕方耀、郑绍忠，对司、道也害怕，但对府、厅、州、县"每堂期旅见，骄蹇之色可掬，傲戾之言时闻"，后来还在日记中直呼其名予以讥评。③

不过，日记还是如实记下了刘坤一一件清廉的典型事例。光绪二年，粤海关监督俊启（星东）丁忧未到任，刘坤一以粤督兼署海关监督，刚好碰上"各清书掣各口签，照例公礼银三十万两"，但刘坤一把 15 万两交给俊启以弥补其在京中赴任前的开支以及丧葬费用，另外 15 万两全交藩库作为公用。④

为何杜凤治佩服"有和峤之癖"的瑞麟而不佩服勤政清廉的刘坤一？因为杜凤治完全是站在州县官的立场做评判的，他更关心官场中下层群体的利益，希望上司能够按照官场"正常"的规则办事，不喜欢上司严格查察下属。对杜凤治来说，较之愿意接受贿赂、"宽

---

① 《日记》，光绪三年二月三十日，《清代稿钞本》第 18 册，第 178 页。
② 《日记》，光绪三年十月廿五日，《清代稿钞本》第 18 册，第 564 页。瑞麟谥文庄。
③ 《日记》，光绪庚辰九月初四日后补记部分，《清代稿钞本》第 18 册，第 617 页。
④ 《日记》，光绪三年四月十七日，《清代稿钞本》第 18 册，第 264～265 页。

大"的瑞麟，刘坤一更不好伺候。

广州将军长善在其时的旗人驻防官员中尚算有学养的人物，但在杜凤治日记中长善却是一副贪婪、琐碎、任性、慵懒的形象。日记记瑞麟死后，长善以为自己有机会署理两广总督，谁知后来落空。杜评其让别人看出得不到署督的不满，是不知自重，无涵养学问，挖苦长善以为自己一定会当两广总督，"不意日复一日，佳音杳如，总督架子已摆足，总督实信终寂然"；"此次瑞相开缺，意谓等了多年，者番舍我其谁。又如石沉大海，能不想杀气煞"。①

日记还记录了一次广州府官员抵制为长善站班的事。同治十年，长善因公赴虎门，但广州知府冯端本以下一干中下级官员以无旧例为理由拒绝为将军站班。按照清朝典制，驻防将军地位略高于总督（其时粤督瑞麟兼大学士，地位则高于将军），长善认为广州的官员看不起自己，很生气，致函瑞麟质问，但瑞麟和按察使孙观都认为各官没有做错。② 杜凤治在日记中提及长善，没有多少敬重的话。于此也反映出，太平天国战争后各地满洲驻防官员的地位进一步下降。

（二）巡抚

杜凤治刚到广东时巡抚是蒋益澧（1834～1875），在广宁绅士上控时，蒋益澧支持杜凤治，杜对蒋不无感激之情。

蒋益澧，字香泉（或作芗泉），湖南湘乡人，湘军骁将，二十余岁即因与太平军作战的战功升为臬、藩大员，同治五年授广东巡抚，其时不过 32 岁。翰林杨泰亨曾入蒋幕，赠蒋一联"中兴建节最年少，天下英雄唯使君"，蒋"最得意也，悬之厅事前"。③ 对蒋益澧这

---

① 《日记》，同治十三年十一月初十日，《清代稿钞本》第 16 册，第 307 页。
② 《日记》，同治十年九月初九日、初十日、十六日，《清代稿钞本》第 13 册，第 392~393、396、403 页。
③ 《日记》，光绪元年二月初一日，《清代稿钞本》第 16 册，第 474 页。

个晚清重要人物，学术界也甚少研究。《清史列传》之蒋益澧传，主要篇幅都写其战功，对其抚粤经历，着重写了两件事：一是奏革太平关给广东巡抚衙署每年 25800 两的规费；[①] 二是被瑞麟奏劾"任性妄为"。[②] 来粤查办的闽浙总督吴棠奏称："蒋益澧久历戎行，初膺疆寄，到粤东以后，极思整顿地方，兴利除弊。唯少年血性，勇于任事，凡事但察其当然，而不免径情直达，以致提支用款、核发勇粮及与督臣商酌之事，皆未能推求案例，请交部议处。"朝廷最终决定罢免其巡抚职务，降两级调用。[③] 杜凤治的日记不仅可补充蒋益澧抚粤及罢免过程的很多细节，而且可了解晚清广东赋税征收的一个影响较大的变化。

蒋益澧来粤后立即做了一件大事，就是奏请减少州县征收色米的折价，《清史列传》的蒋益澧传完全没有提及此事。清代各州县的"正赋"包括地丁（以银两征收）和粮米（实物），后者在广东有"省米""府米""民米"等名目，主要用于发放旗营、绿营的粮饷。但米粮往往不收实物而折合银两来征收，谓之"折色"。早在清朝中期，州县征收已不按市场的粮价折算，致使花户的实际负担是原定的三四倍。[④] 咸丰、同治初年，正常年景省城一带米粮售卖价格不过每石值银一两左右，但各州县折色有的竟达市价的五六倍。据蒋益澧所奏，"广东色米一款，以正耗统计不过银二两上下即敷支销，乃广州府属征收色米，每石征银多者八两有奇，少亦七两零，惟新安一县征

---

① 蒋益澧罢官后瑞麟兼署巡抚，认为如果没有此项收入，抚署将无法运作，于是奏请在太平关耗余项下按月提给广东巡抚津贴银 1600 两。见《日记》，同治八年正月十五日，《清代稿钞本》第 11 册，第 271 页。

② 瑞麟参奏蒋益澧"任性妄为，劣迹彰著"，郭祥瑞"朋比迎合，相率欺蒙"。见《瑞麟折参蒋益澧郭祥瑞等款由》（同治六年六月十四），中国第一历史档案馆藏《军机处录副·同治朝·内政类·职官》，缩微胶卷 4632 卷，41 号。

③ 《清史列传》第 13 册，第 3919～3920 页。

④ 瞿同祖：《清代地方政府》，第 237 页。

银五两八钱略为轻减，然较之支销之数亦浮收甚重"；蒋益澧乃谕饬布政使先在广州府筹划，"每石酌减银若干两，实征银若干两"，制定章程再奏准全省推行。① 不久，以瑞麟、蒋益澧联衔减少色米折价的奏请得到朝廷批准，自同治六年起，"南海、番禺二县每民米一石连耗折征银五两八钱，香山、新会、顺德、龙门四县每民米一石连耗折征银五两五钱，花县、增城、三水、清远四县每民米一石连耗折征银五两，东莞、新安、从化、新宁四县每民米一石连耗折征银四两八钱，此外不准丝毫浮折。通计广州府属十四县每年减征银一十六万五千四百余两"；"寻奏续查惠潮嘉、肇罗、韶连、佛冈等属所收米羡不免浮多，现经核减，通计每年共减征银十九万九千八百三十余两"。②

减少色米折价的奏请虽由瑞麟、蒋益澧联衔，但从朝廷到官场、民间都知道这是蒋益澧的主意，本来，征收、奏销事务也主要由巡抚负责。

蒋益澧年纪轻轻就被任命为封疆大吏，为报朝廷厚恩颇想有一番励精图治的作为。他亲自率军平靖延续多年的土客大械斗，到任后杀了一名"囤积居奇"的粮商以平抑粮价，又在省城严厉禁赌禁娼（但日记说蒋益澧对二者都颇为爱好）。特别是减少色米折价，得益的是需要交纳田赋的土地所有者，特别是拥有土地较多的士绅阶层。所以，蒋益澧被罢官离粤时，"绅民店户攀留，无日不送，万民伞、高脚牌不下百余份，每日络绎不绝，坚留钱行者甚多。并绅民有将砖石堵砌城门不肯令去，佥谓广省督抚最有名者为林文忠公、朱中丞（桂桢），二公犹不逮现在之蒋中丞也"。③ 虽然日记也记下如此热闹的景象背后有蒋益澧用银收买的内幕："抚台每伞一柄赏银五十，牌

---

① 《穆宗毅皇帝实录》卷190，同治五年十一月辛巳。
② 《穆宗毅皇帝实录》卷196，同治六年二月丙申。
③ 《日记》，同治七年正月廿六日，《清代稿钞本》第10册，第478页。

一面赏银若干，顶马一匹赏十两，余仿此。为此人情趋利若鹜，更多矣！"① 不过，很多士绅感激蒋益澧当为实情。

然而，色米折价是各州县重要的收入来源，因而也是府、道以上各级上司节寿礼和各项馈送的重要来源。色米折价减收首先损害了州县官的利益，从而也损害了整个广东官场的利益。因为蒋益澧减少色米折价的理由冠冕堂皇，且又得到朝旨允准，故各级官员不敢公开反对，但都心怀不满。杜凤治在日记中全文抄录了自己设法得到的一份瑞麟沥陈"广东折色民米碍难减价征收请仍照旧章"的奏稿，其中甚至有"嘉庆、道光以来，广东督抚诸臣如陈宏谋、朱珪、德保、阮元、成格、林则徐、朱桂桢、祁𡎴，皆一时名宦良臣，非不知惠爱斯民，何以不轻减则，而待一目不识丁之蒋□□凭臆妄断，市惠沽名乎"等尖锐词句。② 查同治朝之实录，未见此奏。请减米羡事瑞麟也列衔，又经朝廷谕旨准行，按理，瑞麟不应以如此尖锐之语再提出相反意见，也许此奏稿并没有拜发，甚至可能是不满蒋益澧的官员托名假造的。蒋益澧离粤后，有谣言说他行至湖南时其带来广东、后被解散之湘勇把其行囊抢掠一空，蒋亦身受重伤。③ 因为蒋益澧得罪了整个广东官场，故有很多对他不利和幸灾乐祸的谣言流传。

杜凤治在广宁绅士闹考期间曾得到蒋的袒护，作为州县官也因色米折价减收而利益受损，故对蒋益澧的态度有些矛盾。蒋益澧离粤后，杜凤治仍不时在日记中写有关这位前上司的旧事，如记："前蒋香泉由粤西来东公干，无日不在河下作狎游。"④ 蒋被罢免后，方濬师告诉杜凤治，说其堂兄方濬颐有一次请旧上司蒋益澧吃饭，见蒋

---

① 《日记》，同治七年二月二十日，《清代稿钞本》第 10 册，第 506~507 页。
② 《日记》，同治七年十月十七日，《清代稿钞本》第 11 册，第 182~183 页。
③ 《日记》，同治七年三月三十日，《清代稿钞本》第 10 册，第 551 页。
④ 《日记》，同治八年十月二十日，《清代稿钞本》第 12 册，第 28 页。蒋益澧任粤抚前曾任广西按察使。

"穷不可耐"，赠银千两，但蒋"手本散漫，随得随消"，"闻在家无事，大开赌局，一夜能输万余金，以故弄得不堪（在军中久，银钱来去看甚轻）"。①

日记的一些记载很可反映这位年轻的封疆大吏的性格。有一次杜凤治谒见时与蒋益澧谈起作诗，日记记："（蒋益澧）问予你见我诗否？对以早见，现已和四章呈政。即急言何故无有送进，未曾看见？又对以刚才交巡捕房矣。端茶送出，行时犹言真巧，刚要叫你上来，你恰来了。"② 其时蒋益澧的表现有点不像巡抚，而像一个期望别人欣赏其作品的青年文人。日记又记载，有一次杜凤治等几个州县官谒见蒋益澧，蒋向他们大谈瑞麟弹劾自己的事。③ 本来，接见并非亲信的下属时不适合谈自己与总督的矛盾，这一细节也反映出这位年轻的巡抚沉不住气和缺乏官场历练，他败于老谋深算的瑞麟是必然的。

蒋益澧在同瑞麟的政争中失败，广东巡抚仅当了一年多就被罢免，但清廷没有把他一撸到底，只是降两级调用，以按察使候补，回到 10 年前的官衔。其时捻军、西北还未平定，清廷还不想放弃这员能战的悍将，把他派往老上司左宗棠的军营接受差委。然而，蒋益澧于此时发病，未能再临战阵，同治十三年冬就去世了，终年仅 41 岁。

蒋益澧后继者为李福泰（1806～1871），李字星衢，山东济宁人，出身州县。李福泰与杜凤治关系一般，杜对李的能力有限和任用私人颇有微言："李为抚台，一味引用私人，为此与王补翁成仇。李本无材能，不过向有好人之目，操守是好的，自作巡抚声名大损，有私故也。不怕羞耻，所用无非私人也。"④ 同治九年末，李奉旨调桂

① 《日记》，光绪元年二月初一日，《清代稿钞本》第 16 册，第 474 页。
② 《日记》，同治六年九月十六日，《清代稿钞本》第 10 册，第 245 页。
③ 《日记》，同治六年九月廿八日，《清代稿钞本》第 10 册，第 281 页。
④ 《日记》，同治十年十一月二十日，《清代稿钞本》第 13 册，第 494 页。

抚，不久病故。李福泰死后，受其庇护的官员均被撤换。

继李福泰任巡抚的刘长佑（1818～1887），在粤时间很短。继刘的张兆栋（1821～1887）任粤抚七八年。张兆栋，号友山（又作西山），山东潍县人，与杜凤治有同年之谊，对杜亦有所照应。张兆栋也是个精于官场世故的官僚，杜凤治对其较少向属员推荐领干脩的挂名幕客、不让属员多破费、不甚接受京中及各省大官请托等颇有好评，认为张"清介鲠直，有古大臣风烈"。① 杜凤治论张兆栋与总督刘坤一共事："事事让他，不作一专主事，心中有言亦不出口，将权柄全授于彼，得以专行其志……至于得封疆大体，中丞最为得体，唯少弱不肯侵他人之权，渐至己权亦授之人，才稍不逮耳，德则盛矣美矣。"② 杜凤治虽然评价张兆栋最得封疆大吏的大体，但对其才能与担当则评价不高，曾议论他：

> 唯这位大人闲谈则可，即如洋务、盐务，不关抚台主政之事，亦喜闻之，然欲其发一言谕司道照办，或洋务、盐务有不足于心者，请出一言万万不肯也。故虽为一省之主，而不肯多说一语、多管一事，一听制台、藩台所为，两司回事靡不允从，从无更改，间或有改亦偶然耳。权全授与他人，而公夷然不以为意也，诚大度忠厚人也。③

张兆栋在粤抚任上多年，与瑞麟、刘坤一两位强势总督共事而能保持其地位，与这种"宽和""忠厚"的态度大有关系。张兆栋也不是完全无作为，英翰接任粤督后开办海防局征收赌饷且其随员过于招

---

① 《日记》，同治十二年十二月初五日，《清代稿钞本》第 15 册，第 254 页。
② 《日记》，光绪三年十月廿五日，《清代稿钞本》第 18 册，第 564 页。
③ 《日记》，光绪三年十一月廿五日，《清代稿钞本》第 18 册，第 608～610 页。

摇，张兆栋便与广州将军长善联手弹劾英翰，使后者被朝廷罢免。

张兆栋也曾与瑞麟产生过相当尖锐的矛盾。同治十二年九月，盐运使钟谦钧因为年老要求引退，按一般惯例应由粮道贵珊署理盐运使，但瑞麟不喜欢贵珊，想以布政使俊达兼署。张兆栋对俊达事事只听从瑞麟本就有看法，且认为俊达兼署理由不足，于是放话：如果总督出奏以俊达兼署盐运使，他将不会衔，如果总督单衔上奏，他将引退辞官。瑞麟想与张兆栋讨论署理盐运使的人选，张却尽量躲避。此事涉及广东文官系统地位最高的总督、巡抚、布政使三个人，整个官场都感到不安。按察使、广州知府无法调和，将军、学政、副都统、海关监督也纷纷出面劝解。按察使曾问杜凤治有何好主意，杜提议说服钟谦钧销假继续任职，按察使认为不错，但此议被钟谢绝。杜凤治曾猜测总督会以广州知府冯端本署理解决僵局，因为冯是督、抚都接受的人，最后，果然按照杜的猜测由冯端本署理盐运使。①

为何瑞麟可以同张兆栋妥协，而对蒋益澧则不能容忍非要将其劾免不可？杜凤治的日记透露了部分原因。

清朝制度规定总督可以节制巡抚，但两人各有独立的衙门，事权的划分并不清楚，且都有单衔奏事的权力。有清一代，同城督、抚常有矛盾，这种情况对加强君主集权却不无好处。由于瑞麟的强势，一般巡抚自不是他的对手。但作为老官僚，瑞麟深谙为官之道，通常也不愿把权力用尽、把事情闹大做绝，因为总督参劾巡抚，也要付出代价。蒋益澧锐意进取，锋芒毕露，带有多名官员和亲信军队来粤，有把湘系势力扩展到广东的意味。差不多同时，有湖北巡抚曾国荃把湖广总督官文参免之事。官文与曾国荃、瑞麟与蒋益澧这两组督、抚有

---

① 《日记》，同治十二年九月二十七日至十月初七日，《清代稿钞本》第 15 册，第 169~187 页。

很多近似之处，似无资料反映曾、官之争对瑞麟决意参劾蒋益澧的影响，但以瑞麟的地位、处境和性格，他不可能不关注湖北正在发生的事。蒋益澧挑战了瑞麟的地位和权力，行事又不大按官场规则，不是一个容易共事的角色，故瑞麟认为必须驱除。而蒋益澧得罪了整个广东官场，政争经验又不足，把柄较多，故瑞麟敢于下手。张兆栋则不甚争权，对瑞麟不构成权力分配的重大威胁，张兆栋不赞成俊达兼署盐运使的理由也更符合清朝的制度和惯例。所以，瑞麟开始希望以高姿态来换取张兆栋同意俊达兼署，张不为所动，而瑞麟考量后也明白张兆栋不会衔甚至辞官对自己并无好处，于是不再坚持，督、抚的矛盾终于没有闹大。

（三）三司

在地方官员中，三司指布政使、按察使、盐运使，是督、抚以下级别最高的三名省级文官。

杜凤治先后做过李福泰、郭祥瑞（署理）、王凯泰、邓廷楠、俊达、杨庆麟、觉罗成孚等几位布政使的下属，日记对这几位上司都有记载。

郭祥瑞（1812~1873），号毓麓（又作毓六），河南新乡人，原为广东按察使，同治五、六年署理布政使。广宁绅士上控、闹考时郭祥瑞与巡抚蒋益澧支持杜凤治，故杜对这位上司也怀有感激之情。

瑞麟视郭祥瑞为蒋益澧一边的人，参劾蒋益澧"任性妄为"，也参劾郭祥瑞"朋比欺蒙"。吴棠查办复奏，内称："郭祥瑞于蒋益澧札提军需局款，并未查明应否给发，擅动库款筹解，并违例支给幕友脩金，详委不合例之人代理府、州员缺。其筹送蒋益澧公费一案，于会详后复又另详巡抚，增入奉有总督面谕字样，并商令运司方濬颐于运库之款，又复会详，实属迁就迎合。广东巡抚蒋益澧滥支帑项，违例任情，署布政使按察使郭祥瑞显违定例，见好上官。"清廷根据吴棠之奏下旨将郭祥瑞降四级调用。① 从此郭祥瑞仕途终结，几年后去世。杜凤治在日记中称郭祥瑞"为曹冲军糈用一百三十八万余两，难以报销；又传言内有二十万两并非正款，是另外巴结抚台的"；② "藩台库中，巡抚令巡捕往取银，往往无收付条子，亦无入帐，至今多不记忆，不特曹冲提用军饷无札子也。今要彻底澄清，抚台不认，为数颇巨，藩台焉能赔出？"③ 可为郭祥瑞的罪名提供细节。

后一任布政使王凯泰（1823～1875），字补帆，江苏宝应人。杜对王的能力很钦佩。日记赞扬王："方伯年仅四十五六，处此事烦任重，每事罔不亲身过目，头头是道，精明可云天纵，而其说话之速，行路之快，精神充溢，又人所不及也。"又说："方伯真有细心大力者，而又明如水镜，无微不烛。"④ 不久王升任福建巡抚，离粤前为杜凤治回任广宁知县出了点力。王凯泰比较清廉，日记记："补翁清廉著名，不准家人收各官门礼，惟委牌之费不在禁内，准家人收取，然必须先行呈上过目，查其多少，方发出公分。"⑤

王凯泰任闽抚后，与杜凤治仍有联络。同治十二年，王寄来入闱监临即事诗索和，杜凤治很认真对待此事，又担心自己写诗的水平不入王凯泰法眼，特地请朋友、候补道文星瑞代作"恭和补帆中丞仁宪大人《癸酉福建秋闱监临即事诗》"七律四首。⑥ 其中有"科名早擅无双誉，治行应居第一流。杨柳西湖前度种，甘棠南国去时留"等句，高度赞扬王的学问、治绩、威望。⑦ 王凯泰逝世后清廷予谥

---

① 《穆宗毅皇帝实录》卷216，同治六年十一月辛酉。
② 《日记》，同治六年六月十三日，《清代稿钞本》第10册，第126页。
③ 《日记》，同治六年九月廿九日，《清代稿钞本》第10册，第286页。
④ 《日记》，同治八年十月廿七日、九年六月廿九日，《清代稿钞本》第12册，第34、304页。
⑤ 《日记》，同治九年九月廿七日，《清代稿钞本》第12册，第474页。
⑥ 《日记》，同治十三年二月十一日，《清代稿钞本》第15册，第342页。
⑦ 诗笺尚存世，原件系种芸山馆收藏，感谢安东强教授惠寄诗笺照片。

"文勤"，他并无显赫战功，以巡抚去世得此谥可谓旷典。杜凤治写道："几见一巡抚赐恤有如是者乎？胡文忠公后一人也。故予前于日记中言闻王补翁骑箕信，不禁诧叹怆怀，不为补翁一人惜，实惜朝廷少一好封疆、天下少一好督抚也！"①

王凯泰的后任邓廷楠，号双坡，广西新宁州人。邓是杜凤治的同年，两人关系不错。但杜对邓廷楠的能力评价不高，在日记中议论："邓藩台不辨事之轻重缓急大小一味宽，张臬台（按：指张瀛）不论事之轻重缓急大小一味严，过犹不及，一言蔽之，皆糊涂也。"② 同治十一年九月，杜凤治得知邓廷楠将免职的消息，同邓谈及，邓表示："如此甚好，适合我心，我此藩台正作不下去，借此藏拙亦未始非计之得。"③ 杜凤治认为邓廷楠人品、风度都不错，但不适合当布政使，只适合做京官。④

下一任布政使俊达（1834~1875），号质堂，满洲正白旗人，任上一切按瑞麟意旨办事。瑞麟死后，杜凤治得到不少关于瑞麟负面评论的消息，在日记中议论说："前督宪大不堪，予早料之。藩台不学无术，以为爱中堂，借以报恩，不知反置中堂于声名狼藉之中。"⑤ 但杜凤治又认为俊达"明白公事"，"为人既精明又宽和"，给下属留余地，不向下属苛索，是一位好上司。⑥ 杜凤治赞扬俊达主要是因为他熟谙官场实情和承认官场的规则，州县官同这样的上司打交道比较容易。

下一任布政使杨庆麟［1826（一说1830）~1879］，号振甫，江

---

① 《日记》，光绪元年十二月廿三日，《清代稿钞本》第 17 册，第 505 页。
② 《日记》，同治十三年三月十三日，《清代稿钞本》第 15 册，第 385 页。
③ 《日记》，同治十一年九月初八日，《清代稿钞本》第 14 册，第 279 页。
④ 《日记》，同治十一年九月廿一日，《清代稿钞本》第 14 册，第 297~298 页。
⑤ 《日记》，同治十三年十二月廿九日，《清代稿钞本》第 16 册，第 425 页。
⑥ 《日记》，同治十三年正月十三日，《清代稿钞本》第 15 册，第 303 页。

苏吴江人，也是杜凤治同年。杨任翰林院侍讲学士、京兆尹时，杜凤治一直致送冰炭敬和礼物。杨任广东布政使后，对杜不无关照，但杜对这位同年似乎有点期望过高。光绪四年，杜凤治署理苦缺佛冈厅同知，在这件事情上不满杨庆麟变卦并不予关照，大为光火，两人关系转恶。不久杨庆麟丁忧去职，几个月后去世。

杨庆麟在翰林中辈分较高，任过京兆尹，人脉广，所以当布政使时较强势，专断独行，在委缺问题上不大顺从督、抚的意见，更不同按察使通气。有人建议杜凤治以老同年的身份劝劝。杜凤治回答："以前有事未尝不恺切与言，无如振甫为人大有饰非护短之才，不肯虚心认过，即家人亦为掩饰，尚可与言乎？……故予此时人有托转求事可言者必为进言，亦蒙采用，倘关系紧要，即便不言，且必六七八日方去见一次，避人言也。"① 又评论杨庆麟"非直爽痛快人也"，"疑、忌、克三字，须时留心"。② 杨庆麟后来对杜凤治这个老同年也不无看法。

杨庆麟的后任成孚（1834～1895）与杜凤治交集不多，但日记花了不少笔墨写其舞弊贪赃之事及闹出的笑话。成孚是皇族，原被任命为广东盐运使，因这是著名"肥缺"，所以在北京借钱及花费甚多，但出京前却奉旨升补广东按察使，此职之收益难以弥补此前的债务。成孚升任广东布政使后就千方百计弄钱。其妻兄松某"专在外为成招徕搜罗，官场苟走松路，其应如响。门庭如市，缺无空委，随缺之肥瘠，定价之高下，彰明较著，不畏人言，不怕羞耻"。③

杜凤治到粤时，署理按察使是蒋超伯（1821？～1875）。蒋字叔起，江苏江都人，在其《南漘楛语》的序《五十自述》中说"予曾值枢府，曾守广州，与瓯北先生同；曾任秋曹，曾权臬事，与渊如先

① 《日记》，光绪三年五月廿九日，《清代稿钞本》第18册，第331页。
② 《日记》，光绪三年四月廿五日，《清代稿钞本》第18册，第287页。
③ 《日记》，光绪庚辰九月初四日后补记部分，《清代稿钞本》第18册，第643～644页。

生同"。① 把自己比作赵翼、孙星衍，可见其自负。在广宁绅士控案中，蒋超伯因与署理布政使郭祥瑞不合，认为杜凤治是郭的人，所以主张宽办绅士而追究杜凤治。杜凤治由于得到巡抚、布政使的支持与学政杜联的关照，得以免予罢官调署四会。在广宁任上时，杜因听从幕客顾学传的建议，上详一宗劫案时轻报案情、减报劫匪人数，调往四会后被蒋超伯追查。总督把案子批到肇庆府查复，肇庆知府有意保杜，知府本人与知府幕客都替杜凤治出主意。他们劝告杜一方面重新上详巧妙解释，一方面找省城有力的人疏通，包括蒋的主要幕僚，杜本人也要到省城面见蒋超伯。他们还特地提醒，臬署幕客处要适当送些银两，"廉处亦不可清淡，亦须点缀"。② 在广宁绅士上控和闹考期间，流传蒋超伯收受了广宁绅士 5000 两贿赂，杜凤治对此是相信的。③

继任的按察使梅启照（1826～1894），字小岩（又作筱岩），江西南昌人，在广东时间很短，不久即调江苏，后升巡抚、侍郎、河道总督。但杜凤治对梅启照几乎没有一句好话。日记评论："梅向有疯子、癫子之名，其为臬司新章迭出，断不能遵行者；又专挑人之小小过失，自诩其明，自矜其严，直名之曰不懂公事、名为疯癫殆不诬也。今去了实也罢了，江宁又不知被他疯癫到如何地位，唯伊圣眷如此之优，开府一转瞬事耳。倘谓伊熟悉广东事转而为广东中丞，则满省州县官遭殃不少，即藩、臬、道、府亦必皆叫苦连天矣乎！"④

杜凤治经常痛骂的另一位按察使是张瀛（？～1878）。张字石洲

① 蒋超伯：《南溦楛语》，《笔记小说大观》第 35 册，江苏广陵古籍刻印社，1983，第 119 页。
② 《日记》，同治七年闰四月廿八日，《清代稿钞本》第 11 册，第 28 页。"廉"指蒋超伯，因按察使又称"廉访"。
③ 《日记》，同治七年二月十九日，《清代稿钞本》第 10 册，第 502 页。
④ 《日记》，同治八年六月廿六日，《清代稿钞本》第 11 册，第 461～462 页。

（一作十洲），陕西蒲城人。杜凤治反感张瀛不顾官场实际诸多挑剔为难，在日记中为张起了个外号"胡子"，经常与其他官员恶评张瀛。有一次，杜评论其办事混沌刻板，方功惠"谓其外面仁义礼智，满腹男盗女娼"，杜说张瀛与钟谦钧"可云异曲同工者矣"。[①] 杜凤治描写张瀛假装谦虚待人，"如娼妓媚人，扭头飞眼，其状甚丑"。[②] 另一处说张"强愎险诈而又忌克，盖外阮大铖而内李林甫者也。平日所赏拔者皆庸庸阘茸人，最恶有才干之人，非第恐形其短。古来大奸慝天性如此，恶人有才，根于性生，伊亦未必有心，此奸邪所以为奸邪欤！"[③] 有一次杜凤治因杲署一份有关罗定积案的公文，评论张瀛说："此獠不知何意，作辍自由，屙屎自吃，真不要脸！""彼自诩精深，实则徒滋拖累人民。性情乖张，殆非人类！"[④] 杜凤治虽在日记中对张瀛破口大骂泄愤，但按察使毕竟是有实权的上司，杜也不敢公开同他叫板。

另一个在日记中出现较多的按察使是周恒祺（？～1882），周号福皆，湖北黄陂人，后升任福建布政使、山东巡抚、漕运总督。杜与周谈得来，对周也佩服，认为周是司道中最有魄力能力、最能通官场上下情的人。光绪三年九月，杜凤治要到佛山查办私开闱姓案，周恒祺提醒他：督、抚对禁赌意见不完全一致。刘坤一因御史曹秉哲奏参广东盗贼多，而治理盗匪是总督主政事项，故特别重视缉捕，"近来绝口不提赌事"；而张兆栋则注意禁赌，且军政并非巡抚专责，故"从来少提盗案"。如果不认真揣摩督、抚心思，高调到佛山处置闱姓事，万一总督质问"许多盗案君不下乡，而为区区闱姓立刻前往"，你怎么回

① 《日记》，同治十三年二月十六日，《清代稿钞本》第15册，第352页。
② 《日记》，同治十三年七月十六日，《清代稿钞本》第16册，第59页。
③ 《日记》，同治十三年十月廿四日，《清代稿钞本》第16册，第279页。
④ 《日记》，同治十三年十二月十八日，《清代稿钞本》第16册，第401～402页。

答？杜凤治听后大悟，决定见总督禀辞时"借一事言之，或查团练，或查清河工程"，不提赴佛山查闱姓。为此杜在日记中写道："可知福翁才情真胜人十倍，能不五体投地乎！"① 但周恒祺卸按察使任后杜凤治的账房送周夫人生日寿礼"门包减送如送候补道之数"，周很不高兴。周离粤赴闽藩任，杜又没有送程仪，周更不满，对人说杜"不识好歹"。杜后来还怀疑周恒祺向刘坤一进谗言中伤自己。②

杜凤治在日记中经常激烈咒骂的另一个上司是盐运使钟谦钧（1803～1874）。清廷对钟谦钧评价很高："以循声卓著，予故广东盐运使钟谦钧交国史馆立传。"③ 最初，杜凤治对钟谦钧勤政清廉也有赞扬之词，日记中说他"天生是国家办事之人"，"可称好官"。④ 然而，因钟谦钧在一些公务上与杜凤治为难，杜在日记中大骂："是何伧夫，以一司事得九品虚衔，一生卑污谄谀，保举至三品大员，仍然佐杂面目"；"偶得中堂一言半语容与委蛇，看他出来连屁眼都是快活的"；"此公年已六十八岁，无妻无子，功名心大重于人，十二分热中，大不可解"。⑤ 杜凤治不仅在日记中痛骂，而且经常与其他上司或同僚挖苦、痛骂钟谦钧。他私下与方功惠为钟谦钧拟了一副对联："卑鄙无耻，不脱佐杂习气；刻薄寡恩，确是绝后行为。"横匾是"是为贼也"。⑥ 有一次，杜凤治同知府冯端本议论钟谦钧如何卑鄙、巴结，称自己对钟"不但不作上司视之，并不当人视之"。冯端本马上对杜说："凡此皆我们几个正经人同心私言，勿向人言。"⑦

---

① 《日记》，光绪三年九月廿六日，《清代稿钞本》第 18 册，第 516 页。
② 《日记》，光绪庚辰九月初四日后补记部分，《清代稿钞本》第 18 册，第 625 页。
③ 《穆宗毅皇帝实录》卷 374，同治十三年十二月壬申。
④ 《日记》，同治八年十一月十六日，《清代稿钞本》第 12 册，第 57 页。
⑤ 《日记》，同治十年八月十二日，《清代稿钞本》第 13 册，第 354 页。
⑥ 《日记》，同治十一年十二月十一日，《清代稿钞本》第 14 册，第 396 页。
⑦ 《日记》，同治十年十二月初九日，《清代稿钞本》第 13 册，第 526 页。

（四）道员、知府

道员、知府都是州县官的顶头上司。道员设置之初，本为布政使、按察使的副职分派各地，有守道、巡道之分。到清代，尤其是清中叶以后，道已成为省以下府以上的一级地方官，道员有时带兵备、盐法等衔，但到晚清这些头衔未必有实际意义。

杜凤治初任广宁时，肇罗道王澍（号雨庵）是其同乡，有亲戚关系。在广宁绅士闹考时王澍庇护杜凤治，尽力为杜凤治开脱，并向督抚、藩臬做了有利于杜的报告，还为杜出主意，杜对这位同乡兼上司甚为感激。幕客顾学传等人劝杜凤治拜王澍为老师，杜开始有点犹豫，顾说"官场不得不尔"，杜乃照办。① 杜凤治谒见王澍时表露此意。王澍谦让了几句就默许了，杜凤治就送上贽仪200两，再加随封（给道署"家人"的赏赐），拜年龄与自己相若的王澍为师。② 由于杜在北京部吏中有熟人，王澍官职升转、免引见，都托杜凤治疏通。

另一位肇罗道方濬师（1830～1889）同杜凤治的关系更非同一般。方濬师，字子严，安徽定远人，举人出身，在京曾任御史、总理衙门章京、内阁侍读等职，外放广东后长期任肇罗道。方濬师学问不错，熟悉清朝掌故，著有《蕉轩随录》等。同治九年，杜凤治在乡试充任外帘官时被提调方濬师赏识。方为杜回任广宁出了力，同治十年，又向总督推荐杜凤治为南海知县的候补人选（并非排在第一位）。杜于广宁、四会、罗定任职时是方的下属，方对杜也赏识。日记中提及方濬师的地方很多，既有感激、赞许的言辞，也有抱怨的话。

清代一些文献提及方濬师贪财，如光绪九年十一月御史邓承修奏请查办广东贪官，把瑞麟、方濬师、杜凤治都列为"赃私最著者"。③

---

① 《日记》，同治六年十一月初八日，《清代稿钞本》第10册，第504页。

② 《日记》，同治七年二月十九日，《清代稿钞本》第10册，第370～371页。

③ 《德宗景皇帝实录》卷174，光绪九年十一月丙申。

是否如此？杜凤治的日记提供了若干资料。

方濬师以自己帮过杜凤治大忙，亦是顶头上司，需索颇多。日记记载，方濬师出京时"欠京债近万"，方濬师致函杜凤治，"言京中旧债未清，到广以来西号新债已万余金，随时归还，随时借取，愈积愈多"。向杜借银 2000 两，杜认为："肇罗缺本清淡，严翁应酬又大，手头又阔，非升运使不能了讫也。"① 光绪三年，方濬师俸满赴京引见，又向杜索去 2000 元。②

瑞麟与方濬师关系本好，后来产生嫌隙。瑞麟风闻方以保荐杜居功，"每逢节寿杜令送四百元，伊亦直受不辞，先只揽权，渐将纳贿"，要广州知府冯端本问杜凤治是否真有其事。杜答复："事实有因。初到南海，三月适逢伊老太太寿辰，送以二百元，继伊夫人生日，未送颇有后言……以为予有督、抚、藩、臬大上司，不认得他矣。此后每逢三寿辰，以二百元为例（照广宁之数），连水礼、门包已三百元出外矣，如送戏则四百元矣（太夫人生日必送外江戏班一日），逢节则无有也（与言自此后）。然伊少爷两次回家小试，第一次二百金，二次二百元。今岁大少爷一人赴京乡试，唯赠元卷四十两。"③ 杜凤治对方濬师的例行馈送，虽与瑞麟所闻有出入，但也不少。

日记还记下，方濬师为赴京引见，向属员、同僚"借"了二三万金。署高要知县许肇元是其直接下属，"借出"不少。方濬师为酬答许，请求布政使成孚让许肇元署理香山知县，成孚表示要同巡抚商量才能定。方濬师仗着与巡抚张兆栋有戚谊，说巡抚处他去讲，不久对成孚说巡抚已应允。许肇元也对成孚行贿，成孚就挂牌委任许肇元署理香山知县。谁知方濬师说的并非实话，张兆栋得知后质问成孚：

① 《日记》，同治十二年四月廿三日，《清代稿钞本》第 14 册，第 545 页。
② 《日记》，光绪庚辰九月初四日后补记部分，《清代稿钞本》第 18 册，第 628 页。
③ 《日记》，同治十二年十月十二日，《清代稿钞本》第 15 册，第 192 页。

香山是大县，为何布政使委署知县不同我打招呼？但许肇元的委任已经公布，很难收回。张兆栋知道内情后，考虑到同方濬师的关系，没有追究，许肇元就侥幸当上了香山知县。①

方濬师任肇罗道，与肇庆知府同城。肇罗道员收入微薄，而肇庆知府管辖黄江厘厂，收入是道台的十倍。有一次，方濬师问杜凤治，肇庆知府瑞昌对自己有什么议论。杜回答，瑞昌认为，道、府只差一级，算是属员，但方不应不顾同年兼旧交情分遇事有心龃龉。杜凤治没有如实回答，其实瑞昌曾对杜说方"凡遇厂排事无不龃龉，其意似要我迎合。我如此发财，何不略分与我？不知此钱应是我的，伊岂能分？即要分何不实说，为何借公事示意耳"。②方、瑞两人表面关系正常，但方濬师对瑞昌不主动奉献很不满。

从日记上述内容可见，方濬师确有向下属需索之事，因为肇罗道收入有限、应酬大、支出多（方是著名藏书家，买书所费应不少），宦囊积累不算丰厚。日记关于总督瑞麟利用各种途径了解方、杜彼此间的关系和利益输送，方、瑞两个同城道、府为银钱的龃龉等记述，对了解清朝官员上下关系尤其是道、府两级的关系，都是很有趣的资料。

杜凤治同顶头上司肇庆知府郭式昌、蒋立昂、五福、瑞昌等，广州知府梁采麟、冯端本等，关系都不错，他准时、足额致送节寿礼当是重要原因。广州知府梁采麟（号山谷），是杜凤治的小同乡，但杜凤治对梁的能力与担当评价不高。同治十年五月，童生府考时因试卷费闹事，把礼房砸烂，再闯入府署，梁采麟惊慌失措，不知如何处置。③事后梁采麟就请求卸去广州知府职务。清朝有俗语说"三年

① 《日记》，光绪六年十一月初六日，《清代稿钞本》第19册，第57页。
② 《日记》，同治十三年七月初五日，《清代稿钞本》第16册，第49页。
③ 《日记》，同治十年五月十九日、二十日，《清代稿钞本》第13册，第231、233页。

清知府，十万雪花银"，此说或有夸大，但梁宦囊尚算充裕，卸任回乡即将动身时，日记说："（梁）在广数十年，官至知府、道衔、花翎，未作州县，身无累赔，曾任广、潮二府，约有三四万金积蓄，可以回家安享，必不出来矣。此官场所难，而况广东，谁不羡之？"①

杜凤治对另一位广州知府冯端本有很多赞语，冯字子立，河南祥符人。杜凤治在四会任上，其好友、同年周星誉从北京来信告知，冯有可能任广州知府，是官场上用得着的人，嘱咐杜凤治及早结交。②后来冯端本果然任广州知府，他与杜凤治对官场规矩的理解相近，两人建立了良好的官场共事关系，杜称与冯端本"久为堂属，气味最相投合，彼此无话不说，毫无避忌"。③ 两人又经常议论其他官员，包括几个上司，而且不乏尖刻的评论。

冯端本因为有能力，也善于处理官场关系，被各上司器重，督、抚两面都说得上话，常常出面解决官场上的难题。广粮通判方功惠承办同治十二年乡试科场供应，巡抚张兆栋驳减其报销数额，瑞麟觉得不能让自己赔补，想帮一下方功惠，但想到方功惠被视为自己亲信，便授意方请冯端本去向巡抚说，认为比自己亲自去说更有效果。冯端本因此警惕，怕总督怀疑自己是巡抚一面的人。④ 杜凤治评论说："本府冯立翁于上游言及之事最为斟酌尽善，且肯用心，从不令上游问及至无以对，而公事又复勤奋，是一个十全好首府，真不可及！人有谓其专走上风者，既作首府，不得不尔。"⑤ 日记中又说刘坤一任两广总督，施政紊乱，巡抚又不大理事，"幸天生一冯子立为

① 《日记》，同治十一年七月初九日，《清代稿钞本》第 14 册，第 180 页。
② 《日记》，同治八年六月二十日，《清代稿钞本》第 11 册，第 456 页。
③ 《日记》，同治十三年四月初四日，《清代稿钞本》第 15 册，第 431 页。
④ 《日记》，同治十三年二月廿五日，《清代稿钞本》第 15 册，第 365 页。
⑤ 《日记》，光绪三年六月初六日，《清代稿钞本》第 18 册，第 347 页。

之奔走疏附，日不停履，寝馈不遑"，"大树最尊上司，一心奉令承声，从不惮劳，吾不知其何所图也"。①

瑞麟对盗案疑犯主张多杀，冯端本"力赞中堂有决断"，杜凤治评论："以一味杀人为有决断，是亦忍人之所为也。"由是想到周星誉当日对冯"善趋奉"的评论，认为冯确实有能力，"走上风"是为了固荣希宠。②

日记里写得较多的另一位中级官员是方功惠（1829～1897）。方号柳桥，湖南巴陵人，瑞麟亲信，晚清著名藏书家，学识渊博，精于版本目录之学。杜凤治宦粤期间方功惠的职务是广粮通判，有知府衔（后来实任潮州知府）。省城办事的主要中下级官员为一府（广州知府）、两厅（广府理事同知、广粮通判）、两县（南海、番禺知县）。杜凤治在首县任上经常与方共事，两人互相欣赏、无话不谈，日记还经常记载杜、方加上其他人一起"手谈"（赌博）的事。

方功惠是荫监出身，但对自己的学问很自信，曾说"进士、举人而不学无术者多多，非进士、举人而有学有术者亦多"，杜认为"柳桥为此言盖自谓也，然亦无愧"。③ 方功惠因学养与办事能力，的确是杜凤治在同僚中特别佩服的人物之一。

杜凤治与方功惠曾联手胁迫潘仕成出借《佩文韵府》印板印刷。潘仕成海山仙馆所印之《佩文韵府》享有盛名，潘因盐务失败被抄家后，方功惠向潘仕成提出要借书板印200部《佩文韵府》，每印一部予潘仕成板租4两。潘仕成"似乎以板租少，不说不肯，再三支吾，日延一日，推托迁延"。杜凤治趁潘仕成正在涉讼、高官日渐对

---

① 《日记》，光绪三年十月廿五日，《清代稿钞本》第18册，第564页。东汉冯异有"大树将军"之称，日记常以"大树"指代冯端本。

② 《日记》，同治十二年闰六月十八日，《清代稿钞本》第15册，第47页。

③ 《日记》，同治十年十二月十九日，《清代稿钞本》第13册，第541页。

其厌烦之际，要南海县丞传话："《佩文韵府》之板，虽是你家之物，然你已抄家，即应归公。令其好好交出放刷，否则将其人异来押追。"因书板有一半在潘仕成长子潘国荣手中，而潘国荣又因讼事在押，杜凤治一再逼迫，潘氏父子不得不答应借出印板。① 但潘仕成又变卦，不肯让方、杜雇用的工匠印刷。杜凤治再次传话：如果再不借，就把书板提到县衙估价抵充欠饷。潘仕成只好答应，但担心"板到别处，用别匠人有糟蹋之事"，"故恳请在伊家对门，并用伊熟悉匠人"。② 同治十一年八月，方功惠告诉杜凤治，"《佩文韵府》已告成，为此一事，翻变何止二三十次，大费周章，幸而得成……书已告成，心力则已费尽矣"。这批《佩文韵府》共印刷了 200 部，两人都用于奉送上司和亲友。③ 方功惠是这件事的倡议者和具体操办者，从中可见他既是一个有鉴赏力的藏书家，又是一个倚仗权势不达目的不罢休的悍吏。

方功惠办事能力很强，忠于瑞麟，故很受瑞麟信任，官场视其为瑞麟的爪牙心腹。巡抚张兆栋甚至怀疑他是瑞麟纳贿的经手人。④ 杜凤治不时为方功惠辩解。有一次杜凤治同方濬师谈话，杜说方功惠是督署巡捕出身，不可能不做瑞麟的人，但方功惠不肯倚势凌人，为人做事也谨慎小心。方濬师也说方功惠人不错，办事也办得好。⑤

方功惠深受瑞麟宠信，招来官场忌恨。瑞麟去世后，方功惠立即由"大红"变作"大黑"，不少官员落井下石，还传闻方将会被"甄别"（大计时奏请革职或降调）。杜凤治猜测尚不至于如此，但若方

---

① 《日记》，同治十一年三月二十一日、二十三日，《清代稿钞本》第 14 册，第 55、58 页。
② 《日记》，同治十一年四月初八日，《清代稿钞本》第 14 册，第 79 页。
③ 《日记》，同治十一年八月初八日，《清代稿钞本》第 14 册，第 237 页。
④ 《日记》，同治十三年正月十二日，《清代稿钞本》第 15 册，第 302 页。
⑤ 《日记》，同治十三年五月十一日，《清代稿钞本》第 15 册，第 501～502 页。

在官场失势，原来与方关系很好的官员也未必会出头为方说话。① 方功惠后来虽没丢官，但在官场上风光远不如瑞麟时期。杜凤治在日记中说："方前大红今大黑，予于其红时亦淡淡相交，今仍如前。"② 这样写有点自欺欺人，杜凤治与方功惠的交情曾经很深，瑞麟对杜凤治的器重未必与方功惠无关，但方功惠变"黑"后两人关系就真的是"淡淡相交"了。

（五）州县官

州县官在清朝官僚体制中处于下层，州县官既掌握实权又很难做是官场的共识。方濬师对杜凤治说，"州县官为亲民之官，权侔督抚，较督抚更为吃重难做"，不是杂途出身的人可以做的。③ 杜凤治的好友翰林周星誉在给杜的信中也说："看来为督抚难，为牧令尤难，为今日之牧令则更难。在京同人数数论议，谓外官唯督抚、牧令乃可藉手有为耳。"④ 杜凤治在日记里慨叹："州县为官中最难作之官。"⑤ "作小官真不易，索性小而又小，上司又不理论矣，最难是州县也。"⑥

日记里写到的州县官数以百计，本目只写若干有一定名气或事迹有些特别的州县官。

任新会知县多年的聂尔康（1812～1872），号亦峰，湖南衡山人，曾国藩的亲家。聂是庶常散馆知县，分发到粤后十几年间在广东多处任知县，曾三任新会，其新会任上的《冈州公牍》《冈州再

---

① 《日记》，同治十三年十二月廿四日，《清代稿钞本》第 16 册，第 416 页。
② 《日记》，光绪元年三月廿四日，《清代稿钞本》第 17 册，第 169 页。
③ 《日记》，同治十一年七月十九日，《清代稿钞本》第 14 册，第 194 页。
④ 《日记》，同治七年七月廿二日，《清代稿钞本》第 11 册，第 97 页。
⑤ 《日记》，同治十三年七月三十日，《清代稿钞本》第 16 册，第 90 页。
⑥ 《日记》，同治七年六月初四日，《清代稿钞本》第 11 册，第 55 页。

牍》，① 显示出他是一名颇有能力的地方官。以聂的资格、能力、关系，去世时虽有知府、道员的加衔（杜日记说这道员官衔"保乎捐乎未深悉"），所任实职却只是知县。杜凤治对聂的评价多数正面，尤其对聂的能力。聂尔康后来似乎不甚做升官之想，只求在州县任上得到实惠。同治六年，总督瑞麟拟委派聂尔康为谳局总办，聂则要求回新会知县本任，"口称此番入闱费去万五千金，有人肯出此，任其去接缺"。瑞麟为此生气，说聂"一时归知府，一时又归知县，新会岂是他霸占的？"瑞麟虽没有答应聂回任，但署理新会的方观海（星槎）还是承担了 15000 元。②

日记还记下聂尔康在新会开创了卸职前"放炮"抢收钱粮的先例：

> 新会一缺，自聂亦峰起，于卸事前减价收钱粮，名曰"放炮"，每当春季即将本年钱粮减价收竣，完户贪便宜，靡不踊跃。该邑向有此风，尚不至于已甚，大减大收乃聂亦峰作俑也。以故南、番、顺、香以及各外缺于乙年奏销，即以乙年底收足钱粮弥补甲年奏销，犹寅年吃卯年粮也；而新会则甲年奏销必须丙年放炮弥补，更延一年矣。③

因为这个先例，后来新会知县前后任便闹出矛盾。光绪二年四月，新会知县郑荧赴任后，得知前任彭君谷"放炮"把当年钱粮收去八成，自己却必须借二三万两办理奏销和作公务开支，便要求彭把所收钱粮交出，否则不承担征解。彭称自己前后也有亏垫，无银可交。郑表示要禀报上司处断。杜与番禺知县袁祖安告诉郑，上司只管

---

① 这两种公牍合编为《聂亦峰先生为宰公牍》，1934 年刊本。
② 《日记》，同治六年九月二十日，《清代稿钞本》第 10 册，第 261 页。
③ 《日记》，光绪三年二月初八日，《清代稿钞本》第 18 册，第 154 页。

不来（倒好看）。彭又常南署去闹，以石邻曾作中间人也（中丞谓张石邻多事，信然）。朱则铁打主意，打也好骂也好，决不拿一文出来矣。①

另一个有些名气的州县官是徐赓陛（1847~?）。徐字次舟，浙江乌程人，著有《不自慊斋漫存》，其中多有宦粤期间之公牍，颇受治晚清史之学者重视，徐后升至道员。光绪七年，徐赓陛在南海知县任上干了一件写入今日历史教科书的事：徐赓陛以近代中国第一家民营机器缫丝厂继昌隆"专利病民""夺人生业""男女（工人）混杂，易生瓜李之嫌"为由，下令予以封闭。②

徐赓陛年纪轻轻就在官场上小有名气。同治十二年，清饷局委员张仲英"迷于女优，闹得亏累不堪"，致使其妻自杀，张被撤后徐赓陛继任。杜凤治在日记中记："次舟年仅二十七岁"，"年虽轻已似老吏，己亦自负不群，盎然见面，不屑与哈等伍"。杜凤治正为处置张仲英相关事项烦心，对徐赓陛继任清饷局委员、自己不必再负责感到高兴。③

光绪三年，海康知县申显曾对县政办理不善，"被匪徒窘辱，撕衣毁轿"，布政使委派徐赓陛去查办。杜凤治认为徐回来后"在大宪前必有闲言闲语，故申不得不撤"，徐即以通判署理海康知县。④ 光绪七年（其时杜凤治已辞官归里），抚署巡捕姚晋藩关说委署事项索贿，徐赓陛力劝当事人将此事"面呈抚台"，巡抚不得不处分姚晋藩。杜凤治认为"此等事人人为之"，对徐赓陛这种不顾潜规则、给

---

① 《日记》，同治十三年十一月十三日、十二月初七日，《清代稿钞本》第 16 册，第 312、365~366 页。"石邻"指南海知县张琮。

② 李侃等：《中国近代史》第 4 版，中华书局，1994，第 155 页。

③ 《日记》，同治十二年二月十四日，《清代稿钞本》第 14 册，第 465 页。

④ 《日记》，光绪三年四月廿四日，《清代稿钞本》第 18 册，第 284 页。

官场带来风波的做法很不以为然。①

徐赓陛在南海知县任上还做了一件对杜凤治很不客气的事。光绪四年，杜凤治任南海知县时，更练梁丁义等人与大绅士梁肇晋妻之轿夫发生冲突，打坏了轿子，杜凤治把梁丁义"定以永远监禁之罪"。徐赓陛于光绪七年上任后"讯明该犯枉屈，当堂责保开释"，判词还有几句对杜凤治不客气的话。② 杜凤治原先的判决显然是做得太过分了，此事的是非曲直无论时人或今人都不难判断。已辞官归里在绍兴乡居的杜凤治，从报纸及友人来信得知此事后，非常恼火，在日记中写道："欲显人之短以形己之长，为释一梁少亭主政（肇晋）呈送土棍梁丁义永远礅禁之犯，将予与梁少亭肆口污蔑，不遗余力。少亭与予并非与渠有深仇积恨，无非欲上司及绅民知其精能而且不畏强绅、不庇旧僚，以自表其才、自诩其公耳。小人之能无足较计，古人咏螃蟹诗'看你横行到几时'，我亦唯看之而已。人人有前任，人人要作后任，如人人皆如彼存心行事，非天下从此多事乎！"③

杜凤治自视颇高，州县官中能入其眼者只有少数几人，同年好友、浙江大同乡余恩鏣（镜波）是其中之一。杜称他"性情爽直，有识见，能办事，亦正道，惟祸从口出，言实不谨。一日喃喃不已，喜得罪人而又一味自以为是，似天下之大无有能及之者。年六十余，阅历已多，又非寡学者，何竟不学无术如是？"④ 杜为余官运不佳、上司不仅不关照还要刁难打压大抱不平。但日记也记下，余恩鏣署理海阳知县时，有一乡收买路钱，余恩鏣去办理，乡人畏惧不敢动，以送兵费名义赠余白银千两。余走后乡人照收买路钱，"大张长红，谓

① 《日记》，光绪七年十月廿四日，《清代稿钞本》第 19 册，第 330 页。
② 《平反枉狱》，《申报》1881 年 6 月 9 日，第 3 版。
③ 《日记》，光绪七年六月初八日，《清代稿钞本》第 19 册，第 251 页。
④ 《日记》，同治九年二月廿九日，《清代稿钞本》第 12 册，第 182 页。

被余官取去三千金，无所出，只有买路钱加重，前收二十者兹收四十文。以此人人皆知之，且言之中堂矣"。[1]

杜凤治再任广宁时，前任是曾灼光（华溪）。广宁绅民在省城贴出长红，杜凤治赴任前瑞麟把长红抄件交给杜凤治要他查证，长红大意是：

> 曾邑侯自莅任以来，专朘民之脂膏以肥己之囊橐，一衙四官，有所谓叔太爷者，有所谓侄少爷者，更有所谓外太爷者。以门阍唐济为爪牙，以传供冯容为耳目，非财不行，无恶不作。即如今石简乡民激变一事，始而声言办匪，实则故意害民，有钱则贼匪可放，无钱则良善株连。有官如此，下民何安？谨述片言，以泄公愤，伏望列宪大人另择贤员往莅兹土，免致石简乡民酿成大祸云云。[2]

后面列举了曾灼光枉法的各宗案件。后来的日记称多数枉法案查无实据，但官亲、书吏舞弊严重，曾灼光是被他们所误。杜凤治认为州县官不可以这样当，所以说曾灼光"可云如木偶，如傀儡，如聋如聩者矣"。[3]

曾任高要、东莞等县知县的王炳文（质卿）也是话题较多的一个。王有一定办事能力，且善于走官场门路，方濬师、瑞麟都对王颇有好感，方濬师向瑞麟推荐南海知县人选时还把王炳文排在杜凤治之前。但王出身低微，识字不多，据说曾为胜保"家人"，因军功得官，后又娶了太平天国康王汪海洋的妃子为妾，致使第一任正妻气

---

① 《日记》，同治十二年三月初四日，《清代稿钞本》第 14 册，第 492 页。
② 《日记》，同治九年十月十一日，《清代稿钞本》第 12 册，第 507 页。
③ 《日记》，同治九年闰十月初七日，《清代稿钞本》第 12 册，第 546 页。

死，第二任正妻自杀。民间有一匿名揭帖《送前署东莞县王炳文灵柩出省歌》，"极言（王）贪贿虐民，为自有东莞以来赃官为第一"。[①] 王炳文既无科举功名，做事又莽撞，要得到缺差，保住官位，重贿上司、贪赃枉法是必然的事。

杜凤治自己是州县官，日记所写州县官的内容最多，也最实在、最生动。《官场现形记》等晚清小说作为文学作品自然难以尽信，而杜凤治所写则都是亲历、亲见、亲闻（具体描述则有夸张失实之处），日记中一个个有血有肉的州县官形象，应可信得多。

（六）武官

咸丰、同治年间因湘军、淮军的出现，清朝的军队和军事制度出现了很大变化，然而，湘军、淮军在广东影响有限。杜凤治来粤前，湘军左宗棠部曾在粤东与太平军余部作战，蒋益澧任广东巡抚时也带了一些湘军入粤，但时间都不长，蒋益澧被罢免后湘军基本上离开了广东。同治后期到光绪年间，清朝在广东主要的武力是郑绍忠、方耀的勇营，两部与湘、淮军有相似之处，有别于传统的绿营。瑞麟主要依靠郑、方两部兵力维持清朝在广东的统治秩序，大体上郑绍忠部负责粤中、粤北、粤西，方耀部主要负责粤东。杜凤治在日记中写了绿营、勇营的官员，留下了很多有趣的故事。

郑绍忠（1834～1896），号心泉，广东三水人，曾参加陈金钅工的反清武装，率部围攻广宁，同治二年转投清朝。在清剿太平军、洪兵余部以及平息土客大械斗过程中，郑立下战功，受到瑞麟重用，此后郑所部"安勇"逐步扩大，成为同治、光绪年间广东战斗力最强的一支军队。

在杜凤治来粤当年郑绍忠已任副将，记名总兵，不久又实任总

---

① 《日记》，同治十二年二月十五日，《清代稿钞本》第14册，第466页。

兵。广东不少武官是随郑绍忠投降清朝的原洪兵起事参与者。日记说："武弁皆投诚人，往往行伍、科第所不逮，提、镇、协、参大分位皆此辈居多，其勇往专笃，非人所及，亦自粤匪滋事以来之新事也。"① 太平天国战争期间，清朝各种军队因战功得到虚衔、功牌的人数以万计，要变为实职特别是补缺极为困难。但郑绍忠所部得到瑞麟优待，30 多员武弁"初次保举即由虚衔保升实职，如都司衔即保参、游实职，守备衔即保都司实职"，杜凤治受郑绍忠之托，为此 30 人正式得到实职疏通兵部书吏。② 尽管此事拖了很久，但没有妨碍安勇武弁出任军职。如杜凤治在四会任上的同僚江志，"以五品功牌一保即得都司，现署佳缺"。③ 郑绍忠本人更是扶摇直上，投降清朝不到十年，就由低级武官实授二品总兵，加从一品提督衔。郑绍忠母、父先后去世，瑞麟两次都"奏请夺情不丁忧"，其实当时广东并无战事与动乱。瑞麟对郑绍忠、方耀的宠信不仅远远优于其他武将，也优于多数文官。瑞麟保奏两人赏穿黄马褂。咸、同以后虽不少武将因军功得此赏赐，但方、郑并无很重大的军功，故日记说："中堂于方、郑二人可云隆重，凡司道皆不及也。"④ 这在重文轻武的清朝可谓异数。

其时广东的旗营、绿营，能战的将领与军队甚少，郑绍忠和他的部下有造反和"平乱"两方面的实战经验，不乏好勇斗狠之徒，瑞麟恩威并济，使郑绍忠死心塌地忠于清廷、对自己毕恭毕敬、听从调遣，当出现大股盗匪或较大规模民变时，安勇就是瑞麟的王牌。而郑绍忠秉承瑞麟意旨，只求迅速平定，不惜"一味残酷任性为之"。日

① 《日记》，同治六年十月十七日，《清代稿钞本》第 10 册，第 332～333 页。
② 《日记》，光绪元年四月廿九日，《清代稿钞本》第 17 册，第 81～82 页。
③ 《日记》，同治七年七月廿六日，《清代稿钞本》第 11 册，第 104 页。
④ 《日记》，同治十二年十月十五日，《清代稿钞本》第 15 册，第 194 页。

记记：灵山县百姓因知县冯询（咨周）贪虐，聚众闹事，烧毁了县衙大堂，郑绍忠带兵去杀"匪"数千人，"以人杀得多为能"，并以此开销弁兵口粮和报功。[①] 郑绍忠到鹤山剿办"客匪"，滥杀无辜以邀功冒饷，鹤山知县刘驹认为不应小题大做、随意杀人，向布政使密禀，得罪了郑绍忠和同在鹤山主持处置"客匪"的道台齐世熙，乃被撤任。[②] 张兆栋兼署粤督、刘坤一任粤督时郑绍忠仍果于杀戮，杜凤治议论说，郑绍忠"不过冤杀许多平人为自己立功地，是则中堂实使之，不论真假，愈杀得多愈妙，此事仍然是中堂时旧习"。[③]

郑绍忠治军也喜怒无常，对部下动辄处死。日记写："心泉作红头惯了，在军营惯了，以杀人为常事，曾为马堕桥杀数马夫。"[④] 郑绍忠动辄威胁以军法从事，其部下的军官都很怕他。

郑对杜颇为尊重，杜对郑虽不无看法，但尽力笼络，两人合作良好，并建立了交情。例如，郑绍忠在广宁"欲令绅士于紧要处所设局团练，令其缉匪交匪"，在办理过程中很注意咨询杜凤治的意见。[⑤] 在处置黄亚水二投诚等问题上也愿意同杜商量并听杜的意见，已见于前文。杜凤治在署理四会被撤任后还有很多税饷未清，曾打算向郑绍忠"假二竿"（借两千两银），郑借与千金。[⑥]

另一个主要将领方耀（1834～1891），号照轩，广东普宁人，行伍出身，其任副将、总兵时间与郑绍忠相近。同治九年，杜凤治奉委到潮阳催粮，其时方耀亦率部在粤东清乡并为催征助力，与杜凤治也

---

① 《日记》，同治十三年八月廿二日、九月初八日，《清代稿钞本》第 16 册，第 142～143、173 页。
② 《日记》，同治八年正月廿四日，《清代稿钞本》第 11 册，第 282 页。
③ 《日记》，光绪二年正月廿二日，《清代稿钞本》第 17 册，第 530 页。
④ 《日记》，同治七年十月三十日，《清代稿钞本》第 11 册，第 208 页。
⑤ 《日记》，同治六年十月初六日，《清代稿钞本》第 10 册，第 298 页。
⑥ 《日记》，同治八年八月廿三日、九月廿九日，《清代稿钞本》第 11 册，第 521 页；第 12 册，第 9 页。

有交集。就个人关系而言，杜与郑绍忠更为密切，但对方耀的印象和评价却好些。在催征期间，杜凤治曾与方耀幕僚张权（松谷）谈论郑、方两人。张离去后，杜在日记中写道：

> 郑镇出身本不甚正，性情诈伪，近又官阶日崇，渐觉骄侈偃蹇，不及照翁，自来未见其有疾言遽色也。照翁年三十八，文雅如书生，性本和平，气局宏敞，不似营中人物。郑之骄恣，数年前已渐萌动，兹得记名提督，照翁犹不及之，李星翁亦与并行又甚谦抑，目中尚惧一中堂。无奈中堂豁达大度，谦恭未遑，遂自以为天下莫与京矣。①

广东官场对方耀有不少议论。同治九年，方耀在潮州清乡，与被委派于该地催征历年粮欠的道台沈映钤不睦，沈向上司报告说："方镇办乡无有一定纪律，忽尔潮，忽尔揭，忽尔普或澄，此处未办竣，又去而之他。行踪靡定，惝恍游移，又不然，忽回家两三月久居不出。兵勇军饷浩繁，多办一日即多一日费用，非同小可。老师糜饷，有意迁延，实不成事体。"② 沈映钤后来又说："方照轩先则迁延徘徊不肯速蒇事，年来缉匪征粮事毕，又不肯速撤营，不但潮属征旧粮百余万为伊营消磨殆尽，此外潮州府库款项及汕头洋药、厘金等款又用去数十万。中堂宠之愈甚，伊亦恃宠更骄。"沈映钤"言此意颇愤愤"。③ 光绪年间，方耀在粤东清乡"过于残忍，冤死不少"，也引起省城一些大绅士的批评，总督刘坤一、巡抚张兆栋因而下札对清乡时

---

① 《日记》，同治九年正月十六日，《清代稿钞本》第 12 册，第 135 页。"李星翁"为巡抚李福泰，"中堂"指瑞麟。
② 《日记》，同治九年七月十八日，《清代稿钞本》第 12 册，第 329 页。沈映钤提及的地名为潮阳、揭阳、普宁、澄海。
③ 《日记》，同治十二年三月廿四日，《清代稿钞本》第 14 册，第 510 页。

"就地正法"的实施予以一定限制。①

光绪三年，方耀到省城，要求落实每月饷银二万两才肯带兵勇到惠州清乡，藩库拿不出这宗巨额军费。刘坤一不敢拒绝方耀，巡抚、按察使又都抱事不关己态度不愿多出主意（按察使周恒祺已升任福建布政使即将离任），广州知府冯端本左右奔走，"向粮道库代善后局借万金"，方耀"又提东莞所存拿获花红及安良局所存花红合成二万两，每月一万"，暂时解决了方耀率部赴惠州的费用。据说方耀"家资近百万，不拔一毛，必坐待得银方归办案"，而其时"惠属亦无大棘手事"。杜凤治对刘坤一等人如此迁就方耀颇为不解。②

日记里的其他武官虽没有郑、方那样跋扈，但战斗力极为低下，腐败到不可思议的地步。同治十年五月，广州府童生因试卷费问题闹事，闯入广州府署，副将喀郎阿等人率兵丁前去弹压，喀郎阿到后只是对童生说好话，不敢动真格。杜凤治评论："俨然二品武员，平日养尊处优，庞然自大，见了几十毛童生，即不敢与较，尚何望其攻城杀贼哉！"③ 光绪三年夏，杜凤治与参将邓安邦约定择期一同下乡缉捕盗匪，但邓怕热，提出等天气凉爽再去，一拖就是两三个月。④ 邓安邦又为"省城河面等处著名老鸨"四眼婆半价领回所封房屋，向杜凤治求情。⑤ 同治十二年大阅，杜凤治作为首县知县跟随将军、督抚检阅。杜凤治看了旗营的水陆操演后说："如看戏法，何益于用？"⑥ 待到检阅广州的绿营，杜凤治和其他文官看到平日熟悉的武将"顶盔披甲"的怪样子都大笑不止。校射的箭靶"高宽而近"，

---

① 《日记》，光绪三年八月廿三日，《清代稿钞本》第 18 册，第 454～455 页。
② 《日记》，光绪三年九月廿二日，《清代稿钞本》第 18 册，第 510 页。
③ 《日记》，同治十年五月二十日，《清代稿钞本》第 13 册，第 235 页。
④ 《日记》，光绪三年六月十八日，《清代稿钞本》第 18 册，第 368 页。
⑤ 《日记》，光绪三年十月二十日，《清代稿钞本》第 18 册，第 549 页。
⑥ 《日记》，同治十二年九月初七日，《清代稿钞本》第 15 册，第 140 页。

"火枪靶更宽阔更近"，因此，不少武将都得到"全红"。①

同治十三年，抚标右营守备李龙安晚间外出赌博时衙署上房失火，而他在上房收藏了大量鞭炮，致使火势一度猛烈，幸而此时下起大雨，火没有蔓延到衙署大堂。李龙安在大堂储存火药二三千斤，倘没有这场及时雨，周边一大片房屋以及南海县署、广粮衙署都会被轰成白地。于此可见武营纪律废弛以及武官的昏庸荒谬。

除郑绍忠、方耀等少数督抚亲信高级武官外，一般武官，尤其是中下级武官地位是不高的。从日记看，游击、都司以下的中下级武官对州县官都毕恭毕敬。武官并无征收、听讼等权力，补缺极难，而且较之文官，武职补缺有更多黑幕。在官场中，文官也看不起中下级武官，省城官员们认为，"武营威权不及县官，唯拿小赌小贼则真能操纵自如，盖其兵丁与赌窃匪无不通也"。②

其时大部分军队的军饷都不能如期发放，广东亦然，有些军队连饭都开不了。杜凤治在广宁任上时，驻守当地的陈、马两名哨官来求，"为年事在即，饷领不到手，有三四月无饷矣，行将绝粮，求借十两八两救急"，杜不可能解决他们的军饷，只好每人赠以八元作为年礼。③ 广东各地积欠的军饷达"三百九十余万之多"。④ 军队出动剿匪的费用经常不能保证。同治六年七月，广宁城守营千总饶在田率勇缉捕盗匪，杜凤治了解到县署没有给饶支付"夫马价"，饶只好向典史借10元；杜乃给饶"船饭价"8元。⑤ 光绪三年，武营官员拒绝缉捕，说："不给口粮，勇俱饿跑，一人空拳，能捉贼乎？"经按察使周恒祺、布政使杨庆麟同意，给有缉捕责任的佐杂和武营发放津

---

① 《日记》，同治十二年十一月初八日，《清代稿钞本》第15册，第217~218页。
② 《日记》，光绪二年八月二十日，《清代稿钞本》第18册，第38页。
③ 《日记》，同治六年十二月廿五日，《清代稿钞本》第10册，第453页。
④ 程存洁编著《朱启连稿本初探》下册，第1769页。
⑤ 《日记》，同治六年七月十五日，《清代稿钞本》第10册，第164页。

贴，才暂时解决了问题。①

咸丰、同治年间，是近代中国武器更新换代的一个关键时期。其时广东省外的淮军、湘军，已经大量装备洋枪洋炮，在广东，盗匪也已使用洋枪，但在杜凤治笔下，官兵似乎没有普遍使用洋枪。杜初任广宁时，千总饶在田报告离城三四十里的地方有抢劫事，打算带兵前往督捕，并借抬枪、药袋等物。② 可见，抬枪等较重要的火器保存在县衙，武营缉捕需要时才临时借用。在四会任上的日记也记载了都司江志申请领取武器，但军需局只发给抬枪两杆、鸟枪四杆、藤牌六面、单刀六把，稍后又"在万寿宫道及于协台处取来抬枪、军器若干，火药若干"。③

然而，在穷得叮当响的下级武官中也有颇为富有的人。四会营守备蔡钊（剑臣），竟有妾一二十人，娼妇居多。蔡死后各妾星散，杜凤治的内跟班梁桂娶其第十二房，来嫁时还带有衣饰财物。④ 在武官序列中，守备级别很低，而且武营还普遍欠饷，蔡守备为何养得起一二十个妾？日记没有写蔡钊的财产状况，但提到有一次蔡的勇丁携带私盐回县发卖。⑤ 蔡钊与郑绍忠关系不好，却得四会绅商的好感，郑绍忠打算把蔡撤换，四会绅商想挽留，还打算上省公禀。⑥ 蔡的财产很可能是通过贩卖私盐、收受绅商贿赂以及做其他生意等途径得来。

（七）学政、主考

在清代，学政、主考都是与教育、科举有关的官员，地位崇高，

---

① 《日记》，光绪三年五月三十日，《清代稿钞本》第 18 册，第 333 页。
② 《日记》，同治五年十一月初二日，《清代稿钞本》第 10 册，第 90~91 页。
③ 《日记》，同治七年六月十五日、七月十二日，《清代稿钞本》第 11 册，第 63、84 页。
④ 《日记》，同治十三年六月初二日，《清代稿钞本》第 16 册，第 4 页。
⑤ 《日记》，同治七年闰四月初十日，《清代稿钞本》第 11 册，第 11~12 页。
⑥ 《日记》，同治七年闰四月初八日，《清代稿钞本》第 11 册，第 10 页。

在行政上他们并不直接管辖杜凤治，然而，杜凤治作为州县官，尤其是作为首县知县，必须为广东学政、广东主考办差及馈送程仪，故日记留下了不少记载。

清代每省设立学政一人，由朝廷在进士（多为翰林）出身的京官中简任，各带原衔之品秩，主管一省的学校、士习、文风。学政虽不是"官"而是"差"，但由朝廷特简，并非督、抚下属，即使原为六、七品的翰林院编修、检讨，体制也与督、抚平行，地位在藩、臬之上。①

与杜凤治关系最为密切、日记记载也最多的广东学政是杜联（1804~1880）。杜联号莲衢，浙江会稽人。同治五年大考翰詹，杜联得第三名，从正四品的少詹事超升为从二品的内阁学士，不久放为广东学政，加礼部侍郎衔。杜联任广东学政一年后即解职回乡，十几年后去世。

杜联是杜凤治出了十服的宗亲，杜联中进士、入翰林后，杜凤治也在京，日记说："二人同宗、同学、同年，又在京同教书，虽翰苑与公车有别，而家中遭难一箸无存，在都衣粗食淡、徒步无车，自苦自知，景况无不相同。殆予选广东一月后，伊亦得广东学政，大小悬殊，同官无异。"② 在杜凤治宦粤初期，杜联是他最有力的后台。广宁士绅闹考是杜凤治宦粤遇到的第一次风波，如果没有杜联，他恐怕难以平安度过。

杜联在同治五年外放广东学政，同治六年九月即不再留任，回乡后不再出任官职，其中原委，日记没有多写。杜凤治在四会任上时到省城见杜联，日记记：

---

① 关于学政，安东强的《清代学政规制与皇权体制》（社会科学文献出版社，2017）做了全面深入的研究。

② 《日记》，同治六年九月初七日，《清代稿钞本》第 10 册，第 229~230 页。

谒学宪，见，谈约一时，见其脸上清减，在京时从未见有如此形容，可见办事真辛苦，无怪其每有信来，即谓一时无暇，老景日增，白发满头，精神大不逮前，写字手即发颤……莲云不留真是天恩，如留必将性命放在广东……又私与我说，俟新任到，请假一月不出来矣，外边切勿张扬，除吾叔外无第二人知也。宦资有虎贲一旅，在人不足，而吾亦算罢了，安敢多望？予即答亦可以娱老矣。[①]

杜联当了不到一年广东学政，竟憔悴到如此地步，看来他只适合在翰林院、詹事府这类清闲衙门当京官。杜联当京官时安贫若素，出任学政宦囊积有 3000 两银子就感到满足，不失书生本色。

接任的学政是胡瑞澜（1818～1886），号筱泉，湖北武昌人，杜凤治对他记载很少。胡瑞澜离任时，两首县赓飏、杨先荣没有按以往"惯例"送程仪 5000 两（名义上是督、抚以下省城主要官员共送）。因为这宗银两要两县先垫付，全省各州县事后摊还，但实际上多数州县根本不理。赓、杨就只送给胡瑞澜 4000 元，如按一元相当于 0.72 两计算减少约四成二。胡瑞澜起初拒绝收下，"有人劝之，言斯文中事，岂同市侩？璧回不好看，且于督抚面上无光，胡不得已收下，两县实省二千余银"。[②] 胡瑞澜虽然不满，但顾及身份，没有撕破脸。

后来任学政的何廷谦，号地山（又作棣山），安徽定远人，离任时担心杜凤治、胡鉴继续按赓飏、杨先荣的标准送程仪，先托将军、副都统同督、抚说，要求按以往的 5000 两。杜凤治、胡鉴明知为此将赔垫 4000 余两，但为了广东官场面子，承诺"五千金必丝

① 《日记》，同治六年九月十四日，《清代稿钞本》第 10 册，第 235～236 页。"虎贲一旅"指三千之数，从古籍称周武王有虎贲（勇士）三千而来。
② 《日记》，同治十二年十二月初四日，《清代稿钞本》第 15 册，第 251 页。

毫不短也"。① 杜凤治在日记中议论何廷谦："何棣翁人皆谓其忠厚老实，到钱财上尚谓之忠厚老实乎？学差三年，又逢拔贡年份，七八万金意中事也，尚不足也。"杜凤治怀疑何廷谦在广宁生员杨作骧考选拔贡一事上纳贿，"物议沸腾"，杜凤治当过广宁知县，对杨作骧八股文写得一般但家境富有的情况很清楚。② 后来又写："何学台在广三年，颇滋物议，即入学如南海额廿名，先取四十名，招覆黜半取半，此非生财之道乎！"③

下一任学政是章鋆（1820～1875），号采南，浙江鄞县人，咸丰壬子恩科状元，官至国子监祭酒，死于广东学政任上。章也是杜凤治甲辰乡试同年。在罗定知州任上，杜凤治曾谕局绅转谕为儿子雇请枪手考试之黄某：请枪手犯法，如果你想儿子中秀才，不如独力出资完成州内的建桥工程，学政章鋆是我同年同乡，深有交谊，到时必为力求让你儿子考中。④ 虽然杜凤治的日记对章鋆没有负面记述，但这件事也说明章鋆在院试中是可以请托的。

后一任学政吴宝恕（1832～1890），字子实，江苏吴县人。杜凤治笔下对他很不客气，说吴"在粤四年，颇闹脾气，视财如命，不爱声名；而又生性苛刻，待士子更觉不堪，无怪其为御史所劾也，奏中言语亦甚不堪，谓其吸烟好赌，考试草率"，吴被降三级调用，"发财回苏享福去矣"。⑤

日记称吴宝恕主持考试场规甚宽，"一切事均委诸亲、友、'家人'，以故枪替公行"，"实则内路已通，故装作无闻无见"。吴父曾任香山知县，因当年香山绅士不赞成其父入名宦祠，吴宝恕就对香山

① 《日记》，同治十二年十一月初九日，《清代稿钞本》第 15 册，第 218 页。
② 《日记》，同治十二年十二月十一日，《清代稿钞本》第 15 册，第 264 页。
③ 《日记》，同治十三年七月十六日，《清代稿钞本》第 16 册，第 59 页。
④ 《日记》，同治十三年十月十八日，《清代稿钞本》第 16 册，第 270 页。
⑤ 《日记》，光绪庚辰九月初四日后补记部分，《清代稿钞本》第 18 册，第 629 页。

考生特别苛刻。① 在武试时，吴"毫无主见，'家人'揽权"，引发武童不满和闹事。巡抚张兆栋有所风闻，便询问杜凤治，杜凤治不留情面地告诉巡抚：吴宝恕为其夫人要轿子及要一些物件得不到满足，就故意少录和刁难南海县试和府试名列前茅者。②

每逢乡试之年，朝廷都会向各省派出正、副主考主持考试，主考选拔的资格与学政相近。科举考试是抡才大典，乡试主考的地位也很尊崇。同治九年庚午乡试，广东正主考王祖培（子厚）入粤后身死，考试由副主考谢维藩（麟伯）一人主持。杜凤治在这次乡试中任外帘官，直接同主考打交道的机会不多，日记说"谢麟伯太史毫无脾气，主考如此好极的了，方圆随人，从无挑剔之事"。③

同治十二年癸酉科乡试的正、副主考是夏家镐（伯英）、周冠（鼎卿），广东官员对夏家镐印象较好，对周冠则多有批评。杜凤治记，周冠入粤后就与沿途接待之州县官过不去，"送酒席不收，要折银"，"先有信来要新做蟒袍朝衣等物，且要大衣箱四只"。④ 出闱后两主考迟迟不动身，按惯例每日每位主考伙食12元，周冠要求17两，后不得不给10两。"每位主考送千金作为程仪，持督抚、司道、府县帖送去，又门包各百金，又折礼各百五十金。两县另送土仪：珍物八色、水礼十二色，各自送，两处均同。又公送正主考百金，副主考亦同。"与两主考同年、同乡或有其他私人关系的官员再加送。周冠为多得程仪，滥认同年；上船后声称还要耽搁10天，拉扯渔利。传说新举人孔昭仁乃盐商之子，出头在新科举人中之有家业者纠集得

---

① 《日记》，光绪元年十月廿八日，《清代稿钞本》第 17 册，第 428~429 页。
② 《日记》，光绪三年八月十四日、廿九日，《清代稿钞本》第 18 册，第 442~443、464~465 页。
③ 《日记》，同治九年九月十九日，《清代稿钞本》第 12 册，第 446 页。
④ 《日记》，同治十二年八月初四日，《清代稿钞本》第 15 册，第 115 页。

三四千两银赠周，夏家镐不得不陪着逗留。周冠"无日不小轿进城张罗拉扯，声名大坏，秽德彰闻"，"无日不拜客，无日不宴会，且无日不到河下饮花酒，要钱不要名"。番禺知县胡鉴是周冠同年，送干礼200两，周冠派人质问南海为何不送？杜只好向来人说明送主考礼的规矩，南海县已按数额送够了。① 两主考行至清远，清远知县郑晓如（意堂）因周冠求索太多，郑"不但程仪不送，于寻常应酬亦多脱略"。郑与周本有交谊，和周诗云："岭南官味如鸡肋，海上仙槎有风声；笑我忝为东道主，廉泉难慰故人情。"表示就算官不当了也不会满足他的要求。周冠大怒，但也奈何不了郑晓如。②

光绪元年乙亥恩科乡试副主考朱琛起程后停泊花埭（主考吴宝恕留广东任学政），"差'家人'向科场厅索补程仪二千五百之数，并说出京时前科副主考周大人说向例科场厅备送程仪五千两，每位二千五百两，何以此次不照章送云云。科场厅及两县回明抚台。补送至二千两方去"。③

光绪二年广东丙子科乡试正、副主考是王之翰、郁昆，杜凤治笔下对这两位主考还算客气（与郁同乡且有年谊，对王也颇尊重）。传闻此前周冠任副主考得万金，朱琛"由西号只汇一批是七千金"，郁昆对杜说自己这次只共得到六千余金，正主考还略少些。王、郁对程仪、馈送也颇为斤斤计较，王之翰嫌督、抚赠送程仪只各二百两太少，不满形于辞色。郁昆托方功惠购书四部，其中一部方功惠赠送，其余三部的书价就由杜凤治"报效"了。④

在清代，内阁、礼部、翰林院、詹事府、国子监等衙门的官员被

① 《日记》，同治十二年九月廿四日、廿五日、廿八日，《清代稿钞本》第15册，第162～163、165、172～173页。
② 《日记》，同治十二年十月三十日，《清代稿钞本》第15册，第207页。
③ 《日记》，光绪元年十月十三日，《清代稿钞本》第17册，第399页。
④ 《日记》，光绪二年九月廿五日，《清代稿钞本》第18册，第94～95页。

称为清贵官，出任学政、主考者多为这类官员。他们地位尊崇，本应注重道德形象，但在杜凤治的日记中，多名学政、主考既不清不廉也不自尊自重。尽管他下笔时因亲疏、恩怨、好恶等因素有所偏颇，某些细节或有夸大，但清贵官要钱不要脸无疑是普遍存在的真实情况。这些穷翰林、穷京官，平日收入微薄、生活清苦，好不容易出任学政、主考，对有些人来说这可能是一生唯一可以获得大宗收入的机会，而且他们回京后应酬支出也不会少，所以就千方百计拼命要钱了。日记中关于学政、主考要钱的生动描写，是清代"无官不贪"的真实写照。

三　官场的底层

（一）官场磕头虫

在清朝，佐杂被戏称为"磕头虫"，因为佐杂见到比自己高的官员经常得磕头。佐杂包括州县官的佐贰官州判、州同、县丞、主簿，书吏首领官吏目、典史以及杂职官巡检、河泊所所官等，他们都处于官场底层。佐杂记录自己宦迹的著作存世者少，即使是州县官、幕客的著作，有关佐杂的内容也不多。晚清谴责小说有不少对佐杂的描写，但毕竟是小说家言。杜凤治日记对这些官场底层人物的生存状态则有不少可信而又生动细致的记述。

佐杂地位低微，极个别佐杂因缘际会成为高官，如丁日昌、钟谦钧、张荫桓等，少数佐杂也有可能晋升，但绝大部分佐杂终生只能在官场底层浮沉。不过，佐杂准入门槛低，补缺委差的机会相对也多，又不会像州县官那样动辄亏累，因此，愿意当佐杂者大有人在。杜凤治本来想为自己的侄儿杜子楷捐个通判，杜子楷在省城办事时碰到亲戚陶子筠（友松，候补同知），后者极力怂恿他捐典史，杜子楷考虑后就先斩后奏挪用了乃叔的银两报捐，并写信给他说"与其为候补摇头大老爷，不如作实缺磕头虫"，杜凤治也就认可了。[1]

佐杂毕竟是朝廷命官，在庶民和下层绅士面前也可以威风八面。罗定州署理州判刘源培（少庄）到罗定后盘缠用尽，没法向船家支付船价，又筹不到赴任所的费用（州判驻罗镜，离州城80余里），杜凤治感叹"据此可见作候补小官之难"，乃命账房借给他10两银赴任。[2]几个月后刘源培拜见到罗镜下乡催征的杜凤治，杜发现刘乘坐的是"四人银顶大轿"，刘另外还有一乘小轿。杜凤治对这个从七品的苦缺穷官竟有两乘轿子感到很奇怪。[3] 晋康司巡检刘嵩龄官更小（从九品），其妻出行也坐四人轿，开锣喝道，"两清道旗、四高帽、二皂班，红伞四人"。杜凤治还以为乘轿的是西宁知县。[4] 夜护司巡检马炳弧喜欢赌博，在罗定一次就输一二百元，路过肇庆又赌输数百元。[5]如果没有较多额外收入，这些芝麻官不可能维持如此的排场和开支。

如同州县官一样，佐杂不同官缺，境遇大不一样。例如，广东省城的河泊所（未入流）曾是著名优缺。传说雍正皇帝某年除夕微服到内阁，见一供事蓝某独自留守，蓝某不知来者是皇帝，但对谈间予雍正很好印象。雍正得知供事差满可得一小官，就问蓝某什么小官最好。蓝某答，如果运气好，选得广东河泊所所官就高兴了，因为"以其近海，舟楫往来多有馈送耳"。后雍正乃谕以蓝某任此职。[6] 有一次，布政使问起河泊所是否优缺，杜凤治回答："向为极优之缺，

---

① 《日记》，同治九年十二月廿五日，《清代稿钞本》第 13 册，第 56 页。同、通、州、县都被称为"大老爷"。

② 《日记》，光绪元年三月廿一日，《清代稿钞本》第 17 册，第 11 页。

③ 《日记》，光绪元年十月初十日，《清代稿钞本》第 17 册，第 390 页。

④ 《日记》，同治十三年五月二十日，《清代稿钞本》第 15 册，第 515～516 页。

⑤ 《日记》，同治十三年八月二十日，《清代稿钞本》第 16 册，第 134 页。

⑥ 《供事蓝某特授河泊所所官》，徐珂编撰《清稗类钞》第 3 册，中华书局，1984，第 1357～1368 页。

今大不如前，尚敷日用，微可沾润。"① 有的佐杂缺收入更丰，杜凤治熟人之子刘某署理顺德都宁司巡检十个月，"据云可余五六七千金"，② 竟是杜联任广东学政一年宦囊的两倍。

省级高官也未必尽知佐杂各缺的"优"与"苦"。有一次布政使邓廷楠同杜凤治谈起，瑞麟命予督署监印的邱与春一优缺，于是就予以九江主簿，但"九江缺向无佳名，仅有饭吃耳"；瑞麟又对邓说九江苦瘠，要另委佳缺。邓就拿出官缺簿同杜凤治讨论南海县的黄鼎司、五斗口司、江浦司以及南海典史等缺，杜凤治又说"番（禺）属历来茭塘著名，近来不及沙湾"，两人还讨论了顺德、香山、东莞、新会各属巡检、典史各缺的优劣。③ 广府六大县这些佐杂缺的所谓优劣，无非是能否获得额外的"规费"。佐杂缺的优劣由很多因素决定。例如，东莞县县丞驻东江商业繁盛城镇石龙，被视为"广省县丞第一缺"。④ 南海县县丞以及五斗口司巡检也是著名的优缺。而新安县属的九龙司巡检，因"在香港下游海面对过，竟在海外，缺瘠苦，有夷务"，所以佐杂们都视为畏途。⑤ 佐杂缺的优劣也不固定，如揭阳河婆司巡检缺，"以前本有金河婆之谣，今则不特无饭吃，即粥亦无得吃矣"。⑥

佐杂的法定收入（俸禄加养廉）充其量不过一百几十两白银。⑦佐杂无论如何节省，靠法定收入也难以度日，遑论办公和馈送上司了。佐杂一般没有直接征税、听讼的权力，何以能得到额外收入，有

---

① 《日记》，同治十年四月廿八日，《清代稿钞本》第 13 册，第 200 页。
② 《日记》，同治十一年正月初六日，《清代稿钞本》第 13 册，第 561 页。
③ 《日记》，同治十年十一月二十日，《清代稿钞本》第 13 册，第 493 页。
④ 《日记》，同治十一年九月十八日，《清代稿钞本》第 14 册，第 295 页。
⑤ 《日记》，同治十年七月初四日，《清代稿钞本》第 13 册，第 299 页。
⑥ 《日记》，同治八年正月廿九日，《清代稿钞本》第 11 册，第 292 页。
⑦ 艾永明：《清朝文官制度》，商务印书馆，2003，第 134、137 页。

些佐杂还收入颇丰？通常，佐杂有缉捕权责，这就是佐杂得到贿赂的重要来源。如罗定州属下西宁县的县治都城镇，地处水陆交通要道，颇为热闹，摊馆等赌业发达，典史每年收入一两千元，主要从收赌规而来。① 晋康司巡检是罗定州知州直接管辖的属官，但驻地在西宁县的连滩。"连滩地方甚大，凡有赌馆、娼寮、烟馆、小押规矩，皆归晋康司收也。"② 赌博违法，但对统治秩序又不至造成严重冲击；要求赌博业者缴纳赌规，也不至于像勒索民众那样会引致激烈反抗。官员受贿后的默许，是赌业得以公开、半公开经营的条件。州县官一般不敢直接庇赌收规，而佐杂级别低，无须多所顾忌，又有维持治安权责，因此收受赌规是普遍现象。武弁、书吏、衙役、州县官"家人"、地方绅士都会庇赌收规，但都很难撇开佐杂。佐杂的赌规收入也会通过节寿礼等形式同州县官以及更高级的上司分享。

有些佐杂甚至默许在衙门开赌，番禺县丞就如此。上司觉得不成体统，但广州知府是因他祭祀误事才给他记大过一次，并无追究其开赌之事。③ 杜凤治的下属神安司巡检汪铭恩"在衙门开赌，继则借拿白鸽票为名到处督役拿人讹财"，与局绅互控，闹到新闻纸也登载了，上司才不得不把他撤任。④ 候补佐杂王光照甚至在布政使衙门库厅署前私收白鸽票，还持刀砍伤前来索赌规者。布政使邓廷楠很恼火，要杜凤治"只饬令他速速迁移，如敢逗留，定行参办"，杜凤治按藩台指示，要王光照三天内从藩署搬走，否则禀报上司参革其功名，但并无更严厉的举措。⑤ 可见佐杂庇赌、开赌，只要不闹出大乱

---

① 《日记》，光绪元年十一月初五日，《清代稿钞本》第 17 册，第 439 页。

② 《日记》，同治十三年六月初十日，《清代稿钞本》第 16 册，第 19 页。

③ 《日记》，同治十一年四月初二日，《清代稿钞本》第 14 册，第 72 页。

④ 《日记》，同治十一年三月廿四日、四月初五日，《清代稿钞本》第 14 册，第 59、73~75 页。

⑤ 《日记》，同治十年六月初二日，《清代稿钞本》第 13 册，第 253 页。

子，各级官员都抱相当宽容的态度。

佐杂手下的资源、人员都不多，对付小股盗匪甚至闹事乡民往往也会处于下风。杜凤治第一次任南海知县时就有两个巡检司衙署被盗匪抢劫。同治十年十月，盗贼二三十人，半夜明火持械入黄鼎司巡检署抢劫，把巡检李腾骧（雨村）一家所有财物、衣服抢去无遗，幸而官印未失。巡检本有缉捕之责，巡检署竟被盗贼抢劫，故不便禀报上司。杜凤治同广州知府商量把巡检署遭劫改报为"因窃失物"，为李腾骧保全了面子，使其免受严重处分。① 次年十二月，江浦司巡检署又被劫，20余盗匪夜里入署将巡检朱铣（北台）的财物、衣服搜劫一空。黄鼎司巡检衙门设于紫洞，江浦司巡检衙门设于官山，两处均为人烟稠密、商业繁盛的墟镇，设巡检本为维持该处治安，谁知巡检连自己的衙署也保不住。杜凤治慨叹："初设之时原因地方可虞，令其镇压，岂知一巡检耳，弓兵无几，岂能有为乎？"②

杜凤治任罗定知州时，东安县下属的西山司巡检朱有筠带领弓兵、差役20多人到欧村捉拿命案、窃案疑犯，与乡人冲突，弓兵赖某被乡人用竹铳轰毙。赖妻曾氏率数妇人到巡检署要求抚恤银200两，朱已躲匿，朱女与之理论，赖曾氏妓女出身，出口粗蠢，"言老爷不见，如无银与我，只可将小姐拉去卖了，尚可卖得一百八十与我们了事。小姐羞愤服毒自尽"。③ 朱巡检已70多岁，只能恐吓欺压良民，应不具备缉捕能力，出乱子后也无法应付，致使自己的女儿自杀。于此也反映出佐杂缺乏权威及实力的状况。

佐杂地位低下，没有自尊，很多佐杂对各级上司委缺委差"不

① 《日记》，同治十年十月廿九日、十一月初六日、初七日，《清代稿钞本》第 13 册，第 461、471、473 页。

② 《日记》，同治十一年十二月廿五日，《清代稿钞本》第 14 册，第 413 页。

③ 《日记》，光绪元年正月十八日、廿七日，《清代稿钞本》第 16 册，第 454 ~ 455、464 页。

公"以及各种需索怀有不满情绪。日记提到,有人在同治十二年新年张贴讽刺总督、巡抚的对联。在瑞麟过生日时,"督署后墙画一大尿泡,有一人持而吹之,上有题名更不堪也,是皆不得志之佐杂为之也"。① 此事也是清代已有政治漫画的一个例证。

(二) 佐杂与州县官

县丞、主簿、巡检、典史等是州县官下属的佐杂官,部分州县佐贰官有单独的衙署,如南海县丞驻省城西关,南海主簿驻九江镇,因为不与主官同衙,权力大一些。巡检多数不与州县官同城,也有一定独立的权力。

近年学界对清代佐杂与州县的关系颇为关注,一些学者提出,清中叶后逐步形成"佐杂分防制",佐杂分防管辖一定地域,构成州县以下一级政权机构。② 这些学者的论点有一定道理,有些著作写得还相当出色。③ 在本目有限的篇幅内,笔者很难对"佐杂分防制"这个复杂的问题展开太多讨论。④ 考虑到谈论本问题的学者多关注广东,尤其关注广州府的几个县,而在引用的史料中较少州县官的著述,基

---

① 《日记》,同治十二年六月十三日,《清代稿钞本》第14册,第614～615页。
② 如太田出的《清代江南三角洲地区的佐杂"分防"初探》(张国刚主编《中国社会历史评论》第2卷,天津古籍出版社,2000,第105～116页),张研的《对清代州县佐贰、典史与巡检辖属之地的考察》(《安徽史学》2009年第2期),吴佩林的《万事胚胎于州县乎:〈南部档案〉所见清代县丞、巡检司法》(《法制与社会发展》2009年第4期),王兆辉、刘志松的《清代州县佐贰官司法权探析》(《西南大学学报》2014年第4期),胡恒的《"司"的设立与明清广东基层行政》(《清史研究》2015年第2期)等。
③ 如魏光奇的《有法与无法——清代的州县制度及其运作》,胡恒的《皇权不下县?——清代县辖政区与基层社会治理》(北京师范大学出版社,2015)的相关部分对此问题都做了系统、深入而有说服力的研究。
④ 典史、巡检有缉捕权责,故有一定"分防"范围,广东很多州县有州县衙门直接管理("捕属")和巡检司管理("司属")之分。笔者高祖是宦游来粤的外省人,子孙后来定居广东省城;母亲家族榨粉街梁氏,祖籍新会,估计明代已定居省城,成为世族省城的家族。故邱、梁两家人的籍贯都写"番禺捕属"。但不少居住省城的人,与家乡仍有联系(如回乡拜祠祭祖),籍贯则仍写家乡的乡镇。

本没有引用过杜凤治的日记，故本目以杜凤治与下属佐杂的关系为例，对已有的研究成果做一些补充。

如果把"分防"理解为在一定辖境内维持治安，那不会有任何不同意见；但如果把"分防"理解为州县以下的一个行政区划级别，可能就要斟酌一下了。清朝的职官设置无法支持在全国实行作为行政区划的"佐杂分防制"。据《光绪会典》，全国共有县1314个，分别设置县丞共345缺、主簿共55缺、典史共1307缺、巡检共908缺。① 从上面的数字可知，每县设立的行政佐杂官平均不到两缺，仅此一点即可知普遍建立行政区划的"分防"制度是不可能的。有的县佐杂官会多一些，尤其是广东的县，如广府六大县分别设立巡检3~6缺，但有些州县没有巡检，有些州县总共只有一两名佐杂。如广宁只有一名典史而无巡检，四会只有一典史、一巡检，两县都不可能实行典章所无的行政区划"佐杂分防制"。

在杜凤治的日记中，多个地方的佐杂没有衙署。如潮阳县门辟司巡检衙署早已毁坏，巡检多年住在县城。② 番禺县鹿步司巡检也无衙署，仅借一道观住。③ 曲江县濛里司巡检"以衙署久废，在乌石盖搭篷寮作衙署"，乌石距离濛里10里。④ 罗定州州判与知州不同城，驻在离州城80余里的罗镜墟，也没有衙署，州判刘源培租民房居住、办公，"土墙泥地，破烂不堪"，其前任王廷照借庙宇居住、办公，条件更差。⑤

巡检司长期没有衙署并非个别现象。南海县五斗口司巡检是著名

① 刘子扬：《清代地方官制考》，紫禁城出版社，1994，第110~113页。属州（散州）的地位以及佐杂员缺的设置情况同县相近。
② 《日记》，同治八年十一月廿九日，《清代稿钞本》第12册，第73页。
③ 《日记》，同治十年十月初四日，《清代稿钞本》第13册，第432页。
④ 《日记》，光绪六年九月十三日，《清代稿钞本》第19册，第10页。
⑤ 《日记》，光绪元年十月初十日，《清代稿钞本》第17册，第396~397页。

佐杂优缺，衙署曾设立于佛山，但相当长时间"巡检皆僦民舍，并无实署"，何时设在佛山也不可考，几种方志都说不清楚巡检衙署所在。① 香山县的黄梁都地处沿海，离县城很远，交通极为不便，黄梁都巡检司又只辖黄梁都一个都，所以如果真有行政区划的"佐杂分防制"，黄梁都应具有典型意义。然而，同治、光绪年间，在香山县斗门墟的黄梁都巡检署"已圮"，"巡检常侨寓县城"。② 黄梁都司巡检既然经常驻在远离辖境的县城，以当时的交通、通信条件，绝不可能经常、有效地管治辖地。③ 清末的资料显示，黄梁都巡检司下辖的武力远少于该都士绅掌握的防海公局，知县有事也直接谕令防海公局局绅办理，并不通过巡检司。④

如果其时佐杂已成为州县以下的一级政权机构，那就很难解释不少佐杂长期没有衙署，甚至官员长期住在县城的情况。在杜凤治的日记中也难以找到事例说明佐杂辖区是州县以下行政区划。

州县官的主要公务是教化、考试、征收、听讼、缉捕，如果佐杂是一级权力机构，上述权责也应基本存在。然而，看杜凤治日记，佐杂比较独立的权责只偏重于缉捕，所谓分防也只偏重于防御盗匪。在县试环节，佐杂或会承担维持考试秩序等事务，但出题、阅卷、出图等就不会参与。至于征收赋税，只有个别佐杂有征收权责，如新安县丞管粮，每年"约有二百余元余羡"。⑤ 在杜凤治任职的所有州县，

---

① 乾隆《佛山忠义乡志》卷2，"官典"；道光《佛山忠义乡志》卷3，"官署"；民国《佛山忠义乡志》卷3，"建署"。
② 光绪《香山县志》卷6，"建置"。
③ 斗门墟离香山县城石岐镇直线距离约三四十千米，即使县城到斗门墟也非当天可达。黄梁都西南部沿海地区离县城直线距离约80千米，清朝时并无陆路直达，中间是多道珠江出海口的弯曲河汊，20世纪五六十年代乘坐轮船也得十多个小时。
④ 邱捷：《清末香山的乡约、公局——以〈香山旬报〉的资料为中心》，《中山大学学报》（社会科学版）2010年第3期。
⑤ 《日记》，光绪三年六月初一日，《清代稿钞本》第18册，第334页。

属下的佐杂极少参与征粮，更没有分管一定辖境的粮务。同治十年九月，九江主簿朱朝征卸任，杜凤治就请其充任南海县的催征委员。①朱在任时却并未参与催征。同治十三年冬，杜凤治面谕署理州判刘嵩龄"接印后代为比较殷丁催粮"。②佐杂刘嵩龄"比较殷丁"只是州县官单次授权代办，而非本身日常权责。

同治八年，杜凤治在四会知县任上对下属的巡检、典史出具考语：

> 南津司巡检龚葆球，去腊莅任，本缺瘠苦殊常，前数署任拘拘窘守，无可施为。该员业已踵补，力图振作，巡缉颇勤，而于经管基围，常自亲历查阅，随时督饬培筑。年正壮强，才力似堪造就。

> 典史谢鉁，莅此数载，绅民均无异词，人实安详，办事亦勤慎，严寒酷暑，又肯抚恤罪囚。城内外民居铺户向多窃案，囚系累累。自去春三月起，谕令邻、族保领改过，或给小本负贩谋生，而于东门外金龄观设立团防局，与武营轮日梭巡。该员年壮耐劳，无论茫雨深宵，往往不时便衣猝出抽查，并密察兵役勤惰。年余以来报窃甚稀，颇资臂助。③

从杜凤治的考语可知巡检、典史都有维护治安之权责，巡检还要"经管基围"，典史则要管理监羁，但都没有提及其他权责。有一次谢鉁面禀数事："一为奉札查围基；一为奉封花会赌房桌椅；一为某氏因失一衣与同宗之叔姑争闹，已经绅士呈禀事小调处了结；一为仓

① 《日记》，同治十年九月廿五日，《清代稿钞本》第13册，第421页。
② 《日记》，同治十三年十二月初三日，《清代稿钞本》第16册，第356页。
③ 《日记》，同治八年六月廿五日，《清代稿钞本》第11册，第460页。

谷一粒无有，前奉面谕以早造丰收，通告绅士递禀请捐，按田亩科收。"① 杜凤治与谢鉁堂属关系极好，但看来谢鉁并无独立权力，所有任务都是知县指派，连处置妇女丢失一件衣服的微小案件都要向知县禀报。

那么，佐杂是否有"听讼"权责？近年有学者对清代佐杂审判权做了研究，认为"清代的佐杂逐步获得了命案代验权"，"佐杂在州县之下发挥着一级审判机关的作用"。② 杜凤治日记为讨论这个问题提供了不少资料。

按清朝制度，连同知、通判等级别较高的府级佐贰官也不能擅受词讼。佛山同知乔文蔚"擅受出差，被乡人殴差致毙"，惹上大麻烦，知府告诉他"凡呈控伊处之案"必须发交南海县，同知"出差即为擅受"，乔只好找杜凤治求助。③

杜凤治属下的佐杂确实有参与审案的。同治六年七月，杜凤治下乡剿匪，临行前将两三件案子交幕客顾学传批示，由典史张国恩审讯。④ 几年后再任广宁时，典史仍是张国恩。有一次，杜凤治对张说："三仓羁所新拿盗犯未认供者，你有空可来代予研讯取供，分别数等，或应解或应就地严办，或稍有可原瞰禁，或真冤者省释，一有就绪，可以请师爷办理。"⑤ 典史张国恩代为审案是知县指派，而且最后要"请师爷办理"，可见他并不是州县以下一级有审判权的官员。日记还有不少指派、委托佐杂完成审讯、顺供（犯人上解前再审讯一次将供词定稿）、验尸、勘查、丈量等事务的记载。

① 《日记》，同治七年六月二十日，《清代稿钞本》第 11 册，第 65 页。
② 如茆巍《万事胚胎始于州县乎？——从命案之代验再论清代佐杂审理权限》，《法制与社会发展》2011 年第 4 期。此文很有新意及启发性。
③ 《日记》，同治十二年六月廿二日，《清代稿钞本》第 15 册，第 4、8 页。
④ 《日记》，同治六年七月初四日，《清代稿钞本》第 10 册，第 144 页。
⑤ 《日记》，同治九年闰十月廿一日，《清代稿钞本》第 12 册，第 566 页。

然而，有些佐杂擅受词讼，州县官却难以处置。例如，罗定州吏目钟诰（菊泉）"目无法纪，居然收词出票、签差拿人、收押讯断"，"自以为应如是也"，杜凤治署理知州后，钟诰经杜提醒后稍为敛迹，不久又故态复萌，仍受词押人。杜凤治大为生气，严词批饬，并命将所押者立即提到州衙。[①] 但他后来看到钟诰收入太少日子难过，就又把"无关紧要之事批与数件"让钟诰处置。[②] 其实罗定州前任知州饶世贞已同杜谈及钟诰目无上司、把上司交其看管的人擅自释放、擅自押人等事。[③] 钟诰的例子，说明佐杂设法分享、侵蚀州县官司法权力是常见之事。颟顸的州县官就无可奈何，睁一只眼闭一只眼，最多表示一下不满；而杜凤治这种精明强势的州县官则会予以警告和限制。但完全不让佐杂听讼，佐杂又无法获得额外收入，所以仍会让佐杂办一些案件。

佐杂有缉捕的权责，缉捕与听讼难以截然分开，乡民有纠纷往往会就近到佐杂衙署控案。同治十三年罗定州发生一宗坟山争界案，两造先向州判王廷照提起诉讼，后又告到知州衙署。这次，杜凤治没有指责州判擅受，只谕令州判要同绅士一起亲临该山督饬两姓立定界石，落实知州的判决。[④] 光绪元年，西宁县发生一宗佃租纠纷案，其中一造到夜护司巡检署提出控诉，接着，"夜护司擅收呈词，票差弓役到乡滋扰"，惹出点小乱子，局绅就向杜凤治禀报。杜乃派差役传讯两造处置，对夜护司巡检"特札申饬，并令将票收回涂销，约束弓兵，免干参处"。[⑤] 在此案中，夜护司巡检"擅受呈词"并未带来

---

① 《日记》，同治十三年九月廿四日、十一月十四日，《清代稿钞本》第16册，第212、318页。

② 《日记》，光绪元年八月初四日，《清代稿钞本》第17册，第273~274页。

③ 《日记》，同治十三年六月初六日，《清代稿钞本》第16册，第11页。

④ 《日记》，同治十三年八月初四日，《清代稿钞本》第16册，第101页。

⑤ 《日记》，光绪元年七月廿一日，《清代稿钞本》第17册，第241页。

很严重的后果，如果他能摆平两造、顺利息讼，杜凤治就不再追究了。

南海县公务繁忙，杜凤治把很多案件委派候补佐杂审讯。光绪三年，南海县审案的小委员祝华封刑讯致死疑犯，按察使周恒祺认为即使知县派委员讯案，也不应聘请佐杂，巡抚张兆栋更反对佐杂审案。杜向巡抚解释以佐杂当小委员审案，是因南、番盗案多，同、通、州、县大委员不可能经常驻在县署，佐杂住在县署，可呼之即来随时审案。① 杜凤治聘请佐杂审案，除便于指挥外，估计还有节省薪水的考虑。知县对县署的案件都审不过来，四乡大量案件，部分由绅士掌控的公局处置，部分则由巡检司处置了。光绪八年，杜凤治在绍兴家乡阅读《申报》，得知昔日的下属南海县江浦司巡检鲁元东因"擅受民词，不安本分"被革职永不叙用。杜在"擅受民词"下注上"家家卖私酒，不破是好手"十个字，② 可见巡检"擅受民词"是普遍现象。南海县丞恩佑本来没有缉捕、听讼的权责，但因有瑞麟信任，也"往往擅发告示、封房屋、收呈词、审案"。③

清朝制度设计有太多脱离实际之处，佐杂不得听讼即其一端。州县官特别是首县知县，公务繁忙、案件多，不让佐杂审案是不可能的，各级官员都不得不默认佐杂听讼的事实。杜凤治反对的只是佐杂未经自己同意擅自听讼，或佐杂侵权太过损害了自己的利益，甚至给自己带来较大麻烦。

（三）多如牛毛的委员

所谓委员，是省、道、府衙门为某项公务临时委派到下级衙门调查、监督、催促或参与处置的官员。派到州县衙门的委员，大部分情

---

① 《日记》，光绪三年四月廿一日，《清代稿钞本》第 18 册，第 274～275 页。
② 《日记》，光绪八年正月十九日，《清代稿钞本》第 19 册，第 394 页。
③ 《日记》，同治十一年十月廿五日，《清代稿钞本》第 14 册，第 348 页。

况下是候补、候缺的佐杂。

在清朝成文的法典上并无委员的位置，"委员"这个称谓估计也是官场约定俗成而来，因此，有些关于清朝典章制度的工具书也没有为"委员"设立条目。① 魏光奇从"上司对州县行政的督导检查加重州县负担"的角度，对上级衙门为督导检查委派官员、候补人员做了论述。② 从杜凤治的日记看，委员是上级衙门对州县进行管理、监督的常规办法，不同的上级衙门会因不同原因往州县派出委员，接待、应对委员成为州县官的一项烦心事。

在多数情况下，州县官与上司之间都按会典等成文法规以及各种官场惯例运作，通过公文进行禀报、请示、审批、谕令，还可以通过私人信件沟通（有时是上下级衙门幕客之间或"家人"之间）。在当时的交通通信条件下，上司亲临各州县督察或命令地方州县官到上司衙门所在地汇报，很难经常进行，所以，上司要派出专门的代表——委员，到州县衙门调查、催促、督办。

如果不是站在州县官的立场，而是从行政运作的角度看，派出委员具有一定合理性。例如，在省城，实缺在任官员无论如何无法完全承担所有公务，为了省城的治安，就设立了多名"查街委员"。杜凤治为审案也在典制规定的范围外延请了几位小官做审案委员，为催征委派了多名佐杂做催征委员。又如钱粮迟一些上解对州县官有利，但布政使为保证钱粮足额、准时奏销就会不断催促，除公文外再派委员去催促，这样，州县官才会随时感受到压力，不敢过于拖延。再如，州县各房违规承充等事，如果上司不监督，州县官可从违规者那里获

---

① 如李鹏年等编著《清代六部成语词典》（天津人民出版社，1990），朱金甫、张书才主编《清代典章制度辞典》（中国人民大学出版社，2011）都没有设立"委员"条目。

② 魏光奇：《有法与无法——清代的州县制度及其运作》，第405~406页。

得更多好处，所以，上司就必须派出人员监督法规的落实。

有时，遇到州县官难以处置的重大事件、案件，上级衙门会派出级别比较高的委员。如同治六年冬，广宁士绅因对钱粮征收不满抵制县试，虽然后来定性为"闹考"而不是更严重的"罢考"，但毕竟是非常事件，杜凤治为此向各级上司发出通禀，督、抚便命藩、臬派出委员调查处置，于是，前雷州知府周毓桂、候补知县俞增光就作为委员专程到广宁，会同肇罗道王澍以及肇庆府教授陈遇清（已被委派代理广宁学官）办理。闹考事体大，所以派出的是级别较高的"大委员"。周、俞代表省级高官而来，杜凤治必须接受其调查、督导，即使王澍也要给两人面子。杜凤治本人也在同治九年受藩台派遣作为委员到潮阳县催征。但派出州县官级别"大委员"的情况较少，杜凤治接待的多数是例行公事、可有可无的"小委员"。

杜凤治还未正式坐上县衙大堂，就见识了委员。同治五年十月，他首次赴任广宁途经肇庆，遇到一位候补州判李召南（荫堂），知道他是广宁查河道之委员。所谓查河道，就是检查各州县有无认真缉捕盗匪、保持河道畅通，但此差"向来不去，每月薪水费十两"。李召南因前任广宁知县张希京只按 20 天算每月给 7 两，特来拜访要求杜凤治给足 10 两。杜凤治感叹："可见委员之苦，亦此公卑鄙可知。"[1]这位李召南一年以后又作为"催府院试经费委员"来到广宁，其时因为巡抚蒋益澧规定减米羡后"省、府委员在省、府给发盘缠，不准在州县取索分文，各州县不准照送程仪"，杜表示要按新章程办，李恳求不遂乃在县衙大闹。[2]但所谓州县不准送程仪给委员的新规定

① 《日记》，同治五年十月十八日，《清代稿钞本》第 10 册，第 86 页。
② 《日记》，同治七年正月十三日、二月十九日，《清代稿钞本》第 10 册，第 472、506 页。

根本行不通。

委员程仪成为州县官的一项大负担。前文提到的来广宁处理闹考事件的知府周毓桂、候补知县俞增光两个"大委员",杜凤治就分别送"过山礼"100元和50两。[1]"小委员"虽不必送那么多,但其人数众多,纷至沓来,加起来数额也不少。州县官如果不打点好委员,有时就会有麻烦。同治八年末,委员戴某系巡抚亲信,到广府各属催兵米,早就通知各州县程仪"格外从丰",但东莞知县叶大同"照常致送","此人回省于抚军面前说叶八百金纳一妓女",于是巡抚打算将叶撤任,虽有藩台为之排解,但最后叶大同仍被撤。[2]

大部分委员的差事有名无实,多数是上级衙门为调剂、照顾小官、穷官的一种惯例,无缺的穷官、小官也千方百计恳求差使,获得程仪成为委员的唯一目的,差事本身变得可有可无。委员本人通常不到出差的州县,只要求州县官把销差文和程仪寄去,上司也完全明白。州县官当然宁可委员不到,因为至少可以节省舟楫、食宿等费用,同时也免得委员找到什么把柄在上司面前进谗。有些缺乏官场经验的委员,真的下到州县,反成为例外。光绪元年三月,杜凤治得知"交代局委催历任交代委员"要来罗定,他的第一反应就是"此等扯淡之事,又要老子应酬花费"。不过,这次的委员孙鼎教过杜凤治的孙子读书,因此杜对他比较客气。孙鼎初次得差,所以打算真的到各州县去。杜凤治大笑,对孙说:"此等差使本可无须出省,差人去要文件、程仪而已。"于是建议他回省城,应允替他写信给茂名、石城(今廉江),让两地知县直接把销差文、程仪寄给他,孙鼎"始恍然欣然叩谢"。[3]

① 《日记》,同治六年十二月初九日,《清代稿钞本》第10册,第431页。
② 《日记》,同治九年正月廿一日,《清代稿钞本》第12册,第139页。
③ 《日记》,光绪元年三月廿一日,《清代稿钞本》第17册,第16~17页。

杜凤治经常会遇到为不可思议的事务派来的委员。同治十三年，候补知县林兆南奉藩台委催地丁，去信罗定州衙表示"定须亲到，盖为有奉谕密查事"，透露说是查瑶人投诚事，又提及杜凤治任南海知县时差役在三水地方缉匪逼死人命一案，详情到时向杜面言。但到罗定后林并未再提及三水之事。杜凤治想到罗定州并无瑶、僮、黎、苗人，但不知就里，所以就请幕客但鸿恩详考方志禀复。① 林兆南向杜凤治透露情况，又故意不说清楚，无非是希望得到额外报酬和拉关系。杜凤治各任上，来查办事件的多个委员都向杜凤治透露相关信息，把省中高官的一些矛盾告诉杜，甚至为他支招。

因为程仪由州县官承担，所以上司完全不必考虑委派委员的成本。例如，按察使派委员到罗定州催同治十三年赃赎银两，"核查年仅二十两耳，亦发委员，程仪、一切用项反浮于应解之数"。② 而且，上司衙门之间缺乏沟通，不同上司为同一件事重复派出委员是常有的事。如同治七年十月，知府、道台、按察使便都分别派委员例行查监羁。③

候补从九陈明玉为肇罗道童秀春治病有功，童乃委派他到各属县"查各房书吏役满有无逗留把持及应承充典吏事"。杜凤治对道台为谢医而让州县破费很恼火：

> 谕门上转谕各房，譬如恶鬼得病，总须有几挂纸钱、几碗酒饭送之出，方可无事。自去见委员，应送规例，如伊不足，稍稍益之，亦无奈何也。此查各房有无冒充及役满逗留把持或改名顶

① 《日记》，同治十三年十一月十九日、廿七日，《清代稿钞本》第 16 册，第 329、344 页。
② 《日记》，同治十三年十月十六日，《清代稿钞本》第 16 册，第 266 页。
③ 《日记》，同治七年十月十九日、三十日，《清代稿钞本》第 11 册，第 190、207 页。

充典吏，向来道台只委一差役，照例一查，房中费几个钱而已。兹为此发委员，越弄越新鲜，道台何知，皆这班不要脸之委员设法去钻求。陈明玉又拿出密札来看，亦与札中语大同小异，亦系力求讨来，可以加意恐吓。上司不明白，嗣后作牧令者更难矣！

陈委员胃口很大，想每房出洋10元，但书吏只肯总共送12元。陈一再要求见杜凤治，杜不胜其烦，要其见师爷、账房，或与门上说，并说明"各房实清苦，不能多出，即我亦无法也"。①

杜凤治曾复函番禺知县胡鉴讨论委员之弊，抱怨上司衙门完全不体谅州县官的艰难。信中提到藩司为催同治十年到十二年的奏销册籍，连委四员，而道台奉藩司移会又派三员，但人都不到，只要程仪。杜凤治认为州县官为了前程不可能不解奏销册籍，而且罗定州实际上早已经上解。粮道派委员催米更是没有道理，因粮道无参、劾、揭、摘之权，州县官不理，粮道也无可奈何；而且不区别清解与未解的州县，一律派委员去催，不解的州县反占便宜。高明知县吴福田没有什么后台，但不理粮道，粮道也拿他没有办法。②

（四）穷官、苦官、老官

在清朝，当官是最有地位、最可牟利的职业，然而，官员群体中也有一批向隅而泣的可怜虫。

较长时间无缺无差的"黑官""冷官"，尤其是下层官员，很大可能就成为穷官、苦官。清人的著述中已对清朝候补官员多，无缺无差者日子难过的情况做了概括："自咸、同以迄光绪，其间捐例迭开，纳粟入官之徒，各县皆有，多至恒河沙数。""光、宣间，各省

① 《日记》，同治七年十月初四日、初六日，《清代稿钞本》第11册，第173～174页。
② 《日记》，光绪元年四月三十日，《清代稿钞本》第17册，第82～83页。

官僚自道员以至未入流，多者可数千人，需次者日多，槁饿以死者所在皆有。"① 晚清各种笔记以及《官场现形记》等小说对这些群体有不少生动描写。有学者也依据各种资料对这些长期无缺可补、无差可委的下级官员的境地做过论述。② 杜凤治在日记中对穷官、苦官的大量记述，均为亲见亲闻。

清朝只给在任实缺官员发放俸禄和养廉，而且计算得很抠门，一旦撤任或离任，俸禄、养廉立即停发。虽然俸禄、养廉只是官员收入的一部分，对州县官而言甚至只是小部分，然而，一旦无缺，所有合法非法、合惯例不合惯例、公开的或上不了桌面的收入就基本没有了。在当时，无缺的官员，除谋得差使或为其他官员做书启幕客、帮忙阅文等以外，很难另谋职业获得收入，但其本人、家庭甚至亲族的生活仍要支出，此外还得维持官员的起码排场，如果没有足够积蓄、田产或商业投资收入就会穷困不堪。杜凤治卸任四会后大约有四个月赋闲，然后有赴潮阳催征几个月的差事。他本是个穷书生，初任广宁和署理四会时不仅没有积蓄，且有亏累，一段时间补缺前景又不明朗，在最困难的时候，向银号借债也借不到。再任广宁后，杜凤治与另一位知县王寿仁（溥堂）谈起无缺十多年的旗人文焌署理封川知县，王说十余年未见此人署事，不知其如何度日。杜从文焌的事就说到自己仅仅赋闲一年多，有月入百元之差使，尚有不堪之势，如不能再任广宁，真朝不及夕，不堪设想。③

杜凤治在日记中写了不少穷官。他的浙江同乡柳应乔（子谦）因案撤任，离恩平时财物被绅士指使的盗匪抢劫一空。④ 几年过去，

---

① 徐珂编撰《清稗类钞》第 3 册，第 1360 页。
② 参看肖宗志《候补文官群体与晚清政治》第 2 章第 4 节第 1 目"候补文官的生活状态"，巴蜀书社，2007。
③ 《日记》，同治十年正月廿二日，《清代稿钞本》第 13 册，第 96 页。
④ 《日记》，同治九年四月十九日，《清代稿钞本》第 12 册，第 233～234 页。

柳应乔无缺无差，恳求杜凤治在肇罗道方濬师面前说好话。杜凤治就向道台说，柳"近来际遇，真是山穷水尽，寓中早不谋夕，竟有断炊之忧"，求道台即使不能设法使之得缺，也要给他一个差事以便度日，但被方濬师拒绝了。[①] 柳应乔"家口繁多，每日饔飧不继"，家有病人无钱医治，一筹莫展，只好不断向杜凤治求借，说是借，其实不可能还，杜凤治感叹"无底之壑如何填得满乎！"[②]

另一位穷冷的知县屈鸣珍（子御），同治五年与杜凤治一起选官分发来粤，曾任海丰知县，几个月后被撤任，后委署苦缺陵水，不久又撤。屈在杜笔下是一个老实委琐、能力有限的人，上司知府冯端本看不起他，于是长期赋闲。杜凤治任南海知县时，有一次方濬师来省城同杜说屈鸣珍"赋闲太久，家中连茶碗都卖尽矣，即不能另委缺或回任，可否予一常差，俾得有饭啖就可矣"，想到杜凤治同知府冯端本关系良好，希望杜向冯进言。杜虽然口头答应，但心里想："大人只知道屈子御，同、通不计，即州、县官厅中，且勿论候补者，其曾任实缺而冷灶无烟早不谋者，岂独一屈子御哉！"[③]

杜凤治的远亲陈元顼（幼笙）无缺无差，"光景已将断炊，典质殆尽"，杜凤治乃延请他在南海县审案，每月50元。[④]

杜凤治第一次署理罗定州的后任张观美（砚秋），自称63岁，"到广十二年，仅署嘉应州一次，现第二次，五子十四孙，人口嗷嗷，筋疲力尽"。杜凤治由此想到来广东当官可以发财之说真是误人。[⑤] 不过，有机会接署罗定知州，张观美的境遇会立即改善。

如果州县官在任上有亏累，一旦身故，家属立即失去生活来源，

① 《日记》，同治十一年七月十九日，《清代稿钞本》第14册，第193～194页。
② 《日记》，同治十二年闰六月十八日，《清代稿钞本》第15册，第48页。
③ 《日记》，同治十三年七月初五日，《清代稿钞本》第16册，第47、50页。
④ 《日记》，同治十年四月十二日，《清代稿钞本》第13册，第170页。
⑤ 《日记》，光绪二年三月十七日，《清代稿钞本》第17册，第601～602页。

而且清朝还有向亏累官员子孙追偿的规定，这些"故员"亲属便会陷入困境甚至绝境。同治六年十二月，杜凤治的同年四会知县雷树镛（达夫）病死，杜收到雷署名的信件，判断是雷死后其家人所写。此信以雷树镛名义说自己病情日重，"殆将不起，家贫子幼，家乡万里，在粤十年，前署清远即有亏累，两任四会交代虽无牵连，而身上亏空不下四五千金，诚恐家口难归。同年至好，及未填沟壑，以家口为托，俾得回家不致流落云云"。① 杜对雷的亲属稍有帮助，接任后不得不承担了雷的部分亏空。自肇罗道台、肇庆知府以下各官给雷的亲属捐凑了一笔银两，守备蔡钊等官又在四会绅士中张罗了六七百金，雷的亲属方得动身扶柩回省城。②

对穷官、苦官以及已故穷官的亲属，上司会定期予以一定资助。同治十一年元旦前，广州府发放穷员周恤银两，包括杜凤治在内一干同、通、州、县官也到场，"各省皆有人，以便认识，免其假冒"。③ 第二年年末，广州府又按等级发放穷员度岁周恤银，已革道员朱某 50 两，同、通、州、县"三十、二十不等"，佐杂"极贫十金，有老而贫者加五两，次贫五金或酌加二金三金不等"，但"不贫而冒者颇多"。④ 同治十二年十二月廿七日，广州府仍按惯例"放散穷员银两并故员家属贫不能归者"，"穷员有极贫、次贫、又次贫之分，五两、七两、八两、十两、十二两，至十五两极贫矣。家属一律每家银五两"。日记说，这项对穷官的资助措施是瑞麟倡议的，举行了五六年，由闱姓提款，南海、番禺两县每县也捐 300 两。发放时"人多嘈杂，争多厌少"，南、番两首县要到场监放。⑤ 于此可见"穷员"

---

① 《日记》，同治六年十二月十八日，《清代稿钞本》第 10 册，第 442 页。
② 《日记》，同治七年正月十九日，《清代稿钞本》第 10 册，第 474 页。
③ 《日记》，同治十年十二月廿八日，《清代稿钞本》第 13 册，第 551 页。
④ 《日记》，同治十一年十二月廿六日，《清代稿钞本》第 14 册，第 414 页。
⑤ 《日记》，同治十二年十二月廿七日，《清代稿钞本》第 15 册，第 288 页。

之多。丁浩（松亭）曾任广州、琼州知府，身故后家属也要来领穷员运枢银两，杜凤治觉得实在太丢官场脸面，于是请示广州知府冯端本另行办理。①

清朝没有法定致仕的年龄，一些下级官员耄耋之年还在官场趋附奔走。日记也记录了多名这样的老官。通判张淦（忍庵）来广东30年，已70多岁，无缺无差，一再恳求杜凤治帮忙。有一次杜凤治为他求安良局差事，按察使说张"龙钟太甚，足不能行，目不能视"，怎能当差？后来还是得到"禀催各州县秋工经费"的差事，本人不必去也不能去，杜凤治只好为他致函各州县把程仪从丰寄送。② 罗定州判王廷照（晓山）年近七十，腿脚有病，一步都不能走，因其缺一年可收入千余元，恋栈不去，"大家亦原谅，上游不深知也"。③ 比杜凤治先来粤十年的徐宝符（契之），曾署理过番禺、香山等大缺，但都亏累。到杜凤治再任南海时徐年已七十，中风稍愈，望缺极苦，扶病见杜求帮，杜乃为其在藩台杨庆麟面前求缺，杜的理由是"契之现病虽愈，望缺甚切，倘竟寂然，恐其复举。再举则性命休矣"。不久徐得署潮阳，赴任前谒见督抚，总督刘坤一因徐老朽糊涂，对杨委徐颇为不解。④

日记还记载了几个七八十岁的佐杂。五斗口司巡检俞凤书（杜凤治的绍兴同乡），因总督私人邓绍忠署理五斗口司无法回任本缺。俞已年近八十，布政使打算让其署理三水巡检，但三水巡检缺极苦。俞凤书不想去，恳求杜凤治帮忙。杜就在布政使邓廷楠处同番禺知县胡鉴一起讨论，邓说："这老儿年纪虽大，尚健，人亦正派，其在五

---

① 《日记》，光绪三年三月廿五日，《清代稿钞本》第18册，第227页。
② 《日记》，光绪三年七月十一日、九月初一日，《清代稿钞本》第18册，第406～407、468页。
③ 《日记》，同治十三年八月十二日，《清代稿钞本》第16册，第117页。
④ 《日记》，光绪三年二月初八日，《清代稿钞本》第18册，第145～146页。

斗亦无不是，实为调剂邓绍忠之故。"打算委其署理慕德里司巡检。胡鉴说，慕德里司不及茭塘、沙湾，与禄步相等，千元尚可到手，是"中平之缺"。邓廷楠就说："是亦不恶，何不即与这老儿。"① 三水巡检缺苦，是因为衙署与县衙同城，在知县眼皮下，牟利的空间很小；慕德里司巡检每年能获得千元，是巡检中等缺的标准。这个数目，已远超巡检法定的"岁俸三十一两五钱二分、养廉银六十两"的收入了。② 因为慕德里司衙署荒凉，俞凤书不敢带家眷赴任，家眷留在省城每月要花费百元，慕德里司的收入不足应付，所以，他念念不忘回任"佐杂第一缺"、年收入万元的五斗口司巡检。杜凤治说，俞回任一年就可以有钱携眷回乡了。③ 但五斗口司巡检始终被瑞麟用于调剂私人，俞凤书乃得署理河泊所大使。河泊所所官前一年冬要垫缴渔课，次年春征收其他款项补回。同治十二年冬，有上司更动俞之风声。俞到杜凤治处"老泪横流，长跪不起"，杜答应会尽力为俞争取，后又到巡抚处为俞求情。④ 杜对布政使说，如果让俞垫赔渔课后卸事，"老性命休矣"，经杜力求，布政使应允"必不换人"。⑤

日记还记载了一位特别穷、特别苦的高寿候补从九沈锡章。沈是杜凤治山阴同乡，来粤四十年，已将八十，儿子俱死，身边还有一个两三岁的孙子，穷困不堪，衣衫褴褛，跪求杜帮忙为其婿杨琨谋一差事。⑥ 谁知杨琨得差后不久也病死。沈锡章祖孙和女儿一家都无以谋生，经常到南海县署门房请求转恳杜凤治，杜只好每月资助沈10元。杜调离南海前，特地向后任张琮（石邻）交代请其继续给沈老人每

① 《日记》，同治十一年五月初二日，《清代稿钞本》第14册，第113页。
② 同治《番禺县志》卷19，"政经略·禄饷"。
③ 《日记》，同治十一年十二月十四日，《清代稿钞本》第14册，第401页。
④ 《日记》，同治十二年十一月初五日、初七日，《清代稿钞本》第15册，第213、215页。
⑤ 《日记》，同治十三年四月廿八日，《清代稿钞本》第15册，第482页。
⑥ 《日记》，同治十二年二月初五日，《清代稿钞本》第14册，第454页。

月 10 元，"俾其女及幼子、小外孙等不至饿死"。① 张琼任南海知县时间很短，两年后杜凤治回任南海，日记再没有沈老人的记载了。在当时社会，这个家庭是很难存活的。

四　州县衙门的附属群体

（一）幕客与官亲

幕客是官员私人聘请的顾问或助手，清代有不少幕客写了著作，时人和后人对幕客的论述也不少。本目所关注的是杜凤治日记中州县官与幕客共事的细节。

就施行州县政务而言，幕客是真正的"专业人士"。州县官处理考试、征收、缉捕、听讼等政务，一个人肯定忙不过来。而且，州县官无论正途、异途出身，任职前多数没有系统研究过清朝的法律、则例，对官场的惯例、潜规则等更不可能全面、深入了解。而幕客则是通过师承相授、经过长期学习的专业群体，他们可以为州县官出谋献策，参与处理政务，尤其是钱粮、刑名两个"大席"，更是关乎州县衙门能否正常运作的重要顾问。幕客的优劣对州县官的宦途顺逆与收支盈亏有很大影响。幕客之间通过同乡、亲戚、师承等关系形成圈子，互相推荐，有事上下级衙门、平行衙门之间更易沟通。

幕客这个行业，浙江绍兴人占相当大的比例，而杜凤治恰恰是绍兴人，亲朋戚友中有不少幕客，因此，他对幕客之道是熟悉的。杜凤治因多年在北京的处馆和历练，人也算精明冷静，所以，任州县官后同幕客的相处比较融洽。

---

① 《日记》，同治十二年十二月初三日、十三年三月初十日，《清代稿钞本》第 15 册，第 250、382 页。

杜凤治每次赴任前都要做各项准备，聘请幕客是其中最重要的事，尤其是聘请钱谷、刑名两个"大席"，此外还得聘请书启、阅文、收粮、教读等若干个"小席"。"大席"幕客的脩金比杜凤治法定的俸禄加养廉还要高。杜凤治初任广宁时，聘请"大席"幕客顾学传（小樵）兼办钱粮、刑名，每年脩金千两，伙食银每月十两。①杜凤治再任广宁时，请但鸿恩（叔衡）兼办刑钱，脩金八百四十两，另外加伙食等费。知府幕客孙应堃（石泉）推荐其外甥陈凤仪就征比"小席"，原在南海每月脩金十两、火烛三两，但广宁是小缺，只能共给十两。交代局委员钟承熙（达夫）推荐其妻舅章梃为"小席"，每月十元。藩署幕客戴尧恩所荐的诸云龙也是每月十元。②

　　从制度、伦理、习惯看，幕客并非州县官的下属或雇佣人员，其身份与州县官平等，报酬也称为"束脩"。在杜凤治日记中，幕客通常被称为"朋友"或"师爷"，杜凤治拜客、馈送的对象，除主官外，往往也包括对方的幕客。其他官员，包括上司，对杜凤治的幕客都以礼相待。同治六年冬，道台王澍作为省级高官委派查办广宁绅士闹考案的"大委员"来到广宁，同杜凤治以上司下属的礼节相见，对杜年轻的幕客顾学传则很客气，说要亲自来拜候顾（顾表示不敢当，挡驾），又以商量的口吻请顾代拟禀稿。③同治九年十月，杜凤治再到广宁赴任时路过肇庆府城，道台方濬师宴请杜凤治，在城的一干官员、官幕作陪，杜凤治的幕客但鸿恩被推坐首席，杜凤治同高要知县王炳文等坐在但鸿恩的下位。④这样安排等于给杜凤治面子，也是对师爷的尊重。杜凤治再任广宁后不久举行县试，正在五覆

---

①　《日记》，同治五年十月初四日，《清代稿钞本》第 10 册，第 78 页。
②　《日记》，同治九年十月初四日、初八日，《清代稿钞本》第 12 册，第 493、501 页。
③　《日记》，同治六年十一月三十日，《清代稿钞本》第 10 册，第 406 页。
④　《日记》，同治九年十月二十日，《清代稿钞本》第 12 册，第 523 页。

时师爷但鸿恩家眷到，因为考试县署封门，杜凤治"以师奶奶初到不由大门入不好看"，了解到已有人交卷，于是命打开衙署大门让轿子抬入。① 这些细节都体现了幕客的地位和官员与幕客之间相处的礼节。

杜凤治署理南海知县时，幕客班子就不是广宁、四会可比了。日记记载了幕客们的姓名和脩金：客案席姚诗南（振伯），将军所荐，每年脩千二百金；刑席戴尧恩（云墀），臬台荐，脩千二百金；刑席李政卿，粮道荐，脩千二百元；刑席但鸿恩，原广宁幕客，脩千二百元；刑席吴存履（爱亭），肇庆府幕客吴桢荐，脩六百元；钱谷孟星航，杜自请，脩千元；钱谷陈文江，藩台荐，脩千元。教读兼书禀李紫珊，书禀诸青田、陆芷言、黎丹卿，征比陈商盘、陈韶九、章梿（朱笔墨）、陈森林，又涂厚山之侄。② 仅七位"大席"的脩金就共六千两银，还要加上伙食等费。因为南海公务繁忙，幕客之间还有分工。几位刑名"大席"中，戴尧恩办理捕属、五斗口属刑名兼洋务，李政卿办黄鼎、神安二属刑名，但鸿恩办江浦、九江二属刑名，吴存履办金利、三江二属刑名。③ 嘉庆年间，御史张鹏展奏称，其时广东番禺、南海幕客每年脩金有 1500 两到 1900 两。④ 同治年间，南海幕客收入有所下降，南海主要幕客每年的脩金为七八百两到 1200 两，但他们还可以获得其他收入。

从日记可知，所有重要公务杜凤治都会同"大席"幕客反复商量，但杜凤治必须对决定负责，所以，他对幕客的建议以及拟定的公文初稿都会认真考虑和修改。杜凤治外出催征，"大席"幕客留在县

---

① 《日记》，同治九年十一月十二日，《清代稿钞本》第 12 册，第 591 页。
② 《日记》，同治十年五月初九日，《清代稿钞本》第 13 册，第 217～218 页。
③ 《日记》，同治十一年正月廿一日，《清代稿钞本》第 13 册，第 583 页。
④ 张鹏展：《请厘吏治五事疏》，贺长龄编《皇朝经世文编》卷 20 "吏治" 6，光绪十二年思补楼重校本。

署"代拆代行"，但只处置小问题，较大事务，包括对放告日呈词的批语，都定期派差役把装有公文、批语稿的包封送给杜凤治审核、修改、决定。

同治十一年八月，杜凤治在南海知县任上，广州知府冯端本因其属案幕客赵霞村身体不好，有时延误公事，就同杜凤治商量，希望杜凤治把刑席戴尧恩（云墀）"让"给自己。杜凤治感到为难，因为"幕中人虽多，唯云墀能办事，现在刑名则云墀总持一切"。① 可见有名气、有能力的幕客在官场"抢手"的程度。后戴还是被知府"挖"了过去，脩金也是1200两，但"属案每节各属节敬约可收至五百数十金，三节计有千六七百金，连正脩几及三千金"。② 杜凤治也经常给上司衙门的幕客送节礼，州县衙门的幕客同样也收受佐杂、书吏、衙役、绅士的节礼，同时在征收、诉讼、保释等事项中还有牟利的机会。较之州县官财务"大进大出"、容易陷入亏累，幕客的收支状况要稳定得多。

杜凤治颇为自己同幕客相处得好而自豪。他对幕客很尊重，防范他们滥权牟利也比较得法。另一些州县官则不然。杜凤治旧幕客金玉墀（楚翘）后被南海署理知县赓飏（元辅）延请，"为赓元辅无空令少爷代画行，乃少爷提笔将楚翁公事乱改，心颇不悦"，于是很怀念杜凤治这个老东家。③

杜凤治也遇到过幕客给自己造成麻烦的事。杜凤治第一次任广宁卸事时，幕客顾学传（小樵）"将予任及前任所有未报之抢劫案均详报上去，今已由部发回。张柳桥一件小樵未查，谓柳桥匿报，部议綦严，柳桥发通禀辩明。如柳桥真漏报，则咎在柳桥，如未曾漏报，则

①《日记》，同治十一年八月十九日，《清代稿钞本》第14册，第251页。
②《日记》，同治十一年八月廿一日，《清代稿钞本》第14册，第256页。
③《日记》，同治九年五月十八日，《清代稿钞本》第12册，第271页。

予诿禀，咎在予，两边必有一咎"。按官场的潜规则，抢案本可技术性处理再报以免影响前后任的考成。顾学传却据实上报，杜凤治因卸任前事务纷繁，在审核禀稿时未能看出问题。但这样一报，如再回任广宁就有"四参案累累，且已将到"的问题，必须花费银两去打点。① 后来此事果然给杜凤治带来麻烦，杜因而对顾学传很不满。② 四会任上的幕客金玉墀，杜凤治认为其"品学固无可瑕疵，但亦平稳一路，刑名则非所专。现四会有数起命盗案发回重办，以故益信不可不请老手"。③ 所以，南海任上"大席"全请老手。不过，广宁、四会等小缺要延请名幕也不容易。

在州县衙门参与政务的另一批重要人物是官员自己的亲属，有时，州县官的幕客就是官亲。杜凤治署理罗定州时，因为一时找不到钱谷师爷，于是以女婿陶志焕（锦泉）充当，每年脩金 500 元，但负担其妻与儿女的生活费用。儿子杜子秋同陶志焕皆管账房兼征比，朱笔墨杜心渊、监印娄玉林（菊臣）都是亲戚。④ 这种情况很普遍。如高要县刑幕孙方增（竹安）、钱谷孙兆禄（筠轩）、账房孙士廉（瑶琴）分别为知县孙铸的胞叔、堂叔、堂兄弟。⑤

杜凤治的两个儿子杜子榕、杜子秋大部分时间在衙门办事，他的两个堂兄杜凤筠（四哥）、杜凤诰（八哥）都作为官亲入署办事。四哥只能教读、看风水，在县考时也帮助阅文，八哥则总管账房。最初，具体账目由外甥莫雨香管，后来转给内弟娄又庵。⑥ 尽管有官员

---

① 《日记》，同治八年六月初四日，《清代稿钞本》第 11 册，第 424 页。
② 《日记》，同治八年六月十九日，《清代稿钞本》第 11 册，第 453～454 页。
③ 《日记》，同治九年五月初六日，《清代稿钞本》第 12 册，第 248～249 页。
④ 《日记》，同治十三年五月初四日，《清代稿钞本》第 15 册，第 488 页。
⑤ 《日记》，同治十三年五月十二日，《清代稿钞本》第 15 册，第 503～504 页。
⑥ 《日记》，同治六年十一月十一日、十二日，《清代稿钞本》第 10 册，第 372～375 页。

主张账房"宜请老成精细之人司之","一用子弟至亲,百弊丛生"。① 但清代州县财政实际上已形成公私不分的"家产制","各州县均存在大量法外收支,贪污、中饱、陋规、摊派被合法化、制度化"。② 因此,对州县官而言,账房主管"老成精细"与否是其次,最重要的是亲近可信,于是,官亲管理州县账房就成为常态了。杜凤治长子杜子榕来粤后长期在衙门管账,毕竟亲生儿子最可信。杜子榕死得比父亲早,杜凤治在日记中评价他:"四会、二次广宁、初任南海三年,均伊独掌账房利权,身上早捐同知,性善贸易,一切经理颇有条理。"③ 杜凤治还常常把自己与兄弟、子侄讨论公务、收支、人事安排以及州县考试时兄长、儿子参与阅卷的事记入日记。此外,官亲还经常性参与催征等公务。

然而,即使是亲戚、子侄有时也不能完全托付。在第一次任南海时,杜子榕将暂存账房的公款银 1100 两挪用后未及时补回,结果交代时被催还,杜凤治觉得很丢脸。④ 有的官亲会给州县官惹来大麻烦。如咸丰元年,东莞知县的女婿高居北在收粮时与秀才黎凤梧等发生冲突,知县将其兄黎子骅锁押,拘押期间,高居北又对黎子骅进行威胁并动手,黎子骅此后自杀,于是引发东莞绅士的"长红罢考案"(也称"红条罢考案")。⑤ 但总的来看,杜凤治对自己亲属的约束还是有效的。

① 何士祁:《账房不可任用至亲》,徐栋辑《牧令书》卷 3 "持家"。
② 魏光奇:《清代州县财政探析(上)》,《首都师范大学学报》(社会科学版)2000 年第 6 期。
③ 《日记》,光绪庚辰九月初四日后补记部分,《清代稿钞本》第 18 册,第 637 页。
④ 《日记》,同治十三年十一月初四日,《清代稿钞本》第 16 册,第 292 页。
⑤ 民国《东莞县志》卷 35,"前事略七",第 381 页。张金銮:《大搜秀才记》,张其淦、张鸿安纂修《张氏如见堂族谱》卷 28《杂录谱》,莞城驿前街福文堂 1922 年铅印本,第 31 页。

（二）参与公务的"家人"

所谓"家人"，就身份言是官员的仆役，有的著作称之为"长随"。① 无论在当时还是日后的论著，州县官的"家人"基本是以负面形象出现的。如既当过幕客又当过州县官的汪辉祖就认为，幕客、书吏、长随都会把州县官架空，但官离不开这三种人，幕客中还会有端人，书吏中也有守法者，"长随则罔知义理，惟利是图，倚为腹心，鲜不偾事"。② 从日记看，杜凤治虽说不上把"家人"倚为心腹，但在他任职之州县，"家人"都协助他监督、沟通书吏、衙役，联络绅耆、地保，参与征粮、守卫、缉捕、用印、文牍、门政、出行安排等大量公务，向上司馈送贿赂、官场应酬的安排等也多由"家人"去做，他对"家人"的信任和依靠超过书吏与衙役。

"家人"社会地位很低，其后代不可参加科举考试、出任职官。但"家人"可以利用官员的权力牟利，且没有赔累等担忧，在当时没有太多职业可供选择的情况下，官员的"家人"是很多人趋之若鹜的职业。日记中有大量别人向杜凤治推荐"家人"的记载，推荐者有老师、上司、同僚、同乡、亲友，以及上司衙门的僚属、幕客。杜凤治刚确定赴粤任广宁知县，其"荐师"、左副都御史潘祖荫就专函向他推荐"家人"。到广东后，一天之内，从藩、臬衙门就收到"家人"推荐单十多张。③ 清朝曾三令五申限制州县官"家人"的人数，杜凤治赴任前到按察使郭祥瑞处禀辞，郭嘱咐赴任不可多带"家人"，但"臬署门房已送七八条，刚自内出门，门房又拦送一条"。出发赴广宁前，杜凤治决定收者20人，暂收令其自去者14人，

---

① 瞿同祖、魏光奇的书都写了"家人"。有关论文也不少，如周保明《清代州县长随考论》，《华东师范大学学报》（哲学社会科学版）2008 年第 5 期。

② 汪辉祖：《学治臆说·论用人》，贺长龄编《皇朝经世文编》卷 21 "吏政" 7。

③ 《日记》，同治五年五月初九日、十月初二日，《清代稿钞本》第 10 册，第 21、77 页。

不收者 70 余人。路过肇庆时，顶头上司肇庆知府徐嵩生一见面又推荐两名"家人"。① 首任南海时，打算共用"家人"百余，广宁旧人有 50 余人，但所收到的"家人荐条总可在四百以外"，人数太多，只好拈阄定取舍。② 继杜任南海知县的张琮到任前收到的"家人"荐单竟共有 500 余名。③

高级官员的少数"家人"亦有官衔。在一般人心目中，州县官的"家人"是文化不高、地位低下的仆役，但日记反映的情况不尽如此。杜凤治的"家人"严澄，是榜眼许其光所推荐，许、严早年是同学，许为翰林、严为"家人"，两人地位悬殊，但维持着交情，"至今相交如兄弟"。④ 同治九年乡试，杜凤治带严澄入闱，闱内各官按惯例互赠诗歌、书法。外帘提调道台方濬师写不过来，委托杜凤治写一部分，"尚余五六方，叫严澄来书之，孙寿卿折扇面托定要写王字，亦令严澄书之"。⑤ 可见这位"家人"严澄具备一般士人的素养。后来，严澄因与其他"家人"有矛盾，一度辞去，推荐其友赵荣继任，称赵"甚有识见，文理字俱佳，书禀、四六均去得，如小缺份即无禀启师爷，伊亦可代办"，"此人曾得军功，以都司用，戴花翎，又有勇号"。⑥ 于此看来，赵荣应属士绅中人。"家人"还会入闱协助州县官阅文，另一个"家人"黄详"曾随雷达夫入帘，颇懂文艺"。⑦ 日记又提到严澄"挈其第四妾月升回省"，⑧ "家人"能娶多

---

① 《日记》，同治五年十月初五日、十一日、十八日，《清代稿钞本》第 10 册，第 79、82、85 页。
② 《日记》，同治十年二月廿七日，《清代稿钞本》第 13 册，第 149 页。
③ 《日记》，同治十三年三月廿四日，《清代稿钞本》第 15 册，第 410 页。
④ 《日记》，同治十三年五月初六日，《清代稿钞本》第 15 册，第 491 页。
⑤ 《日记》，同治九年九月十九日，《清代稿钞本》第 12 册，第 449 页。
⑥ 《日记》，同治六年十二月十九日，《清代稿钞本》第 10 册，第 457 页。
⑦ 《日记》，同治九年七月十六日，《清代稿钞本》第 12 册，第 328 页。
⑧ 《日记》，光绪元年正月十八日，《清代稿钞本》第 16 册，第 454 页。

个妾，可见其富有。在晚清，"家人"子孙不能参加科考、不能当官的规定实际上已被打破（但考中后被揭发出身于"家人"之家，仍会被革除），广东社会对有财有势的"家人"也一改以往歧视的态度，承认他们的地位。先后当过南海县署、抚署"家人"的何贵，其长子是廪生，拜在杜凤治门下，曾署连州训导；次子亦出考。① 另一位"家人"高升儿子也出考、当官。大绅士也同严澄、何贵等"家人"往来。

官员所写的官箴书往往会提醒只能让"家人"做一些事务性的事，不可使之干政，然而这是不切实际的。杜凤治的亲信"家人"不仅参与公务，甚至会参与机密。同治六年冬，肇罗道王澍前往广宁处理绅士闹考事，杜凤治当时面临大麻烦，省中大宪对杜凤治的态度尚不可测，杜的"家人"李荣建议，由他先去见道台，把情况报告后杜再去谒见。见面后，王澍同李荣的对话相当深入、坦率，不仅明确表示自己的倾向，还通过李荣给杜凤治支招，他完全没有顾及两人地位的悬殊，把李荣视为杜凤治的亲信与代表。② 同治九年杜凤治再任广宁时，因前任曾灼光收受绅士为数不多的银两就同意永远不再查禁广宁大量存在的纸厂，杜凤治认为纸厂有可能"窝匪"，且要求办厂者给他支付"公礼"，于是派"家人"严澄"与各绅共议于曲水万洞之社学"，多数绅士被迫听从。③ 这时，严澄也是以知县代表的身份同绅士们商议的。

清朝本规定禁止官员向省、府两级衙门所在地派驻"家人"。④但杜凤治在广宁、四会、罗定任上，都向省城、府城派出坐省、坐府

---

① 《日记》，同治十三年五月初六日，《清代稿钞本》第15册，第491页。
② 《日记》，同治六年十一月廿九日，《清代稿钞本》第10册，第403~404页。
③ 《日记》，同治九年十一月十一日，《清代稿钞本》第12册，第590页。
④ 瞿同祖：《清代地方政府》，第141页。

"家人"，以办理向省城、府城各衙署送礼、接待等事务，而另一个重要的任务是打探、通报信息。坐省、坐府"家人"通常把信寄给门上，除身份、体制的因素以外，也有万一内容泄露不至直接牵连本官的考虑。坐省、坐府"家人"的信函，不可能进入档案、公牍，今日存世的应该很少，州县官也不会写入自己的著作，杜凤治日记则记录了不少坐省、坐府"家人"来信的内容。

杜凤治初任广宁时与绅士产生矛盾，绅士赴省上控，署理布政使郭祥瑞命扣押绅士周友元等人，但署理按察使蒋超伯却袒护周友元等人，谳局总办知府严先佑秉承蒋超伯的意思处置此事。如果对周友元等人从宽，则有可能对杜凤治不利。巡抚蒋益澧支持郭祥瑞，对严不满。其时杜凤治正为此事上省城，通过"家人"李芳在督署的熟人，打听到总督瑞麟传见严先佑、蒋超伯询问的具体情形。[①] 杜凤治由此了解到高官对广宁绅士上控的不同态度，这正是杜凤治急切要知道的信息。此前，李芳在信中向杜凤治建议："目下各宪实系作主，请于附城各大户或差'家人'，务要拿人完粮，不可纵宽。此后见各绅不可太谦，另要改换声色，严厉待之；尤不可者，无论彼是何官，既到堂例应跪诉，不可令其起立。"[②] 李芳的口气，完全不像仆人对主人说话。

同治十三年夏瑞麟病重，八月去世，在此前后广东官场人心惶惶。因为杜凤治颇受瑞麟器重，尽管杜一再否认自己是瑞麟亲信，但难免担心瑞麟死后自己在官场的处境。从瑞麟病重到新总督英翰来粤的几个月间，坐省"家人"不断向杜凤治报告各种信息，有些显然来自各级衙门，有些则是坐省"家人"在民间收集的，包括各种传

---

① 《日记》，同治六年九月廿一日，《清代稿钞本》第 10 册，第 263～264 页。
② 《日记》，同治六年六月十三日，《清代稿钞本》第 10 册，第 125 页。

闻、谣言。坐省"家人"明白杜凤治的心情，所以有闻必录。光绪元年（1875）正月，杜凤治署理罗定知州，其时正面临巡抚将署理总督、新总督来粤之时，坐省"家人"报告说目前只有广府六大县上了省城，"向来四直州从不上省拜年"，建议杜"可以勿来，来则白白多花数百两银也"。杜很赞赏坐省"家人"为自己着想。①

在南海知县任上还有"听事家人"，随时报告上司的活动。如同治十年八月廿三日布政使祭祀南海神庙，杜凤治必须到码头送行。当日是督抚衙门期，杜凤治清早就到督署向总督禀报事件，然后赶紧回县署吃早饭，"未完即闻听事来报，藩台已传伺候"，于是立即放下筷子赶赴天字码头去送藩台。② 坐省、听事"家人"保证了上下级衙门的消息畅通，杜凤治可以根据自己在官场的位置和权责，及时、合规地应对各级上司。

在某些紧急或关键时刻，"家人"会比吏、役可靠和主动，因此，州县的衙署、监羁、仓库等地一定会派"家人"守卫或监督衙役守卫。同治十三年二月的一个晚上，守备署失火延烧到南海县羁所，80多名犯人齐呼"我辈即有罪却不应烧死"，一起冲出。"众家人不得已押到守署对门箭道暂存"（只逃走了3人）。③"众家人"如此勇敢决断，究其因，既出于对主人的忠诚，同时他们也知道，如果多名羁犯烧死或越狱，主人官位将不保，自己"南海县家人"的位置也不复存在了。

日记很多地方提到"家人"按股份分银，如在广宁征粮时就有"家人"分钱粮股的记录。④"家人"更是会利用各种机会牟利，在四会任上，门上赵荣、签稿汪泰私自在番摊勒派银两，每月可得50

---

① 《日记》，光绪元年正月十三日，《清代稿钞本》第16册，第446页。
② 《日记》，同治十年八月廿三日，《清代稿钞本》第13册，第371页。
③ 《日记》，同治十三年二月初六日，《清代稿钞本》第15册，第332页。
④ 《日记》，同治六年八月十六日，《清代稿钞本》第10册，第195页。

多两，杜凤治知道后只是要求赵、汪上交部分分给其他"家人"。①

"家人"是一支几十人的队伍，内部经常发生纠纷，幕客、官亲、"家人"之间也常常闹矛盾。师爷但鸿恩因为"家人"赵荣对他无礼，积怨多时，发怒要辞馆，杜凤治"婉说再四，甚至衣冠叩谢"，说好说歹，但鸿恩才答应留下，杜乃决定不再用赵荣。② 杜凤治对"家人"，也如对下属、书吏一样，经常召集训话，也会针对某项事务或某个"家人"下谕单。如同治六年末，杜凤治奉布政使委牌调署四会，他对"家人"的去留做了很多考虑和安排。同治七年元旦，就召集"家人"训谕，对留用者逐一指出其长短处，并提出今后的要求，对不留用者也予以教诲。③ 杜凤治对自己御下的能力颇为自豪，日记记载恩威并济管理"家人"的内容很多。

"家人"大多会利用其亲近州县官的地位擅权纳贿。杜凤治四会任上县民李亚辉强奸 10 岁幼女，李家多方营救。先打通"家人"赵荣关节，赵来说情时杜查案卷，以案情重大不允保释。赵荣又报其有病要求保释，但拒绝检验，杜凤治从各种迹象怀疑"家人"有鬼，后又发现皂班总役给李亚辉叔伯教其送银打点的密信，不禁勃然大怒，感叹："作令须要牛马精神，四面八方皆为欺我蒙我之人，稍一精神不到，随口答应，不及细思，即上其当。……门签其不好用，换一个如此，再换一个亦如此。此系要紧人，即予所常言官无眼无口，以门签代视代言；官无手无足，以书差代作代行；如无主意，人并无心，以师爷为心。书差本多靠不住，全仗门签，门签靠不住，要官时时留意，哪有如许精神？至师爷靠不住，如顾小樵者则更难矣……为牧令不亦难乎！"④

---

① 《日记》，同治七年十二月廿四日，《清代稿钞本》第 11 册，第 256 页。
② 《日记》，同治八年二月廿三日，《清代稿钞本》第 11 册，第 310~311 页。
③ 《日记》，同治七年正月初一日，《清代稿钞本》第 10 册，第 461~462 页。
④ 《日记》，同治七年八月十一日，《清代稿钞本》第 11 册，第 126 页。

（三）书吏对州县官的利益输送

无论是当时官员、幕客，还是日后的学者，写到清代书吏时基本上也是负面评价。但州县衙门没有书吏无法运作，州县官、幕客、官亲都是外地人，而书吏则是本地人。一个能干的州县官，既要保证书吏为自己所用，同时也要防范他们牟利虐民过了头给自己添麻烦，还有很重要的一点就是要书吏、衙役乖乖地按规则向州县官奉献部分法外收入。鉴于关于书吏的研究成果已经不少，[①] 这一目着重写书吏充任的问题。

清朝州县衙门"编制"内的书吏数量不多。如广宁县额定 7 房书吏共 23 名。[②] 南海县是广东首县，还要管治省城，县衙书吏自然要比广宁多很多。同治十年三月杜凤治署理南海知县时，南海书吏有15 房：吏房、户房（分典、司两房）、粮房（分司、左、右三房）、仓房、库房、册房、礼房、兵房、刑房、工司房、工典房、承发房。[③] 杜凤治没有记下南海县书吏的人数，但从南海公务的繁忙、其时处理公务技术条件的落后以及书吏可以牟利等因素考虑，南海 15 房仅"编制"内的书吏肯定就不少。

各州县书吏的实际人数，是"编制"内人数的数十倍甚至上百倍。据明末清初的侯方域估计，其时一个县的书吏已超过千人；而清中叶的洪亮吉则估计大县上千人，中县七八百人，小县一二百人；与杜凤治同时代的游百川的估计是大县两三千人，小县三四百人。[④] 杜凤治在日记中没有记他任职州县书吏的人数，但应不会少于洪亮吉、游百川所说的数量。

---

① 如周保明的《清代地方吏役制度研究》（上海书店出版社，2009）对清代书吏、衙役就有很全面深入的研究。
② 《日记》，同治五年十月廿八日，《清代稿钞本》第 10 册，第 89 页。
③ 《日记》，同治十年三月初一日，《清代稿钞本》第 13 册，第 163 页。
④ 瞿同祖：《清代地方政府》，第 70 页。

州县官对书吏、衙役任免有实际的决定权，而且可以随时奖惩。如果州县官要惩处书吏，后者只能服从。杜凤治再任广宁时革免、羁押了户房典吏汤新，训饬了仓房典吏杨俊。杜凤治革免、羁押汤新的理由主要是汤新充任的"公礼"短交了500两。户房典吏算是县衙的实权人物，但汤新被革、被押还加上刑具只凭杜凤治几句话。杜凤治对仓房典吏杨俊说：你是前一任署理知县曾灼光委充的，现在让不让你当我说了算，你要继续当下去就得交一笔银两。① 此后，汤新表示自己"实不善经理，充典吏亏累，情愿退役"，掌案书识罗堃愿意接充，但杜凤治知道，罗堃只是出名应官，典吏其实是大宗族扶溪江姓要做。杜凤治同意汤退罗接，但要汤新缴清短交的"公礼"，罗堃缴交"充费"一千（日记没有说明是两是元）。落实后汤退罗接的手续马上办妥，汤也获得释放。② 可见，当书吏同当州县官一样，都要善于经营，否则会亏累，即使是一般人认为收益丰厚的户房、仓房典吏也是如此。愿意接充的罗堃背后有大宗族扶溪江姓，罗堃本人不姓江，这说明有钱有权势的绅士会通过各种手段收买、扶持书吏充任，以保障和扩大自身和宗族的利益。充吏也如生意，书吏收入采取按股份的方式分配。充任时学官、佐杂、门上等都会参与说项，其中也必然有利益输送。

杜凤治署理四会知县时，正值书吏役满，日记有很多篇幅叙述书吏充任的种种细节和内幕。

同治八年二月，户司典吏刘珍充任五年役将满，传供陆光情愿承充。杜凤治先行批准，然后陆光同门上马玉订以"两诗佛头"（600元），杜凤治命先缴交200元。③

---

① 《日记》，同治九年十二月十八日，《清代稿钞本》第13册，第42页。
② 《日记》，同治十年正月廿一日，《清代稿钞本》第13册，第94页。
③ 《日记》，同治八年二月十四日，《清代稿钞本》第11册，第302页。《诗经》收录诗歌305首，古代一般概称"三百首"，"一诗"指300之数。清代俗称银元为"番佛""佛头"。

与此同时，兵房典吏已役满，愿接充者托南津司巡检龚葆球（榕门）来说，"内外一切在内名世佛番"（500元），杜凤治表示"一切不在内"或可照办。龚又来说兵典陈珍及工房新充典吏两项"五五佛头数"（550元），得到同意。一个月后龚又来说，"充兵典共五百五十元（工房在内），已缴二百，尚有三百五十元明日缴进"。①

户司充吏陆光也通过马玉来说，表示充费加其他费用可共合"孟津一会"（800元）。②

六月，仓房典吏吴辉役将满，里围塘生员邓相贤有堂兄弟愿充，托学官黄圣之（纪石）做中间人向杜凤治说项。吴辉非四会县人，各房非本县人多，邓某则是本县人。仓房典吏有较多牟利机会，上次充费"在孟津元元"（1600元）之上。杜表示："予不管本地人与外人，只看孰肯报效即与谁充。为日尚早，看若辈进说如何后再复命。"此事本来典史谢鉁（鹤汀）经手，早与账房言之，但没有同门上谈妥不敢出头。账房劝其转一弯子托黄学官，因知县会更给学官面子。③此后黄圣之、谢鉁替邓相贤来讨价还价，"先说仓书典吏，邓相贤尚未去，昨鹤汀转告说堂台有月半（1500元）之说，虽不能及此，大约竿一二元数（一千一二百元）已肯出矣。予谓为时尚早，且从缓议，伊如不能到月半元，如以两论，一竹（1000两）不可少矣"。④

---

① 《日记》，同治八年二月十八日、三月廿一日，《清代稿钞本》第11册，第305、335页。《孟子·公孙丑下》有"五百年必有王者兴，其间必有名世者"之句，故以"名世"指代五百之数。

② 《日记》，同治八年二月廿五日，《清代稿钞本》第11册，第313页。古籍记载，周武王伐纣时八百诸侯会于孟津，故用"孟津之会"指代八百之数。

③ 《日记》，同治八年四月十七日，《清代稿钞本》第11册，第357~358页。

④ 《日记》，同治八年四月十七日，《清代稿钞本》第11册，第377页。杜凤治日记通常以"一竿""一竹"指代一千之数。

书吏充任的"公礼"是州县官收入的重要来源。"公礼"的多少虽有一定惯例和幅度，但具体数额则有待州县官与书吏的讨价还价。但求充书吏者不会直接同州县官谈，都是通过佐杂、学官等州县官的下属，或与州县官的师爷、官亲、"家人"谈。日记用隐语记载"公礼"数额，可见杜凤治自己也明白这类"常例"收入不是光彩的，但作为州县官他收得理直气壮。

布政使衙门对书吏的充任有形式上最终批准和监管的权责，其管理办法是派出委员到各州县清查。杜凤治四会任上书吏期满正在酝酿改充时，布政使派来"查房委员"师华甫，此人在广宁查房得到50元，到四会要求照样，但"广宁户房、仓房典吏向在藩司署充当，惟以吏房兼仓房，其吏房典吏则未上充者，故肯出钱。自此两房外，礼、兵、刑、工、承发则只有书缄，并典吏之名而无之。若会邑地丁归户司、户典、兵典、兵司四房，僧多粥薄，民米归仓房，屯米归库房，此外吏房极苦，较礼、工尤甚。故凡官抵任无礼，即新充如户司者，送八百元公礼为极多。各房清淡。以故宁可于查时花小钱，而无一房于府、道、藩署报充者也"。于是四会各房书吏表示最多给师某20元，"如要多，只可任凭带上府，照例可也"。杜凤治令各房自去同师华甫说合。[1] 可见，所谓布政使衙门和其他上司衙门对书吏的监管只是空话，书吏对上司衙门的委员并不买账。他们清楚，真正决定他们是否可以充任的还是本州县的印官。

杜凤治认为自己收受"公礼"还是比较有原则和节制的。其后任乌廷梧，"于（同治十三年）七月间伊所充各房典吏俱已役满应另充，伊手辣可得二万余元"，杜怀疑臬台张瀛从中也有分润。[2] 同治

① 《日记》，同治八年三月十二日，《清代稿钞本》第 11 册，第 329 ~ 330 页。
② 《日记》，同治十三年六月初六日，《清代稿钞本》第 16 册，第 11 页。

十三年杜凤治署理罗定知州到任时，前任饶世贞告诉他："仓房典吏公礼有二千数百元，此缺各房皆清苦，唯粮房管地丁、仓房管兵米为最佳也。"①

南海县书吏的充费不是广宁、四会可比，日记对南海县书吏的充费没有详细记载，但有一次杜凤治到巡抚衙门，巡捕姚晋藩请杜到其房见抚署门上何贵（何跟随过杜），何提出："兵房陆韶顶充，一切在内四千元之数，可以允之，内账房二少爷有四百元在外，向来定价如是，已到。所云七竿非确论也，况时事亦非昔乎！"② 兵房典吏的充费曾有7000元之议，只是因为"时事"变迁降为4400元（其中400元直接归内账房）。兵房在州县衙门中属于"油水"较少的，户、粮、仓、库、刑等房，获取利益的机会较多，充费自然就要超过兵房了。

（四）衙役

对州县衙役前人研究亦多，本目也主要根据日记内容，选取其他著述不甚关注之细节进行论述。

清朝州县衙门"编制"内的衙役数量有限。如广宁县额定壮、皂、快三班衙役78名，另有巡船1只、勇目1名、勇丁11名。③ 至于南海县衙役，杜凤治记："衙役壮班人最多，快班次之，无皂班，只有头役而无总役名目。"④ 根据道光《南海县志》，南海县额定的衙役有门子7名、皂隶12名、马快8名、轿伞扇夫7名、库子4名、斗级14名、禁卒8名、仵作4名，上述各役每岁工食银6两，遇闰加5钱。民壮30名，每名工食银同上，不加闰。铺兵69名，工食、

---

① 《日记》，同治十三年六月十七日，《清代稿钞本》第16册，第29页。
② 《日记》，同治十一年七月初一日，《清代稿钞本》第14册，第173页。
③ 《日记》，同治五年十月廿八日，《清代稿钞本》第10册，第89页。
④ 《日记》，同治十年三月初一日，《清代稿钞本》第13册，第163页。

闰银与各役同。① 南海县公务繁忙，还要管理省城，额定的衙役肯定远不够用，而且每年 6 两的"工食"，连本人糊口也不够，遑论养家了。这些纸面上的规定并无意义。

一个州县实际上的衙役远超法定数额。瞿同祖列举了几个数字：湖南一般有数百人，浙江、山东为 1500～1600 人，巴县知县刘衡说他的县衙曾有 7000 人，绝大部分在他上任后辞去。② 据近年学者对四川南部县档案的研究，道光年间南部县额定的"正役"只有 33 人，但"帮役"人数是"正役"的 10 倍多，而且这还是两次大幅裁减以后的人数，数字最高时接近千人。③ 南海县非南部县可比，因此，尽管杜凤治没有记录南海县衙役的实际人数（恐怕他自己也不清楚），但人数数千当极有可能。即使是一字简缺（"疲"）广宁，靠78 名衙役也绝对无法管治这个 2400 多平方千米、30 多万人口的县。衙役实际上的人数肯定多得多。杜凤治日记在提及总役、头役时经常也提到帮役。同治九年，杜凤治作为委员在潮阳、揭阳催征钱粮，因为揭阳的总役经常要处置本身的公务，未能全力催征，杜凤治没有衙役可用，于是报告督征的道台沈映钤："言其总役，各厂皆有应催之村，固难分身，令多用几个伙伴，其各村总役可告之下乡往催。"④这说明正役在官员允许或默许下可以随时扩招"伙伴"，但这些"伙伴"没有"编制"，没有合法地位，连微薄的"工食"也得不到，他们的酬劳全部要靠法外的方式取得。同治十二年，杜凤治处理一宗对外交涉案。因新豆栏盈丰店欠德商加罗威治三万余两银，加罗威治通过德国署理领事要求总督命南海县下札查封该店，不久，德署领事又

① 道光《南海县志》卷 14，"政经略"。
② 瞿同祖：《清代地方政府》，第 99～100 页。
③ 蔡东洲等：《清代南部县衙档案研究》，中华书局，2012，第 144 页。
④ 《日记》，同治九年五月十四日，《清代稿钞本》第 12 册，第 263 页。

照会总督要求揭封。杜凤治奉总督命派差执行，但头役没有去，派去的小差似乞丐，且人数太多，加罗威治等人怀疑县差为假冒，将衙役、地保扣押送到德国领事馆再转送到督署。① 在省城地面，充当南海县帮役者也形同乞丐，可见这个群体地位之低下（正役社会地位也不高）和生存状况之艰难，充当帮役者很可能是贫民、流氓、地痞之类。但充当官差毕竟有牟利的机会，其时在城镇找一份职业谋生颇不容易，所以愿意充当帮役的人还是不少。

很多衙役的名字只是一个符号，顶其名者未必是真身。初任广宁时，杜凤治的"家人"郎庆派头役周超送信、押犯，但周都耽误了。杜凤治就把周超羁押重责，看他言谈"村俗不似公门中人"，问其他衙役，知道这个"周超"只是替身。他不仅是替身，而且还说假话、耽误公务，但杜凤治并未将其革除，惩责后仍让其继续当差，只是让"家人"予以监督。②

衙役的职名可以作欠款的抵押，如广宁衙役梁昌欠下何广的钱，就将总役名作抵押。后梁昌因事革役，其他衙役联名具结禀请开复梁昌之名。但其时的"梁昌"是何广的弟弟。这个"梁昌"同样耽误公事。杜凤治也知道他并非真梁昌，却没有把不准开复的话说死，对替"梁昌"禀请开复的衙役江瑞说："何广弟事予已尽知，要巴结差使才好乞恩。今屡误，汝等各总役何故保？予不但不准复名，且将重责之，汝等告伊使知。"③ 从这个案例可知，役名也是一宗财产，可以抵押转让，实际充任者为谁并不重要，官员已完全认可这种状况。

顶充衙役者当中甚至有著匪。杜凤治回任广宁前，得知头役"冯高"即"著匪"冯亚来，系传供冯容包庇得以顶充。杜到任后点

---

① 《日记》，同治十二年二月二十日，《清代稿钞本》第 14 册，第 471 页。

② 《日记》，同治六年九月十八日，《清代稿钞本》第 10 册，第 337 页。

③ 《日记》，同治六年九月十八日，《清代稿钞本》第 10 册，第 337 页。

名时点到"冯高",一问应点者,自称名王祖。于是传皂班总役冯安等讯问:"'冯高'之头役系冯亚来顶充,汝等何得庇匪?"当即将"冯高"头役名斥革,王祖羁押。① 在这件事情上,"冯高"之名由冯亚来顶充,而王祖则受冯亚来之托到衙门应付点名。头役的职位不通过州县官就私相授受,衙役之间视以为常、互相包庇。但这次因为是"著匪"成为头役并受到上司的追查,且是前任的事,杜凤治自然无须包庇,而且趁机斥革了一批旧衙役,既可树立权威、换上听自己话的人,也可收获若干新衙役的充费。

衙役大都为本州县人,往往还是同乡村、同宗族者。同治十三年,杜凤治审理罗定州苘塘杜氏与左氏一宗田土纠纷案,查出杜姓"人众势强,倚恃伊族人多充捕班衙役,胆敢捏情延累,希图两相推诿,欠粮抗纳,泪粮差催拘,尤敢拒捕夺犯,不法已极"。于是拿押了欠粮的杜挺球,但"拒捕夺犯"的杜亚锐等走脱。② 几个月后杜亚锐仍未到案。原来杜亚锐的父亲杜纬昭在武营充兵,已升为记名外委,杜姓还有杜坤、杜章、杜泰、杜珍、杜芳、杜荣等充罗定州捕班正总役、副总役、头役,"势焰如炽,在乡恃强欺弱,鱼肉善良"。杜凤治一怒之下,命板责杜坤、杜章,杜泰、杜珍、杜芳、杜荣俱不准复充衙役。③ 这个杜氏宗族没有士绅,却成为地方权势家族,主要靠族内多人充当衙役。然而,这种权势缺乏根基,知州一下子就可以把多名杜姓衙役革免。不过,杜凤治离任后,被革杜姓衙役有很大概率会重新报充。

从日记看不出县衙对衙役的能力有何种考核或培训,州县衙门对衙役的管理也很松懈。同治七年九月,在四会任上,杜凤治下乡勘验

① 《日记》,同治九年闰十月初四日,《清代稿钞本》第 12 册,第 541 页。
② 《日记》,同治十三年十一月初二日,《清代稿钞本》第 16 册,第 290 页。
③ 《日记》,光绪元年六月十二日,《清代稿钞本》第 17 册,第 168 页。

抢劫现场和验尸。那几天"陈兴、丁贵、林昌三总役值班，三人总役中之最劣者，形同乞丐"，杜凤治知道他们不能办事，添派另一衙役陈光先行准备。到勘验之日，轿子等也没有备好，杜凤治到了勘验之地很久，林昌才到，陈、丁不到。到了验尸现场，地保才用几竿木、一张席搭棚，桌椅均无，杜凤治大怒，地保与林昌互相推诿，杜凤治用靴脚踢打林昌一顿，回县署后立即把丁贵、陈兴斥革。此二人极少来县衙，屡传托病不到，即县衙门上亦不认识他们。林昌因为毕竟到了现场，又已被打，所以免革。① 衙役素质低下，杜凤治平日不管或管不了，气头上斥革了两个衙役，但还是留下了林昌，因为县衙终究要靠衙役才能运转，新报充的衙役素质也不会比已革者好。

杜凤治经常派出"家人"带领或监督衙役办案。同治九年闰十月，杜凤治要拘拿广宁境内的"讼棍"，乃派"家人"严澄带值日总役谢吉、黄标、陈高及头役数名捉拿"讼棍"黄某，派"家人"梁升带值日总役陈雄、邱庆及头役数名捉拿"讼棍"郭某。② 杜凤治担心衙役会通风报信或故意放走"讼棍"，所以要派"家人"带队。

同治十二年四月，南海县岗头乡发生抢劫命案，杜凤治下乡勘验，命该乡出花红悬赏缉捕。勘验前，杜凤治传来缉捕差刘标等人大加申饬："平日从不下乡办案，听任帮伙所为，往往以无辜人搪塞，且有指平人为匪拿押讹钱、得赃私释之事，实堪痛恨，二年以来十余名缉捕差从未闻拿获一真要犯。"③ 南海是广东首县，县衙衙役尚且不能拿获要犯，可见州县衙役在维持治安方面所起作用有限。

衙役却经常勒索良民作为收入来源。罗定州学正黄怡（荣伯）同杜凤治谈及本州衙役"希冀有命案呈报，伊可于中得利"，"若辈

① 《日记》，同治七年九月十一日，《清代稿钞本》第 11 册，第 155～156 页。
② 《日记》，同治九年闰十月廿三日，《清代稿钞本》第 12 册，第 570 页。
③ 《日记》，同治十二年四月十九日，《清代稿钞本》第 14 册，第 537 页。

只怕无事耳，既为命案，其亲戚本家有钱者皆怕连累，即尸亲、凶犯两造精穷，而彼旁敲侧击，不患不中饱也"。杜大笑说："此情久知，广东谓之红袍金，又谓树上开花。罗定山僻穷州，而亦有此风乎，真可恶可恨也！"①

衙役不仅"工食"很少，而且办理公事的大部分经费得自筹，还要向州县官及其幕客、"家人"奉献（如充费、州县官节寿礼等），除了借公事敲诈勒索外，庇赌收规是衙役经常性收入的重要来源。从州县官到督抚都知道并默许。同治十一年正月，杜凤治在南海知县任上，因南海县差罗邦、罗非开白鸽票，总督瑞麟命人向杜凤治传话："番摊为武营出息在此，南、番两县衙役靠此养家办公，如绅士告即饬封，不告我装作不知。白鸽票、花会则害人太甚，不得不禁，不能不严。"②当总督查问时，杜凤治只是要二罗收敛，但并未予以惩处。③署理按察使钟谦钧（本职为盐运使）接任后下札命封赌馆。因为赌规是南海县署公务经费的补贴来源，杜凤治不了解钟谦钧的真实意图，对是否应严格执行拿不定主意。后来，钟谦钧也就实话实说，称札上的是官话，"应如何办理，你去办可耳"。④杜凤治认为令西关赌馆具结不开"可云笑谈"。⑤有一次，巡抚张兆栋称赞顺德知县张琼的禁赌成绩，杜在日记中评论说，如赌博永远禁止，门房、小差的伙食费都没有着落，处决犯人时用筐舁犯也需出钱现雇了。⑥

① 《日记》，光绪元年六月廿二日，《清代稿钞本》第17册，第189页。
② 《日记》，同治十一年正月初六日，《清代稿钞本》第13册，第562页。
③ 《日记》，同治十一年正月初七日、初八日，《清代稿钞本》第13册，第563、565、566页；二月十三日，《清代稿钞本》第14册，第4页。
④ 《日记》，同治十一年三月十九日，《清代稿钞本》第14册，第53页。
⑤ 《日记》，同治十一年六月廿四日，《清代稿钞本》第14册，第165页。
⑥ 《日记》，同治十三年五月初一日，《清代稿钞本》第15册，第486页。

有些衙役的富有程度甚至令杜凤治感到惊讶。同治十年，承包闱姓的广信堂三年期满，继续承包。作为例行手续，司道、善后局委员、营将、两首县知县等一干文武官员在善后局接见承包闱姓为首者，确定捐饷数额（此前先已议定）。广信堂"系南海头役刘标为首共五家"组成，承饷额为40万元。[①] 晚清广东承包赌饷者，要先向官府交按饷（押金）、预饷（先缴一定比例的饷项），饷额40万元的按饷、预饷数目不会少，非财力雄厚者缴不出。刘标能做广信堂的为首者，肯定是财力雄厚之人。

---

① 《日记》，同治十年十二月初五日，《清代稿钞本》第 13 册，第 516 页。

第四章
州县衙门的公务

一 州县官与科举考试

（一）县试的举办

在清朝科举考试中，县试（州试）是童试的第一级考试，因而也是整个科举考试的第一级考试。以往，研究清代州县制度的学者对知县在科举考试中的职权不是很关注，这种情况近年有所改变。《中国科举制度通史·清代卷》对科举考试每个环节都进行了系统的论述，以往不受注重的县试也占了该书相当多的篇幅，但所据资料主要是《大清会典事例》以及各朝实录，来自州县官的记述甚少。[①] 因此，所论述的基本是纸上的典章制度，对县试的实际运作言之不详。

县试的试官是知县或知州，杜凤治日记中有其多次主持县试以及主持罗定州州试的记录。他通常会不厌其烦地详细记下各次考试的题目，有时还说明出题旨趣，对各次出图、头图的姓名都会按次序记下，有时还记下排列名次的考虑。此类细节，丰富了我们对科举考试底层环节的认知。

杜凤治不仅对主持考试极为重视，勉力完成这项公务，而且，作

[①] 李世愉、胡平：《中国科举制度通史·清代卷》第一章第二节、第九章第一节，上海人民出版社，2015。

为乙榜出身的知县，当官后他仍保持了较高的时文写作能力。同治九年乡试杜充任外帘官，他在闱中拟作的制艺和试帖诗受到上司、同僚的赞许。同治八年三月，杜凤治主持四会绥江书院官课考试，为童生出的诗题是"河阳一县花"（以"花"字押韵）。他对严文杰、区子玭等多人的诗一一修改，发下作为示范。① 知县如果在学问方面没有水平会被童生看不起。高要知县王炳文（质卿）并非正途出身，有"没字碑"的名声，同治九年高要县试，童生们声言"我辈倘取案首，何屑与不识字人为门生"，"至初覆，童生哗言王太爷正场取文不公，将大轿及一切铺设均行打烂，一哄散去"。道、府只好另外委派官员来主持县试。②

下面以杜凤治同治九年主持广宁县文武县试为例，讨论一下知县在科举考试中的权责。

在完成各项通告、资格审查等程序和派定"家人"管理县试各种事务后，杜凤治宣布同治九年闰十月廿四日广宁县试头场开考。

廿四日黎明，杜凤治出至仪门外点名，典史张国恩早来协助处置考场外事务，点名后，杜凤治就坐大堂出题，又悬牌宣布"二十八日下午出图，十一月初一日初覆，初二日考性理、《孝经》，谕一同出图"。③ 到"晚四更时共收卷八百四十三本（有三本无卷）"。④ 杜又命礼房转谕诸童生："初二日《孝经》、性理论，系奉旨特设一场考试，所有童生务须亲到赶考，如不到即将其名扣除，不送府、院

---

① 《日记》，同治八年三月初四日，《清代稿钞本》第 11 册，第 320 页。次年他主持广宁县试，出的诗题也是"河阳一县花"。

② 《日记》，同治九年闰十月十五日，《清代稿钞本》第 12 册，第 560 页。

③ 州县试的复试称为"覆"，各次考试后均出榜，50 人写一榜，榜上姓名写成圆圈，称为出图（或出圈），第一榜称为头图，余类推（州县试复试用"覆"字而不用"复"字，系根据《中国科举制度通史·清代卷》。据作者胡平说，课题组曾就"覆"、"复"两字讨论过，决定用"覆"字）。

④ 《日记》，同治九年闰十月廿四日至廿九日，《清代稿钞本》第 12 册，第 571~577 页。

试。"头场试卷廿七日黄昏阅毕，廿八日未申间发梆出图，共考童生846人，扣除"携卷私出未缴"的几人，共招覆童生840名。[1] 840名考生都要一一排列名次，但杜凤治只需认真斟酌前列者的名次。

十一月初一日是每月例行祭祀的朔日，又是冬至，所以要完成各项祭祀仪式后再举行初覆考试，"文童到者四百四十四卷，又补考二十九名"，也是当场出题。考试的场面是："一图之五十名提进宅门内关试，二堂坐三十名（廿一名起五十名止）。关帝正殿两旁坐十名（一名起十名止），外殿坐十名（十一名起二十名止），余仍坐大堂外，故有内外场之分。此间枪手最多，大堂外虽封门，处处可通，知题纸下即早飞出内场，另出题使其与飞出之题不符也。"[2]

初二日考《孝经》、性理论，酉刻即放头班，二更净场。初四日阅卷毕，杜凤治自定一、二图名次，初五日出初覆案。[3]

初六日三覆，点名实到童生249卷，又补考7卷。初七日出二覆、《孝经》、性理论场案。初八日出三覆案。初覆案首谭淦，年仅18岁，素无能文名，众童生都说是枪手代作。三覆关门面试，谭淦文章则大减色，笔路亦大不同，于是把谭挪置三图；又出示悬牌，令诸童如见有枪手即时捆送，必为按办。[4]

初九日四覆，到者150余人，招而不到者30余人，谭淦亦不到。规定酉刻缴卷，不准给烛，作全卷者为数不多，但也有晚上继续作卷的。杜凤治阅卷时发现三覆案首刘继猷之文初看尚觉通顺，复阅则满篇疵瑕，竟是一篇极不通之文，斥之不录。传闻外间有一枪手李为

---

① 《日记》，同治九年闰十月廿八日，《清代稿钞本》第12册，第576页。
② 《日记》，同治九年十一月初一日，《清代稿钞本》第12册，第578页。
③ 《日记》，同治九年十一月初二日至初六日，《清代稿钞本》第12册，第579~583页。
④ 《日记》，同治九年十一月初六日至初十日，《清代稿钞本》第12册，第583~589页。

霖，谭淦、刘继猷文皆其手笔。十一日下午出四覆案图。①

十二日五覆，到者百十余人，十四日出案。十六日早上传五覆第
一、二、三、五名欧维新、莫子珍、薛赓飏、江清才面试。因莫、薛
二人文"不相轩轾，难定优劣"。莫41岁、薛36岁、江39岁、欧
18岁。杜考虑"莫甚寒苦，思成全其功名。而薛为予前次所取十名，
至今未入学，亦思成其功名"。因为大案案首按惯例院试会被录取，
但第二名往往不能入学，第三名入学机会也大。杜凤治想到上年府试
知府对欧维新甚为看重，欧即使在府试不得案首，也有很大机会入
学，所以决定欧第二名。对莫、薛两人"踌躇久之"，后想到莫年纪
更大，又到神前拈阄，亦得莫，于是就决定大案前三名顺序为莫子
珍、欧维新、薛赓飏。②

文童县试结束后不久又开始武童县试。

十一月十七日，杜凤治到教场考武童正场，千总饶在田、典史张
国恩监射马箭、步箭。十八日看阅武童弓、刀、石、技勇，十九日发
武试正场榜，考试完毕的64人全列名。二十日武试初覆，先阅步箭，
次阅开弓。二十一日定武童初覆案。二十二日三覆武童，看阅步箭及
大刀。二十三日发武试二覆榜，二十四日继续看箭、石。二十六日发
武试大案，录40名，前三名是陈应韶、彭星铨、李廷光。③

在这一个多月时间内，杜凤治最主要的公务就是主持文武县试，
日记逐日记载，其间他还要审理多宗案件和处理其他公务。同治十
年、十一年、十三年，光绪二年、三年，杜凤治在南海知县任上主持
的五次县试在程序上也与广宁的县试大同小异，只是南海县试童生的

---

① 《日记》，同治九年十一月初十日至十四日，《清代稿钞本》第12册，第589～
595页。
② 《日记》，同治九年十一月十六日，《清代稿钞本》第12册，第597页。
③ 《日记》，同治九年十一月各日日记，《清代稿钞本》第12册，第578～614页。

人数要多得多。

光绪二年，杜凤治在罗定州任上也主持了一次州试。罗定是直隶州，下属东安、西宁两县，但知州也有自己的辖境，所举办的州试仍是最基础的考试，与县试同。杜凤治此时已得到回任南海的确信，但他仍主持文童州试后才动身赴省城。

与科举考试其他环节不同，县试基本是州县官包办，命题、阅卷、录取（尽管多数愿意参加府试的童生都可通过送考）、排列名次都由州县官一个人主持、决定。文童一般进行六场考试，广宁县试前后六场加起来共有 1800 多份考卷。杜凤治在十几天内无论如何看不过来，于是安排四哥杜凤筠（附贡生）、儿子杜子榕（童生）与教读师爷诸青田代阅，事先为三人定好批阅符号及注意事项，自己只看部分考卷和出图时决定排名。① 罗定州州试童生 1700 人，杜凤治自然也看不过来，就请了教读师爷赵步瀛和州学学正黄怡帮忙阅卷。但赵"一生训蒙"，并无阅卷能力，黄则草率了事，杜凤治认为"一宽一严，均不得其平，受屈与幸邀者必多矣"。② 南海县赴考童生有三千六七百到四千二三百人，③ 杜凤治更看不过来，因为在省城，自不便再让亲属阅卷，必须请有正途功名者。在光绪二年的县试，杜就聘请了书启教读师爷徐盖升（副贡）、左绍銮（即用令）等六人阅卷。④

参加县试的童生人数众多，州县官拥有的行政资源有限，经费大部分实际上也要州县官承担。杜凤治尽管对这项政务十分重视，但要严格执行场规、杜绝弊端就不可能做到。在主持光绪二年的罗定州试时，杜凤治自己亲临考场，"于中堂设座，整日危坐"，派出亲信

① 《日记》，光绪二年二月二十日，《清代稿钞本》第 17 册，第 566 页。
② 《日记》，光绪二年二月初八日，《清代稿钞本》第 17 册，第 548～549 页。
③ 《日记》，光绪三年三月十七日，《清代稿钞本》第 18 册，第 212 页。
④ 《日记》，光绪三年三月十四日，《清代稿钞本》第 18 册，第 208 页。

"家人"监督，但一千六七百名考生的考场还是照顾不过来，有考生擅自进出、携卷出场，有考生挟带《四书味根录》、诗韵入场，甚至还有毁门携卷外出请人代作，再偷偷回考场交卷者。① 南海、番禺县试一起在省城贡院举行。两县知县到场出题后就离去，因首县公务多，不可能一直在贡院监考，只能聘请一些同通、州县班无缺的官员监场。两县考生加起来超过 7000 人（但每次招覆人数都会次第减少），只能不点名，封门也只是虚行故事，"枪手或入内或由外传递，听其所为"，②"在贡院作文者不过数百名，余皆在寓所作文，皆枪手操刀也"。③ 光绪三年番禺著名的老枪手沈俪徐被取为案首，杜凤治和番禺知县袁祖安笑谈："与以案元，入学后，小考不能入场作枪手矣。"④ 因案首基本能够入学。

武童考试混乱的情况更严重。光绪三年，杜凤治看武童射箭，发现有人重复射两三次，原先怀疑是顶替，询问兵房书吏才知道武童往往一人有两三个甚至三四个名字，希冀用考试成绩最优的名字入选。⑤

（二）对县试排名的裁量

尽管县试在漫长的科举考试流程中是最底层的环节，但士子不过这一关，就不能参加后面的考试。县试的排名对府试排名和院试录取也有一定影响。县试案首基本可以被学政录取入学。知府在府试、学政在院试中肯定不会过于参照县试排名（故县试第二名在院试中常常不被录取），但对县试排名又不能完全不顾，学政如果把县试排名很后的童生录取入学，容易引起物议。因此，县试名次在前者未必能

---

① 《日记》，光绪二年二月十八日，《清代稿钞本》第 17 册，第 559~560 页。
② 《日记》，同治十年四月初十日，《清代稿钞本》第 13 册，第 156 页。
③ 《日记》，光绪三年三月十七日，《清代稿钞本》第 18 册，第 212 页。
④ 《日记》，光绪三年四月廿四日，《清代稿钞本》第 18 册，第 286 页。
⑤ 《日记》，光绪三年五月初四日，《清代稿钞本》第 18 册，第 297 页。

入学，但名次太后就很难入学。而且，县试名次影响童生及其家长的声望，排名在前是光彩的事。童生即使通过县试，知县也可以找个理由不准其参加上一级考试。如广宁武童程显扬武艺不错，各次出案也排名在前。杜凤治在武试开考前谕令他必须交出"族匪"程定晚公、程亚饱，"如不将二匪交案定然扣除不送府、院试，功名大事，切勿自误"，"否则即使程显扬已入学亦必详革之"。[1] 广宁县学额是文生员9名、武生员9名。[2] 广宁籍童生中的少数会拨入府学。如按文县试头场入场846人计算，广宁文童得入县、府学的机会是1.5%～2%，而南海县童生多，机会就更少。因此，对各个童生的命运、绅士家族的声誉及文化权力的确立巩固，州县官可以通过州县考起很大的作用。

排名、确定案首由州县官一个人说了算，没有任何监督制约。前文已写同治九年广宁县县试拈阄决定案首事，同治十年南海县县试，杜凤治对莫廷赓、梁增嘏二人谁当案首一时难定，"因作两阄，令太太随意拈一，拆看乃莫字也，竟定莫作榜首矣"。[3] 光绪二年罗定州州试时，杜凤治认为阅卷的赵步瀛、黄怡两人"一笨一率"，恐怕遗漏了佳卷，于是"特将书院中平日常取前列者数卷寻来"，但也找不到好的，只好"短中取长"。[4] "特将书院中平日常取前列者数卷寻来"这个细节，说明州县试并无弥封（即使有也不严格），而且州县官可以公然寻找自己中意考生的试卷。从日记看不出杜凤治寻卷有受贿、徇私的考虑，但足以说明州县官在阅卷、排名环节可随意作为。

---

① 《日记》，同治九年十一月廿二日、廿四日、廿六日，《清代稿钞本》第12册，第605、610、613页。
② 道光《广宁县志》卷9，"学校"。
③ 《日记》，同治十年四月十八日，《清代稿钞本》第13册，第179页。
④ 《日记》，光绪二年二月十一日，《清代稿钞本》第17册，第552页。

名次排列，尤其是案首的确定，是州县官收纳贿赂的机会。出身富家的广宁武童陈廷魁想通过杜凤治的"家人"吴芳贿买案首，两个姓杨的也想贿买，但最终没敢开口。[①] 广宁武童黄鉴州也曾托人暗求杜凤治太太，"愿献千金得武案首"。[②] 州县官如果决意让某一童生入学，除了把此人定为案首外，还可以有其他办法。

杜凤治当然不会写自己卖案首的事。他的第一个幕客顾学传"常说作官钱是定可要的，案首定可卖的"。[③] 因为州县官卖案首既不难操作，又不会有后果。日记记其他州县官卖案首的事不少。杜凤治调署四会未到任前，短暂署理的沈钺就在武县试卖一武案首得四五百金。[④] 在一般人心目中，买南海县案首要二三千金。[⑤] 杜凤治听说张琼在顺德知县任上把案首卖给大族巨富张某，"售得六千数，元乎两乎未确知也"。番禺知县胡鉴告诉杜凤治，张琼所定顺德案首"竟是不通的，抑且满篇别字，众目共见，群相诧异"。但张亏累两万多，只好千方百计求生发。[⑥] 杜凤治在罗定时，生员黄焕炘告诉杜，前任知州饶世贞"一州两县文武六案首均为学院棚费无出概行货买，本州案首闻说系二千元（门上得二百，大约官得千八百元），东、西两县案首每处一千四百元，武案首本州千元，东、西两县一处七百元，一处六百元"。[⑦]

州县官对考生出图的排名有更大的自由裁量权。如在罗定，杜凤治就嘱咐两位代阅卷的人把年过八十的童生卷子挑出，不论其考得如

① 《日记》，同治六年十二月十五日，《清代稿钞本》第 10 册，第 439 页。
② 《日记》，同治九年闰十月十一日，《清代稿钞本》第 12 册，第 554 页。
③ 《日记》，同治七年闰四月廿一日，《清代稿钞本》第 11 册，第 22 页。
④ 《日记》，同治七年十一月初八日，《清代稿钞本》第 11 册，第 215 页。
⑤ 《日记》，同治十年五月初七日，《清代稿钞本》第 13 册，第 215 页。
⑥ 《日记》，同治十三年四月初十日，《清代稿钞本》第 15 册，第 447 页。
⑦ 《日记》，同治十三年六月廿五日，《清代稿钞本》第 16 册，第 35 页。"东、西两县"指东安、西宁两县。

何都排在一、二图（即排名在 50 或 100 名内）。① 这是为照顾老童脸面，没有利益的考虑，但说明州县官可以完全撇开试卷水平来排名。日记记下很多县试中徇私排名的情况。

例如，同治十三年南海县试杜凤治没有考完就调署罗定知州了，临行时开了个条子给继任南海知县张琮，要张在此后的覆试排名中关照潘葆铭、李家裕、黄勋元三人，关照潘是同情他"功名偃蹇"，希望张琮出大案把潘定为案首或第三名，以保证潘得以入学。李家裕是佛山局绅李应材之孙、山东道台李宗岱之子，杜凤治虽觉得"其文难保无假借"，但仍希望张琮予以第二名或第三名。黄勋元是都司黄添元的堂弟，前两次县试，黄添元已托人向杜凤治说情，请求列在前十名，杜凤治想到黄勋元"文理劣甚"，"安可列入十名以招物议"，最后只把他列入头图敷衍黄添元。三年以后，黄勋元的八股文"未见进境"，但黄添元请托更力，杜凤治只好在头场把黄勋元列为第十名，并向张琮交代："黄都司添元我们祭祀朔望常常相见，时有交往，公事以和好为最要，与以后十名如八九十者以光其脸，亦不得不然之事也。"② 当年黄勋元终于得以入学。杜在日记中评论："此人文理未顺，亦得获隽，真运气佳也。"③ 然而，杜凤治本人也是使其入学的重要推手。

光绪二年的罗定州试，杜凤治对局绅黄亨衢、王寓宸的子侄以及绅士陈殿镛、黄焕炘的儿子在大案排名中都予以照顾。陈殿镛、黄焕炘两人的儿子文章低劣，但也都"置二十名内以荣之"。童生吴鹏家富，杜凤治知道"其列第三名、第一名文皆代枪也"，但也没有改变排名。陈殿镛、黄焕炘懂医术，经常为杜凤治一家看病，杜就在出案

① 《日记》，光绪二年二月十五日，《清代稿钞本》第 17 册，第 549～550 页。
② 《日记》，同治十三年三月廿三日，《清代稿钞本》第 15 册，第 409 页。
③ 《日记》，同治十三年七月十六日，《清代稿钞本》第 16 册，第 59 页。

排名时照顾两人的儿子作为回报。出案后次日，杜凤治还对来诊病的陈殿镛一一说明自己排名的考虑。① 可见，州县官在县试时即使徇私，从官府到民间也不会大惊小怪，州县官本人亦不怕说出来。

杜凤治的好友、榜眼、在籍广西道台许其光之幼子许福身17岁，光绪三年参加番禺县县试列17名，府试头场又名列头图15名。府试出图后，许其光老实对杜凤治说："赴试亦无非令其经历经历。此次府试，文系某人代作，不意蒙府尊取列高名""福身实未入门，断不令其覆试"，但怕知府冯端本觉得自己不领情，所以托杜凤治向冯端本解释。② 许其光"令其经历"的说法难以令人相信，在县试、府试中，许其光不仅请了枪手，显然也有所请托，如果真的只是要儿子经历一下考试，考完后面各场也无妨。为何他改变主意？日记没有更多记述。许其光是榜眼，目标较大，说不定许福身县试的排名在外间已有议论。此外，许其光是广西实缺道台，其时与广西巡抚涂宗瀛关系极恶劣，他最终放弃，应该是体察情形权衡利弊后的决定。此事也说明县试、府试环节枪替与徇情之风严重，即使基本不能写完一篇八股文的人也有可能名列前茅甚至考取入学。

二 州县官的审判权力

（一）审案时的种种考虑

审案是杜凤治日记很重要的内容，数以百计详略不等的案例，是研究清代法制史很有价值的史料。有学者研究了杜凤治在罗定州审理的梁宽杀妻一案，比较刑部档案与日记后，发现杜凤治审讯此案后上

---

① 《日记》，光绪二年三月初八日、初九日，《清代稿钞本》第17册，第584、586页。
② 《日记》，光绪三年五月初五日，《清代稿钞本》第18册，第298页。

报的看语、申详同日记所载有不少出入，认为日记更有助于了解此案的真相。① 对杜凤治所审各案件的真相，笔者没有能力一一探讨，本目着重讨论杜凤治审理案件时的种种考虑。

本来，古今中外的审判，都应以事实为依据，以法律为准绳。作为州县官，杜凤治所依据的法律是《大清律例》，审案时虽极少引述律例条文，但经常会把王法挂在嘴边。然而，《大清律例》及官方颁布的判例，不可能涵盖审判实践中遇到的各种复杂情况。而且，杜凤治经常会不顾律例条文做出判决，后文写到的非刑审讯、长期羁押和自行处决犯人的案例，可说严重违法，但杜凤治等州县官都经常这样做。律例、会典规定的司法权责，州县官很难严格遵守，他们主观上也无意严格遵守。

杜凤治审案也很努力去弄清案情。他会仔细地查勘现场及证据；聆听疑犯、事主、证人和其他涉案人的供词、证词，依据常识和自己的经验做分析，寻找涉案者言辞的破绽；还通过吏役、"家人"、绅耆、地保等人正面或侧面了解案件的细节和真相，核对已掌握的案情，把口供、物证、旁证等进行比较再做出判断。作为州县官，杜凤治在审案时态度至少可说认真。然而，限于当时的刑侦技术，即使杜凤治尽了力，很多案情仍是无法搞清楚的。而所有涉案的当事人都有可能隐瞒、歪曲、夸大、捏造事实，各种记录、禀报、证词，甚至上报的司法文书，也可能因漫不经心②或有意作假而失实。杜凤治本人即使有枉法受贿的事，日记也不会记录，但日记仍记下衙署里有人舞

① 徐忠明、杜金：《谁是真凶——清代命案的政治法律分析》，第 105 页。以后各页有更具体的分析。
② 例如，日记提到，有一宗伤人致死案的申详竟没有附尸格，于是要求补填（《日记》，同治十一年九月廿二日，《清代稿钞本》第 14 册，第 298～299 页）。验尸后尸体通常当即由家属领葬，此时尸格只能凭空填写。

弊生财，如提到幕客顾学传与"家人"陈芳联手卖批的事。① 杜凤治一到广东就听说，由于州县亏累，不少州县官要靠"开桌面"（在诉讼中牟利）才可以应付开销。② 在清朝的政治、司法、财政制度下，州县官也很难不利用司法权力来为自己牟利以及维持衙门的运作。再者，由于语言不通，杜凤治与多数涉案者都不能直接对话，必须经过吏役、绅士翻译。种种原因使杜凤治难以获得事实真相，而他本人也经常有动机不按事实来审理、处置案件。

如果细读日记所记数以百计的案件，我们不难发现，杜凤治审案时除要考虑是否符合《大清律例》以及真实的案情外，还有很多其他考虑，有时这些考虑还会置于《大清律例》和真实案情之上。

杜凤治当然首先考虑自己的利益，如审判结果是否会使自己被参劾，是否会让上司有看法，是否会损害自己与同僚的关系，是否影响自己在绅民中的声名，是否会造成麻烦及额外支出，等等。这些，都会同遵守法律、依据事实等原则通盘比较、斟酌，最终找出一个对自己最有利的方案。如果违反律例、违反事实的判决对自己更有利，又不至于被上司追究，杜凤治就不会拘泥于律例与案情。

杜凤治在听讼时很注意维持官场的潜规则。知县齐同浩同杜凤治关系恶劣，齐同浩儿子与仆妇有奸情，后又有纠纷，闹到仆妇自杀。但杜凤治审理此案时没有落井下石，接案后就表示只要齐同浩摆平苦主，自己绝对不会苛求。③ 为避免"讼棍"日后教唆苦主找齐同浩的麻烦，杜凤治还抽换了对其不利的齐家"家人"的禀词，并改动了

---

① 《日记》，同治七年三月廿七日，《清代稿钞本》第 10 册，第 549 页。"批"是州县官对呈、禀、状的批示，即处置决定或意见，往往由幕客草拟。此处是说陈芳与顾学传勾结，得到贿赂后按行贿者的意愿拟草批。

② 《日记》，同治五年九月十九日，《清代稿钞本》第 10 册，第 74~75 页。

③ 《日记》，同治十一年三月初十日，《清代稿钞本》第 14 册，第 38、41 页。

证人的口供。① 杜凤治遵循官官相护的规则枉法维护齐同浩，既减少了麻烦，也有助于提高自己在官场上的声誉。

简讼是杜凤治行使司法权力的一个重要原则。按清朝的法律制度，在州县，只有正印官可以理讼，虽然实际上会委派委员、谕令或默许佐杂听讼，但如果绅民健讼，案子就肯定审不过来。所以州县官就必须教化绅民不要轻易兴讼，涉讼后要尽快遵断不得缠讼。杜凤治对能说会道的当事人，不管是否有理都会很反感，有时还特地让其吃点苦头，除了为迫使其具结了案外，也是为警诫其他绅民不可健讼。如果碰到很坚持诉讼主张的涉案人，杜凤治就会认定背后有"讼棍"教唆，甚至会暂时不理案件本身，先命其供出"讼棍"。在所任州县，杜凤治经常严查"讼棍"予以惩处，在南海知县任上还按照督抚的意旨把有知府头衔的大"讼棍"潘峥嵘关押致死。对涉案人的亲属、家族成员"扛讼"（参与和支持诉讼），杜凤治也持严苛态度，动辄予以惩处。

杜凤治强调简讼，未尝没有体恤绅民的考虑。日记经常提及"讼累"，绅民只要惹上官司，不管是罪案嫌疑人，还是嫌疑人的直系亲属、关系人（如疏远同族、同村、邻居），甚至无辜者，或钱债田土等案的当事人、关系人，都会被羁押。被羁押的涉案人和无辜者，不仅费时失业，羁押期间饭食得自行料理，还要受差役、管监"家人"的勒索。即使是钱债田土等纠纷，各种诉讼费用也都由当事人承担。例如，罗定陈、黎两姓争祠堂基址，黎姓强烈要求知州杜凤治前来勘验。当时知州本人与书吏、差役没有要钱，但仅仅打点轿夫、执事人、门号房，黎姓也花费了十余千文钱，而此案判决结果只

---

① 《日记》，同治十一年三月十三日，《清代稿钞本》第 14 册，第 45 页。

是陈姓补偿黎姓地价两千文钱而已。① 其他案件涉案人付出的要更多。日记记载了多宗无辜涉讼者家破人亡的事，杜凤治曾慨叹："衙门官司不可沾着，一沾即可破家。"② 所以他要求绅民尽量不要兴讼、缠讼。

大事化小是杜凤治理讼时常见的做法。无知百姓不知王法，往往无意中陷入重罪，如果尽法惩治，甚至会判斩、绞。杜凤治不忍心也不可能都如此判决。而且上详的每宗大案重案，都意味着州县官的银钱负担。把大事化小，既迁就现实，也符合自己的利益。例如，民间诉讼为抵制对方，常捏造对方抢劫、掳掠、奸拐、伤杀、挖坟毁骸等情节，如都按律例反坐就判不胜判，杜凤治在多数案件中都只是把反坐作为迫使诬控者具结的手段，基本没有真正实行过。有些今人看来很严重的案件，杜凤治也会大事化小。如光绪元年，罗定州陈钟英6岁侄儿学大人叫一寡妇为淫妇，被寡妇以扁担追打时落井淹死。族老调和令寡妇夫兄陈明基等罚钱20千文埋葬小儿了事，但陈明基等没交钱，陈钟英等就牵走陈明基的牛，陈明基等以对方抢牛告到州衙。杜凤治了解原委后，只就诬控"抢牛"一事谕饬绅士调解，却没有提及小孩被打落井而死的情节。③ 致死小孩本是人命案，但此小孩看来并无父母，既然族老已调和，杜凤治就不再深究了。

杜凤治对某些类型案件的审理有他个人的特点。例如，对多数奸案，杜凤治都说没有确据，对奸情的指控不予采信。在当时检验条件下，绝大多数奸案都不易找到确证，要办成铁案很难，杜凤治排除奸案，也许是出于避免日后麻烦的考虑，同时认为否定奸案对受害人及

① 《日记》，同治十三年十二月十六日、廿一日，《清代稿钞本》第 16 册，第 394、408～409 页。
② 《日记》，同治十三年九月十四日，《清代稿钞本》第 16 册，第 188～190 页。
③ 《日记》，光绪元年十二月初四日，《清代稿钞本》第 17 册，第 480～481 页。

可以对民事案件以及笞杖、枷号轻罪罪犯做判决，徒、流以上，州县官不可以判决，也不可以判决案犯监禁。然而，从杜凤治日记看，这些法律和规例都是具文，州县官实际上在刑讯、羁押方面有很大权力，甚至可以任意而为。

出了命、盗案，到一定期限破不了，州县官要承担很大责任，甚至官位不保。广东的《缉捕提纲》还明确规定"凡承缉不力之案只参知县"。① 一旦捉获疑犯，从州县官到书吏、衙役，都希望疑犯尽快认供结案以避免处分，严刑就是实现这个目标的主要手段。杜凤治审讯命、盗案疑犯，基本上是"严刑讯供""严刑熬审"，疑犯有时还"刑伤甚重"。光绪三年，杜凤治聘请的南海县的审案"小委员"祝华封审讯三名盗犯，"用刑过重，吊跪时久，已出大汗，犹不肯放，迫看似不妥，急放下已气绝矣，究之三名无一认供"。三名身强力壮的盗犯同日因酷刑致死而没有供词，有可能带来麻烦。杜凤治与谳局委员、族侄杜承洙（菊人）商量后，"改判作为认供因病身亡"。② 即使审讯案情较轻的疑犯，也会用重刑。同治十一年，杜凤治秉承总督命令拘押了据说有知府职衔的著名"讼棍"潘峥嵘，关了一年多，不停审讯，"罚跪，加重吊其手"，后来又吊板凳，审讯到更余。但潘就是不承认是"讼棍"，终于受不了如此苦楚瘐死狱中。③ 潘峥嵘是绅士，交游颇广，"讼棍"也算不了特别重的罪，但杜凤治在上司支持下也以非刑审讯。

不仅对疑犯，有时对证人、无辜涉案者也实施严刑。同治十三年三月，省城发生一宗怀疑下毒杀人案，杜凤治所请的审案委员为取得供词，对谈论过此案的十三四岁小使严刑拷打致伤。新闻纸报道了此

---

① 程存洁编著《朱启连稿本初探》下册，第 1213 页。
② 《日记》，光绪三年四月十九日，《清代稿钞本》第 18 册，第 271 页。
③ 《日记》，同治十二年三月初二日，《清代稿钞本》第 14 册，第 487 页。

事，总督和按察使都过问，杜凤治不得不对受刑小孩予以治疗、抚慰，但仍庇护两个委员。① 《大清律例》本规定 70 岁以上、15 岁以下不可拷讯，官员违反者要按失入人罪惩处。② 这次被拷讯的小孩并非疑犯，只是可能知情的人，拷打之事又发生在督、抚、藩、臬眼皮底下，但杜凤治仍认为没什么大不了，毫无顾忌地为审案官员辩护，还理直气壮地写入日记，杜凤治本人和这两个官员也未因此事受到任何处分。于此可见州县衙门法外刑讯的普遍性。

日记记载其他州县实施法外酷刑的例子甚多。如清远县监犯连毙 17 人，因为卸任清远知县宋锡庚（西堂）同按察使关系不好，后任又不为他隐瞒，所以被查。死亡者"据禁卒供均由剜目、炙背、剔筋、碎髁而死"。但这名酷吏并未受到惩罚，上司还曾打算让他署理首县番禺县。③

清朝法制规定的五刑中，徒、流两刑是剥夺自由。但清朝的徒刑，在《大清律例》中写得很含糊，徒刑最多只有三年。④ 日记里提到，广东向来不办流、徒，因办流、徒州县官要多费银钱，多改为磁禁，致使"羁馆皆盈，枷亦无此多枷，磁亦不胜其磁"。⑤ 按法律，州县官无判处罪犯徒、流之权，对疑犯和民事、刑事诉讼涉案人更无长时间羁押的权力。但从杜凤治日记可知，实际上不少人因嫌疑、轻罪甚至无辜涉案被长期羁押。如在四会知县任上，杜凤治释放了因咸丰八年案件"扛讼"被押十余年的苏亚华。⑥ 在罗定州任上，他释放

---

① 《日记》，同治十三年三月三十日、四月初三日，《清代稿钞本》第 15 册，第 422、428、431 页。

② 《大清律例》，第 616 页。

③ 《日记》，同治七年闰四月初十日，《清代稿钞本》第 11 册，第 11 页。

④ 《大清律例》，第 89 页。

⑤ 《日记》，光绪三年四月初九日，《清代稿钞本》第 18 册，第 249 页。

⑥ 《日记》，同治七年五月十五日，《清代稿钞本》第 11 册，第 42 页。

了为抢案牵涉、证据明显不足且未认供、从 17 岁押至 31 岁的陈华新，① 又释放了已关押 7 年、未认供之抢牛疑犯雷五谷以及关押了 10 多年的卢观邻、卢亚辛。日记说明："二卢系卢亚全命案内人证，久押拖累，实为冤枉，幸十年尚未瘐毙。"② 罗定州的林凤鸣为抢案牵连，局绅、乡绅均查明其与案无关，仍被押了 14 年，经历数任知州，在杜凤治任上才被释放。③

上述这些人都是杜凤治前若干任州县官所羁押。清朝州县官一任平均只有一两年，杜凤治自己下令羁押的人，他离任时往往也未释放，被押者究竟会关多久，州县官们并不在意。

州县官决定羁押一个人是相当随便的，但因为案情未搞清，或"攻保各异"，被羁押者通常都不会轻易释放。同治七年，四会绅士严凤山要求保释被武营误拿、已押两年之伍亚发，但城守李辉称伍为著名"烂仔"，杜凤治就没有答应严凤山。④"谋抢未成，抢人衣服一次"的疑犯刘亚南，解上省在南海县监禁了十七八年，又发回四会。日记只提及再审，很可能杜凤治调离后刘亚南仍在关押中。⑤

羁押是州县官迫使涉案者服从判决或屈从官员意志的有效办法。同治九年到十一年，已被抄家的前浙江盐运使（未赴任）潘仕成与其侄潘铭勋为出售家族产业涉讼，潘铭勋出售给英国人的产业包括潘氏家族早就典给美国人的一片土地。因为案情复杂、审理不易，杜凤治就命把潘铭勋父子及潘仕成爱子潘瑞榴（潘仕成因年老病重无法羁押）扣押在南海县丞衙门，待到潘铭勋、潘仕成双方分别出银把

① 《日记》，同治十三年八月初八日，《清代稿钞本》第 16 册，第 111 页。
② 《日记》，同治十三年八月廿八日，《清代稿钞本》第 16 册，第 153 页。
③ 《日记》，光绪元年六月十三日，《清代稿钞本》第 17 册，第 171 页。
④ 《日记》，同治七年闰四月初六日，《清代稿钞本》第 11 册，第 7 页。
⑤ 《日记》，同治七年五月二十日，《清代稿钞本》第 11 册，第 45 页。

地契从美国商人手中赎回才允许保释。①

杜凤治谕令羁押的人，既有疑犯，也有书吏、衙役、士绅、欠粮者、殷丁，甚至还有只是冒犯了他或他看不顺眼的人。同治六年，奸拐案的事主邓传能被羁押在差馆，"拷打狼藉"，但杜凤治下乡催粮一个月就把他忘记了。回来后记起邓传能请求释放的呈词"言语不顺"，于是追查出代写呈词的"讼棍"江润颐，就把江拘押审讯。杜凤治对他说："鼎镬亦有耳，汝岂不知本县事忙在乡一月？交差小事，偶尔不忆，汝敢出言？"② 杜凤治明白无误地表示，羁押、拷打并无过错的受害人并忘记释放没什么大不了，反倒是质疑知县权威的人要受到惩处。次年，他在四会任上审理梁柏香控叶有庸争屋案，梁柏香没有到案，传到堂后梁称叶一方实际当事人叶有庸的儿子没有到案，所以不来。杜凤治听后大怒，认为怎样审案由官决定，梁的辩解是"目无官长"，于是偏偏不审，先把梁柏香收押。③ 因为审讯案件必须传齐所有涉案人，州县官为审案的便利就把不论何种原因涉案的人都关起来，以便能上堂应讼。此案只是一宗普通民事官司，实际上的被告不到案，原告梁柏香因而也不到案。杜凤治因两造均不到而生气，于是不管梁柏香是原告且是绅士，也要把他拘传到案并收押，又把被告年老的父亲叶有庸羁押。同治十三年，杜凤治在罗定审一宗田土、欠租纠纷案，其中一方的当事人李广明避匿不到案，而让自称已有八十高龄且耳聋的老父李逢皋出头。杜凤治大为生气："广明不出，而以将死之老朽出头质讯，计亦狡矣！伊以为李逢皋老惫至此，官必不能责之押之，岂知责固不可，押则何妨？将李逢皋收押土地

---

① 《日记》，同治十年十二月初四日，《清代稿钞本》第 13 册，第 514～515 页；《日记》，同治十一年五月十一日、十二日，《清代稿钞本》第 14 册，第 121～122 页。

② 《日记》，同治六年八月初二日，《清代稿钞本》第 10 册，第 184 页。

③ 《日记》，同治七年七月廿三日，《清代稿钞本》第 11 册，第 102 页。

祠，即或老病将死，亦听其死在押所。"① 同年，杜凤治正打算释放久交差馆羁押的欧朝典、陈仕朝，恰好有人要保释，杜突然生气，认为陈以财贿脱，明知其冤枉，也要多押两月再放，以示恩威皆出自官。②

无辜误被羁押者并非个别现象，有时还包括高龄老人。在南海县一宗叔侄互控案中，侄儿不到案，就把他70岁的管门仆人林顺羁押。此案不是杜凤治经手，杜凤治也认为林顺与该案无关，却又认为羁押他没有错，并评论说："无论南海，即在外县，既押后往往忘之，此人无出期矣。以一人观之，乃知如此者殆不少也。"③

州县羁押处所有多种。大抵监仓用于羁押已定罪的犯人，羁所既羁押疑犯也羁押其他涉案人，值日馆（或班房、号房）是在衙役住宿或待命休息之处（或附近）设立之羁押所，土地祠是借用来羁押的庙宇，省悟轩是专门羁押绅士或有一定地位者的处所。羁所往往羁押多人，条件较监仓更差，号房则稍好。涉嫌欠债自称职员、监生的周会汉，因审讯时强辩，杜命"掌嘴二十收祠勒追"，周被羁押后通过刑房书吏表示愿意遵断，"恳提出土祠交号房看守"，杜认为："本来伊不能算有功名人，况此等功名何异白丁，押祠何妨？既云遵断，姑准交号房。"④ 杜凤治有时会把文武生员"发学"，即交给学官羁留。

王法虽有提供狱囚饮食的条文，但官府的财政却不保证这项开支，往往得由州县官自行筹措。如南海县"羁所三处押犯五六百名，逐日口粮由县给付，无款可筹，均系捐廉发给"，此前靠充公赌馆等

① 《日记》，同治十三年九月初二日，《清代稿钞本》第16册，第158页。
② 《日记》，同治十三年十一月初七日，《清代稿钞本》第16册，第298页。
③ 《日记》，同治十年五月十九日，《清代稿钞本》第13册，第246页。
④ 《日记》，同治七年八月廿七日，《清代稿钞本》第11册，第144页。

费用支付，后此款被钟谦钧署理按察使时收去，杜凤治只得另想办法。① 由于监狱、羁所经费缺乏来源，州县官也不愿筹钱改善，因此监羁条件极为恶劣，如果被羁押者无力纳贿、无人送饭，还要受刑，羁押一段时间就会死亡。日记记载了很多这样的例子，杜凤治有时也会表示同情。如同治八年四会被保释的袁亚锦、麦亚二出监羁后很快死去。杜凤治也明白死因是监禁条件恶劣："扑不甚重，枷亦不至死，大约无食之故……二犯罪固非轻，唯不至死，心颇悯之，恐有觉察不到之处。为官作孽，此等即是。二犯本拟枷十余日，不必满月释之，安料其一枷即死耶？"②

杜凤治认为自己对狱囚算是比较有仁者之心的了。番禺差馆"如黑暗地狱"，南海羁所虽较番禺好，也是"羁人如此多，晚间地下睡宿，欲求一尺宽六尺长之地而不可得"，但杜凤治认为受活罪的都是不愿做好人的贱骨头。③ 所以，他对狱囚的同情也有限，只是瘐死者集中出现时才稍做补救。同治十一年正月初天气寒冷，南海监羁"共瘐毙十二人"，杜凤治"查其棉袄破，添百余件与穿，又每日放粥一餐，必不致饥饿死"。日记说死亡的多是到谳局受审者，谳局本身没有羁所，犯人都在两县关押。"谳局受刑既重，往往半夜后回，即冷饭亦无有，受刑且饿，得不死乎？"④ 杜凤治明知谳局刑讯是被押者瘐死的主要原因，而且特地写了自己对狱囚的救济，但寒冬时节每日一粥也只能使被押者苟延残喘而已。有一日寒冬天气，杜凤治看到广宁县衙门外"一犯卧石条上呻吟声唤"，查问知道是抢劫疑犯高华带，因病要地保暂时保出，但"家中无人，医药无资，故卧于

---

① 《日记》，光绪三年十一月廿五日，《清代稿钞本》第 18 册，第 609 页。
② 《日记》，同治八年三月初五日，《清代稿钞本》第 11 册，第 321 页。
③ 《日记》，光绪三年五月廿一日，《清代稿钞本》第 18 册，第 318 页。
④ 《日记》，同治十一年正月初六日，《清代稿钞本》第 13 册，第 562 页。

此"。杜表示："如不可医，听其自死可也。"① 狱囚的困苦状况是清朝监狱制度造成的，杜凤治本人不可能改变。

羁押任何人都可能为官员、吏役、幕客等人带来利益。在押期间疑犯为得到较良好的待遇，只要略有能力就会行贿，一押一放之间更是创造了大量纳贿机会，即使明知蒙冤收押，并冤押多时，释放时也要担保。为迫使被押者行贿，看守者通常会使用各种逼迫手段。同治六年，广宁绅士、副贡周友元等到省城上控，被羁押在南海县羁所，"押首县羁所，乃是有名费钱之地"，"在羁所身上带练粗于栲栳，种种苦情"。② 绅士被羁押尚且如此，一般人就更可想而知了。

（三）死刑的判决与执行

剥夺人生命的权力，即判处死刑的权力，应该是审判程序中最重要的权力。清朝对死刑的审判、执行有严格而详细的法例和规定。在执行正常程序的死刑案件中，勘查、缉捕、初审等环节都在州县进行。对有可能判处死刑的案件，查清案情后，州县官出具看语（州县、府一级的审判文书），叙述案情并根据《大清律例》提出案犯属于何种罪名、应判何种死刑（凌迟、绞或斩，立决或监候），并详报府、按察司、督抚，将案犯上解府。如果此后各审判层级复审后结论与州县的看语一致，过程大致是：府将案犯上解省，按察使亲自复审后上报督抚，督抚正式做出死刑判决向皇帝具题。案件又经刑部审核，再经刑部、都察院、大理寺三法司会审后具题，最后由皇帝"批红"决定"立决"还是"监候"，"立决"的案犯由刑部下发钉封文书命令执行。③ 死刑案由皇帝最终判决，虽只是一种仪式，但显示只有皇帝才有最终的生杀大权。

---

① 《日记》，同治九年十二月廿四日，《清代稿钞本》第13册，第54页。
② 《日记》，同治六年十一月廿五日，《清代稿钞本》第10册，第397页。
③ 郑秦：《清代司法审判制度研究》，湖南教育出版社，1988，第149～152页。

作为审判的第一个层级，州县官并无判处死刑的权力，不过，证据、案情、罪名基本是在州县定下的。在战乱时期，州县官还可以便宜行事。如民国《香山县乡土志》记载，咸丰五年四月，香山知县擒获洪兵首领吴万刚、钟成后立即处决，"贼党四百余枷毙之"。[1] 承平时期的州县官当然不可如此。但清朝在太平天国被镇压以后，仍长期把强盗案件（一度也包括卖"猪仔"的人犯）的死刑审判权下放给督抚，实行"就地正法"。[2] 光绪元年，御史邓庆麟奏请将死刑终审权收回朝廷，但广东巡抚张兆栋复奏，同意停止对诱拐出洋匪犯"就地正法"，但对盗犯"请仍照就地正法章程办理"。[3] 一直到清朝灭亡，广东对盗、"逆"等犯人都实行"就地正法"，基本上是先斩后奏，督抚有时还会把杀人权进一步下放。在按照"就地正法"的办法处置犯人时，州县官的司法权力要比正常程序大很多。

"就地正法"的程序大致是州县审讯后上详报府或直隶州，再上报按察使，巡抚批准后，在省城的犯人就由两首县知县到抚署请大令押赴刑场处斩，外州府则由按察使发下钉封文书在当地处斩。犯人如果在府、直隶州翻供，就发回州县再审，这就意味着又一轮严刑逼供。同治十三年，罗定州属下西宁县上送的杀人犯程亚存等翻供，杜凤治仍命西宁知县陈杞（采珊）在州城再审，使用"责孤拐"（敲脚踝）、吊板凳、吊跪等刑。杜之刑名师爷但鸿恩以案情未确，不肯照

---

① 民国《香山县乡土志》卷3，"兵事录"。

② 可参见李贵连《晚清"就地正法"考》，《中南政法学院学报》1994年第1期；邱远猷《太平天国与晚清"就地正法之制"》，《近代史研究》1998年第2期；王瑞成《就地正法与清代刑事审判制度——从晚清就地正法之制的争论谈起》，《近代史研究》2005年第2期；娜鹤雅《清末"就地正法"操作程序之考察》，《清史研究》2008年第4期；等等。柏桦对有清一代"就地正法"的沿革做了全面梳理，指出就地正法之制并非始于晚清，而是清代刑事审判制度的组成部分。见柏桦《政治法律制度史析》，天津人民出版社，2019，第438页。

③ 《德宗景皇帝实录》卷3，光绪元年正月庚子。

县详把五犯都作为盗劫案办立决，建议改为谋杀案，按正常程序办理，免致五人不分情节轻重都被处死。但杜凤治认为，"若办谋杀，必须招解，必然翻供，必日久不能了结"，坚持作为"明火抢杀"案办理。①

从杜凤治的日记看，按"就地正法"程序处决的犯人比按正常程序处决的多得多。同治十一年，全广东上报办理秋审的名单有35人，同治十二年才13人。② 但每年南海、番禺知县在广州监斩"就地正法"者数以千计（包括外地解送来者），刽子手杀人有时一次就有四五层，共三四十名。③ 同治七年十月，杜凤治从四会解送抢犯陈灶妹等四人上府，不久四人病死一人，其余三人便在肇庆府城斩首。④ 同治十三年，杜凤治在罗定知州任上收到按察使下发的钉封文书，"西宁从逆抢杀人犯张发鞍三、罗亚有二名，前任禀请就地正法者"，"兹奉抚宪批准札饬择不停刑日期就地正法"，杜凤治即升堂提犯验明正身，委派吏目与城守监斩。⑤

因为每有一名解槀辕的"正常"死刑案犯，州县就要交20两作为秋审费（其他费用还未计算），按察使还得为秋审赔几百两。⑥ 因此，从省级官员到州县官，都更愿意按"就地正法"章程处置罪犯，因更省钱省事。

在清乡期间，处决的程序比一般"就地正法"更为简捷。光绪三年，南海县举行清乡期间规定，捉获的人犯由主持清乡的彭、夏两

① 《日记》，同治十三年十一月十四日、十五日、廿七日，《清代稿钞本》第16册，第314、316、322、345页。
② 《日记》，同治十一年二月廿三日、十二年四月初四日，《清代稿钞本》第14册，第15、523页。
③ 《日记》，光绪三年九月初五日，《清代稿钞本》第18册，第475页。
④ 《日记》，同治八年正月廿二日，《清代稿钞本》第11册，第278页。
⑤ 《日记》，同治十三年六月廿三日，《清代稿钞本》第16册，第32页。
⑥ 《日记》，光绪三年四月初九日，《清代稿钞本》第18册，第248页。

位知府讯明，会同清乡武官禀请核办，即时批准，发到行营立可就地正法，不必再到抚署请大令。① 还有比这更简捷的，同治九年，杜凤治作为委员在潮阳催征，知县朱尹伯带领兵船到柳岗等地勒令交"匪"，当地绅耆被迫交出参与械斗、不安本分的"烂匪"十余人，只经过简单的审讯，便在当地将他们斩首。② 同治十一年南海县清乡，仅二月下旬，就杀了 38 人。③ 杜凤治作为南海知县，虽非清乡主持者，但拘捕、处理案犯都参与意见。康有为的祖父康赞修对负责清乡的副将戴朝佐不满，认为他"办得太宽"。康赞修曾通过杜凤治指证一个叫方亚芬的人是盗匪，不久，方就被斩决。④

光绪三年，省城西关有一个"抢夺多案"的花子会，很可能是个乞丐的秘密会社，从广州知府的告示看，"花子会"的"罪行"无非"每遇民间婚丧，勒索讹诈不堪，党羽众多，凶暴昭著"。⑤ 杜凤治其时任南海知县，虽知道他们罪不至死，但因西关有很多手工业工人，"动辄恃众滋事"，要杀一儆百，便向知府、按察使禀请处决"花子会"为首者两人，斩决后本不必枭示，但杜凤治仍命将两人首级示众。⑥

在上面的事例中，州县官并非判决者，只是在死刑案件中起间接作用。但日记还记载了多宗州县官不经正式程序直接下令处死犯人的案件。

同治七年，经杜凤治审讯，周年、周德不认供，杜认定两人"劣迹凿凿可据，毫无疑义，既不承认，本拟用立笼站死，兹候另

---

① 《日记》，光绪三年十月廿三日，《清代稿钞本》第 18 册，第 558 页。
② 《日记》，同治九年二月廿七日，《清代稿钞本》第 12 册，第 178～179 页。
③ 《日记》，同治十一年二月廿七日，《清代稿钞本》第 14 册，第 19 页。
④ 《日记》，同治十二年七月初十日，《清代稿钞本》第 15 册，第 89～90 页。
⑤ 《广州府正堂冯告示》，《申报》1877 年 11 月 23 日，第 2 版。
⑥ 《日记》，光绪三年九月初五日，《清代稿钞本》第 18 册，第 474 页。

办"。① 站笼是一种刑具，可以把犯人装在里面示众，如站笼放在日晒雨淋之处，断绝饮食，犯人被卡住脖子，会在两三天内受尽痛苦死亡。杜凤治就曾下令把抢劫杀人犯江亚华以站笼站死。②

同治九年闰十月，杜凤治再任广宁知县后不久，就下谕兵房及行杖皂班添置站笼三个，加旧存共六个，又"钉人架子"两个。③ 几天以后"钉人架子"就派上了用场。杜凤治亲自督率差、勇、团练围捕盗匪黎亚林等人，因黎亚林等拒捕以洋枪打死帮役梁盛，杜凤治在抓获黎亚林等人后，便命"黎亚林、黎亚晚、程亚保、程亚养俱不必细问，各重责藤条百下，四犯分四架用钉钉定，异至墟场码头示众"，两日后四人先后断气。杜凤治命令示众五日，过了十三日墟期方准殓埋。④ 据杜凤治在日记所画，"钉人架子"是一"工"字形木架加上"X"状交叉木条。用"钉人架子"钉死犯人是历代典籍无载的酷刑。

不久以后，广宁县容村公局又捕获犯"抢案多多"的首匪容美庆。容美庆拒捕受了颇重的枪伤，杜凤治为避免其伤重死亡，逃脱死刑，就命把垂死的容美庆枷钉南门外示众。⑤

盗窃犯周亚有越狱被捉，杜凤治因对其越狱生气，下条子令手下准备站笼，把周亚有和不肯供认的几名抢劫疑犯一同站死。亲信"家人"严澄提醒："周亚有所犯案是偷窃，情节不重，罪不至死，还请斟酌。"杜在气头上最初认为"此犯断不可留，虽为窃犯，凶恶过于抢劫"，但转念一想，严澄所说有道理，于是"且将条收回暂缓

① 《日记》，同治七年闰四月二十日，《清代稿钞本》第11册，第20页。
② 《日记》，同治七年十月十五日、廿八日，《清代稿钞本》第11册，第203、204页。
③ 《日记》，同治九年闰十月初三日，《清代稿钞本》第12册，第540页。
④ 《日记》，同治九年闰十月初九日，《清代稿钞本》第12册，第550页。
⑤ 《日记》，同治九年十一月廿一日，《清代稿钞本》第12册，第605页。

办理"。①

杜凤治再任广宁后几个月间，先后钉死五人，还准备以站笼站死四人。杜出此狠手，大概因为上一任知县曾灼光庸懦无能，他希望以严刑峻法震慑盗匪。他到任不久就下令添制站笼、钉人架子，说明实施这样的酷刑虽不符合王法，但已成为惯例，杜凤治并不担心自己这样做会受到上司的追究和处分。几年以后，他还不无自豪地忆述："于石狗地方活钉四人，抢案立止，河道畅通，夜亦可行。时李星衢中丞移节西省，道出端江，晤方子严现察，一见即言杜某大有才能，一路颂声洋溢，惜不早知之。"②

在署理罗定知州时，杜凤治也有令犯人站死的记录。光绪元年，他按照戴姓族绅的意愿，把用刀"伤母致死"的犯人戴大全"捆绑打入立笼，钉缄坚固，异出头门示众"，戴大全次日气绝身死。③ 从日记所记看，戴大全"伤母"的情节很可疑，即使他确实忤逆，对78岁老母殴打则可能，动刀子就太背离常理。其母是多日后病故，因伤致死只是族绅的一面之词。④ 然而，贫穷无业的戴大全平日与戴姓绅耆颇多冲突，其兄又是参与会党起事的外逃者，不能排除戴姓族绅想借知州之手除去戴大全这个惹是生非的族人。在处置戴大全之前，杜凤治要戴的舅父容亚一和其他亲属出具戴大全穷凶极恶、要求知州从严惩办的具结，以便作为非刑处死戴大全的依据。⑤

在罗定知州任上，杜凤治属下东安知县刘彬把咸丰年间杀毙六命的犯人李德明"讯明将其活钉"。日记说，案发时虽有事主控告，

---

① 《日记》，同治九年十二月廿四日，《清代稿钞本》第 13 册，第 54 页。
② 《日记》，光绪元年十一月廿八日，《清代稿钞本》第 17 册，第 469 页。
③ 《日记》，光绪元年四月三十日、五月初一日，《清代稿钞本》第 17 册，第 84~85 页。
④ 《日记》，光绪元年四月十七日、十八日，《清代稿钞本》第 17 册，第 56~57、59~60 页。
⑤ 《日记》，光绪元年四月十九日，《清代稿钞本》第 17 册，第 60~62 页。

"未诣检验，其案不办"，到光绪元年事主拦舆喊控才把李德明拿获。① 日记记此案只有寥寥数语，但案件发生在一二十年前，并非刘彬经手审理，凭事主控告就把李德明钉死，按照清朝法律，甚至按照"就地正法"的章程，这样做也是草菅人命。

光绪三年再任南海知县时，杜凤治打算以站笼处死强奸幼女的罪犯张亚志，为此他同按察使周恒祺有一番对话：

> 予向臬台言张亚志已六十四矣，如照例详办，归入秋审亦需两年，或逢部驳则又一年。犯如许年岁，设狱中病毙，岂不幸逃显戮？故不如外办，案情、供词已确凿无疑，将犯枷立木笼，抬至犯事地方示众。广东人心浮，闻有站笼之犯，定倾城往观，必然无人不知，互相论议，足以示诫，用法莫妙于此。臬台谓天下刑之重未有重于立笼者也。求死不得，强壮少年必需三四日，年老怯弱者亦需一日，其受苦殆难言语形容，倒不如一刀之痛快决绝。此案外办甚是，该犯亦应令其受苦而死，唯不可令其站死，于心难忍。死法甚多，用重枷枷死亦无不可。予甚以臬台所说为然。②

杜凤治的话反映了州县官实施"外办"处死犯人的一般想法，按察使的话反映了高层官员对"外办"默许的态度，上下级都认为用酷刑处决某些犯人可以起到广泛的震慑作用。上文以站笼站死江亚华一案，杜凤治是同幕客反复讨论后决定不上报而"外办"的。以"钉人架子"钉死黎亚林等人后，参与围捕的武官江志托人转询"石

① 《日记》，光绪元年五月十二日，《清代稿钞本》第17册，第100页。
② 《日记》，光绪三年四月初二日，《清代稿钞本》第18册，第234~235页。

狗（地名）钉办黎亚林等一案曾否通详"，杜凤治回答说："以道宪深念团练、保甲事，嘱予沿河亲往劝办，故自初五出门，十四日归，其中一切情形夹单禀之……现已安静，故发通禀，非石狗一事也。"①杜没有正面回答江志提出的问题，但杜凤治对上司的默许是毫不怀疑的。

广东其他州县官"外办"非刑处死犯人的也不少。例如，惠来知县陈元顼"自言办土匪甚认真，就地正法及拿到即杀者共有二十余名"。②杜凤治再任广宁的前一任曾灼光，也曾把疑犯钉死两名、枷死两名。③遂溪知县白朴因枷犯乘风雨夜逃逸，"钉犯一名毙"；几天后"捉获枷犯一名，当即钉示"。④四会知县乌廷梧因疑犯林建、李志越狱，"嗣将林建拿到，一顿乱棒打死，李志亦将于监中饿死，报病死了案"。⑤清远知县郑晓如抓回逃走羁犯，不待其认供，"立将立笼站死数名"。⑥徐赓陞任陆丰知县时甚至活埋一人。⑦

以站笼、钉人、活埋等非刑处决犯人的事，在清朝各种官方记载、档案以及州县官、幕客的私人公开著述中都不易找到。⑧杜凤治的日记留下了罕见而真实的记录。

---

① 《日记》，同治九年闰十月廿八日，《清代稿钞本》第12册，第575～576页。
② 《日记》，同治八年十一月初九日，《清代稿钞本》第12册，第44页。
③ 《日记》，同治九年闰十月初四日，《清代稿钞本》第12册，第540页。
④ 白朴：《筱云日记》第5册，同治九年四月初十日、十六日，中国社会科学院近代史研究所藏。
⑤ 《日记》，同治九年十月廿五日，《清代稿钞本》第12册，第528页。
⑥ 《日记》，光绪三年二月初八日，《清代稿钞本》第18册，第151页。
⑦ 《日记》，光绪八年三月十二日，《清代稿钞本》第19册，第447页。
⑧ 李伯元的《活地狱》写了一些酷吏以非刑处死被捕者的故事。其中一个是安徽亳州知州单赞高以五枚钉把人犯在门板上钉死；到任不及半年，站笼站死了将近2000人。"皖北州县，没有一个没站笼的。"（氏著《活地狱》，上海古籍出版社，1987，第106、113页）。小说家言或有夸大，但可与杜凤治的日记互相印证。

三　杜凤治审案案例

（一）命案

中国历史上各个朝代都标榜人命为重，作为第一级承审官员，州县官的看语对命案疑犯的命运至关重要。杜凤治宦粤十几年处置的命案不少，本目主要写杜凤治审理过的几个复杂离奇的命案。

1. 罗亚水杀死三人案

广宁人罗亚水于同治四年五月杀死罗天佑、罗天中、罗绍勋三人，广宁知县王炘前往验尸时，罗天佑妻范氏、罗绍勋妻潘氏及罗天佑四子亚概即亚启等均具结打手掌模拦验，情甘领尸回葬。结内声称罗亚水杀死三命后即行逃走，族众追拿，赶至高要羚羊峡口，罗亚水畏罪跳河身死，凶犯既然死亡，情甘罢讼。到杜凤治任广宁知县后，同治六年六月，罗绍勋妻潘氏及罗亚启，线人卢保、邹北养，绅耆潘定明、莫溥万等又拿获一个罗亚水捆送来县衙。但按县衙保存的文书，杀死三人的罗亚水已投河死亡。杜凤治立即讯问，潘、莫二绅耆和线人卢、邹都愿意具结保证送来的人是罗亚水真身。又讯问潘氏、罗亚启当年为何具结，两人答说当日系罗耀南、罗辉南令子罗华养冒充亚启具结打掌模，尸亲并不知道，拦验是被罗耀南等哄阻。追问不知道为何领尸，何又领尸无结，潘氏、罗亚启的供词含混，总推到罗耀南等身上。杜凤治又了解到，当日经罗姓本家调和，罗范氏、罗潘氏、罗亚启等得到200余两银后情愿了结，故此拦验，范氏等具结谓亚水已死，领尸完案。罗亚水亲属在衙门官吏、门役也各花费数百两银。然而，投河的是罗亚水之弟罗亚灶，他并未伤人，投河后也没死，在同治五年因其他原因死去。罗亚水与罗天佑等原为争家传戥秤起事，天佑为亚水五服内之堂叔祖，绍勋亦长一辈。此前罗亚水之父被罗天佑等砍死，亦未报官，和息了事。杜凤治比对潘氏、亚启手掌模，与具结的相符，判断当日他们确实愿意和息，但事后复翻。当时的广宁知县王炘对此案未验尸更未详报，接任的知县张希京虽有禀报，但语多笼统，曾将罗耀南、罗辉南羁押勒交凶犯，杜凤治接任后两人以病保释。此时，罗潘氏贿和复翻不难处理，最难办的是如何回护王、张两位前任知县和使自己免责。杜凤治乃命将罗亚水收禁，将送罗亚水来的一干人等交差役看管等候复讯。①

至此似乎已案情大白，但杜凤治调离广宁署理四会时尚未结案。总督根据按察使的报告批示："案关三命，情节何等重大，王令既不能查出真情，率听尸亲拦验和息，接任之张令、杜令又以尸亲控情变幻，任意耽延，以此颟顸无能、玩视民命，必须据实参办，以肃吏治而雪沉冤。"三任知县都将因此案被追究。②

但官场往往是雷声大雨点小，过了一年多，王炘已丢官，而张、杜仍在官位上。日记称贿和复翻的原因是罗亚水族人承诺的银两没有到罗潘氏等人之手。杜凤治已向按察使禀报过，但按察使不接受杜的解释，又派委员到广宁调查。③后任广宁知县饶继惠同杜凤治一样不想得罪几位前任，也是拖拖拉拉，到离任时没有结案。同治八年六月，杜凤治到肇庆府城，同新接任广宁知县谢树棠（菓舟）、肇庆知府幕客赵光垣（梅洲）、道台幕客吴桢（咏帆）、谢的幕客姚卓堂等人议论此案，"共谈罗亚水案必要检验。梅洲谓亚水如死，案亦了矣，监禁二年余又不死。咏帆看稿毕，亦谓非亚水死不可，惟饿死与病死等耳，大家一笑"。④几个人都认为此案要避免继续追查，不牵

①　《日记》，同治六年六月初一日，《清代稿钞本》第 10 册，第 114～116 页。
②　《日记》，同治七年三月初一日，《清代稿钞本》第 10 册，第 522 页。
③　《日记》，同治八年四月十三日，《清代稿钞本》第 11 册，第 350 页。
④　《日记》，同治八年六月初二日，《清代稿钞本》第 11 册，第 420～421 页。

连几任广宁知县以及当日参与贿和命案的幕客、书役、差役、"家人"、绅耆，最好的办法就是在监狱中把罗亚水弄死。从一众官员、幕客取得共识时的轻松愉快神情来看，州县枉法处置命案是平常事。同治九年杜凤治回任广宁，日记再没有出现罗亚水的名字，大概已死于狱中，此案便不可能再追查下去了。

2. 谌郭氏因奸引发人命案

在四会任上，杜凤治处置了一宗因奸引发的人命案。同治八年四月十四日晚上三更，在县城开馄饨面店的谌经初由店回家，开锁进门后再关门，突然有一年轻大汉赤条条手持刀要出门，谌经初觉得此人想行凶，就一面执火枝同他格斗，一面呼救。该男子见邻人快到，就撞开屋瓦从屋顶逃走。地保李扬明来到，问明情况，认为是奸情无疑。谌家屋后有一大废园，有不少树，园外是一条河，邻居到时此男子已无踪影。谌妻郭氏不肯说实话，谌经初知道其妻做这样的事不止一次，见奸夫已走，打算就此罢休。没想到第二天河里发现了一具尸体，因为前夜有人从谌经初家房顶逃走，地保判断就是此人，事关人命，便禀报知县。①

杜凤治前往勘验后确定此人系生前落水淹死，再勘查谌家房屋，情形与地保的禀报相符；验毕，命将谌经初、谌郭氏、婢女喜彩、李扬明及左右邻七八人均带回县衙讯供。左右邻的口供同地保的禀报一致，杜凤治讯后即将他们释放。谌郭氏开始抵赖，掌嘴四次后供出死者名李亚兴，常至店吃面，两人勾搭上，趁丈夫不在家通奸三次。当晚以为谌经初在店里过夜，想不到谌经初突然回家撞破，致使李亚兴逃走落水丧命。杜凤治了解到郭氏此前曾离家出走月余，有人见其与龟婆同行，必然是去做娼妓。因为谌经初做的馄饨很好，生意不错，

---

① 《日记》，同治八年四月十六日，《清代稿钞本》第 11 册，第 356～357 页。

勤俭度日，有些积蓄，郭氏在外不如在家温饱，故仍回家。谌经初没有责备郭氏，一切含忍，如果没有李亚兴落水死的事，谌经初将继续含忍下去。杜凤治对谌经初说："汝辛苦俭勤，稍有饭吃，为妇浪费已属不赀，此种妇留之，将来恐汝有性命忧。愿弃之乎？"知县说到这个份上，谌经初只好叩头说愿弃。虽然知道谌经初还是有点留恋，而且按律例他有权领回，但杜凤治认为"风化攸关"，即按律例判将郭氏官卖，以惩办惹出命案的"淫妇"。对老实巴交、无辜牵入命案的谌经初，杜凤治有点同情，对他说："此番事由汝起，命案重矣，衙门如许虎狼，均知汝有几个钱，尽可以破汝家。但若辈亦辛苦为汝办事，小小茶资不能不应酬一二，如署内外人等勒索多资，汝切勿与，逼汝太甚，竟来大堂大声喊冤可也。"[1] 所谓"小小茶资"，肯定也不是几吊几两可以打发的，但有杜凤治这番话，谌经初也许不至于破家失业。

3. 唐、梁两姓互控命案

光绪元年五月底，杜凤治在罗定知州任上，接到唐姓、梁姓互控命案。唐姓一方呈称：唐灶敏牧牛于梁姓村后官山，梁姓称系本族人种松树的私山，要来牵牛，相争中梁灶火将唐灶敏戳伤致死。梁姓一方则控告唐姓砍死其叔。杜凤治派人调查，得知的案情是梁姓看到唐灶敏已死，唐姓必然报官，就将本族年老患麻风之族人梁日旺弄死，捏称相争时被砍身死，希图以一命换一命。[2]

六月初，杜凤治审讯此案。唐灶敏妻陈氏背负两幼女应讯，杜凤治觉得"情实可悯，赏钱一千文"。接着审讯梁日旺"被殴毙"的情节，梁姓称是唐雷公五所为，又审明伤毙唐灶敏的人是梁灶火，便命

① 《日记》，同治八年四月十七日，《清代稿钞本》第 11 册，第 358～359 页。
② 《日记》，光绪元年五月廿八日，《清代稿钞本》第 17 册，第 136～137 页。

将梁姓应讼的梁亚章和地保梁亚德羁押，令交出梁灶火，再等候下一步审讯。该地生员黄荣、唐龙渊、唐桐辉等十余人来到衙门呈递公禀，都说是梁姓殴毙唐灶敏，自将梁日旺致死抵制，并愿具结承担所说属实，此公禀与杜凤治得到的信息相同。杜凤治又了解到，梁日旺年已七十七八，无妻无子无女，孤苦一身，当庙祝靠早晚香火糊口。梁姓人虽多，并无绅衿。① 地保、绅士都证实梁姓一方伤毙唐灶敏是真，而梁日旺则是梁姓自行杀死作为抵制。梁姓无绅士，在这次诉讼中处于不利地位。

案件前后审了两个多月，梁姓指杀死梁日旺的凶手是唐雷公五。此人供称名为唐五，因未娶妻前人叫他寡公五，梁姓称之为"唐雷公五"，显然是想让官员认为此人很凶暴，这是清代民间诉讼的常见手法。杜凤治又传当日具结的绅耆到公堂质讯。还传来证人陈亚茂，他在唐灶敏因伤而死的第二日，亲眼见到梁姓致死梁日旺。据陈亚茂供：当时自己由素龙趁墟回时已傍晚，经过中村之替芄冈，见白头发之梁亚松同不识姓名后生二人在山坡用竹篷遮蔽，闻声系梁日旺叫喊，似受砍伤疼，旋即无声，自己畏凶怕累不敢近前。又供梁日旺系其伯母之兄弟，平时呼之为舅，故认识，闻声知其为梁日旺。又提唐五、唐义讯供，两人均供并不在场。生员黄荣等到案质证，力保唐五、唐义必无殴毙梁日旺之事，系梁景泰、梁日宽等起意令人致梁日旺死，以为抵制。提梁亚章、梁亚德三面质讯，杜凤治因两人"众供确凿，犹敢狡卸"，予以重责后继续收押。被控杀人的唐五、唐义虽有绅士力保，但仍未获当堂释放，继续羁押候讯。杜又谕令差役尽快拘捕涉嫌杀死梁日旺的梁景泰、梁日宽、梁亚锦等，提同质讯。②

---

① 《日记》，光绪元年六月初四日，《清代稿钞本》第17册，第150页。
② 《日记》，光绪元年八月廿四日，《清代稿钞本》第17册，第312～313页。

梁亚章、梁亚德是出头控告唐雷公五殴毙梁日旺之人，杜凤治单独提讯梁亚德，说你是地保，在官人役，不妨据实直陈，免致拖累，如怕本族人怨恨，可以推说身为官役，公事公办，不得不说。但梁亚德吞吞吐吐，总说自己不在家未经目见，访闻村中老小男妇都说梁日旺被唐雷公五、唐山佬二等殴毙。杜凤治认为梁亚德显有情弊，说日后讯明，就要办该地保以谋串毙命之罪。

此案案情可说基本清楚，杜凤治派人调查弄清了真相，十余绅耆的证词更是杜凤治做判断的主要依据。梁姓为抵制唐姓的控告杀死本族老人，反映了民间诉讼手段有时非常可怕。不过，日记也没有记载此案的结案与上详，因为被指控伤毙唐灶敏的梁灶火和致死梁日旺的梁景泰等真凶都没有到案。当时疑犯离开本州县境后要缉拿归案很难。几个月后，杜凤治就回任南海了。州县官普遍任期短、流动大，也是很多案件难以结案的原因之一。

（二）奸拐案

1. 罗文来被控强奸侄媳案

同治七年十月至十二月，杜凤治在四会知县任上，审理了罗绮林控告有服族叔罗文来强奸其妻王氏一案。杜凤治的门生、广宁增生黄宪书来函，为其内弟罗绮林妻被族叔罗文来强奸请求严究。此案已呈告一次未准，因为黄宪书的关系，案件被受理。杜凤治先谕请罗姓族绅罗元华等就此案公禀，以便核夺。①

罗文来得知黄宪书出面控告，反控黄宪书讹索，杜凤治就劝告黄宪书回广宁，不要留在四会参与诉讼。② 黄宪书此后再没有参与。

提讯时，罗绮林及妻王氏控三服叔罗文来强奸。罗文来有州同职

---

① 《日记》，同治七年十一月十三日，《清代稿钞本》第 11 册，第 219 页。
② 《日记》，同治七年十二月初八日，《清代稿钞本》第 11 册，第 240 页。

衔，颇富有，供称并无其事，咬定黄宪书唆耸讹索。杜凤治早谕令罗姓族绅罗元华、罗翰华、罗述华、罗翠华、罗心源等禀复，但罗姓族绅并无一词。杜凤治也猜出几分，仍判令着罗元华等秉公查处禀复候夺。①

典史谢鉁奉杜凤治委托审讯了罗文来，向杜凤治报告：罗文来"见罗王氏少艾美貌，伊有钱思淫，虽仓卒未必成奸，而两次调奸或所不免"。杜凤治当时就打算等待罗元华等禀复后罚罗文来千金充公了结此案。②

杜凤治对案情的判断是：罗王氏少艾，"罗文来多财思荡、见色起淫，虽一时不能用强，绮林及王氏供奸已成未必有其事，而文来手足语言调戏恐所必有"。因为罗文来"身为尊长，罔识羞耻"，乃交捕厅"严行看押"。罗文来设法走杜凤治门上的门路，但杜凤治认为"罗文来多财心荡，见色起淫，既捐职衔，又属尊长，人面兽行"，对其态度颇为严厉，门上不敢进言。街正、廪生李方玤自称罗文来中表，请求保释，也被杜凤治拒绝。③

然而，族绅罗元华等经过几个月后，很可能是探听到杜凤治的口风，终于出头做出有利于罗文来的表态，认为奸案无据。杜凤治以其事出有因，罚罗文来一笔城工费后省释。④

日记对审讯此案的细节没有太多记录。如果仅仅是调戏而无其他忍无可忍的情节，罗绮林夫妻肯定不会捏造事实控告有财有势的族叔，因为这并不是一件光彩的事，且诬控有服长辈强奸将会反坐受严惩。族绅也许是无法查清真相，也许是有心包庇罗文来，几个月都不

---

① 《日记》，同治七年十二月初九日，《清代稿钞本》第 11 册，第 241~242 页。

② 《日记》，同治七年十二月十三日，《清代稿钞本》第 11 册，第 246 页。

③ 《日记》，同治七年十二月十八日、廿三日，《清代稿钞本》第 11 册，第 251、256 页。

④ 《日记》，同治八年四月初八日，《清代稿钞本》第 11 册，第 349 页。

敢明确表态，但又不敢指称罗绮林诬控，从日记的字里行间，也可知杜凤治猜到罗绮林所控为实。若罗文来强奸有服侄媳罪名成立，那是死罪。罗文来是富绅，奸案没有直接铁证，如果罗姓族绅包庇，杜凤治很难定其奸罪，定了也不符合杜凤治的利益。于是，杜凤治就大事化小，把强奸有服亲属的重案办成调戏的风化轻案，重罚罗文来一笔银两了事。富人被控奸案，官员、幕客、吏役、"家人"、绅士都有可能从中获利，罗文来除罚款外其他费用肯定也花费了不少。结案后日记对罗绮林再没有记载，既然黄宪书出了头冤情都不能申雪，罗绮林夫妇大概只能忍气吞声了。

2. 刘亚同被控强奸使女案

在南海知县任上，杜凤治审理刘亚同奸案，与上一案也颇为相似。同治十二年闰六月，使女欧天彩控告刘亚同强奸。杜凤治在日记中判断："看其情节，定是和奸，允与欧银两翻悔。"刘亚同母李氏为抵制，控告欧天彩偷窃。杜凤治不相信有偷窃的事实，于是将刘亚同交差带候，欧天彩是年轻女子不便羁留交保，"候传亚同妻及其弟、弟妇二嫂又亚同子亚耀到案质讯核夺"。① 这些亲属不可能做出不利于刘亚同的证词，显然，杜凤治一开始就想大事化小。

其间，按察使幕客孙应埜（石泉）出面为刘亚同说情，因刘亚同有本家侄，与孙有交情。杜凤治在堂讯时对欧天彩"谕以一控奸一诬窃，均无确据"，因刘亚同欠欧天彩工银 20 两，打算判刘亚同出银 60 两给欧了案。但欧哭求申冤，不肯收银具结。② 刘亚同连工银都不支付，"和奸"之说就很不合情理，从日记描写欧天彩的态度，可知她所控当可信。不过，杜凤治大事化小的主意已定，不准欧

① 《日记》，同治十二年闰六月十一日，《清代稿钞本》第 15 册，第 37 页。
② 《日记》，同治十二年闰六月十五日、三十日，《清代稿钞本》第 15 册，第 42、68 页。

天彩再控。后来也是判罚刘亚同一千两银子，过了一段时间，杜凤治同孙应堃又提起此案，"询石泉刘亚同如罚不起千金，稍减亦可"。[①]刘亚同后来缴交了60两，估计还缴交了几百两罚银。但直到杜凤治离任，付给欧天彩的60两银仍存放在县衙，很可能是她不愿意去领取。[②] 但知县已决意不采信强奸之说，弱女子欧天彩即使坚持控告也没有用。

3. 陈、梁互控奸拐案

同治十三年，杜凤治在罗定知州任上所办的陈贤书控邻居梁癸六火等恃强轮奸伊女，梁袁氏控陈贤书之侄陈木成、陈金水诱拐伊侄梁癸六火之妻陈氏一案，情节相当曲折离奇。

据梁陈氏供，因被其夫梁癸六火责打，邻居陈贤书妾蔡氏劝梁陈氏暂避至其外家。蔡氏令其侄陈木成、陈金水带领梁陈氏到一处不知何地、日久始知为附城辛屋寨辛木安家，陈木成兄弟不知去向，梁陈氏就在辛家一住四月有余才被家人寻回，但在这四月余并未遭到奸淫。杜凤治认为梁陈氏所说尚似实情，陈木成、陈金水"拐卖之迹未露，拐卖之情实真"；又认为"陈贤书控梁癸六火等奸情，毫无凭证，所有情节仅出陈贤书一人之口，安知非梁袁氏控侄诱拐，架捏抵制"。其时陈贤书女已出嫁，不便提案验讯，杜凤治当堂将陈木成、陈金水薄责，陈贤书坚持说"拐虚奸实"，杜凤治就判令交出其女及妾蔡氏再行核断。[③] 杜凤治不采信案情较重的"轮奸"情节，也是出于大事化小的考虑。

审理此案时正届晚稻收割季节，互控两造都在羁押之中。因为案情难以理清，短期内不可能结案，杜凤治就把全案男女以及地保等都

① 《日记》，同治十二年七月三十日，《清代稿钞本》第15册，第108页。
② 《日记》，同治十三年十二月初七日，《清代稿钞本》第16册，第368页。
③ 《日记》，同治十三年九月初七日，《清代稿钞本》第16册，第171～172页。

释放，理由是以免耽误农务，等陈贤书妾、女到堂后再审讯。①

谁知梁袁氏、梁歪六火、梁陈氏回去后，当晚梁陈氏便羞愤自尽。梁歪六火、两个伯母梁袁氏和梁戴氏具呈请求免予验尸。在此前的审讯中，杜凤治因知道梁歪六火家贫，梁陈氏只有 16 岁，自幼当童养媳，外家已没有人，因此对她颇为同情，初讯、复讯对梁陈氏"并未申饬一语"，并不准梁歪六火以后再殴打凌辱其妻。为何一离县衙梁陈氏就自杀？杜凤治判断，为陈氏逃亡及取赎回家，又与陈姓涉讼，梁家费去百余千钱，将所有田、房全数卖去，日后将难以度日，梁袁氏、梁戴氏、梁歪六火肯定对梁陈氏埋怨唠叨。梁陈氏受不了，起了轻生之心。当地断肠草又容易找到，于是就服断肠草而死。既然丈夫及两伯母（看来梁歪六火的父母已不在）力请免验，梁陈氏又无外家，允准了也不会留下麻烦，杜凤治就同意免验，令梁歪六火等具结后归去。②

本来，杜凤治释放全案男女回家收割，案件其实也就到此为止了，因为再次传集全部涉案者到案审讯很难做到，后续了解到的情况令杜凤治也感到困惑。杜凤治向练绅潘灿等四人打听陈贤书为人如何，潘灿说："此人平日教读为业，不闻有不法事。"四人还说拐卖梁陈氏的人并非陈贤书之侄陈木成等，乃罗平人陈亚灿。至于陈贤书控梁歪六火等轮奸其女，四位练绅"俱言恐无其事，一控其奸，一控其拐，互相抵制耳"。杜凤治听了以后觉得此前自己对案情的判断有偏误，即写朱谕命罗平练绅梁羡珍等确查此案。③ 不过，陈贤书是读书人，说他捏造自己的女儿被轮奸的情节抵制，未免太不合情理。

后来日记又记："予在乡访闻梁袁氏控陈贤书侄陈木成等诱拐伊

① 《日记》，同治十三年九月十一日，《清代稿钞本》第 16 册，第 184～185 页。

② 《日记》，同治十三年九月十四日，《清代稿钞本》第 16 册，第 188～190 页。

③ 《日记》，同治十三年九月廿一日，《清代稿钞本》第 16 册，第 209 页。

佢梁乜六火妻陈氏一案，实系罗平地方陈亚灿诱拐卖与辛木安，与陈木成等无涉。因陈贤书控梁乜六火强奸其女，以是挟嫌牵控。又访查得陈贤书女已出嫁，强奸、诱拐者实系陈贤书族人，与梁乜六火亦无干也，提出陈木成释之。"[1] 从这段话看，拐案疑犯一开始就定错了，但后来认定的陈亚灿却没有到案。陈贤书女被奸案是否发生过，疑犯何人，杜凤治自己也糊涂了。

一两个月后陈贤书病死，而梁陈氏此前已自杀，陈、梁两家肯定无力再把官司打下去，两家油水已经榨干，书吏、差役、绅士也不会再感兴趣。日记在陈贤书死后再没有记载此案，显然是没有再办下去。

由于勘验技术等条件所限，更由于涉案各方都有意隐瞒、歪曲、伪造事实，日记所记的奸拐案往往都是诡异百出、真相难明，成为杜凤治笔下的"罗生门"。通过这些案件既可看到其时中国社会的各种阴暗面，也可看到州县官审理奸拐案面临的困境。

（三）婚嫁家庭案

1. 熊梁氏控梁陈氏将女改嫁案

同治十三年，杜凤治在罗定州任上审理了一宗婚姻纠纷案。熊梁氏控梁陈氏悔婚将女改嫁潘以昌。梁陈氏则称其女原聘嫁熊梁氏长子，未过门此长子已死，算来今年25岁，己女23岁；熊梁氏次子熊亚木代兄出头，硬称是其聘妻。杜凤治初审时发现，熊梁氏次子自称21岁，身材只像十五六岁光景，即使真的21岁，也与梁陈氏所缴婚帖八字不符。但杜凤治认为，梁陈氏既知婿死，应请媒人与熊梁氏说明将婚帖取回方可改嫁；熊梁氏有"讼棍"教唆，所以屡控不已。[2]

---

① 《日记》，同治十三年十月廿四日，《清代稿钞本》第 16 册，第 278 页。
② 《日记》，同治十三年七月十四日，《清代稿钞本》第 16 册，第 57 页。

在审理中杜凤治对熊梁氏说：你儿子最多十六七岁，把你儿子带到街市，没有人会相信他有 21 岁。婚帖上写你长子系庚戌生，死已久，人人皆知。你听"讼棍"设计，以次子冒充长子。你要娶之媳妇，是你次子之嫂，难道你次子忍心以嫂为妻？你不过因为聘定媳妇花费不少，长子死了人财两空，想为次子谋一媳妇而已。你不妨说明真相，本州为你判还聘钱，让你另娶一媳妇何如？熊梁氏供熊家三代单传，一定要原媳。杜凤治又多方开导说：你原来聘的媳妇已经被潘以昌娶去，再娶回来，声名也不好听。你说单丁三代，要娶媳妇生子，但并非只有梁陈氏之女能生子，可以娶其他人。但熊梁氏不为所动，执意要判归原媳。杜凤治想到，一定是"讼棍"教她执定要原媳，但原媳已嫁，木已成舟，官如判准还原媳，便可多索钱财。杜凤治便暂时不问熊梁氏母子，提梁陈氏、潘以昌上堂，亦暂不讯供。又提潘以昌媒人岑某到案，责备其不应冒昧做媒将有夫之妇改配与人。岑某供称自己乡愚无知，以为其婿已死人人皆知，另配无妨，想不到熊梁氏会执婚帖兴讼。杜凤治又查得州署刑房书识熊禧为熊梁氏作呈词，若不对熊禧示以利害，熊梁氏、熊亚木就不肯了事。于是就退堂把熊禧传来，熊禧辩解说自己没有唆讼，但杜凤治认为，必须使熊梁氏母子知道靠山没有了，才会愿意收回聘金了案，于是命将熊禧收押到羁所。[①] 本来对略有地位的涉案人通常会交条件稍好的书吏房或差馆看管，这次把熊禧押入羁所显然是为造成更大压力。

绅士彭肇庄曾为熊梁氏的呈禀作保，称熊梁氏所控情真事实。杜凤治把彭肇庄找来，要彭劝说熊梁氏自认虚捏，认了也不会追究，而且会判还一些钱让其次子可以聘妻；果再执迷不悟，就要追究其捏情讹索，到时就人财两空了。杜凤治还提醒彭肇庄，你作为绅士对呈禀

---

① 《日记》，同治十三年七月十七日，《清代稿钞本》第 16 册，第 62~63 页。

滥保也有责任，如果你说服了熊梁氏具结了案，对你的过错就不追究了。①

因为熊梁氏不遵断，杜凤治就转过来着重审讯梁陈氏、潘以昌和做媒之岑某，责备梁陈氏不应未将婚帖取回、聘礼送还，就擅将一女两许，潘以昌不应冒昧娶有夫之女，如果有心，更为可恶。岑姓做媒，不探询确凿，亦有不是。梁陈氏供得潘以昌聘钱 26 千文。杜凤治就断令梁陈氏将聘钱 26 千文交还潘以昌，因为不应两边得聘金，岑姓将谢媒之银亦送还，判潘以昌缴洋银百元存库，俟熊梁氏母子具结后给予作为另娶之资。此边先断，缴银就可以先释。潘以昌诉穷苦不能出这么多银，岑某为之代恳，杜凤治就减为 80 元，限五日缴案。②

杜凤治知道潘以昌一定缴不出 80 元，后决定判他缴出 20 千文。刚好此时练绅潘灿来州城，他可能与潘以昌同族，表示愿意帮助潘以昌 10 千文，共合成 30 千文。杜凤治想到 30 千文还是不够聘一媳妇，以熊禧多事帮熊梁氏兴讼，又罚熊禧 10 千文，共 40 千文。然后杜凤治提熊梁氏、熊亚木、梁陈氏、潘以昌、熊禧到堂，令熊梁氏据实具结，承认长子已死，以次子顶代冒控，现蒙知州宽恩，追聘金使可另娶，已知错自悔。杜凤治就做出判决，判语大意为："熊梁氏具结称长子早故，因梁毓宽未将聘金交还，私将女改嫁与潘以昌，母子愤激，妄渎宪辕，兹蒙讯饬，只得实供等语。梁陈氏不将聘钱交还熊梁氏，私嫁其女，诚有不合。熊梁氏既经实供，情尚可原。判令潘以昌同梁陈氏缴银八十元，实缘贫苦，未能多缴，求恳减数，现共缴钱三十千文，当堂给与熊梁氏母子领去，为亚木娶妻以续香灯。熊禧恃充

① 《日记》，同治十三年七月廿一日，《清代稿钞本》第 16 册，第 74 页。
② 《日记》，同治十三年七月廿六日，《清代稿钞本》第 16 册，第 81～82 页。

刑书，包揽讼事，为熊梁氏设计以次子冒充其兄诬控，以为妙策，梁姓一边无策可以破之，计殊不佳，一喝即破，反因是而大家受累，倒不如一到堂即据供明，此案早了结矣。即此可见熊禧之不安本分，本应重责革退刑书，姑宽，亦罚令出钱拾千文助潘以昌交与熊梁氏，合共肆拾千文，为娶媳之需。熊禧倘从此改悔，准其仍在科房帮同办事，如再有包揽词讼之事，不但责革，定干严办不贷。"两造及熊禧均具结完案。①

杜凤治审理此案对两造虽有所威胁，但实际上施加的压力不大。如对潘以昌，原先要他缴交百元，但最终缴出 20 千文就算了。两造都是穷民，杜凤治只求尽快结案息讼，判决对两造都有照顾，也充分考虑到执行的可能性。

2. 陈天锡抢婚案

同治十三年，杜凤治在罗定州任上审理了一件抢亲案。陈天锡强抢欧临昌之女，当晚即令与其侄圆房。职员陈天健、监生陈发阳扛帮做证。对做证的两个陈姓绅士，杜凤治的前任已讯实详办，拟以革去功名、磡禁三年；但被按察使批驳，因捐职监生不宜拟以磡禁，札饬改拟。杜凤治便再提讯三人，三人均翻，不认强抢。杜凤治最初打算从宽了结，但幕客但鸿恩查了律例和案例，认为陈天锡令侄陈长国与该女子圆房，罪应加等，最轻也应拟流。杜凤治则认为，陈长国虽不应奸污女子，唯事皆其叔所为，叔既定罪，长国与中、保人等均可宽释。陈天健、陈发阳业已详革应勿庸议。② 稍后，陈天锡被拟满流，陈天健、陈发阳获保释。③

①　《日记》，同治十三年八月廿一日，《清代稿钞本》第 16 册，第 140～141 页。
②　《日记》，同治十三年七月廿四日、九月十一日，《清代稿钞本》第 16 册，第 78、185 页。
③　《日记》，同治十三年十一月十四日，《清代稿钞本》第 16 册，第 317 页。

被害人之父欧临昌当然不满这个判决，于是赴按察司上控，称杜凤治的门上严澄受贿播弄，判决不公。然而按察司衙门不仅没有受准，反而认为欧临昌不服上控背后一定有"讼棍"唆使，谕令罗定州查出该"讼棍"惩办。杜凤治决定让欧临昌吃点苦头，供出背后的"讼棍"，乃将欧临昌拘传到州衙，追问何人教其上控。欧临昌供称是一算命先生为其作呈，但上控是自己去的。杜凤治认为他设词推诿，说这个算命先生就是主唆"讼棍"，责令欧临昌交出，并要其交出行贿严门上过手者何人。欧临昌供实在交不出，杜凤治斥责说既交不出，何故妄控？令责三百并枷号，要"讼棍"交出再行释放。①

欧临昌枷号了十多天，杜凤治知道他肯定交不出"讼棍"与指出过手行贿的人，见他已吃了苦头，于是就以农忙为理由，令其出具悔状，称案经断结，自后断不敢再事翻控。欧临昌不敢坚持，甘愿具结。保释前杜凤治仍要欧临昌供出"讼棍"，欧临昌只得说出算命先生姓冯，鹤山人，对他说如果上控，不但可使已释之陈天健、陈发阳受惩处，所失衣物亦可追回。欧临昌就把耕牛一头卖去得银七两，尽数交冯某作为上控费用。但冯姓如何上控，呈中如何措辞，欧临昌并不知道。杜凤治就对欧临昌说，如果你把冯某扭送来州衙，或报告州衙捉拿，可以替你追回那七两银子。杜凤治发现欧临昌手背有伤，欧临昌供是押在枷亭时，差役为索贿，将其两手反缚不令转动，家属张罗得钱三千文给予差役，但差役嫌少，又将其小衫剥去。差役推说欧临昌手肿系生疮所致，杜凤治验得是铐伤，就命责惩差役。②

在《大清律例》，对抢婚的惩处归于《户律·婚姻》类下，规定："凡豪强势力之人，抢夺良家妻女，奸占为妻妾者，绞监候。妇

① 《日记》，光绪元年六月廿一日，《清代稿钞本》第17册，第185~186页。
② 《日记》，光绪元年七月初一日，《清代稿钞本》第17册，第202~203页。

女给亲（妇归夫，女归亲）。配与子孙、弟侄、家人等，罪归所主，所配男女不坐（仍离异归亲）。"① 这宗抢亲案，只处罚陈天锡，而强行与欧女圆房的陈长国被宽释，虽不符合今人心目中的法理道义，但没违反清朝律例。欧临昌作为受害人，家庭受到严重伤害，先前的判决没有提及给予他任何补偿，认为判决不公、背后有弊完全有理由。然而，他不仅没有争来公道，反因为不服上控受到惩处，关押枷号时还被差役勒索刑伤，于此可见普通小民的冤苦无告。

3. 冯谢氏、冯杨氏控冯凤祥欺嫂噬侄案

同治六年，杜凤治首任广宁时审理了冯谢氏、冯杨氏呈控冯凤祥欺嫂噬侄一案。冯氏有三兄弟，长兄冯麒祥于娶谢氏之当年病死，谢氏 17 岁守寡，守了 29 年，已快合旌表之例。二子冯麟祥七八年前也已去世，妻为冯杨氏。麟祥长子过继给大宗麒祥，事经同族在祖祠公议继定。而老三冯凤祥提出自己也要过继一个儿子给麒祥，很明显是为争家产，冯谢氏、冯杨氏不愿，于是兴讼。杜凤治在公堂对冯凤祥说明王法的定例重大宗，大宗无嗣以次房之长子承祧，如次房亦只一子，才于又次房择继，而且你嫂不愿意，不可违例妄争。但冯凤祥一再说是其父遗命，不愿遵断。杜凤治被惹怒，当堂斥责冯凤祥"人面兽心"，并说即使你父真说过，也是临终乱命，到了公堂就得按国家定例，何况你仅凭口说，没有遗嘱做依据。冯凤祥本来已因钱债案羁押在条件稍好的号房，杜凤治命改押值日馆，作为对冯顶撞和不遵断的惩罚，并严催其所欠钱粮。②

关进值日馆后，冯凤祥表示愿意清还债务，家产也愿公分，再不敢得罪嫂子，也不敢再提自己儿子过继与长嫂的事。杜凤治就把冯凤

---

① 《大清律例》，第 222 页。
② 《日记》，同治六年十一月十六日，《清代稿钞本》第 10 册，第 380 页。

祥改回号房收押，等还账、分家、过继事了再行释放。①

此后杜凤治因应付广宁绅士闹考之事，没有时间审案。冯凤祥在过年时私贿差役离开号房回家，杜凤治知道后即命人将其提回关入值日馆。其时杜凤治已奉调署理四会，临行时把此案交代给接任的知县饶继惠，特别说明谢氏青年守节30年，自己如此判决是为"定继子以安贞节之心"。此前杜凤治为冯谢氏旌表之事已上详，又函托藩司和礼部的书吏，承诺办此事不花费冯谢氏一个钱。临行又再三嘱咐典史张国恩关照，把冯谢氏节妇旌表的事办妥。②

在此案中，杜凤治一是看不上冯凤祥欺负寡嫂争产，二是反感冯凤祥的顶撞，但最重要的是对节妇冯谢氏的敬重，所以就坚持按律例办，完全满足了冯谢氏妯娌的诉讼要求。

（四）钱债田土坟山案

1. 邱官之子与邓权惠上代钱债案

同治十二年三月，杜凤治在南海知县任上审理了一宗两造都有后台的钱债案。臬署幕客孙应堃找杜凤治，说曾任新会、香山知县的邱才颖（已故）之子向参将邓勋（已故）之子邓权惠索债，邓已被典史拘押；孙当年曾在新会当幕客，故为邱子来打招呼，并讲述当日借债情节，称有借票。邱子是督署幕客陈光照的女婿，要求邓权惠归还本银一千两、利息一千两，多余的利息愿意充公。而杜凤治的亲家吴廷杰，受原广西布政使康国器委托为邓权惠说项，邓与康有亲戚，邓称"欠固渺茫，票亦捏造"，康国器不便亲自来，除托吴廷杰外，又托安良局局绅陈朴作函关说。此前是南海县审案委员审理此案，因为两造背后都有来头，杜凤治不敢怠慢，答复双方说自己将亲自审理此

① 《日记》，同治六年十一月十九日，《清代稿钞本》第10册，第386页。
② 《日记》，同治七年正月廿六日，《清代稿钞本》第10册，第479页。

案，讯后再说。①

因为邓权惠被押，吴廷杰又来说邓方愿意还债，但希望能保释出去自行向邱方面议。据称欠票分两张，一张 600 两、一张 400 两，其利按月二分，债务已 20 余年，如按年按月计算利息不赀。杜凤治说保释也可以，但保家要可靠，定期十天或半月。邓一方不肯按年月计算利息也是可以的，远年债务可按一本一利归还。吴廷杰说邓一方只愿意归还本金，不计利息。杜凤治就提邓权惠审讯，对邓说最好找人同邱说合，不要再说借票为伪，也不要再以为何 20 年一直不追债为借口，因为有证人在场目击，很难推掉。②

康国器又托杜凤治的好友兼亲戚许其光来关说，说邓权惠的堂兄是康国器的女婿。据称如要罚邓权惠捐书院膏火经费一千、二千都可以，若要还邱姓一文无有。杜凤治说，这样罚款没有来由，既然邓权惠愿意缴银就好办了，叫他拿一千两来，别管我交给谁，邓权惠就可以马上释放。许其光满口答应，立即去回复康国器。杜凤治想到必须给康国器面子，所以只要求邓权惠还本金一千两，没有要求还利息，因为陈光照也说过还本就可以了。杜凤治收到这一千两银后就转交给邱了结此案。③

此案是上一代事隔 20 年的钱债案，按父债子还的规矩处置。从此案可知，在钱债案中有地位的证人很重要，钱债纠纷被控欠债一方，即使如邓权惠这样的有后台者也会被羁押，作为追债的手段。远年债务不按债票、时间计息，而按一本一利计算。因两造背后都有人，杜凤治审理此案时除尽量做到合法合情合理外，也尽量照顾两造后台的面子。

①　《日记》，同治十二年三月十一日、十三日，《清代稿钞本》第 14 册，第 499、502 页。
②　《日记》，同治十二年三月二十日，《清代稿钞本》第 14 册，第 507～508 页。
③　《日记》，同治十二年四月初六日，《清代稿钞本》第 14 册，第 526 页。

2. 林胜扬、蒋光俊争田案

同治十三年七月，杜凤治在罗定知州任上审讯了林胜扬与蒋光杰、蒋光俊兄弟争田一案。案情大致是蒋姓批耕林田，历年缴租，蒋光杰父故后，蒋姓兄弟即不交租，林姓将田收回自行耕种，蒋姓率众赶逐，将牛牵去，双方涉讼。蒋一方称其父并无批耕林姓田亩事，现耕之田系自己祖业，前被大水冲塌，近年挑筑修复耕种。等到传集人证候讯，蒋光杰躲匿不到堂，后蒋光俊来案。杜凤治查验两方田契，林契土名黄金满不错，而蒋契于土名处将字挖去，只余第一字，依稀可认是黄字，且有涂改痕迹。杜凤治就对蒋光俊说："汝无土名，何足妄争？"蒋供："土名现在，是虫咬的，黄字尚存，可见不错。"蒋光俊一到堂即振振有词，滔滔不绝，说林姓有钱，请了无数乡邻来为见证，我无钱，只一人挺身出来，且供并无兄弟，书名光俊，一名光杰，田实祖业，水冲筑复，工本不少，并无批耕林田之事。杜凤治最讨厌能言善道的涉案人，加上蒋契有明显瑕疵，且田邻都说蒋无理假契谋占，于是判断蒋光俊"将新印假契，瞒控攛夺"，斥责其无理妄控、挖破涂改田契，判令蒋光俊将两年欠租交还，田还林另批人耕，不许再妄争，免治诬告之罪。蒋光俊仍哓哓辩解，杜凤治就将其薄责收押。[①] 这类田土钱债细故案件，只要州县官判决了，当事人不服也没有用。在此案中，杜凤治判案的依据是发现了蒋姓契据明显有瑕疵，还有田邻的证词。于此也可知田土案中伪造契据的事肯定甚多。

3. 彭球璋、吴天爵争坟山案

罗定知州任上，杜凤治审讯了彭球璋与吴天爵争坟山案。同治十三年冬，彭球璋控吴天爵掘其子坟墓毁灭尸骸，杜凤治令该地绅士查复，绅士禀报并无其事，彭不肯放弃指控，于是被押了几个月。其间

---

① 《日记》，同治十三年七月廿六日，《清代稿钞本》第 16 册，第 82~83 页。

太平墟的绅士遵照知州谕令提出调处办法：山场本系官山，允许吴天爵建坟埋葬，吴天爵出钱 20 千文，彭球璋为此案久押，加罚吴天爵 10 千文与彭球璋以示体恤，并将彭球璋葬子处所留出，俾有拜扫之所。光绪元年六月，杜凤治把吴天爵传到，判谕两造：彭球璋所控"掘坟盗骸"为"讼棍"伎俩，是"轻听诬控"，被收押数月，"情殊可悯"，谕令按绅士调处办理，又谕绅士彭肇庄等前往踏看定界，不许再争。但吴天爵以判钱太多不肯具结，也被羁押。① 杜凤治查知吴天爵家贫如洗，交不出 30 千文，请求减少。杜凤治又减去 5 千文，吴天爵还是说交不起，于是要求吴先具结，再谕饬练绅周荣元等为之商酌调停，准情度理妥为了结，又谕彭球璋不得执意要拿足所判的钱文。然后就把两人省释。②

一个多月后，吴天爵交到 10 千文，绅士们又助钱 5 千文，杜凤治自己也捐出 5 千文，合共 20 千文。彭球璋供称绅士还没有定好界，杜凤治让他再等一两天，绅士一定会为之定界，不必担心。③ 几天以后，杜凤治传彭球彰、吴天爵到来，因吴天爵只能交出 10 千文，绅士助钱 5 千文，杜凤治原先允诺捐助 5 千文，此时加到 10 千文，作为垫发，共凑足 25 千文交彭球璋领去，并谕饬绅士尽快定界。杜凤治还表示，他垫发的 10 千文如吴天爵和绅士都凑不出，就算他赏给算了。此案到此完全审结。④

这宗坟山案两造都是穷人，为何州官和参与处置的绅士都要自掏腰包贴钱了案？日记没有透露太多情节。日记多处提到，广东的坟山都是官山，如有空地允许民间埋葬，但很多坟山没有契据管业，估计

---

① 《日记》，光绪元年六月初五日，《清代稿钞本》第 17 册，第 151 页。
② 《日记》，光绪元年六月初七日，《清代稿钞本》第 17 册，第 154~155 页。
③ 《日记》，光绪元年七月廿八日，《清代稿钞本》第 17 册，第 260 页。
④ 《日记》，光绪元年八月初三日，《清代稿钞本》第 17 册，第 73 页。

彭、吴都没有业权。此案开始杜凤治对彭球璋十分严厉,以诬控、不遵断为理由羁押他几个月,但后来对他很客气、很体恤。杜凤治开头的做法应该是为息讼,打压坚持控告、不愿遵断的一方。但民间坟山争执中不识王法的穷民"挖墓灭骸"并非不可能,绅士虽没有包庇穷民吴天爵的动机,但有可能是根据杜凤治的态度才做出"并无其事"禀复的。被挖坟且被无辜羁押数月的彭球璋,如在"讼棍"指引下上控,可能会闹出点麻烦。杜凤治对彭球璋软硬兼施,并大度地予以资助结案,除息讼的考虑以外,大概是想花点小钱把麻烦事先消解。

四 州县官的缉捕权责

(一) 州县缉捕的一般做法

缉捕是州县官主要公务之一,缉捕的本意应该包括缉查拘捕一切违法犯罪者,但在晚清,广东有"盗甲天下"之称,缉捕几乎专指缉捕盗匪。然而,"盗匪"既可合称,也可分指为"盗"与"匪",前者专指抢劫的强盗,后者则指其他各种严重违法者,如"会匪"(秘密会社成员)、"斗匪"(参与大规模械斗者)、"赌匪"(开设赌业及以武力护赌者)、"票匪"(违法售卖白鸽票等彩票者)、"烂匪"(平日不务正业经常有违法行为者)、"窃匪"(盗窃犯)等。上述这些"匪"有时也会犯下抢劫、抗官等严重罪案,与抢劫的强盗无异。督抚对州县缉捕抢劫的盗匪尤其重视。杜凤治有一次同四会绅士黄翰章说做知县有四大要务:"学校、缉捕、催科、听断。"黄翰章常有机会见到总督瑞麟,笑着对杜说:"中堂只言二字,谓最者缉捕。"[1]而朝廷、京官对广东的盗匪问题又很注意。光绪三年,御史邓华熙、

---

[1] 《日记》,同治七年五月十八日,《清代稿钞本》第11册,第45页。

曹秉哲奏粤省盗匪横行、弁兵差役包庇、捕务废弛、大吏瞻徇，请饬勒限严缉。清廷据此下旨谕令广东文武官员对盗匪"缉拿惩治，毋稍宽纵"。① 粤省督抚刘坤一、张兆栋受到很大压力，于是向州县官施压。

下面叙述杜凤治主持、参与缉捕的一般做法，晚清广东其他州县官也大抵如此。

1. 签差缉拿

对零星盗劫案和一般的"匪类"，杜凤治会首先利用州县衙门的力量，发签命令差役缉捕案犯。在此过程中，他会不断比责差役，限定日期破案。同治七年几个月内四会同时发生三宗劫案，杜凤治都签差捉拿。日记在这段时间常有比责原差（最早接案的差役）的记载，如："比罗湖案原差，重责，限三日再重比，又比仓冈、远昌二案差。""罗湖案原差总役胡安重责，仓冈案原差陆昭重责。"② "下午比罗湖吴广德（已府控）抢案原差，总役李泰、胡安、谢章避匿不到，立将三役当堂发条革役，三役帮伙枷号，俟获犯日释放。日前押土祠之更练亦同枷号，并签票严拿李泰等。"③

差役的装备、破案技术条件有限，无非靠查访、购线等笨办法，在州县官压力下，他们只求尽快抓到人，有意无意错抓的不在少数。但杜凤治和所有州县官一样，要依靠这些差役缉捕盗匪。

2. 会营缉捕

所谓会营，就是州县官派出差役会同武营弁兵一起缉捕盗匪。茅海建指出：维持社会治安、保持政治秩序是清军最重要、最大量的日

---

① 《德宗景皇帝实录》卷56，光绪三年八月庚子、甲辰。
② 《日记》，同治七年闰四月十八日，《清代稿钞本》第11册，第18页。
③ 《日记》，同治七年六月初三日，《清代稿钞本》第11册，第54页。

常工作。① 分散驻扎在各州县的营、汛，平日的主要职责就是防范和缉捕盗匪。如果劫匪人数较多，或者持有火器，差役不易对付，就必须会营缉捕。

同治八年五月，四会邓村龙头乡张英书报案，称其米杂铺被匪明火强劫，失去银百数十余两、钱三十余千。邓村绅士、党正陈天宠等亦同递红呈报案请求会营严办。② 绅民在报案时就已请求会营缉捕，可见这是官、绅、民都熟悉的惯常做法。

为缉捕，杜凤治很注意同武营合作。如杜凤治再任南海时，九江一带劫案频仍，杜凤治此前曾对九江守备何殿材有所接济，同何关系良好，于是就表示愿意每月帮助何200元作为招勇购线办匪费用，又命头役刘开带领四艘缉捕艇到九江听候何殿材调遣，合力会同缉匪，每十日或一月一报，以便转禀上宪。③

3. 责成士绅协助缉捕

本来，明清两朝设立保甲制度的初衷就是要维护王朝的统治秩序，遇有盗匪案件，地保、更练等都有防卫、禀报、追缉等责任，盗劫案发后如果未能当场获匪，地保、更练会受比责。但州县官也明白地保、更练不可能起太大作用。遇有盗劫案件发生，杜凤治更多是责成士绅协助缉捕，方式有谕令公局、团练的武力协助，要求局绅、族绅交出本族本乡的盗匪，要求绅士购线缉拿盗匪、对被拘押的盗匪嫌疑人做出攻保、提供官府清剿盗匪的费用和悬赏缉拿的花红，等等。对士绅在缉捕中的作用，将在本书第六章相关部分再详为论述。

在缉捕盗匪时都会株连亲属、宗族，而实施株连和造成威慑都要

① 茅海建：《天朝的崩溃：鸦片战争再研究》，生活·读书·新知三联书店，1995，第51页。
② 《日记》，同治八年五月初一日，《清代稿钞本》第11册，第385页。
③ 《日记》，光绪三年九月十三日，《清代稿钞本》第18册，第495页。

通过族绅、局绅。例如，同治十年要缉拿南海良宝乡盗匪廖亚罩，廖亚罩已逃走，杜凤治派汛官、巡检等督差往拆廖亚罩住屋，所拆实则其弟之屋；又封廖亚罩家族的分支祠堂，并勒令廖姓士绅缴交缉拿廖亚罩的花红。① 廖亚罩逃到省城后，在亲属资助下逃往新加坡。杜凤治打听到生员廖鸿乃廖亚罩近房，平时不愿意到公局办事，躲避在其父职员廖守谦于省城所开的煤铺，就下朱签命差役捉拿帮助廖亚罩的亲属，并传廖守谦、廖鸿来县衙责讯。②

对较大的案件，就派出差役并会营、会同当地局绅、练绅一起缉捕。例如，同治十年四月，广西布政使康国器族人康晋被盗劫，瑞麟对此案很重视，通过广州知府催促破案。杜凤治回复说："昨日下衙门已严饬干役限十日必要破案，并会营札饬金利司协同绅耆查拿务获。不惜重赏，案必可破。"③ 光绪三年五月，佛山叠滘的"赌匪"将被捕的开白鸽票的疑犯抢走，并将杜凤治派去提解疑犯的差役殴伤掳去关禁。该村绅耆见事情闹大，恐惹大祸，便递禀将仍戴着手铐、足镣的两名差役送回。其时督抚力主禁赌，且"赌匪"夺犯拘差的行为严重违反王法和挑战官府的权威，杜凤治就通禀各上司请示核办，签缉捕头役督带巡船三号，会同佛山同知、佛山都司、五斗口司巡检以及佛山大奎堂练绅前往叠滘调查、封铺、缉匪，并谕令将包开白鸽票厂的绅士陈维屏拘办。④

4. 亲自带队缉捕

同治五年十一月，杜凤治到任广宁后不久，就有举人陈应星来报告，说得石狗墟文通书院绅士生员陈天宠来信，称两三个月来盗匪头

---

① 《日记》，同治十年十一月初五日，《清代稿钞本》第 13 册，第 468 页。
② 《日记》，同治十年十一月初三日，《清代稿钞本》第 13 册，第 464 页。
③ 《日记》，同治十年四月廿九日，《清代稿钞本》第 13 册，第 202 页。
④ 《日记》，光绪三年五月廿七日，《清代稿钞本》第 18 册，第 326～327 页。

子谢单支手带领三四十人屡屡拦截过往船只讹索银物，听说还要"竖旗召众"，因石狗墟处于广宁、四会交界，所以分别向两县知县报告。杜凤治即决定会同四会县以及会营缉捕，自己募勇亲自带队前往，作为自己任知县的"破题"。① 此后，杜凤治在任职的其他州县也有亲自带队缉捕的经历。

杜凤治对自己缉捕的能力颇为自许，曾在日记中评论自己四会任上缉捕的劳绩："初莅此时抢案迭出，其大者如仑冈竹馆、东门外远昌店、凤鸣铺吴广德数起。急办团练，东北门设局巡查，与守备、把总轮值，十日中每处三日，逢十日均出至东门外金龄观相会弹压督率，不时与捕厅步行抽查，又拿获巨匪谢单支手、刘九二名解府正法，盗风顿息，平静至今。"②

5. 清乡

所谓清乡，就是派出较多兵勇，对一个州县甚至更广阔的地区大面积地清剿、缉捕盗匪。清乡通常由督抚决定举办，或由州县官禀请督抚派兵勇在自己的辖境清乡，无论何种情况，州县官都有责任配合。同治六年秋冬，副将郑绍忠亲自率领所部安勇数百人清剿广宁、四会黄亚水二和谢单支手两个盗匪团伙。作为广宁知县，杜凤治也率领差役和自募的勇丁配合，经常与郑绍忠商议，派出亲信"家人"郎庆跟随郑绍忠办理封船运兵、联络等事项，还为郑部提供了部分费用。在杜凤治配合下，郑绍忠禀报总督后把黄亚水二招安，此后谢单支手也被捉获。同治八年、九年杜凤治奉委到潮州催征，其时总督指派方耀率兵勇大规模清乡，各县知县、催征委员也配合方部的军事行动。同治十一年正月，因南海劫案太多，瑞麟派出副将戴朝佐、候补

---

① 《日记》，同治五年十一月十二日，《清代稿钞本》第10册，第93页。
② 《日记》，同治七年十一月三十日，《清代稿钞本》第11册，第230页。

知府林直赴南海清乡，杜凤治也奉到总督谕令共同办理的札文。杜凤治为戴、林开列了500多名盗匪姓名，以便清乡时捕拿。①

广东是械斗严重的省份，械斗甚至使用火炮、抬枪等重火器，一些宗族、村庄在大规模械斗时还会聘请职业盗匪帮斗，"斗匪"焚屋、抢劫、掳人、杀伤人命、武力对抗弹压的弁兵、差勇也是常见的事。一旦发生大械斗，州县官都要会同武营前往弹压剿办。平息一场大械斗，相当于一次范围较小的清乡。

同治十一年七月二十四日，九江属大桐堡显冈乡民与村尾乡民互殴，显冈乡死数人。显冈陈姓聚族而居，强于村尾，准备报复，"连日两村皆纠众置器，鼓噪成群，将有械斗之势"。杜凤治得讯后一面行文当地九江主簿等文武官员，一面谕令两村士绅赶速解散械斗，又函请正在南海县境主持清乡的副将戴朝佐、候补知府林直就近派遣弁兵多名驰往弹压，希望在大械斗爆发前将其平息。② 然而，械斗还是发生了，两村以枪炮互攻，一天内双方就共打死七人，多人受伤，并有召集"外匪"、焚祠堂、劫财物等事。③ 杜凤治即将情形禀报督抚，并亲自带差役百余人奔赴斗乡。④ 杜凤治抵达时，戴朝佐已到。汛官李某禀报已在此十余天，弹压不住。杜、戴召见并责备两村士绅首领、局绅显冈举人陈鉴泉与村尾生员戴异，两绅称"无才能，不能约束村众"。杜凤治以两人都是局绅，责有所归，先威胁要扣押，在戴朝佐托人缓颊后，则谕令两绅十日内交出下手杀人者与外来帮斗之匪，缴出所有火枪、大炮。⑤ 这场大械斗主动一方在显冈乡，陈鉴泉虽是举人，但年老长

① 《日记》，同治十一年正月廿三日，《清代稿钞本》第 13 册，第 586 页。
② 《日记》，同治十一年七月廿八日，《清代稿钞本》第 14 册，第 216～217 页。
③ 《日记》，同治十一年七月三十日，《清代稿钞本》第 14 册，第 220 页。
④ 《日记》，同治十一年八月初一日，《清代稿钞本》第 14 册，第 221～222 页。
⑤ 《日记》，同治十一年八月初三日，《清代稿钞本》第 14 册，第 227 页。

厚，平日不能约束族众，此时更交不出斗匪。①

其他乡村大械斗处置情况与显冈、村尾的械斗大都近似，无非州县官与武官带领大批衙役弁兵将械斗暂时平息，然后责成两方绅耆交匪缴械。因为公局、团练也需要武器防匪，不可能完全清缴。而"斗匪"因有人命，被捕难免被"就地正法"，因此早就远逃他处，即使能捕获若干，也未必是主凶、真凶。

（二）杜凤治的缉捕案例

下面稍为详细地介绍杜凤治缉捕盗匪的几个案例，以进一步反映州县官缉捕的细节。

1. 缉捕四会仓江劫匪

同治七年三月十二日五更，四会县西北仓江村有两家竹木铺被20余名盗匪抢劫。事主广昌店报称抢去银290两、钱15千文，广隆店报称抢去银80两，尚有衣物未开列。77岁的广昌店主谭瑞瑛以及地保严实芝、更练叶亚新等受伤。杜凤治熟知劫案事主多数夸大失赃，并不相信，但抢劫伤人案则是真的。案发时壮勇三班闻信即去拿捕，据称劫匪已渡河上岸奔逸，只缴获船一只。

次日，杜凤治即会同城守把总李溶晃踏勘抢劫现场，得知进屋劫匪只三四人，其中有一人涂脸，故判断是熟人作案。因为银到店不到三日，故判断劫匪对广昌情况相当熟悉。勘查后将当地地保、更练带回县衙，各打20巴掌，谕令原差邵昌带同地保、更练缉贼，限三日破案，逾限带案严比。

以后，隔几天就严比原差、地保、更练，限日破案，差役、更练缉交了梁仁照，但梁在刑讯下没有认供。为加强缉捕力量，杜凤治添

---

① 《日记》，同治十一年七月廿八日、三十日，八月初一日、初三日、初八日，《清代稿钞本》第14册，第216~217、220~222页、227、237~238页。

派都总役伍元办理，几天后，伍元就缉获了一个叫谢亚旺的人，又查得四五个姓谢的人。杜凤治立即提讯各疑犯，"藤条重责，未供。提至花厅跪链"。至此，谢亚旺认供："前月十一晚去抢，早二日谢亚泰起意，云知道竹店有银同去发财，其船亦系亚泰雇来，不知何人之船。同去共十人，只认得五人，供出亚泰、亚晚、王带三（后文又写作黄帝三）等，那日涂脸及砍伤事主者皆亚泰为之，抢得三百金，尚有衣物，十人作十一股俵分，亚泰起意得二股，每股卅二两，衣服亦折银。"杜凤治认为口供确凿，劫案已破，下一步是继续缉捕谢亚泰等人。

原来，谢亚旺在另一宗远昌店劫案发生后一天到仓江典当布匹，典当伙计怀疑布匹来源不正不肯收，当地乡人（当为更练、团勇之类）便把谢亚旺拿获，伍元得讯即前往把谢亚旺捆起送案作为己功，被指为赃物的布匹已被乡人分掉，没有送案。

四月底，四会守备蔡钊又拿到一名仓江劫案疑犯谢亚乾，杜凤治立即会同蔡钊一起审问，最初谢亚乾不承认，杜凤治认为谢亚乾在审讯时"时时左右顾，言语吞吐，如聋如痴"，判断其为真犯，"严刑拷讯，果认亚泰、黄帝三为首起意，与谢亚旺供大略相同"。① 后来，谢亚旺、谢亚乾都被作为仓江劫案的盗匪解送肇庆府处斩了。②

此案是靠差役、武营办理的劫案。杜凤治曾把此案作为自己四会任上缉捕的劳绩之一。但所捉获的谢亚旺，物证是布匹，而仓江案事主的失赃并无布匹，且所指为赃物的布匹又没有呈堂，是否赃物也难判定。仓江案事主所报失赃中的大量银钱始终没有下落，最初拘捕的梁仁照以及谢亚旺所供的同伙谢亚泰等人在日记中没有下文。最后，

---

① 《日记》，同治七年三月十二日、十三日，四月初一日、十一日、廿九日，《清代稿钞本》第 10 册，第 536～537、543、545、560、579 页。
② 《日记》，同治八年正月廿二日，《清代稿钞本》第 11 册，第 278 页。

根据严刑下获得的口供，谢亚旺、谢亚乾被处斩。

2. 缉捕广宁罗洞洋枪伤人的盗匪

同治九年闰十月，杜凤治再任广宁之初便专程到各乡检查团练办理情形。到程村、石狗一带时，绅士陈锦帆等禀报罗洞著匪黎亚林招集20多人打算滋扰抢掠程村，请杜凤治派差役前往拘捕。杜就派出差役偕同绅士率团勇前往，黎亚林等开洋枪打伤帮役梁盛（当晚伤重致死），杜凤治得知后即致函守备江志请其发勇50名前来。程村及各乡绅耆"各处鸣锣纠集八九百人将罗洞黎亚林家围得水泄不通"。黎亚林等无法突围，不停开枪射击，团勇不敢靠近。杜凤治再致函江志"速督勇百名亲自前来"，又通过局绅严凤山谕绅士及衙役等不可疏忽致黎亚林逃脱。在局绅组织下，各村均送饭给围捕的团勇，并送数缸灯油以供照明。局绅又于近处加募勇壮70名协助夜间防守，并宣布拿获盗匪的花红赏格。黎亚林团伙的多数人乘夜逃去，只围住黎亚林等几个人。第二天。江志所带的官勇赶到，黎亚林等火药用尽，绅士所招的70名勇壮破门直入，拿获了黎亚林等八人（其中有黎亚晚之妻邹氏）。杜凤治同江志、陈应星（局绅）进入罗洞村，命壮勇将黎亚林和另一著匪罗启的房屋焚毁，责令绅耆罗绍安等人"即速将罗启及余匪交出"。杜凤治当日便命将黎亚林等4人用钉人架子钉死，并命将邹氏官卖，邹氏父母愿意出20元为其赎身另嫁，杜凤治就把这20元赏给中枪身死的帮役梁盛家属作为抚恤。①

这次缉捕行动，绅士动员的壮勇多达八九百人，并将黎亚林等人捉获。知县本人亲自在现场督捕，是绅士、武弁出力的重要因素。

3. 南海低田缉捕

同治十年十月底，杜凤治到南海各乡催征，瑞麟谕令多带兵勇在

---

① 《日记》，同治九年闰十月初八日至初十日，《清代稿钞本》第12册，第546~552页。

催征时一路捕拿盗匪。杜凤治想到多带兵勇要增加口粮支出，所以，就决定"令差伴多带百余名，各穿号衣充壮勇"下乡。①

十一月初六日路经罗村，杜凤治入村拜祭座师罗文俊，罗文俊子罗廷琛对杜说邻近的低田村梁、刘二姓匪甚多，目无法纪，开枪伤人，还打算抢劫罗村，请求"务要大惩创一番"。杜凤治乃临时决定到低田村缉捕，当即致函附近隆庆汛把总冯锦华请其带20人前来，但冯拖拖拉拉，来到时天已近晚，杜凤治只好把入村时间改为次日，杜凤治和冯锦华所带的差、勇十三船共百余人停泊在罗村附近河面上。

次日五更，杜凤治命亲信"家人"严澄等督带差役，会同冯锦华的兵勇共百余人冒寒（那几天天气特别冷，极罕见地下了雪）往低田村围捕。低田村港汊复杂，板桥抽断即不能飞越。差、勇看到"各匪"在田里飞奔，但一个都抓不到，只把墟长父老梁亚如带到杜凤治的座船讯问，杜谕令其"具限十日将匪交出"。因觉得冯锦华留下也无用，便令其带部下先回去，打算次日派"家人"督率自己带来的差、勇再四面兜捕。

十一月初八早晨天微明，杜凤治的差、勇再入低田村，梁、刘二姓空村逃逸，拿得梁姓父老梁亚顺一名，以及互斗毙命案的疑犯梁亚日一名。又在梁姓宗祠贴一朱谕，"谕绅耆速交匪，迟则必禀大宪饬戴协台统兵痛剿，烧毁房屋祠宇，拿到匪犯就地正法，毋贻后悔"。又谕令刘姓某举人将曾到其家饮喜酒之盗劫疑匪廖亚覃交出，否则详革。②

这是一次中等规模的缉捕行动，知县亲自带队，所带差、勇百余

---

① 《日记》，同治十年十月廿八日，《清代稿钞本》第13册，第458～459页。

② 《日记》，同治十年十一月初六日、初七日、初八日，《清代稿钞本》第13册，第471～472、475页。

人之多，营弁也参与了，先后进行三日。但差、勇显然都不得力。冯锦华的兵勇不仅拖沓，可能还有通风报信的嫌疑。从杜凤治所描写的部署看，根本不可能抓到真正的盗匪，实际上连胁从者甚至无辜者都没有抓到，只好对绅耆威胁一番离去。

4. 缉捕西宁连滩劫匪

光绪元年正月廿八日，罗定州属下西宁县绅士谭坤、谭芳在连滩所开的洋席店被劫，事主称劫匪有 30 余人，"以斧劈门而入，连放洋枪，吓禁店伙，搜劫洋银四千二百零、钱十余千，并洋表、翠镯等物"，分别向西宁县和罗定州报案，请求州、县会营缉捕。因盗匪有洋枪，且劫赃数额巨大，杜凤治当即致函晋康司巡检刘嵩龄、连滩汛汛官把总甘靖邦，又致函都司颜金。杜凤治认为，劫匪人数众多，必有踪迹可寻，此时仍未逃散，赃物也未全销，嘱请颜金转饬附近之安勇哨官实力严捕，能获得首犯者给赏花红银 120 元，得从犯者 60 元。不久，颜金手下的弁勇就密缉拿得陈观凤一名，陈供伙抢是实，但只承认是从犯，自愿作线引捕首贼。一两天后引捕得"首犯"林亚进、彭亚宪二名。①

但杜凤治审讯颜金送来的林、彭二人时，两人呼冤，称案发之日在家或在工主家，有人可证。②再提审陈观凤，发现陈的口供支离含混，与劫案发生现场的情况出入甚大。又得知彭亚宪系本城人，曾帮同捕班周青办案，并无不法情事，周青愿保，如有不法事甘与同罪。杜凤治决定严审陈观凤，如果陈认供，得有一名真抢之犯亦算破案。谁知审讯中陈供出真情，据供：陈居住于北门，有一堂兄陈国炳现充候补外委。陈观凤曾因盗窃被周青拿捉，安勇王亚钊知道陈曾犯案，

①　《日记》，光绪元年二月十二日，《清代稿钞本》第 16 册，第 481~482 页。
②　《日记》，光绪元年二月十四日，《清代稿钞本》第 16 册，第 485 页。

便将其捉去，教陈认供伙抢，对其说如果照供可请求营主保你作线购获首犯赎罪，营主自向知州大老爷说情免办你罪，并可加你堂兄陈国炳马粮。你如不从，立刻将你送到州署请州主严刑打死，并将你堂兄马粮革了。陈国炳也来相劝，又蒙骗威胁陈观凤母亲要儿子快快照供，可以免死，否则必要拖毙。后来王亚钊又拿到林亚进、彭亚宪，并叫陈观凤供此二人是首犯。据说林素为匪，彭则是当日陈观凤犯窃下手捉拿的人，陈也就此报复。到此时陈观凤明白自己不能脱身，会与林、彭一起被斩首，所以说出真相。杜凤治虽急于破案，但也不敢明知疑点重重也置三人于死，于是先让彭亚宪保释，然后传王亚钊、陈国炳质讯。[①]

此后日记再没有有关陈观凤、林亚进的记录。真正的案犯既然没有捉获，陈、林两人也不会轻易被释，很可能在杜凤治离任后两人继续被关押。

此案基本是武营办的，杜凤治只负责审讯。可见武营与差役一样不善于缉捕，更未认真缉捕，为立功求赏，毫无顾忌地草菅人命，诬良为匪是常事。杜凤治甚至慨叹："从未闻兵、差能拿获一真贼者！"[②]

上面四案分别涵盖了杜凤治任职的几个州县，于此可见州县官、差役、武营进行缉捕的一般情况。

（三）"借盗销案"

"借盗销案"是州县官让被捕的盗匪承认是其他未破之案的案犯，借以规避缉捕责任、处分的做法。

清朝对州县官缉捕责任有很严格的规定，盗劫案发生后，必须立即勘验、限期详报，如在规定时间内不能破案，可以延期三次，即共

---

① 《日记》，光绪元年二月十六日，《清代稿钞本》第 16 册，第 494～495 页。
② 《日记》，光绪元年二月廿九日，《清代稿钞本》第 16 册，第 512 页。

有四个期限，到第三个期限和第四个期限仍未破案，州县官就要受到处分，即所谓的"三参""四参"期限。督抚、布政使往往会主动帮助州县官规避，在三参、四参期限到以前将其调走。[1] 由于前人已对州县官的缉捕责任做过深入研究，笔者没有必要重复，故本目着重写杜凤治规避缉捕责任的一些故事。

清朝很多法规、制度脱离实际，其中有关州县官缉捕责任及惩处的规定就是典型例子。光绪元年，刘坤一任粤督，鉴于盗劫案件多发，制定了一个他认为较之《吏部处分则例》宽松的州县缉捕章程，规定"如南、番、顺、香、东、新向来盗案多者，每月不准过三次，有三次盗案而不获犯破案，记过一次，过多议参议撤。有盗案而向不甚多者不得过两次，向不轻有盗案者不得过一次"。[2] 即使如此，也远远脱离广东实际。以南海县而论，在晚清人口已超过百万，省城一半归南海管辖，境内还有佛山这个人口众多的城市。由于鸦片战争后社会变化迅速，各种利益冲突、观念矛盾尖锐、对外交往频密、人口流动加快等因素，包括盗劫案的各类案件迅速增加，要求一个月内盗案不得超过三起绝对做不到。杜凤治说过，南海县"每月所报（盗案）不下二三十起，甚至一日数起、一抢数家"。[3] 在晚清，南海这样的县份每月发生劫案二三十起其实也很正常，实际上发生的盗劫案肯定远不止二三十起。即使是平常盗案不多发的中简缺州县，每月也不可能只发生一两宗劫案。以清朝文武衙门的能力、效率以及当时的技术条件看，多数盗劫案最终都不可能破案获犯。

首任南海时，杜凤治在接到一宗抢劫并洋枪伤人案时感叹："抢

---

① 参看瞿同祖《清代地方政府》，第202~205页；魏光奇《有法与无法——清代的州县制度及其运作》，第249~252页。
② 《日记》，光绪二年九月初八日，《清代稿钞本》第18册，第59页。
③ 《日记》，光绪三年六月十五日，《清代稿钞本》第18册，第361页。

案送出，结习如是，即夫子莅此亦恐无术止之!"① 他认为就算让孔子来南海也无法制止劫案，任何官员都不可能做到吏部则例的规定。按察使周恒祺在刘坤一制定此章程时就认为行不通，认为"如照章办，南海应月月换人"。②

然而，朝廷的则例与上司所定的章程，州县官是不可以公然违反的，但又无法照此执行，于是官场上下就找出各种掩耳盗铃的办法，以规避州县官的盗案处分。

把案件压下不上报是其中一个办法。同治十年到同治十一年初，南海详报盗案41起，番禺不到30起，外县最多二三十起。③ 对照光绪初年南海每月二三十起的报案数，同治年间的案件少得不合情理。同治年间瑞麟为总督，虽重视捕务，但御下宽和，又熟知广东情形，故州县敢少报。同治十年十二月，安良局一次就向南海县送报劫案五起。杜凤治马上想到，"倘详报出去，大不好看"，于是找到安良局局绅陈朴、梁葆训，嘱咐两人了解此五案有无"捏窃作抢"。又请两人转致安良局总办聂尔康，不要同时把五案都报上去，同南海县彼此知会、对案情统一说法后再详禀。④

其实，"捏窃作抢"无论对官员还是对局绅都没有好处，杜凤治实际上是示意陈、梁设法把劫案改报为窃案。"以盗作窃"是州县为减少上报盗案数字常见的做法。同治十一年院试期间，有人在傍晚持刀到考生寓所抢夺衣物，番禺知县与广州知府商量，因为案发在考试期间的省城内城，且非夜间，如作为盗劫案详报太伤官府面子，打算作为强窃上报。⑤ 当年冬天，署理江浦司巡检朱铣禀报自己衙署被

① 《日记》，同治十二年五月廿九日，《清代稿钞本》第 14 册，第 591~592 页。
② 《日记》，光绪三年三月初四日，《清代稿钞本》第 18 册，第 186 页。
③ 《日记》，同治十一年正月初七日，《清代稿钞本》第 13 册，第 564 页。
④ 《日记》，同治十年十二月十二日、十四日，《清代稿钞本》第 13 册，第 530、532 页。
⑤ 《日记》，同治十一年九月十四日，《清代稿钞本》第 14 册，第 288 页。

劫，20 余盗匪将衣物搜劫一空，失赃所值百余金。衙署被劫更损害官府体面，杜凤治明确要朱铣把这宗大劫案报为窃案，并允诺代朱向广州知府说明。①

但瞒报、改报只能在文牍上减少部分盗劫案，而且这两种做法对州县官有一定风险，因为一旦"见诸公牍"，州县官就必须对公文内容的真实性负起责任，如果事主上控，或日后劫匪被获，州县官就会有麻烦。杜凤治自己就遭遇过详报案件文书有漏洞被上司挑剔的事，初任广宁和四会时，署理按察使蒋超伯认为杜凤治是自己政敌一边的人，抓住杜凤治一宗渡船劫案中少报劫盗人数以及没有严格区分"劫"与"抢"，于是大造文章，在上报督署的杜凤治的详禀上批示"该令以劫报抢，是何居心？是否讳盗？"② 本来按清朝法律，劫、抢的区别并不重要，但杜凤治不得不应付，费了很多心思，做了很大努力，还花费了不少银两，才把事情摆平。州县官如果要规避处分，又不想留下把柄，瞒报、改报、捏报都不是好办法。从杜凤治的日记看，"借盗销案"更是常用的办法。

因为规定州县官只要抓获盗劫案犯，哪怕只抓获部分案犯，案件就算已破，三参、四参就可免去了。而且，刘坤一的章程还规定，"每三案报一案获犯，六案则报二案获犯，则功过可抵"。③ 也就是说，只要破了一案，就可免除三案的处分。州县官为破案避免处分，可能会鼓励、默许差役、武营弁勇随便抓人塞责，但明目张胆诬良为匪，一则有风险，二则做多了良心上也会过不去，而"借盗销案"，上面两个问题便不复存在。"借盗销案"就是劝诱（如免于拷打、给予食物烟酒等）、逼迫被捕定案的盗犯承认未破之劫案是他们做的。

---

① 《日记》，同治十一年十二月廿五日，《清代稿钞本》第 14 册，第 413 页。
② 《日记》，同治七年四月廿四日，《清代稿钞本》第 11 册，第 23 页。
③ 《日记》，光绪三年六月十二日，《清代稿钞本》第 18 册，第 355 页。

这些盗犯已认供，多一宗少一宗对他们来说都没差别，如果不瘐死，也必然是不分首从就地正法。把没有做的劫案加到他们头上，各级官员、幕客、书吏都不会有心理负担。只要文书做得周密，日后也不易查清，因为死无对证。这样，"借盗销案"就成了最常用的办法。

同治十三年四月，杜凤治到候补道林直家吊丧，遇到与林一起在南海清乡的知县邱荫梅，两人商量了"营中正法人犯可以销南海抢劫案，开列名姓移至南海可以销三四参案件"的事。① 两天后，杜凤治又向署理按察使钟谦钧解释，监狱内瘐死的犯人延迟上报，"此乃幕友通融办理，必将此借以销案也"。② 几个月后，同知饶世贞将赴南海西樵参与副将戴朝佐主持的清乡，与邱荫梅一起帮同审讯。杜就致函饶，"并附手折一份，内开南海抢劫案届三参者共三十起，内（同治）十年所报之案已过三参者十一起，特为签出，嘱伊赴西樵会同戴弼臣协台办匪时，获犯情实，先列入已过三参之十一起借盗销案"，饶世贞允诺必为照办。③ 光绪三年十一月，清乡时拿获抢劫渡船的两名疑犯，其一在审讯前自杀，杜凤治就同邓安邦商议将其作为"已认供急病身死"的首犯。几天后，杜凤治又托话给邓安邦，如果清乡时所获疑犯认供，"借销（同治）十年、十一二年各案"。④

各级上司对杜凤治的"借盗销案"不仅允许，有时还予以指点或帮助。光绪二年九月，杜凤治向按察使周恒祺面呈"前任南海时已到三参各案手折"，并说明再任后"到三参者不下二十余起"，担心日后有机会升官会因此被部吏驳诘勒索，请求周"嘱托师爷将各案汇入现办各盗案消弥"，周恒祺当即爽快答应。⑤ 因为案未销完，

① 《日记》，同治十三年四月初二日，《清代稿钞本》第 15 册，第 427 页。
② 《日记》，同治十三年四月初四日，《清代稿钞本》第 15 册，第 57~58 页。
③ 《日记》，同治十三年六月初六日，《清代稿钞本》第 16 册，第 9~10 页。
④ 《日记》，光绪三年十一月初二日、初七日，《清代稿钞本》第 18 册，第 574、583 页。
⑤ 《日记》，光绪二年九月廿二日，《清代稿钞本》第 18 册，第 90~91 页。

次年六月，杜凤治再次向周恒祺呈借盗销案手折，周恒祺提醒杜"不要全数弥缝，被上看出，近乎有意，不妨多少参差"，而且可引用"平日官声甚好"的条文，即使记过多次也不至于参撤，还指点杜如何安排获犯、记过、记功，以更妥帖地销案。① 两个月后，广州知府冯端本对杜凤治说："借盗销案一事，臬台已面谕饬谳局照办，如有可以借销之案为之斡旋，我亦与谳局各委员言之。"因为有周、冯的授意，谳局委员以及府署、臬署师爷都会予以配合。②

杜凤治自己也帮助下属"借盗销案"。罗定州属下的西宁县连滩发生劫案，知县陈杞一贼未获，致函杜凤治请求入监贿买在州城正街抢案拿获之四贼认抢连滩案，杜凤治也立即允许。杜凤治认为，正街劫案案犯按照就地正法章程都是斩立决，行劫次数多者，从重也无非是枭示，总之一死而已。陈杞贿买盗犯多认一案，使他们在狱中可以享受酒肉、鸦片，反得到好处。③

"借盗销案"要办得顺当，除了上司的默许与维护之外，打点上司衙署的幕客也必不可少。杜凤治首任南海已届三参、四参之案，本来已得到按察使周恒祺的允许，但臬署兼督署幕客陈光照示意杜凤治酬谢800两，杜没有答应，陈光照就在臬署的详文中删去了所借盗犯姓名。但杜凤治族侄杜承洙是谳局委员，得知此事后立即告诉叔父，杜凤治再同周恒祺说明，周恒祺便命其他幕客另办文书。④ 府署幕客沈梅生也曾挑饬谳局为南海"借盗销案"的文书，原先所借之盗"皆各属抢犯已斩决者"，沈认为"办得不得法，案无根据，恐有后虑，不如用病故各犯无痕迹"，其实是因为该"借盗销案"的详文由

---

① 《日记》，光绪三年六月十九日，《清代稿钞本》第18册，第368页。
② 《日记》，光绪三年八月十九日，《清代稿钞本》第18册，第451~452页。
③ 《日记》，光绪元年六月初十日，《清代稿钞本》第17册，第160页。
④ 《日记》，光绪三年五月初三日，《清代稿钞本》第18册，第295~296页。

杜承洙起草，而沈同杜承洙有过节，故意让杜承洙难堪。① 但于此也说明无论斩犯或瘐死之犯，都是可借为销案的对象。不过，杜凤治平日很注意同上司衙署老幕客刘复斋、刘十峰兄弟搞好关系，不仅都支付了丰厚的干脩，而且对刘十峰所控的钱债案十分用心，在二刘的协助下，加上知府、按察使本来就同意，府、臬衙署都没有再为难，南海这次"借盗销案"终于得以完成程序。

五 南海知县的特殊公务

（一）首县知县的地位

在清朝，南海、番禺是广东省首府广州府的附郭县，一般也可称为广东省首县，省城分属南海、番禺两县管辖，南海管省城西部，番禺管东部。晚清省城人口已过百万，南海所辖的西关是省城人口最密集之处，也是全省商业的中心。此外，佛山镇也在南海县地面，人口有数十万。佛山虽设立了同知衙门，但按照清朝制度，作为地方正印官的南海知县，较佛山同知有更大的行政责任。

南海县是"冲、繁、疲、难"四字俱全的最要缺，知县须请旨补授。南海又是全国著名的大县、富县，应考的童生人数为全省之冠，地丁和其他赋税额远超其他州县，盗案数目在全省也最多，因此，南海知县远比一般州县官忙。杜凤治称，"南海公事较外县多至十倍"。② 布政使杨庆麟也说过"首县岂人人可为者乎？必须有才能、有气度、能肆应、能镇定，能办洋、旗事务，能听断、缉捕方胜其任"。③ 另一位布政使邓廷楠对小病新愈销假的杜凤治说过："首台是

① 《日记》，光绪三年七月十五日，《清代稿钞本》第18册，第412页。
② 《日记》，同治十一年六月初五日，《清代稿钞本》第14册，第147页。
③ 《日记》，光绪庚辰九月初四日后补记部分，《清代稿钞本》第18册，第618页。

不可病的，与表一样，你病了几天，如表停了摆了。"①

按照清朝的制度，知县只是"微员"，即使是首县南海知县，本身的官职也不过六品（杜凤治加捐同知，并加衔至四品，一般知县为七品），在整个官僚架构中处于偏下的位置，但在官场中的地位非其他州县官可比。

同治十二年四月廿三日（1873 年 5 月 19 日）是杜凤治 60 岁（虚岁）生日，其中一副贺联由大学士直隶总督李鸿章撰、军机大臣工部尚书李鸿藻书（二李是杜凤治的乡试同年），附名的还有多位最低为四品京堂的京官。外官表示祝贺的"以道员止共三十余位"，"屏红缎金字四幅，同寅金底墨字子立首府（冯端本）撰，午桥（张炳炎）同年书，府、县均列名共十六幅"。布政使、署理按察使、广州知府、诸候补道、候补府均亲到县署祝贺，来祝贺的还有右都统、粤海关监督。如果杜不是广东首县南海的知县，不可能有这样的场面。杜凤治任广宁、四会知县时，署理按察使蒋超伯对他诸多刁难，是他仕途上的第一个克星。但调署南海知县后，杜凤治去谒见蒋超伯，其时蒋虽没有实职，但品级还在，从日记对两人见面的描写来看，蒋超伯的客气和礼遇甚至有点过头。蒋之所以前倨后恭，也是因杜凤治首县知县的身份。品级很高、任过高官或翰林出身的大绅士如梁纶枢（二品衔）、梁肇煌（曾任京兆尹）、康国器（原广西布政使、护理巡抚）、马仪清（翰林出身，在籍道台）等对杜凤治也都很客气。

杜凤治在日记中也经常流露出踌躇满志的心态。据说广东的首县比其他省首县更神气。有一次，广州知府冯端本与杜凤治谈起以往见南海、番禺知县时他们高傲的态度时，引用了一段广东官场的流行

---

① 《日记》，同治十一年六月廿二日，《清代稿钞本》第 14 册，第 162 页。

语："以前广东有四大之谣：叶中堂官衔大（中堂总督、太子少保、一等男爵），城隍庙灯笼大，老举脚大，两首县架子大。"① 他着重的是最后一句。杜凤治任南海知县后，架子也不小，对一些并非顶头上司的候补道、府官员常常不给面子，对大多数同、通、州、县更不放在眼里。杜凤治说只要自己在家，"求差之同、通、州、县络绎不绝，记不胜记"。② 如果来客与他关系一般，或者没有重要公事，杜凤治往往不见，"外间颇有怨言，谓首府比督抚难见，首县比司道难见"。③ 说"首县比司道难见"或过甚其词，但也反映出想要见首县知县的官员之多。这些人多数无非是冲着杜凤治首县知县的地位而来。

由于首县经常接近督抚，了解督抚的意向，一些地位相当高的官员也要通过首县了解信息。例如，学政吴宝恕希望继续留任广东，想知道督、抚的意见，便嘱杜探询，"一有信息，即驰告之"。④

光绪二年九月，署理广州知府楼震到任后向杜凤治请教首府的公务，杜回答："唯首府无甚要事，最重者是谳局，此地必要留心。子立初到时，□亦以此言首先告之。伊于谳局可云慎重，其出色亦在此，如今初到，尚无把握，一切责成晏画舫赐书、杜菊人承洙二人，自无废事矣。"⑤ 一般州县官不会用这样直言不讳的口气同顶头上司说话。但楼震新接署广州知府，必须得到杜凤治这位老资格首县知县的协助，从日记的描写看，楼震不以为忤，反对杜表示感谢。后来按察使周恒祺告诉杜凤治，曾听到督抚议论楼震："首府楼人实无他，

① 《日记》，同治十二年闰六月十四日，《清代稿钞本》第 15 册，第 41 页。叶中堂即叶名琛。"老举"指娼妓。
② 《日记》，光绪二年九月初六日，《清代稿钞本》第 18 册，第 56 页。
③ 《日记》，光绪三年九月初五日，《清代稿钞本》第 18 册，第 476 页。
④ 《日记》，光绪二年八月廿一日，《清代稿钞本》第 18 册，第 39 页。
⑤ 《日记》，光绪二年九月十六日，《清代稿钞本》第 18 册，第 78 页。

唯生手，幸得杜令诸凡匡助，尚无贻误。"①

　　但凡在省城举行的重大政务活动，如学政院试、文武乡试、阅兵会操、例行的祭祀、临时的祈禳等，首县知县除按规定或惯例参堂、站班外，要负责筹备、供应、操办等事宜，有时还得充当沟通的角色。如同治十二年癸酉科乡试，从点名、巡逻、处理突发事件、延请誊录书手，到放榜、举办鹿鸣宴，杜凤治作为首县知县都要安排、照料和负担部分费用。乡试考毕，广东要以督、抚名义致送正、副主考丰厚的程仪，送多少、怎样送，以及这些银两如何凑集，都由两首县办理，包括以私人信件的方式提醒同主考有年谊、乡谊的官员厚送程仪。督、抚名义致送的程仪则由两首县先垫付，事后再致函各州县分摊归还。② 再如光绪二年武乡试，杜凤治虽不必全程参与，但举行一些仪式时作为首县知县要在场，还要每天去校场看看上司有什么事要交办，日记记"去必掌灯，回必掌灯，如此者必四十余日方毕，所谓戴星出入，非欤？"③

　　因为首县知县经常承办各种具体事务，熟悉规矩和惯例，督抚会向首县知县询问有关礼仪细节等事项，而首县知县也会主动提醒上司。光绪二年广东乡试主考王之翰是四品官，级别不高，但杜凤治想到王系日讲起居注官，皇帝侍从之臣，于是就通过督署巡捕转禀总督，等到主考回京时"各大宪应寄请圣安"。④ 光绪三年春雨水过多，总督派巡捕询问杜凤治应否祈晴，杜回复："即于明日起两县先赴城隍神前默祷，三日如仍未晴，俟广府三日假满再行设坛府、县同祈，或请司、道虔祷。广府亦差人来询，亦答以明日起默祷三日，不设

　　① 《日记》，光绪三年二月廿二日，《清代稿钞本》第18册，第165页。
　　② 《日记》，同治十二年八月、九月，《清代稿钞本》第15册，第116~149页。
　　③ 《日记》，光绪二年十月初一日，《清代稿钞本》第18册，第101页。
　　④ 《日记》，光绪二年九月廿三日，《清代稿钞本》第18册，第92页。

坛。"① 总督、知府之所以要询问杜凤治，是因为首县因经常承办各种祈祷、祭祀，所以熟悉典礼，而且县衙有档案文书记录可查。

两首县还是为各级上司衙署提供服务的机构。督、抚、藩、臬、学政到任、去任，衙署的修理以至某些日常用度，两首县既要出力还要出钱。按惯例，为上司办差的经费，南海负责六成、番禺负责四成。每逢年节督、抚、藩都会赈济"穷员"以及"故员"的贫困亲属，首县负责具体措办，已见前文。南海、番禺两首县有分别"值月"的惯例，番禺轮值单月，南海双月。② 值月的首县知县承办该月的官场事务。

不仅公务，督、抚、藩、臬、道、府很多私人事务也要首县承办。如同治十二年正月巡抚张兆栋的老太太寿辰前一日，杜凤治就要去安排，"卯初二刻至抚署，至子初一刻方得归"，次日"尚须打点坐一日"，搞到疲惫不堪。③ 当年六月，新任按察使张瀛接印后儿媳妇病死，其后事也靠两首县备办。④

首县知县很风光，但又很不好当。清朝尽管有很多"则例"之类的行政法规，但法规、制度条文往往不会被严格执行。官员们对麻烦事能推即推。因为在省城同城的顶头上司多，首县知县需要请示的人也多，两首县知县无异是十几个婆婆管束下的两个媳妇。但上司之间关系复杂，未必都有明确指示，最后还是靠首县知县自己决定、执行和承担责任，所以，首县知县做起事来格外艰难。杜凤治曾叹："不论何事，有难定主意者，上游往往不肯专主，必推之两县，到两县则无可推矣，故两县不易为也。"⑤ 首县知县收入虽然高于其

---

① 《日记》，光绪三年三月廿六日，《清代稿钞本》第 18 册，第 227 页。
② 《日记》，同治十年五月初十日，《清代稿钞本》第 13 册，第 219 页。
③ 《日记》，同治十二年正月十六日，《清代稿钞本》第 14 册，第 441 页。
④ 《日记》，同治十二年六月十八日，《清代稿钞本》第 14 册，第 621 页。
⑤ 《日记》，同治十二年七月廿七日，《清代稿钞本》第 15 册，第 105 页。

第四章　州县衙门的公务　289

他州县，但除了公务支出特别多之外，为满足上司及他们的幕客、亲信等的各种索求，额外支出也要比其他州县官多得多，一不小心就会严重亏累，所以，杜凤治两任南海知县，做一段时间就要求卸任，宁可调到收入少得多的州县任职。

（二）官场运作中的要角

被选为首县知县并能当下去的官员，必须是总督、巡抚、布政使都接受并且有能耐的人。总督对求见的下属往往会不见，但对首县知县，"不论何时来必见，见必有许多话"。[①] 首府和两首县是除布政使外单独见总督最频繁的官员。[②] 杜凤治只要人在省城，大多数日子要谒见督、抚、藩、臬等上司或被他们召见，上司们予以谕令、指示，经常同他讨论各种问题，杜凤治则常在各级官员之间传话沟通，在官场中所扮演的角色与一般州县官有很多不同，除事务性的公务外，还参与了大量"会典事例"所规定的知县职责以外的公务。

清朝地方官员架构的设计，既复杂又有太多空白模糊之处，不能应付官场实际运作的各种情况，有很多必须经常做而又不可"见诸公牍"的事。例如，为免户部、刑部书吏对广东秋审、奏销挑剔，广东每年致送两部书吏"笔资"3000两银，这笔钱必须送，但又绝对不可以在官方文书中出现，都是藩、臬委托两首县具体办理，先垫付解送，然后两首县以私人信函的形式要求各州县分摊（但"解者寥寥"）。[③] 又如，督、抚、藩的故旧或翰林来粤"打把式"，这是年年必有之事，但不可用督、抚、藩的名义和其衙署的文书要求各地道、府、州、县致送银两，发信的事同样落到两首县头上。

有时，某些重要公务，督、抚出于种种考虑不愿直接出面或通过

① 《日记》，同治十年十一月初十日，《清代稿钞本》第13册，第479页。
② 《日记》，同治十二年十二月初五日，《清代稿钞本》第15册，第255页。
③ 《日记》，同治十年七月廿一日，《清代稿钞本》第13册，第319～320页。

正式公文处置，首县知县就负起沟通督抚与具体办事官员的责任。同治十一年春，番禺鹿步司鸡公崀村与其他村庄械斗，参将邓安邦（宝臣）率兵勇会同番禺知县胡鉴前往弹压。鸡公崀村不愿缴械、亦不愿交出"斗匪"，还与弹压的官兵对峙月余，其间向官兵发射抬枪。按照清朝法律，民间不准拥有大炮、抬枪等重型火器，枪击官兵更是形同叛逆。但如果这些情节都通过正式公文禀报，就只能按王法严加剿办，死伤必多，事后也要诛杀多人。总督与署理按察使商议，认为既不能听之任之，又不想事情闹得太大（鸡公崀离省城不远），希望以威慑的办法使鸡公崀等村缴械交匪，只求事件平息。但这些想法不符合王法，所以就不能见诸公牍。于是，处置事件过程中，胡鉴以私人信函的形式把鸡公崀情况告知杜凤治，让杜凤治再向各级上司禀报。总督、按察使、知府等上司的指示以及上司一些具体细致的想法，又由杜凤治以私人信函的形式告知邓安邦、胡鉴，使邓、胡两人及时了解上司意旨，不至进退失据。最后，鸡公崀村表示愿意服从官府，交出武器和若干名"斗匪"，缴交花红银 1400 元了事。[①] 杜凤治在日记中颇为自豪地记下："此次若非予为上下周旋，信息如飞通报，则上下不通，中堂初甚怪宝臣，几乎撤去，予急通信，即时进兵，方得成功。"邓、胡两人事后得到总督的赞许，也很感谢杜凤治。[②]

遇有州县官因交代、缉捕等事项拖延有可能引致处分，督、抚、藩、臬往往会让首县写信或传口信，提醒有过失者赶快弥补改正。如果由督、抚、藩、臬直接出面，就等于追责进入程序，由首县转达，既让有过失者知道上司的态度，又留有转圜余地。同治十一年十一

---

① 《日记》，同治十一年二月三十日，四月初七日、十一日，《清代稿钞本》第 14 册，第 24、77、83 页。

② 《日记》，同治十一年四月十一日，《清代稿钞本》第 14 册，第 83 页。

月，新任布政使俊达让杜凤治提醒卸任兴宁知县张琮，因张在兴宁任上"亏短正项五六千金，部款千余金"，要尽快筹解，"如不筹解，必然揭参"。如果张琮能清解，"我必与以一缺，即请君为中证，断不食言"。① 光绪二年八月，顺德赌风甚盛，兵丁包赌，总督刘坤一要杜凤治转告顺德知县林灼三："留城弁兵渔利包赌恐必不免，但此地方官之责也。林令当予初到时循声卓著，人言啧啧，今见一年碌碌庸庸，未见其行一事建一言，直同泥塑木雕，为循吏者固如是乎？君必以我言告之。"②

　　上司有时会把一些涉及全省的政务交给首县知县调查、报告。同治十二年，因为很多州县官不仅捐摊、杂款观望不解，其他款项亦不解，致使清饷局无银，武营领饷无法应付；布政使俊达便命杜凤治发信给各州县官，并要杜查明各州县缺之优劣及欠解数目呈报。杜凤治很快向俊达密呈各官欠项及贫富情况，但请求布政使为其保密免招怨恨。③ 光绪三年四月，巡抚张兆栋又要求两首县查明各州县欠数、贫富开单呈阅，以便严追。④ 杜凤治这次没有抓紧做，20多天后，巡抚催促，杜回去后只好把全省州县官分上、中、下三等开列名单应命塞责。⑤ 上面提到的布政使、巡抚交办事件，就不属于南海知县的职责，但因为杜凤治是首县知县，与各州县官经常交往，且居官省城，有较多了解信息的渠道，所以布政使、巡抚特地叫他去办。首县知县还会参与讨论、制定涉及全省的章程。州县交代是个大难题，积重难返，蒋益澧奏减米羡后州县官收入大减，交代时亏空的情况更多。同治十二年，布政使俊达打算制定一个新的章程规范州县官的交代，初

　　① 《日记》，同治十一年十一月廿五日，《清代稿钞本》第14册，第376~377页。
　　② 《日记》，光绪二年八月廿一日，《清代稿钞本》第18册，第39页。
　　③ 《日记》，同治十二年二月初九日、廿二日，《清代稿钞本》第14册，第460、474页。
　　④ 《日记》，光绪三年四月初九日，《清代稿钞本》第18册，第248~249页。
　　⑤ 《日记》，光绪三年五月初七日，《清代稿钞本》第18册，第301页。

稿拟出后，除了藩署师爷、交代局作签注外，俊达又召集广州知府和两首县知县讨论，赴藩署前知府冯端本先找两首县知县统一意见，杜凤治颇为详细地记载了府署讨论的情况。到布政使预定的时间，三人到藩署，俊达谕令门上，其他人无论何人一律不见。三人带来在府署签注过的章程稿本，同俊达一起"悉心逐条酌议"，俊达基本上接受了三人的意见。①

首县知县经常参与委缺、委差的讨论，并有颇大影响力。杜凤治两任南海的日记，都有布政使同他详细讨论委缺、委差的记录，有时总督、巡抚也会就此询问他的意见。当一个"苦缺"空出时，通常是首县知县出面从候选人处得到明确答复后，督、抚、藩才决定任命；有时甚至事先让首县在候缺官员中放风声询问谁愿意任某缺，再确定候选人。②

光绪三年二月，布政使杨庆麟接见杜凤治和番禺知县袁祖安，同他们讨论长乐、增城、新宁、潮阳、河源、阳春、高明、饶平、儋州等州县任缺事，事前杨庆麟命杜查问何人愿意到儋州任职，杜当场把名单呈交布政使。③ 几天以后，杨庆麟再与杜商议博罗缺调何人署理为好，又讨论潮阳、揭阳两大缺知县的更动。因不少官员不愿赴苦缺任，杨庆麟打算定一新章程，规定任苦缺者到一定时间予以调剂，委托杜凤治把各缺情形分成五个等级开单作为制定章程的依据。④

---

① 《日记》，同治十二年三月初三日、初四日，《清代稿钞本》第 14 册，第 488 ~ 489、491 页。
② 《日记》，同治十一年十二月初一日、初六日，《清代稿钞本》第 14 册，第 383 ~ 384、389 页。
③ 《日记》，光绪三年二月十五日，《清代稿钞本》第 18 册，第 159 页。
④ 《日记》，光绪三年二月廿四日、廿八日，《清代稿钞本》第 18 册，第 168 ~ 169、172 ~ 173 页。

按察使周恒祺也曾要杜凤治开列同、通、州、县十余员，以备充任赴各州县办理积案的委员，又要杜推荐谳盗局审案委员的人选。①

　　杜凤治不止一次参与了知府、直隶州知州委缺的讨论。同治十一年九月，布政使俊达问杜凤治嘉应州缺之优劣，又问张曰衔（翰林出身，实缺同知）是否可以署理此缺，杜回答说可以，后来挂牌的结果就是张曰衔。② 光绪三年春，知府征霖有机会补韶州府缺，布政使杨庆麟问杜凤治，征霖和另一知府凤贵谁更合适。征霖曾多次求见杜，显然有请杜美言之意，又请托杜帮忙致函部吏照应。③ 后来，杨庆麟告诉杜凤治，征霖就算补不上韶州府，也可以得雷州府。④

　　杜凤治还协助上司处理官场的难题。如署理南海县丞恩佑是总督瑞麟的亲戚兼亲信，署理这个著名优缺已期满，又禀留过一次，按制度和官场惯例都应该让其他人当。瑞麟向布政使邓廷楠示意要让恩佑继续署理，邓廷楠认为如此会招物议，又以为瑞麟未必会太在意一个佐杂缺，最初不打算按瑞麟的话办理。杜凤治通过方功惠等人了解到瑞麟对恩佑很有情，对此事也很上心，为此特地谒见邓廷楠，提醒其犯不着为一个佐杂缺与总督意见相左。但瑞麟这样做确实是阿私，官场一定人心不服，所以不宜公开禀留恩佑。最好的办法是装作忘记恩佑署理期已满，既不派人接任也不禀留，让恩佑再做半年，等过年后看情况再说，在单独谒见瑞麟时婉转说明，估计瑞麟就不会见怪了。邓廷楠表示也只可如此。杜凤治又把恩佑找来把情况告知，提醒其不要声张。⑤

---

① 《日记》，光绪三年二月初五日，《清代稿钞本》第 18 册，第 136 页；《日记》，光绪三年五月廿一日，《清代稿钞本》第 18 册，第 322 页。

② 《日记》，同治十一年九月十八日，《清代稿钞本》第 14 册，第 295 页。

③ 《日记》，光绪三年三月廿二日，《清代稿钞本》第 18 册，第 219 页。

④ 《日记》，光绪三年六月十九日，《清代稿钞本》第 18 册，第 371～372 页。

⑤ 《日记》，同治十一年七月十五日，《清代稿钞本》第 14 册，第 188 页。

杜凤治还经常在上司面前为其他州县官求情。新会知县郑荧、香山知县张经赞、顺德知县林灼三都因事可能被撤,杜凤治作为首县代他们求情,请求不要在钱粮旺收时撤任。杜凤治对上司说,自己"与郑、张、林三令初无深交,亦无年、世之谊,既为州县领袖,可为之缓颊,无不尽心力为之"。① 他觉得做这类事是首县知县应尽之责。

(三)维护省城治安

维持省城治安是首县知县极为重要的公务。南海县并无归其节制的兵勇,② 虽说省城内缉捕责成武营重于两首县,但一旦有重大劫案发生,首县知县也必然要担责。省城劫案大部分疑犯都是武营捉获后送来的,南海县也出动衙役缉捕,但主要是审讯武营送来的疑犯。

省城遇有大规模的聚众闹事、骚乱,首县知县的责成就重于武营了。下面以光绪三年七月十七日在省城先后突发的两宗大规模骚乱事件为例,看看首县知县是如何处置的。

当日是院试末场,南海县署外班骑马飞报双门底出现罢市。原来是新会县一个十六七岁的童生到纸铺买纸,店伙发现他支付的一元洋银是铜银,便将铜银扣下。此童父兄纠集新会文童多人到该纸店将招牌、物件捣毁,引发街众与新会童生、家长的冲突,街众抓到新会童生、家长六人。双门底是南海、番禺的分界,事发的店铺在番禺辖区,杜凤治得知广州知府冯端本和番禺知县袁祖安已到双门底,便饭也不吃赶过去。冯、杜、袁在双门底街庙简单商议后就把六人带到广州府署审讯,四营将③也赶到府署。接着,冯端本、袁祖

---

① 《日记》,光绪二年九月十九日,《清代稿钞本》第18册,第84页。
② 《日记》,光绪三年六月初七日,《清代稿钞本》第18册,第347页。
③ 四营将,广东省城级别最高的四名绿营武官,分别是督标中营中军副将、广州协副将、抚标左营中军参将、抚标右营游击。

安、杜凤治三人到了谳局，谳局委员也全到，并把送考到省城的新会学官、廪保传来。在审讯时掌责被捉获者，然后由新会学官、廪生将六人保释。

新会童生、家长滋事案还未审完，就有杜凤治的"家人"跑到谳局报告说，刚才西关玉石器行的人去龙津桥龙珠茶店饮茶，因打碎茶碗，店伙索赔互相争闹，玉石器行就"纠合数十百人来店大闹，碎器毁门，其势汹汹，竟同抢劫。街坊鸣锣聚合，约众抵御互斗"。西关归西关千总、南海县丞直接管理，两人闻讯立即带领弓兵、差役前往弹压，捉获七人，为首闹事者逃脱。

两聚众闹事事件都发生在闹市区。童生院试期间，容易发生聚众闹事。其时大批外府县应考童生仍留在省城，双门底冲突发生后如不及时平息，事情闹到多大难以预料。所以，官员们相当紧张，知府、两首县都立即赶到事发现场会同处理，四营将也来到府署。西关聚集各行业数以万计的手工工人，他们有自己的行会，不少人好勇斗狠，拥有冷热兵器，甚至洋枪。而清代广州各街道的商民又有一定的自治、自卫机制，拥有街勇等武力，如果街众同手工工人冲突升级，也会造成严重的死伤。从上述两事件看，省城负责维护治安的文武官员对大规模聚众滋事的警惕性相当高，也有应对机制，南海县丞、西关千总在很短时间内至少向知县送了两次书面报告，反应可说迅速。各级文武官的配合亦可称默契，所以，事态得以迅速平息。①

防火救火也是大城市治安的重要内容，首县知县防火救火的责任甚至比缉捕还重。其时广州的房舍都是砖木结构，人烟稠密，火灾经常发生。每逢失火，杜凤治都会立即赶赴火场亲自督促灌救。同治十年九月，省城双门底著名成药店陈李济之店铺失火，杜凤治立即赶赴

---

① 《日记》，光绪三年七月十七日，《清代稿钞本》第18册，第414~415页。

火场，"差、勇排列，独坐弹压"，稍后又派人持手本禀知来到火场的布政使、广州知府。等到火熄灭、上司回署后杜凤治才离开。① 同治十一年十月，杜凤治正在为儿子杜子林的婚事行聘礼，听事报西关下九甫失火，杜凤治立即放下一切奔赴火场，听取地保与保甲委员的报告。副将喀郎阿、署理按察使钟谦钧、保甲局督办沈传经等一批文武官员也先后来到。这次火灾烧去娼寮七八间。② 同治十二年十二月，西关故衣街一私售火药的洋货店二更时分起火，延烧左右，杜凤治闻讯即率领兵勇前往救火，番禺知县胡鉴也到场，按察使、盐运使、广州知府以及几位武官也到达火场。各官在城楼上坐镇，具体指挥者主要是南、番两县。按察使提出拆毁一些房屋截断火路，因要取得房主同意，杜凤治乃请西关千总罗祺传谕。第二天，杜凤治又去火场调查起火原因，勘查铺屋被焚及人员伤亡情况。③ 光绪三年三月新城正南门外蓑衣街夜间发生火灾，杜凤治也是闻报立即起床赶赴火场，水龙车十多部前往灌救，杜凤治为此感叹："可见广州水车之多！"④ 官府并无专门的消防队伍与设施，水车、水龙都是民间的。但杜凤治作为首县知县带领兵勇到达火场，一方面通过地保了解起火原因、伤亡情况等，并协助救火、临时处置（如决定拆房断火路）；另一方面维持秩序，防止趁火打劫等案发生。赶赴火场的虽有按察使等高官，但他们都不直接指挥救火。南海、番禺两县遇有火警不会很严格划分辖境地界。如同治十二年十二月西关的火灾，番禺知县也到场，而西关是南海县辖境。

首县知县必须设法防止劫案、盗案在省城发生，最常见的办法是

---

① 《日记》，同治十年九月初三日，《清代稿钞本》第 13 册，第 383 页。
② 《日记》，同治十一年十月十五日，《清代稿钞本》第 14 册，第 335 页。
③ 《日记》，同治十二年十二月二十日、廿一日，《清代稿钞本》第 15 册，第 276 ~ 278 页。
④ 《日记》，光绪三年三月十五日，《清代稿钞本》第 18 册，第 209 页。

举办团防。与乡村地区不同，大城市举办团防基本是以街区为单位，把原先各街的更练、壮勇整合，添雇有防卫、追捕能力的人员。同治九年，省城多次发生劫案，番禺县幕客李启征受番禺知县杨先荣之托大办团防，其时杜凤治作为委员在潮阳催征，杜在省城的公馆与李启征的住宅都在豪贤街，所以杜宅也出了办团防的钱。① 光绪三年秋，省城"西关各庙属俱因时届冬令，应办团防"，杜凤治不仅提倡，而且同广州知府、广州协参将分别捐银赞助。②

每逢冬天，劫案、窃案、火灾都会多于其他季节，故每年冬天省城都加派查街委员。"南海老城内总查（同、通、州、县）一员、小委员一员、新城一员、西关两员；番禺亦一总查，如南关、东关、老城、河南亦四小委员"，由按察使下札委派，但由两首县知县提出名单，并监督、管理。③ 杜凤治自己经常晚上上街查夜，如果番禺县知县外出不在省城，他巡查的范围就包括番禺县辖境。④ 有时，巡抚、按察使、广州知府也会出其不意地出署查夜，两首县知县既要应付上司，又要监督佐杂、委员落实巡查，次日还必须处理繁忙的公务，所以格外辛苦。杜凤治就与按察使、广州知府商量，如果他们两位出来查夜自己就不去了，只有巡抚查夜时才出去谒见。⑤

省城盗窃案多发，杜凤治认为只要解决了窃匪窝家的问题就可以减少窃案。同治十二年，他出告示规定"不论何街何巷被窃，将该处所有二烟馆、娼寮、赌场全行封禁"，日记称实行以后"城中夜间

① 《日记》，同治九年五月十八日，《清代稿钞本》第 12 册，第 271 页。
② 《日记》，光绪三年八月廿六日、廿八日，《清代稿钞本》第 18 册，第 459、462 ~ 463 页。
③ 《日记》，同治十一年九月十九日，《清代稿钞本》第 14 册，第 295 页。
④ 《日记》，光绪三年十一月廿三日，《清代稿钞本》第 18 册，第 607 页。
⑤ 《日记》，同治十一年十二月廿三日，《清代稿钞本》第 14 册，第 412 页。

较前安静多矣"。① 二烟馆、娼寮、赌场等不大可能都是窃贼的窝家，大概是因为这些都是盗、匪经常出没之地，而烟馆、娼寮、赌场与社会上各式闲杂人等联系密切，也有自己的保卫人员，怕被封，不得不在防止窃贼问题上与官府合作。

同治十年，杜凤治向按察使建议："洋枪为害非浅，固不能禁夷人之不卖，尚可禁我们各店之不卖，并不准各家收藏此物。晚间街上行人如见其形迹可疑，即饬委员、兵勇搜其身上，如带洋枪作为盗匪正法严办。"② 同治年间是洋枪大规模流入中国民间之始，广东民间流入的洋枪最多。但《大清律例》只有严禁民间拥有大炮、抬枪的条文，对民间拥有鸟枪留有口子，对洋枪则还没有增补条文。杜凤治作为其时广东的地方官，痛切感到民间洋枪泛滥对治安的威胁，但这个问题不是制定一些禁令就可以解决的。

（四）对省城的其他管治

教育、医疗、卫生、交通、邮政、就业、城市规划、社会救济等，都是近当代城市管理的重要内容，清代官府并没有管理这些事项的机制、法规，更没有专门机构、人员和经费。两首县着重为各上司衙署提供服务，但广州毕竟是人口百万的大城市，诸如治安、交通、排水、赈济、居民生活等问题，官府不能不管，而首县知县则是直接管理这些事务的主要官员。杜凤治的日记里也记下很多关于修理城墙、疏浚城内水道、清理街道、赈济盲人、封禁合族祠、举办义学、办保甲、查门牌、管理工商、平抑粮价等今天我们可理解为"城市管理"的公务。

按惯例，维修省城城墙"向系千金以下两县垫办，千金以上通

---

① 《日记》，同治十二年七月十八日，《清代稿钞本》第 15 册，第 98 页。
② 《日记》，同治十年十月初六日，《清代稿钞本》第 13 册，第 433 页。

省州县派修，各县不解分厘，是一片纸上帐目"。① 光绪三年，城墙维修需二万两银，两首县垫付不起，藩库又不能提供经费，知府冯端本提出官捐之法。② 由广州府、两首县带头签捐，各优缺、盐务官员、外府各府分摊其余部分。③ 南海县虽然刚遇上水灾，但因为是首县，所以捐 800 两，番禺捐 600 两。④ 两首县还要负责向各府、县催收修城分摊以及弥补收不上来的款项。

六脉渠、玉带河是省城主要排水道，隔若干年就必须疏浚。布政使与广州知府商量，"拟不委大委员，恐其肥己，多责成两县督率"，杜凤治认为两首县没时间兼顾，并建议以藩台最器重的候缺知县孙铸当委员。⑤ 杜凤治还向布政使进呈了六脉渠、玉带河上次疏浚情况的节略，禀报县中可以提取的经费数额。⑥ 南海、番禺分别谕令两县典史、河泊所"先查六脉渠，后查玉带河，逐段按查绘图注说"，呈送布政使，再筹集款项。⑦ 布政使选委疏浚工程的大小委员都会听从两首县知县的意见，工程进行时两县也要提供种种协助。

省城有大量商人和手工业工人，杜凤治管治省城，经常要小心应对这两个群体。在同治至光绪初年，商人阶层仍处于"四民之末"的地位，到了 19 世纪末、20 世纪初，在上海、广州等城市商人的地位才迅速提高并受到官府的尊重。尽管杜凤治不太把一般商人放在眼里，但商人人数众多，又有财力，城市的运作、居民的生活离不开商人，所以，处置涉及商人的事项时杜凤治还是比较小心的。光绪三年

① 《日记》，同治十年六月十六日，《清代稿钞本》第 13 册，第 276 页。
② 《日记》，光绪三年九月初四日，《清代稿钞本》第 18 册，第 469 页。
③ 《日记》，光绪三年九月初五日，《清代稿钞本》第 18 册，第 475 页。
④ 《日记》，光绪三年九月初八日，《清代稿钞本》第 18 册，第 480 页。
⑤ 《日记》，同治十一年十二月十三日，《清代稿钞本》第 14 册，第 400 页。
⑥ 《日记》，同治十一年十二月初十日，《清代稿钞本》第 14 册，第 395 页。
⑦ 《日记》，同治十二年六月廿三日，《清代稿钞本》第 15 册，第 5 页。

六月杜凤治处置了一宗街道土地所有权的争执案，于中可反映首县知县与省城商人的关系，以及对省城"官地"的管理惯例。

著名大绅商梁纶枢、伍崇晖的怀仁堂同十三行六约的绅商围绕西关靖远街一个码头的所有权发生争执。六约商民认为该地段归本街道所有，曾纠集六七百人到南海县、广州府上控。梁纶枢则要求官府给予"地系怀仁堂业"印据，日后如有盖厂聚赌等事，准怀仁堂指控。双方主张对立，梁纶枢是有地位的大绅商，而六约商民人数众多，处理起来颇为棘手。杜凤治到靖远街履勘后，断定该地系填河而成，既然双方都拿不出地契，故应断为官地，但"任民间店铺出入、担水、货物上落"。该处街门有一横匾写有"六约通津"四字，是六约商民认为码头及街道是本街产业的主要依据。所以，怀仁堂表示接受官府关于"官地"的主张，请求拆卸横匾的牌坊。杜凤治也认为牌坊如留下会继续引发业权争端，就判令六约商民自拆，"又批如果拆卸牌坊实有为难之处，不妨据实禀明候再核夺。兹既勘明地已归官，一切仍照原判，而牌坊建立日久，成功莫毁，不必拆卸，着将'六约通津'四字改为'南邑官衢'四字"。并出示禁止"在街内搭寮盖厂窝匪开赌，希图侵占官衢"，如有违反，准绅商、居民禀究。梁纶枢仍请求于判决上"如有窝赌匪等准绅商居民禀究"一句的"绅商"前面加上"怀仁堂"字样，杜凤治认为这样六约商民将更加不服，所以不能照办。南海衙役和工匠更换六约街匾时遭到商民两次聚众强抗，只得暂时作罢。[1] 但杜凤治后来想办法终于把这件事办成，日记没有记载如何办成，不过，几个月后杜凤治再临此地时，街匾的"六约通津"已改为"南邑官衢"了。[2]

---

[1] 《日记》，光绪三年五月廿八日，六月初四日、初六日、十六日，《清代稿钞本》第 18 册，第 329、340~341、345、364 页。

[2] 《日记》，光绪三年十月廿八日，《清代稿钞本》第 18 册，第 566 页。

清朝官吏通过行会管理城市的手工业者。杜凤治在就任南海知县之初，就了解到"西关机房、阑干作房及花梨行人多分立堂名拜会，抢摊馆、滋事"等情况，于是出示禁止，"并传各堂会首来谕之"。①差不多同时，烟丝行东、西家发生纠纷，已做出判决，但西家行不遵，杜凤治就将西家行行首萧启谟羁押。看审的烟丝行行众百余人起哄，请求把在场的所有人都一起羁押，作为要挟。但杜凤治以强硬态度对待，威胁说："如敢不遵作反叛论，必令首领不全。"西家行众不敢再反抗。②后又以"名为东家、偏袒西家，于中播弄唆耸，令不具遵，借得延讼罔利"的罪名扣押了烟丝行东家谭嘉乐、黄华应两人。③日记对涉讼的案情没有多写，杜凤治显然不甚关心双方的是非，羁押谭嘉乐、黄华应的理由也很牵强，无非是认为他们滋事、兴讼予以打压。日记还记载了几次对手工业工人打压的事。

省城粮食供应是极为重要的民生事务，从日记看不出首县知县为维持粮食供应有何常规的办法，但会经常予以关注，在米价上涨得厉害时出告示谕令米商减价、不得囤积。同治十年冬，米价上涨，杜凤治亲自着便衣到米埠调查存米及米价情况，谕令米商"目下先行减平，倘再敢违谕增价，定干查封"。杜凤治也知道强令米商减价不是办法，所谓囤积、增价查封云云，不过是说官话。一些米商有很硬的后台，有的米栈还是大绅开设的，不是说封就可以封的，而且，如果真的实行，"米更无有来者，民食更窘矣"。④

日记又记载了几次封禁合族祠的事。所谓合族祠，是同姓不宗的宗族，在大城镇（尤其是省城）凑资建立的祠堂。清朝官府认为合

① 《日记》，同治十年五月十一日，《清代稿钞本》第13册，第220页。
② 《日记》，同治十年五月廿五日，《清代稿钞本》第13册，第241页。
③ 《日记》，同治十年八月初五日，《清代稿钞本》第13册，第341～342页。
④ 《日记》，同治十年十一月初九日、廿六日，《清代稿钞本》第13册，第477、504页。

族祠不符合礼法，且有聚众滋事的隐患，所以禁止，而倡建合族祠的宗族则会以书院等名义敷衍官府。同治十年，杜凤治封禁了邻近督、抚、藩、臬衙署的卫边街新会黄姓合族祠。新会黄姓呈请撤封，称该处是凌云书院，是新会考生赴省城考试时的寓所。但书院内有神牌，黄姓又辩称不是神牌而是为书院出资者的长生禄位。杜凤治认为，"即长生牌假书院纠银亦干厉禁"，示意卫边街街众递呈抵制新会人。① 几个月后，杜决定把书院充公，改为广州府义学，并把书院内700多块木主焚毁。②

在人口众多的省城，首县知县不可能事事都直接管治。在官府默许下，省城街区有商民自行管治的惯例或机制。街道的坊众有事会在街庙集议，讨论决定本街事务，有时甚至超越王法处置民、刑案件。官府承认街区组织的地位，通过街区组织维持秩序、宣达官府意图、落实官府对城市的管治。③ 街区还设有"街正""街副"，通过某种推举程序产生，由首县知县确认。同治十年六月，南海、番禺办理保甲查门牌事，需要清查城内和近郊的寺观、书院、宗祠等处，维修各街栅门，落实栅夫、更夫的雇请。办理这些事情需要钱，查门牌等事项既烦琐又会扰民，于是就派委员督促，会同各街绅士去办。④ 当年秋末，保甲局委员恩隆办理查街，"向两县要差要勇要灯笼火把，大张声势，开销正项"，保甲局总办聂尔康和杜凤治都认为，"以照去年令各街巷自办为简捷"。⑤ 因为街巷有自己的组织和机制，还有公项和雇佣的武装人员更练、街勇等，街道的绅士有地位且熟悉情况，所以聂、杜认为街巷自办更好，且可节省官府的支出。

---

① 《日记》，同治十年五月初一日，《清代稿钞本》第13册，第206页。
② 《日记》，同治十年十一月十四日，《清代稿钞本》第13册，第483页。
③ 邱捷：《清末广州居民的集庙议事》，《近代史研究》2003年第2期。
④ 《日记》，同治十年六月十六日，《清代稿钞本》第13册，第276页。
⑤ 《日记》，同治十年九月初七日，《清代稿钞本》第13册，第389页。

光绪三年七月发生了一件民间纠纷案，日记记载：

> 又讯李何氏踞梁王氏店屋，屡伤差，委捕衙令出屋，恃病违抗。日前梁王氏偕四妇往催，妇女口角争哄，自然嘈杂纷拿。乃街坊、值事人等左袒李何氏，指为凶匪，三四十人（实无一男人）将四妇扣留送庙押至三日之久，至今日不得已而送官，殊属可恶。梁王氏既禀官而自往吵闹固属不应，而街坊偏私左袒，胆敢将妇女扣留，荒唐谬妄！大施申饬，从宽令具结，限三日饬李何氏出屋还主完案，则与街坊无涉，众司事又不敢具结，更可恶矣！不便全押，于中摘出六店司事交差带候，必待李何氏出屋交还梁王氏方释。①

这是一宗普通房屋纠纷演变为街众将妇女押在街庙三天的事件，街众扣人的理由可能是不能允许有人在本街道滋事，但挑战了知县的权威。李何氏倚仗街众的袒护，不仅抗不遵判，而且还"屡伤差"，但妇女不可能对差役造成严重伤害。街众拘押妇女数日不仅违法，且有可能酿成复杂的诉讼，甚至导致严重冲突。从日记描述看，主持街道事务的是若干店铺的司事，杜凤治就对为首的司事施加压力，以使李何氏一方心服。日记特地记下街众参与冲突、拘押的"实无一男子"，似不合情理，但这是防止事态扩大的伏笔。从此案看，街众维护本街区利益时有时会做过头，但知县则尽量息事宁人，只是要求街众尽快遵守县判，没有追究他们对抗知县判决和非法扣押妇女的行为。

---

① 《日记》，光绪三年七月廿八日，《清代稿钞本》第 18 册，第 426～427 页。

（五）协助两广总督处理涉外事务

第二次鸦片战争后，清朝成立了总理各国事务衙门办理涉外事务，但在各省并没有设立相应的外事机构，在外交事务特别多的广东，对外交涉仍像两次鸦片战争前一样由两广总督直接负责。南海、番禺知县是总督处理对外事务的重要助手，选任首县知县时都以能否办洋务为条件之一。首县知县级别不高，总督可指挥裕如，加上首县管治省城地面，幕客、书吏、衙役人数多于其他衙署，办事也较易落实。杜凤治说过："两县则洋务为最要务，堂期询问亦常常有之，盖洋务倒与藩、臬、运、粮、府无涉，在下则两县，在上则制台，即抚台处亦不甚关涉。"① 有时一天即有七八件洋人事务，"无不缪辖者，首县难作，此其一端"。② 光绪三年为避免外国人动辄找上总督，曾委派道台高从望办理洋务，但高"既无局又无事，即有洋务亦仍在两县上"。③ 当年终于设立了一个洋务局，由榜眼、在籍广西道台许其光任总办，但很多交涉还是首县知县承办，有时许其光还要到杜凤治处打听洋务事件办理的进展，并托杜把自己的意见向总督转达。④

从杜凤治日记看，外国领事甚至领事馆一般官员，都会为各种事项直接求见总督。杜凤治经常接到总督交办的麻烦棘手事。外国领事一旦不满意，就会向总督控告，甚至要告到北京的总理各国事务衙门，有时还做出更多威胁，来函口气往往如同上司训饬下属。杜凤治虽然气愤，但只能忍气吞声，尽量满足外国人的要求。他因瑞麟轻易接见外国领事馆官员议论说："无如中堂既肯轻见若辈，又不肯与之

---

① 《日记》，同治十年八月廿四日，《清代稿钞本》第 13 册，第 372 页。
② 《日记》，同治十年四月十六日，《清代稿钞本》第 13 册，第 174 页。
③ 《日记》，光绪三年五月初一日，《清代稿钞本》第 18 册，第 292 页。
④ 《日记》，光绪三年十月廿九日，《清代稿钞本》第 18 册，第 570 页。

作难，为若辈看透，结习已成，积重难返，不但两县不好作，即将来继中堂者亦必掣肘，养痈已久，稍立风骨必决裂也！"① 而刘坤一对外国领事馆官员更为客气，对华人翻译也超规格礼遇。杜凤治在日记中写："若辈以制军尚如此优待，视我辈两县如草芥矣。"②

广东是两次鸦片战争爆发之地，第二次鸦片战争时，英法联军打进广州，掳走粤督叶名琛。此后，广东高官在外国人面前都如惊弓之鸟，对此，日记有大量生动的记述。在杜凤治笔下，瑞麟"畏鬼如虎"，"只求中外相安无事，一味羁縻，不计其他"。③ 而刘坤一更怕洋人，杜凤治对刘不敢直接同洋人交涉，推给官卑职小的首县知县出头很不以为然，认为刘坤一派自己与外人交涉，是想到万一洋人翻脸，就诿过于小官，"定必拿小官参罚以谢洋人"。④ 光绪三年，发生赤溪教民劫杀民船一案，刘坤一"初则雷霆大震，必欲严办，且欲立时正法"；但法国领事馆翻译来干预后，刘"忽然改变，欲释此教民，又难于立释自相矛盾，饬谳局发回赤溪审讯，暗中授（意）一到赤溪听人保释"。广州知府冯端本认为："制台如此无耐心，如何办洋务？"杜凤治说刘坤一办洋务还不如瑞麟。⑤ 他在日记中慨叹："洋务最棘手。宽了，上游谓不善办理，以后洋人无厌，进而愈进；严了，上游又谓洋人不怿，必与上游噪聒，失了和好之意，亦是办理不善，左右皆非所可。"⑥

杜凤治曾与几个西方大国的驻粤领事打交道，他在日记里对几个

①《日记》，同治十二年二月二十日，《清代稿钞本》第 14 册，第 471~472 页。
②《日记》，光绪三年十一月廿六日，《清代稿钞本》第 18 册，第 611~612 页。
③《日记》，同治十年六月十一日、十一月廿二日，《清代稿钞本》第 13 册，第 270、550 页。
④《日记》，光绪三年三月初二日，《清代稿钞本》第 18 册，第 190 页。
⑤《日记》，光绪三年三月廿二日，《清代稿钞本》第 18 册，第 221 页。
⑥《日记》，同治十年五月十七日，《清代稿钞本》第 13 册，第 227 页。

外国领事做出评论：

> 南海法国事最少，最多缪辖者是美国，以赵罗伯糊涂……有
> 丕承业洋人，亦非端士，以故事最多。次之福署德国领事官，亦
> 不安分。英国罗领事人极利害精明，而公事尚明白，故颇安静。
> 吕宋之翻译官沙位耶最不安分……英国翻译官嘉托玛，人颇长
> 厚，亦讲情理，最习黠者法国翻译官萨来思，幸无事也。①

杜凤治对这些外国官员应该知之不多，只能从有无给自己多添麻
烦着眼，做出的评论也是中国官场的套语。

按照条约，中外争讼的案件，中国应该派官员同领事会审。杜凤
治是科举中人，不懂外语，更无外交经验，县署幕僚当然也不懂外
交，从日记看，交涉的翻译都由外国领事馆的人员担任。同治十一年
八月，总督瑞麟同杜凤治谈起澳葡官员从道光二十九年起即拒交澳门
租银，"中堂言五百金事无实据"。杜凤治根据《瀛寰志略》和来粤
后的了解，对葡萄牙租借澳门的由来、澳门不同于香港以及澳门土生
葡人等事项做出了比较准确的叙述，瑞麟"当谕将瀛寰志呈看"。②
这个细节很能反映鸦片战争后30年广东官员办"洋务"的水平。

杜凤治署理南海知县后不久，便与英国副领事讨论退还前任南海
知县不当收取的税契银一事，日记是这样记载的："予谓非予事，当
转向前任索取。贝领事言予不管，只知向南海县要。"③ 又有一次，
杜凤治见知府冯端本，冯对杜说起昨天同美国领事赵罗伯会审了一天
案，当天还得继续去，冯抱怨说："如我们案要照他们审法，谳局委

---

① 《日记》，同治十二年闰六月廿二日，《清代稿钞本》第 15 册，第 55 页。
② 《日记》，同治十一年八月十七日，《清代稿钞本》第 14 册，第 247 页。
③ 《日记》，同治十年五月初七日，《清代稿钞本》第 13 册，第 216 页。

员即有百余亦不能了结，可云累赘。"① 杜凤治当然有同感。显然杜凤治等官员是在对外国法律知识缺乏起码了解的情况下就参与对外交涉的。

杜凤治初任南海时，因有广东商人在出口茶叶内掺假及掺铁沙，外国领事过问，瑞麟就把以往禁止这种行为的告示稿发交杜凤治转送与英国领事许士看。许士将告示做了很大修改送回。杜立即把洋人所改告示呈送瑞麟，瑞麟表示许士所改"尚无违碍字样，尽可用之"。② 瑞麟、杜凤治都没有意识到这样做损害了中国主权。

日记还记载了多宗中外商人陷入经济纠纷的案件，而这些外国商人很可能是被中国诉讼当事人故意拉进来的。很多中外经济纠纷都会由外国领事直接向两广总督提出要求，这类案件，如果两造都是中国人，总督大多数情况下不会过问。而一旦外国领事出面，案件就不是单纯的钱债，而成了"洋务"，杜凤治就必须细心审理，随时向总督报告和请示，求得外国领事不再聒噪。

由于经常被外国领事弄得十分烦恼，中国官员普遍认为洋人涉讼是一些中国人挑拨、教唆的结果，所以对受雇于外国领事馆的华人非常痛恨。美国驻广州领事赵罗伯是在日记里反复出现、令广东官员十分头疼的人。日记称他既糊涂又贪婪，经常介入、干预各种案件，给瑞麟和杜凤治出难题。瑞麟与杜凤治都认为，赵罗伯不通汉文、汉语，都是受翻译富文（美国人）以及华人通事黎广、王明谷摆弄，所有文书都出自王明谷之手。但王明谷后面有美国领事，中国官员对他无可奈何。同治十三年二月初，瑞麟得到赵罗伯被撤任、王明谷被领事馆辞退的消息，立即面谕杜凤治捉拿王明谷，并布置好控告他的

---

① 《日记》，同治十一年七月廿四日，《清代稿钞本》第 14 册，第 206 页。
② 《日记》，同治十年四月十一日，《清代稿钞本》第 13 册，第 169～170 页。

人。① 王明谷被捕两个多月后因急病死于羁所（其时杜已卸任）。杜凤治的接任者张琮对杜说，即使王明谷没有病死也要把他磨死，因为总督特别痛恨王明谷，"必欲置之于死地"，作为中国人充当外国司事、借洋人势力无所不为者的前车之鉴。②

日记还记载了首县知县协助总督办理越南、琉球等"属国"官员来粤的事项。同治十一年，琉球国八重岛副使等官来中国进贡，归程遇风暴漂流到越南（日记称安南），越南派出官员乘坐轮船护送获救琉球官员来粤，请求广东官员将琉球官员转送福建再觅便回国。越南、琉球官员抵粤后请求登陆。瑞麟便传见布政使和杜凤治，谕令杜立即查案卷禀报以往接待越南、琉球官员的规格和礼仪。杜凤治查出道光二十三年、二十四年越南官员谒见总督的礼节单，以及在粤停留时间、所带货物如何贩卖、补贴薪水数额等，立即通过布政使禀报总督。杜凤治再查其他年份的成案，对琉球官员的补贴额也提出建议。瑞麟又单独传见杜凤治，指示以"天朝上国体统"为原则，按照成案允许越南船只出售随带货物，落实伙食薪水补贴等细节。③ 日记还相当细致生动地记录了瑞麟以下一干广东文武官员接见越南、琉球官员的情景。两国官员已多年不来粤，通事已语言不通，同中国官员的沟通要靠纸笔问答。④

（六）杜凤治参与过的对外交涉案例

下面介绍若干宗杜凤治参与过的对外交涉案例。

1. 有关粤海关扣押走私船案的交涉

同治十二年夏，粤海关缉获三艘装载硝石等货物的走私船，港英

① 《日记》，同治十三年二月初三日，《清代稿钞本》第 15 册，第 327～328 页。
② 《日记》，同治十三年四月廿三日，《清代稿钞本》第 15 册，第 470 页。
③ 《日记》，同治十一年五月廿五日、廿七日、廿八日，《清代稿钞本》第 14 册，第 133～134、136～137、139 页。
④ 《日记》，同治十一年六月初一日，《清代稿钞本》第 14 册，第 144～145 页。

总督通过领事罗伯逊向瑞麟抗议粤海关越界缉私。受瑞麟委派，杜凤治是参与谈判的主要中国官员。杜凤治便会同英国领事会审驾驶粤海关缉私船的三名英国人，以及被指控走私的船主等人。经会审，断定有两艘船是在广东水域扣押的，另一艘则缉私船水手、走私的船主等人说法不一致。瑞麟指示杜凤治：如果判定三艘船都并非在香港水域缉获，港英总督很没面子，以后就会找更多事与我们为难。这个案子如果告到北京总理衙门，总理衙门也会说我们办理不善，所以对这艘船不要讨论在什么地方缉获、是否越界了，索性含含糊糊连船带货还给港英方面，香港总督和英国领事得了面子，这件事就了结了。① 杜凤治就按瑞麟"顾全大局"的意思去办。但归还时在估算船与货物价值时出了麻烦。粤海关方面提出船值40元、货值140元，港英方面提出船值400元、货值1700元。瑞麟指示，多给一两百元看看能否了结，港英方面当然不答应。原来双方估价不同，是因为中方把硝石作为违禁物没收了，而港英方面仍计入货价。但清朝官员归还船只就是承认越界缉捕，没收硝石就没有理由了。于是只好把硝石也归还港英方面，只是归还时提醒香港方面不要让船主把硝石用于接济盗匪。②

　　杜凤治所记的案情细节不一定准确，他在审讯时应该听不懂双方船只如何在海上定位以及有无越界。海关驾驶缉私船的英国水手都说没有越界，他们没有故意越界的理由。以当时的技术，港英方面在海面应该也难以准确判定是否越界。日记称走私船是从内地向香港走私硝石似乎不大合理。但日记所记瑞麟的指示以及广东方面的处置则是

<hr>

　① 《日记》，同治十二年闰六月初六日、初九日，《清代稿钞本》第 15 册，第 25 ~ 26、32 页。

　② 《日记》，同治十二年闰六月十八日、二十日、廿三日，《清代稿钞本》第 15 册，第 45、50 ~ 51、56 页。

真实可信的。瑞麟、杜凤治处置此案的思考和手法，是认为同洋人讲道理讲不通，斗又斗不过，于是按照中国官场的习惯思维，以为给英国人面子，英国人也会给还面子，却没想到英国人没有这种规矩。既然承认了越界缉捕，就不是面子问题了，最后只好完全接受港英方面的要求。

2. 英国领事干预华林寺房产案

有时，外国领事所介入的官司不仅与外人无关，而且很琐碎。广州著名丛林华林寺有一处房产因为租客开赌被杜凤治的前任查封，妇女罗李氏交银揭封领去。但华林寺僧人一再向广州知府请求，称房屋是寺庙产业，租客开赌与寺庙无关，知府便"严札连催撤封归寺"。罗李氏曾在英国领事馆服役，领屋时托过领事罗伯逊帮忙，如今要面临"银屋两空"，于是求罗伯逊干预，罗伯逊便往见瑞麟要求"饬县调处"。但罗李氏自报所交银两与南海县衙登记的数目相差很大，显然大部分落到经手的官吏、幕客手中，无法如数退还。因为罗伯逊出面，瑞麟就一再催促杜凤治迅速办理；最后，杜凤治"遵督宪批"做出判决：房屋因赌被封，寺僧不得诿为不知，不准寺僧领回，仍交还原领之罗李氏。[①] 在此案中，华林寺僧找到知府也不管用，因为罗李氏背后有英国领事向总督施加压力，杜凤治当然得听总督的。

3. 外国人与华人合资设立企业的纠纷案

同治十一年二月，杜凤治奉总督委派到美国领事馆会讯一宗案件：美国副领事富文与华商冯春庭等合股开设纺纱厂，延请美国人科歌拿"在行打工掌纺车"，后"生意不前，势将拆伙"，冯春庭被控欠银及欠科歌拿"工银"。杜与美领赵罗伯会讯，判令将行中货物发

---

① 《日记》，同治十一年六月廿八日，七月初三日、初七日，《清代稿钞本》第14册，第169、176、179页。

卖清还。① 如果案情属实，就说明那时广州已有中外合资的近代纺织企业。但日记提到华商"假名洋人，免多费用"，有事则洋人出面呈控的事。② 此案也可能是华商合股建立纺纱厂，延请美国技师掌管机器，出现了债务纠纷后才请富文出头打官司。

同年，又有佛山人欧阳子贞、广州人甘老四（甘炘）向法国人实德棱购买一艘小火轮船往来省城、佛山"载人牟利"。官府认为"事并未知会地方官、火船可作兵船"，如果轮船通行，"继而效尤者必然接踵而起"，成千上万船民疍户便无以谋生，乃下令把轮船及甘老四扣押。③ 欧阳子贞是佛山缸瓦商人，甘老四有功名，出面向法国人实德棱买船；而实德棱"向在中国火轮船上作司事"，因法领的推荐曾被督署聘请，但此时已解聘，索取了回国盘费后仍逗留中国。甘老四供称，轮船是在黄埔制造，由欧阳子贞等人共同出资，实德棱对他们说此事已经由法领向总督说明，可以放心营运。瑞麟对此事非常恼火，命杜凤治严讯，即使将甘老四置之死地也不足惜。后来甘老四又供称实德棱出资千元，法领也出头干预，最后杜判决把甘革去功名、杖八十释放，并建议设法把实德棱打发回国。④ 从日记看，实德棱是否真为投资者是很可疑的。

4. 法商与华商商业纠纷案

光绪三年，法国商人与广州丝行商人卫荣藩因生丝买卖发生纠纷，争执的焦点是双方最初是否就价格达成了协议。法国领事及翻译一再求见总督刘坤一，认为华商违反了协议，要求补偿法商损失。刘

----

① 《日记》，同治十一年二月二十二日、二十四日、二十五日，《清代稿钞本》第14册，第14、16~17页。
② 《日记》，同治十年四月三十日，《清代稿钞本》第13册，第205页。
③ 《日记》，同治十二年五月十八日，《清代稿钞本》第14册，第575~576页。
④ 《日记》，同治十二年闰六月初九日、七月初四日，《清代稿钞本》第15册，第30~31、75页。

坤一命杜凤治传丝行商人询问，丝行商人集庙讨论后表示：法商并无双方已达成协议的凭据，不能给予补偿。开始刘坤一指示杜不可以官势压华商补偿外商，法领馆翻译则声称公使要求迅速了结此案，否则就向总理衙门投诉，刘坤一又转而示意设法让华商出点钱给法商了事。杜凤治在日记中对总督惧怕外人、指示杂乱无章感到十分无奈和不满。但华商始终拒绝补偿。① 海关的报告对事件的叙述与杜凤治的日记可以互相印证。②

5. 美国人富文插手的讼事

美国人富文曾是副领事，卸任后在旗昌洋行任职，仍以副领事身份干预词讼。佛山王某、谢某因钱债涉讼。借据写的是王某向谢某借银1600两，富文却出头称谢为美国洋行买办，银是富文交谢转借与王的，于是此案就变成了美国人是债权人了。富文和谢某还在水道上拦截王某乘坐的船只，掠去王的物品，扣押了王的店伙。王某逃脱，到南海县控告谢某抢掠掳人。此案很可能是王某对官员或幕客行贿致使谢某无法追回借款，而谢某（也是美领馆雇员）就找外国人出头为其追债。富文见事情闹大，就以副领事身份写信给杜凤治，称王某诬控，要求杜凤治不要相信。杜凤治此时首先要搞清楚的不是钱债案的曲直和抢掠案的真假，而是富文是否仍是副领事。于是去函询问赵罗伯，但赵罗伯多日都不回复，却照会瑞麟说杜凤治吹毛求疵，并说杜无权查问美国官员的任免。杜凤治对瑞麟说明并非无故查问，是因为富文以副领事身份干预案件不得不问，且向瑞麟报告"赵领事无钱不要"，"盖富文为伊求财也"。③ 日记没有记载此案的下文。因为

---

① 《日记》，光绪三年三月初二日、初六日、十三日、廿二日，《清代稿钞本》第18册，第181、189~190、205、221页。
② 《近代广州口岸社会经济概况——粤海关报告汇集》，第171~172页。
③ 《日记》，同治十二年闰六月廿二日、廿四日，七月十八日，《清代稿钞本》第15册，第54、58~59、106~107页。

富文已不是外交官，且也实在无理，谢某最终未必能胜诉。

富文还干预了另一宗刑事案件。旗昌洋行的雇工梁亚暖据说是"屡犯抢劫积匪"，被官兵骗出洋行外拘捕。赵罗伯根据富文的话，指责官兵不应在洋行中捕人，要求释放梁亚暖，并要求主持其事的邓参将道歉。杜凤治认为美国领事馆来文是富文的手笔，加添了许多领事没说过的话，"狂言纵恣，直无伦理，竟同申饬，阅之令人大怒"。因为并非在洋行内拘捕，交涉一个多月，瑞麟没有让步。① 于此案可见，即使是江洋大盗，进了美国人的企业或居所，虽然并非外交机构，中国官府如果拘捕了疑犯也会惹来交涉。

---

① 《日记》，同治十二年闰六月初八日、廿九日，《清代稿钞本》第 15 册，第 29～30、66 页。

第五章
赋税征收与州县官的收支

一 钱粮的征收

（一）广东州县征粮难

有关清代赋税，中外学界的研究成果可以用汗牛充栋来形容。[①]
笔者在这方面没有做过研究，不可能对清代赋税提出太多新观点，
更无意同已有成果进行讨论或商榷。鉴于目前研究清代赋税的著作
基本没有引用过杜凤治这部有大量州县征收内容的日记，且在研究
清代赋税的成果中又很少写到州县官征收的具体细节，杜凤治所记
州县官如何把钱粮收到手，以及在这个过程中的所见所闻所想所
为，可能会引起研究者的兴趣，所以，本节仅仅是提供一些未被研
究者充分注意的细节而已。但要在数百万字的日记中选出有一定学
术价值的细节亦非易事。笔者撰写此节前曾拜读过若干论著，但限
于笔者以往的积累和学术理解力，所选择的细节、故事未必得当，

[①] 笔者拜读过刘志伟的《在国家与社会之间——明清广东地区里甲赋役制度与乡村
社会》（中国人民大学出版社，2010）和《贡赋体制与市场：明清社会经济史论
稿》（中华书局，2019）、魏光奇的《清代民国县制和财政论集》（社会科学文献
出版社，2013）、周健的《维正之供：清代田赋与国家财政（1730~1911）》（北
京师范大学出版社，2020）等著作以及若干篇研究清代赋税的论文。这些论著使
笔者对清代赋税征收的一般情况及这个领域的学术史有了粗浅的了解。因同事之
便，笔者也多次请教过刘志伟教授。

其中部分内容相信研究清代赋税的学者早已熟知，但为衔接前后文的叙述，仍留在书中。

杜凤治先后在广宁、四会、南海、罗定、佛冈任官，除佛冈任外，他任职其他州县时日记中都有很多关于征收钱粮的记载，他在潮阳任催征委员时的日记更是集中于此。

道光《广宁县志》卷六的"赋役"、光绪《四会县志》编三的"政经志"、民国《罗定县志》卷六的"赋役"以及光绪《潮阳县志》卷九的"赋役"，予人的印象是各州县的方志有关赋税的写法大同小异，大致都是写钱粮的银米数目以及征收数额的变化沿革，数字之详细到了今人认为脱离常识的地步。① 从上述几种方志完全看不出钱粮是如何征收的，再对照杜凤治的日记，会予人文献记载与实际征收有天渊之别的感觉。例如，从光绪《潮阳县志》完全看不出当地很多宗族村庄长期欠粮抗粮、官府必须暴力催征。日记与方志记载的差异，后文会做稍微详细的讨论。

同治七年，布政使王凯泰到粤后不久，曾同杜凤治谈及浙江钱粮征解与广东的不同，打算在广东推行自己在浙江的做法（王凯泰此前任浙江布政使）。杜在日记中议论："方伯言如此，盖欲清厘征收一事，此地苦于抗粮者多，绅民类多疲顽，征不起者十有八九，直是十县统十县皆然，不得不移旧挪新。方伯盖未知征收之难，故不比江浙到时自行踵门充纳、不短分毫、年年皆然者也。"② 日记最后几本是杜凤治在绍兴故里生活的记录，虽没有直接记绅民"自行踵门充纳"的事，但于中也看不到绅民疲顽抗粮，以及州县官亲自率队下乡以各种暴力方式催征的情况。或许日记前后两阶段杜凤治身份大不相同（一为州

---

① 例如，光绪《潮阳县志》所列举的赋税额，地丁银精确到千万亿分之一两，米石精确到十亿分之一升。

② 《日记》，同治七年三月初一日，《清代稿钞本》第10册，第519~520页。

县官，一为林下富绅），感受不一，但他所说的广东征收与江浙差别很大，广东"绅民类多疲顽"，各州县粮都难征，则基本上可信。

在杜凤治笔下，广东各州县都有长期欠粮的宗族和村庄。如广宁厚街，"粮欠旧多于新，此村专出盗贼，向不完粮"。[1] 新招、永泰两村"疲玩成习，相率抗延，即富有者亦然。大抵自恩赦后未曾破白，未赦以前其不完粮概可知矣。满村妇女小子几几乎以催粮为异事"。[2] 他到白沙催粮，男妇大小均各远避，日记为此议论说："广东风俗以抗粮为本务，竟有数村以垂髫之年不知纳粮为何事者。官不来则一味抗玩，官来则奔逃避匿，逼之已甚则聚众拒捕。"[3] 潮州府欠粮抗粮更为普遍，如潮阳南阳郭姓，"即道光时每年亦完不到三成，咸丰迄今从未破白"。[4] 在罗定，即使是绅士、富家，"于国家正赋，设法偷漏飞洒，神出鬼没，不可思议，可谓大没出息者矣。如官稍软弱，则竟抗粮不纳，真化外也"。[5] 光绪元年，殷丁陈日路控陈东伟欠粮多年抗不完纳，经查，杜凤治发现陈东伟的陈英先户从道光二十年后30余年都一直没交过粮。[6] 光绪三年杜凤治到南海紫洞催征，一个李姓村落抗粮，"为催数十年未完之旧粮而起"。[7] 南海是广东首县，紫洞与省城距离不远，竟然也有长期欠粮的宗族和村庄。

杜凤治前后两任南海知县共五年多，在南海因为其他公务繁忙，他亲自下乡征粮的时间不及在广宁、罗定时多，但日记中有关征粮的记载也不少。

---

[1] 《日记》，同治六年八月初二日，《清代稿钞本》第 10 册，第 185 页。
[2] 《日记》，同治六年十月廿九日，《清代稿钞本》第 10 册，第 359 页。
[3] 《日记》，同治六年十二月十七日，《清代稿钞本》第 10 册，第 441 页。
[4] 《日记》，同治八年十二月初八日，《清代稿钞本》第 12 册，第 92 页。
[5] 《日记》，同治十三年十二月十一日，《清代稿钞本》第 16 册，第 384 页。
[6] 《日记》，光绪元年六月初五日，《清代稿钞本》第 17 册，第 151 页。
[7] 《日记》，光绪三年九月廿九日，《清代稿钞本》第 18 册，第 521～522 页。

同治《南海县志》的"图甲表"及其按语，历来被研究清代赋税的学者重视，该按语提到，南海"每图分为十甲，每年轮值，以一甲总一图办纳之事，谓之当年。为当年者于正月置酒传十甲齐到，核其粮串，知其有欠纳与否，有则行罚"；"以甲统户，户多少不等，有总户，有子户，子户多少更不等。然由甲稽其总户，由总户稽其子户，虽零星小数，而花户真姓名可稽，所应纳者无从逃匿，法至善也"。① 虽然按语也写了胥吏飞洒、附甲等弊端，但所述与详尽的图甲表（宣统《南海县志》卷七仍有详尽的图甲表），予人印象是南海的业户在图甲制下钱粮基本上是"正常"交纳的。

但在杜凤治的日记中，南海征粮绝不像方志所写的那样顺当，否则，他就不必在南海设立多个粮站，聘请酷吏为催征委员严比粮差、业户，而自己更不必多次亲自率领一两百人下乡催征了。杜凤治自己和南海县两位前任知县陈善圻、赓飏都要实施很多严酷手段才得以把钱粮征到手。日记又称："南邑银米大半出于大家，往往宗祠中公业为多，完粮向有旧章，到冬至前全清。贫民无粮，即有粮亦廿居其一耳。"② 稍后，他又因说明必须下乡理由时对总督刘坤一说："纳粮者非耕种之人，南邑多半宗祠、义学、公产，皆有家业人所完，与穷苦人无涉，盖穷人纳粮十成之中不及五厘。"③ 杜凤治所说南海县的钱粮多数来自宗祠、义学、公产，似乎不合常理，难道很多富户把自己的田地登记为宗族祭产（杜凤治自己在家乡浙江山阴就是如此），抑或杜凤治笔下的"大家"即方志所说的"总户"？为何杜凤治的说法与方志所载有如此之出入，对此笔者也无法解释。

还有一点令笔者很困惑的是：在杜凤治数百万字的日记中，

---

① 道光《南海县志》卷6，"政经略·图甲表"。
② 《日记》，光绪三年十月十九日，《清代稿钞本》第18册，第548页。
③ 《日记》，光绪三年十月廿四日，《清代稿钞本》第18册，第557页。

"图甲"一词竟从未出现过。详细编列了图甲表的同治《南海县志》恰在杜凤治任南海知县时付刻，所列的主修者中有"钦加同知衔南海县知县杜凤治"之职名。杜凤治不是颟顸的人，有良好的阅读习惯，不可能不读这部自己任职期间修成的本县方志，更不会忽略与赋役有关的内容。笔者再以"各图""本图""每图""该图""图籍"等词检索日记全文，均未发现与图甲制有关联的语句。日记提及"里甲"仅一次，且并非广东之事。检索"里正"，出现过四次，都出现在同治六年十月廿五日这一天，其时杜凤治在广宁知县任上；检索"里长""甲长""甲首""总户""子户"，全都是"无匹配项"。杜凤治下乡征粮时同书吏、粮差、绅士、殷丁、花户等人打交道，多数会在日记中记下各人功名、职衔、职业、年龄、贫富以及所居乡镇村等信息，但都没提及他们在图甲中的身份或地位（偶尔会记涉讼田亩属何图何户）。为何杜凤治数百万字的日记中完全没有显示有关图甲制的内容？笔者不敢对此做出过度解读，但可否认为：这至少反映了图甲制并非杜凤治催征时念念在兹的事？图甲制也许仍在运作，但与图甲直接打交道的是杜凤治的代理人和书吏、粮差，图甲制的户只是一个赋税登记单位，某个粮户属于何图何甲，作为州县官，杜凤治无须多加关注，只要收到钱粮就行。何况有关钱粮的册籍都未必真实，杜凤治即使花时间也看不过来，更未必能看明白册籍上的户和应交税之"的丁"的关系，这样，他没有把图甲放在心上和笔下就可以理解了。至于这是否与片山刚所说的"清代中叶以后图甲制日益明显的动摇"① 有关，笔者就没有能力进行探讨了。

---

① 片山刚：《清末广东省珠江三角洲地区图甲制的矛盾及其改革（南海县）——税粮、户籍、宗族》，明清广东省社会经济研究会编《明清广东社会经济研究》，广东人民出版社，1987，第361页。

（二）钱粮难征的原因

前人研究都指出了钱粮征收与官府对地方基层社会控制的对应关系。杜凤治笔下广东钱粮普遍难征的状况，一定程度上也反映了两次鸦片战争以及咸丰、同治年间大战乱后官府对基层社会的控制出了问题。但同一时期江浙所经历的战乱较之广东或许更严重，为何广东的粮比浙江难征呢？

州县官要收到钱粮，就必须确定田土真正的业主，咸、同大战乱导致包括田土册籍在内的官方档案毁失，是真正业主难以找到的原因之一，这点广东与江浙皆同；而早在咸、同大战乱以前，土地流转（特别是买卖后不契税推收割户）导致册籍上的业户与真实业户分离，这点似乎广东更为严重。杜凤治在罗定催征艰难时慨叹：

> 乡人有升斗之粮，往往指东影西，无奈州中无尺籍可稽，任其影射，无术破之。粤东民间买卖田亩，私相授受，既不割户税契，官署又无鱼鳞册，亦无字号，萦如乱丝。贸贸催征，唯以肉鼓吹讨生活，予实不能为此等事，在他处予已自向催科，政拙至此州，更穷于术矣！①

在杜凤治催征过的州县中，罗定州还不是最严重的。官府对乡村基层社会管治能力的减弱、土地册籍的混乱和书吏、图差、绅士、殷丁的彼此勾结舞弊，使逃避钱粮征收成为不难办到的事。到了本族、本乡欠粮、抗粮者越来越多时，原来不欠不抗的业户也会因期望法不责众而转而成为欠抗户了。

---

① 《日记》，光绪元年十二月初九日，《清代稿钞本》第 17 册，第 484 页。"肉鼓吹"指用刑。

在官府对乡村控制特别薄弱的地方，恶绅、土豪往往不纳粮。如潮阳富绅"陈来远家素丰盈，且多无粮之田（贫村卖与者，卖田不卖粮，贫村目下无田有粮，苦极，而彼已安享多年矣）"。① 另一个富绅陈朝辅，"每年可收数千挑租谷，而无毫厘钱粮，其田皆无粮，非强霸即贱价得来，柳岗大房公祭田俱为朝辅谋霸，现在完粮又迟延观望，不肯认完"。② 其他地方也有，如罗定富绅罗洪麟的祖父（已故）当过全国著名优缺四川夔州知府，"白契管业不税"。③ 富绅有田无粮，其粮由原业户或被"飞洒"的业户承担，但相当部分肯定没有着落。不仅绅富，"民间买卖田房，从不推收割户，非寄人之户完粮，即仍留原户，为此官吏一概不知，民间有几多税契无从查考、无从差催"。④ 民间不推收割户或许是为逃避税契，而风气一旦形成，就会有更多田粮分离、官府无法催收的空户了。

册籍混乱、钱粮难收对州县官是不利的，但对书吏、差役、殷丁甚至州县官的驻粮站幕客、"家人"来说却是牟利的机会。杜凤治在四会任上，谕令粮站"家人"严查饬禁"粮差舞弊得钱则有欠而以为无欠，无钱则已纳而牵扯本家他人未清之户，向其讹索"。⑤ 同治六年，生员欧阳瑞的田早已卖绝多年并税契，但因"仓户房误查"，仍作为欠户被羁押。⑥ 这名业户是生员，尚因"误查"被当作欠户，书吏、粮差有意制造的册籍混乱就更难查清真相了。同治八年，南海监生罗邦贤来四会禀控：自己的田已于同治四年全部卖去，但四会粮

① 《日记》，同治九年三月初六日，《清代稿钞本》第 12 册，第 190 页。
② 《日记》，同治九年五月十六日，《清代稿钞本》第 12 册，第 266 页。
③ 《日记》，光绪元年十月廿六日，《清代稿钞本》第 17 册，第 425～426 页。
④ 《日记》，光绪元年五月十六日，《清代稿钞本》第 17 册，第 109～110 页。
⑤ 《日记》，同治七年六月十九日，《清代稿钞本》第 11 册，第 65 页。
⑥ 《日记》，同治六年十月十五日，《清代稿钞本》第 10 册，第 326 页。

差来催，竟有三图四户共税二顷五十三亩五分飞入其罗秀户。① 此案审了一个多月，案情大致是书吏与四业户勾结，假造出一个罗秀盛户作为四业户田亩的买主，而指罗邦贤的罗秀户为罗秀盛户。所有到案的书吏、业户、中人的供词都狡诈万分，都尽量推在已死、已逃者身上。杜凤治审了一二十天都理不出头绪，面对真伪难别的册籍十分困惑："如契未税，何以出有推照？如已税，何以流水簿上无号？辏辘万状，案关粮税，非一时可能了。"② 后来讯明所谓"罗秀盛户"确实与罗邦贤的罗秀户无关。③ 这些田亩即使不涉讼，四会县要越境到南海县向在四会已无产业的"冤户"罗邦贤征粮几无可能，这 253 亩多田地的钱粮就只能空挂了。

杜凤治曾说过，四会是自己任职州县中钱粮相对好征的县份，但即使在四会，花户主动纳粮也会被书吏、差役设法刁难。同治七年二月，一位主动带头要当堂纳粮的老者禀诉，自己按四会县勒石规定的办法交纳银米，"仓房勒索过重不肯收"。④ 因为房书克扣，"非重平暗剥，即借粮串勒索多钱"。杜凤治"拟在大堂设柜试收一月"，但房书不愿使用规定的"司码公砝"，杜凤治也不想以强硬手段禁止书吏使用"重平"；因为知道"大堂收粮事大碍科房"，就派"家人"传谕书吏："予非不知，但若辈收旧粮手太重，又单三用四，向例如此，而又意外需索，旧粮不旺，非若等故乎？税契亦寥寥。只要若等对得住我，我又何必出新章哉？"⑤ 可见书吏、粮差也会设法使"自封投柜"难以实行，知县不敢采取过于强硬的办法推行，不得不对

<hr>

① 《日记》，同治八年五月二十日、廿四日，《清代稿钞本》第 11 册，第 406、410 页。

② 《日记》，同治八年六月廿四日，《清代稿钞本》第 11 册，第 459~460 页。

③ 《日记》，同治八年七月初三日，《清代稿钞本》第 11 册，第 470 页。

④ 《日记》，同治七年二月十三日，《清代稿钞本》第 10 册，第 496 页。

⑤ 《日记》，同治七年闰四月初九日、十二日，《清代稿钞本》第 11 册，第 10、13 页。

书吏妥协，只求他们不要太过分。

在四会，"有完户已付银而迟迟不给串者"，书吏甚至改写卯簿、调换粮串。① 业户以为自己已经完粮，但银两实际上并未收入官府，州县官难以一一查明，于是就成为亏空。广宁书吏沈大文"以白单收粮入己，借作本钱贩树木"，沈不愿承认，但杜凤治心中有数，因要倚靠沈大文征粮，不打算追究，只要求沈"其速将白单收回，立时扯印串去"。②

由于交粮需交现银，业户必须把粮食贩卖换银才可交粮，但收获时节粮价会下降，业户惜售或运售不易，也会造成钱粮征收的困难。广宁县以产竹著称，很多业户靠出售竹子的银两交粮，同治九年竹价大跌，民间拮据，杜凤治就很担心："此非好事，与钱粮必大有碍矣。现收征甚无起色，非此故乎？"③

日记记录了杜凤治在罗定州罗镜粮站同粮站师爷章梿（子贞）有关征粮的讨论：

> 相见坐谈，即询粮如何，则言尚不到六成。予闻大骇，何至于是？伊呈一单，言此数大户数最多，花丁、殷丁均疲玩，催无起色，故先在此等候，绅士来见须责成催纳。予阅单所开，陈寿户新旧二百石外，叶钟盛户亦新旧二百石外，陈畴户新旧百四十石，沈万秀户新旧百石，蔡永华户新旧七十余石，蒋腾邦户新旧亦七十余石。以上数户，本花丁家无二三人，亦无多粮，俱系他姓寄粮。他姓喜寄伊户者，以伊户门衰祚薄，一线将绝，日后子孙无户，希可报作亡户。而本户亦喜人来寄粮，幸得催粮沾润，

① 《日记》，同治八年六月初八日、十一日，《清代稿钞本》第 11 册，第 437、440 页。
② 《日记》，同治九年闰十月十七日，《清代稿钞本》第 12 册，第 563 页。
③ 《日记》，同治九年闰十月廿一日，《清代稿钞本》第 12 册，第 567 页。

故均是本的丁出充殷丁，官刑挨得过，伊得无限便宜人情。狡诈至斯，别无生财之道，于国家正供中设法偷漏，以肥囊橐，此等存心，即便受刑至死亦不冤屈。以故无花丁可催，只可专逼殷丁。令殷丁供出寄粮者为何人，至死不肯说出，盖一说出，官有花丁可追，殷丁无利益矣。本州不过割户柱，又粮多寄户，征收一日难似一日，且一日短于一日。予常谓非一概从新丈量，明立户柱，一庄设立一庄书专管买卖田地、房屋，推收卖者，推出买者，收入册上注明，如此则粮反有美余，而征收亦易矣。（何以有美余，盖山田新开者不知凡几，官山开田据为己有，但罗定、肇属皆然，通省亦何莫不然，而能行之者谁欤？）①

从两人对话可知粮难征的一些原因：业户欠粮严重、"寄粮"、殷丁作弊等使难以找到花丁纳粮，征粮必然一日难于一日。在罗定任上，杜凤治在日记里写了不少关于钱粮改革的议论，如说："论罗属粮务之敝，必至日难一日、日绌一日，予一言蔽之，非全行清丈不可也。"②"全行清丈"并非一州一县的事，谈何容易，杜凤治只能在日记里空发议论。

（三）催征的各种胁迫手段

在日记中，几乎看不到花户"自封投柜"缴纳钱粮的记载。当然不能据此认为杜凤治所任州县钱粮全靠威胁、暴力手段征来。现存的清代广东族谱中，很多有关于按时纳粮的族规，宗族传记也常记录督促全族按时纳粮使宗族免受官差扰累的先辈。杜凤治收到的钱粮，部分应该也是通过图甲、粮差"正常"征来的。但杜凤治一

---

① 《日记》，同治十三年十一月廿一日，《清代稿钞本》第 16 册，第 334～335 页。
② 《日记》，光绪元年正月十七日，《清代稿钞本》第 16 册，第 452 页。

般不会记下"正常"纳粮的细节或故事，因为他下乡催征就是要对付疲玩、抗延的业户，故所记偏重于以威胁、强迫手段征粮的情况。不过从日记看，使用威胁、强迫手段征粮并不是偶然、零星的事。

刑责是催征的常用手段。日记所记刑责的对象首先是粮差和殷丁，在罗定的日记有时连日记载刑责粮差迫使其传出殷丁，刑责粮差和殷丁以迫使他们向业户催征。这几乎是催征中的例行程序，杜凤治、其代理人、其他州县都如此。南海粮站委员缪枝春（蓉生）被人议论"用刑太酷"。① 征粮委员多数为佐杂，又不在缺上，无论对粮差还是其他人均无刑责之权，显然是因杜凤治的默许甚至委托，缪枝春才会滥施刑责。在罗定，杜凤治聘请佐杂唐稜（实甫）参与征粮，日记记："晚比附城庄殷丁，唐实甫屡比尚宽，予分别轻重严予重比枷号，限十五日再比。"② 唐稜并非心慈手软之辈，在南海县审后楼房下毒案时曾因对被认为知情的无辜小孩用刑太重而被督、抚、臬司斥责，但杜凤治仍嫌他比责殷丁太宽。

对粮差还有拿押、革役、株连家人等惩罚。同治十年，杜凤治"为征收短绌事"，革除头役何昌、黄昭、谭荣、刘超、吴高等五人，"仍饬值皂票拿该役惩办，有城西堡粮差陈滔更为可恶，拿之尤严，并拿六役家属"。③

对欠户也经常采用羁押的办法。如在罗定平塘，因林旺户完不及三分，杜凤治本来打算将生员林自清带押（上一年前任知州饶世贞也曾押林完粮），后知道林自清已完七成余，才暂免羁押。④ 林自清

① 《日记》，同治十三年三月廿六日，《清代稿钞本》第 15 册，第 414 页。
② 《日记》，光绪元年十一月初十日，《清代稿钞本》第 17 册，第 444 页。
③ 《日记》，同治十年十二月三十日，《清代稿钞本》第 13 册，第 553～554 页。
④ 《日记》，同治十三年十二月十三日，《清代稿钞本》第 16 册，第 388 页。

兄弟三人都是生员，一旦欠粮也难免要被拿押催完。

不仅欠户会被羁押，征收中随意株连是普遍现象。同治六年，广宁妙村拿到一"欠户"谢某，他本人粮已讫，欠粮的是祖上公产，"兄弟众多，无可着落"。杜凤治对谢某说："既汝公共有分，即着落汝身完讫，兄弟众多，何处寻找？汝自去告知，予不知也。"[1] 如果谢姓其他族人逃匿或不予理会，这个不幸被押的谢某只能或被迫承担祖产欠粮，或被继续羁押。同治七年，四会欠粮之李亚鉴己户已完，但其伯母之粮未讫，杜凤治令其出限状告知伯母速完释之。[2] 按清朝法律，侄儿没有为伯母代纳钱粮的责任，但李亚鉴仍被拘拿到官，出具限状才获释放。如果到限其伯母未能完纳，李亚鉴很可能被迫代纳或再被羁押。同治十二年在南海征粮时，"茶头乡黄姓自来不完钱粮"，有人还对催征粮差"出言唐突"。杜凤治下乡催征到该地，即传黄姓耆老黄英、黄元亨，威胁要羁押，先行封宗祠。二人被带到粮局，"完纳清讫"才免予深究。[3]

南海的潘许氏"被潘仕芳串同粮差陈滔勒令完纳公产钱粮，又锁其幼子"。但潘许氏有一位当翰林侍读学士的弟弟许应骙（后仕至尚书、总督，未必是潘许氏同胞亲弟，或为堂弟、族弟），是广州知府冯端本的会试同年。许应骙出面过问，杜凤治乃"枷责陈滔，枷在潘许氏门口，而责成潘仕芳将粮查清，不得每年择肥而噬"。[4] 潘仕芳大概是被责限催粮的潘姓族绅，潘许氏是否欠粮无从判断，潘仕芳与粮差陈滔不可能不知道潘许氏娘家省城高第街许氏的声势，但仍敢于对潘许氏施压，并"锁其幼子"，可见催征时拘押之滥，对士绅

---

① 《日记》，同治六年十月廿八日，《清代稿钞本》第10册，第358页。
② 《日记》，同治七年四月十二日，《清代稿钞本》第10册，第561页。
③ 《日记》，同治十二年十一月十二日，《清代稿钞本》第15册，第223页。
④ 《日记》，同治十二年三月初三日，《清代稿钞本》第14册，第489页。

家族也不客气。但这次许应骙来头实在太大，杜凤治只能给他面子责惩潘仕芳和粮差陈滔。

封祠堂是杜凤治经常采用的一种催粮措施。如在罗定州催粮时，因橡子山张族绅衿具结愿十日内新旧粮米全清，但新者仅完八分零，旧粮基本不完，张族绅衿躲匿不出。杜凤治便亲自带领差、勇至橡子山，将张族大宗祠及分支宗祠三所俱行封禁，并威胁如再不振作完粮，"定查伊族文武生员详请斥革，以为抗欠国课者戒"。① 杜凤治首任广宁时前任知县张希京还把欠粮宗族祠堂的祖先木主锁来押在羁所，意即因子孙欠粮拘押其祖先，对士绅而言，"辱及先人"比封禁祖祠造成的压力更大。杜凤治也觉得这种做法太过分，故接任后"查得即时发放，招人来领"。②

如果欠户有其他产业如店铺等，也会被封。罗定州罗镜有一户"其花丁蒋为邦开源兴当、蒋侯邦开源昌杂货店，饬差往传二人，避匿不出"，杜凤治就威胁查封其当铺及商店，二人表示愿新旧全清，并很快就完粮十石。③

催征时往往故意默许差、勇、弁兵滋扰民众。同治六年在广宁催征时，在该处清剿盗匪的武弁陈廉养向杜凤治建议"请发二谕单与永泰、井头及中村，限以五日，如再抗延，我们将带勇屯扎其处，勿厌滋扰"。杜凤治十分赞成，并拜托武弁帮催。④ 对差役、弁勇勒索"轿茶资"，杜凤治认为"历来有之，不能禁亦不肯禁，盖无此即千百勇下去若辈亦不怕"。⑤ 有时，杜凤治只要放出风声自己将带队下乡，当地绅耆怕大批差、勇来村滋扰，就会主动纳粮。同治九年，

---

① 《日记》，同治十三年十二月初三日，《清代稿钞本》第 16 册，第 355～356 页。

② 《日记》，同治五年十月廿九日，《清代稿钞本》第 10 册，第 89 页。

③ 《日记》，同治十三年十二月初二日，《清代稿钞本》第 16 册，第 355 页。

④ 《日记》，同治六年十月廿三日，《清代稿钞本》第 10 册，第 349 页。

⑤ 《日记》，同治九年五月十四日，《清代稿钞本》第 12 册，第 264 页。

杜凤治打算亲自到广宁附城一带催征，日记记："各乡绅耆闻之，畏予去，前来恳请不去，所有应完粮欠、有一二亩田山者均令其速完可也，请勿劳驾。予亦未必就去，所以昨日下条者，亦欲若辈之一紧耳。"①

杜凤治还经常焚烧欠粮逃匿及抗粮者的房屋，作为惩罚与威慑的手段。同治十三年十二月，罗定城庄"有蔡黄昌户黄姓花丁躲匿不出"，杜凤治的"家人"潘升带差往催，"反为妇女多人持刀及粪秽物乱掷肆詈"，杜凤治便命"焚烧其后进及厢房屋两间而归"，黄姓花丁不得不托人表示"愿新旧全讫"。② 半个月后，驻素龙粮庄的"家人"杜英禀报殷丁躲匿、粮务无起色，杜凤治大为生气，"谕拨安勇十名交杜英带去，并拨数差与一朱谕往殷丁家，如不见人，将其住屋焚拆，以妇女出头，则将其母或妻年约四十以上者带回衙门押交，却不可动其一草一木。焚屋时进去看明，留心有无小孩在内熟睡，有无辎重物件，如有，将其取出点交邻右暂为代收，俟粮清交还。并遍谕如殷丁不出、花丁抗纳，亦照此办"。③ 从杜凤治的指示可知，地方官对以焚烧房屋作为催征手段已很有经验和章法。

杜凤治还曾以"焚村"威胁。光绪元年，罗定州分界村李姓欠粮，并将粮差、殷丁殴伤，将被拘欠户抢去。杜凤治就传来保正陈懿元，嘱其转谕李姓交凶、纳粮，否则"定亲督差、勇到彼洗荡其村"。又令陈懿元转谕"历年不纳粮"的陈塘下村顺从完纳，"否则亦必焚毁其村也"。④ 十几天后杜凤治来到陈塘下村，虽未将全村焚毁，但也将纠众抢夺被拘欠丁之陈昌继的房屋焚毁。杜在下令焚烧前

① 《日记》，同治九年十二月十六日，《清代稿钞本》第13册，第37页。
② 《日记》，同治十三年十二月初二日，《清代稿钞本》第16册，第355页。
③ 《日记》，同治十三年十二月十七日，《清代稿钞本》第16册，第398~399页。
④ 《日记》，光绪元年十一月廿一日，《清代稿钞本》第17册，第459页。

"出门步行至昌继等住处，屋有五间三进，颇宽大，其中空空，除一二破烂桌椅外无一物，是早预备焚烧者矣"。日记还记，在道光年间任罗定知州的秀山已经烧过陈昌继之屋，[①] 可见催征时焚屋在广东早有传统。洗荡或焚毁一村，虽是恐吓之辞，杜凤治在自己任官的州县似乎没有实施过，但在潮阳作为委员催征时，催征官兵确实曾焚烧"多匪"、抗粮的村庄。

催粮的手段还有不完粮不准演戏酬神、不准收割晚稻、如男子逃避即拿妇女掌责、封禁房屋将屋内财产估抵粮欠等。[②] 总之，一切可以造成压力、威慑的办法都会被想出来付诸实行。

因为使用了大量暴力手段，杜凤治光绪元年罗定征粮较上年多征80余石，但还远少于两位前任知州黄光周、饶世贞。杜凤治慨叹："催科政拙，予实愧之，然即此足征罗欺善畏凶，如强盗一般方可作罗定之官，所谓莫如猛也。人言粤人知威不知恩，信然！"[③]

但威胁手段也不能说了就都付诸实行。杜凤治说过："催粮亦是半吓半劝半骗，不能认真，一认真便不好收场……所谓糊弄得一天是一天也。"[④]

无论在任何朝代，绝大多数业户不会有纳粮的自觉性和积极性，交纳钱粮最直接的动力是惧怕王法的惩处。官府对疲玩延抗者进行惩罚，才可以使其他人不敢效仿，所以，多数州县官都不可避免地在催征时使用暴力。然而，"催征严酷"对州县官而言并非佳评，因此，杜凤治不会夸大自己在催征中的暴力作为，他在日记中所记的各种暴力强迫手段，毫无疑问都是真实的。

---

① 《日记》，光绪元年十二月十二日，《清代稿钞本》第 17 册，第 490 页。
② 《日记》，同治六年十月十二日、十九日，《清代稿钞本》第 10 册，第 315、340 页。
③ 《日记》，光绪二年正月初三日，《清代稿钞本》第 17 册，第 515 页。
④ 《日记》，同治六年十二月二十日，《清代稿钞本》第 10 册，第 446 页。

杜凤治催征手段够严厉了，但他认为自己还是不如其他州县官，南海县两位前任知县陈善圻（京圃）、赓飏（元辅）征粮的手段都远超自己，日记记：

> 陈京圃征粮有能名，淋漓尽致，不怕血腥，其亲家（按：指方功惠）谓其粮固征得多，而为欠粮押死者亦累累，真不怕罪辜。京圃声之坏半由于此（呼之谓陈三皮，谓括尽地皮、剥尽人皮、不要脸皮也。嗣又呼为陈五皮，又不知何两皮）。赓亦能收旧粮，往往出于孤儿、寡妇、绝户、穷丁。又广东风气往往卖田不卖粮（其初两有所图），年深日久，粮则仍在，其田辗转卖往何处不可知矣。陈、赓征旧粮有法，如有其人桁杨严逼，如无其人则令粮差择其同姓之有钱者，指为伊名下欠，不容置辩，押之梏之，至病剧将死犹不肯释，此已死又提一人逼之，如此有不多征乎！①

方志记载："同治戊午，知县陈善圻催征尤迫，绝户即诡寄各户欠粮，悉责之正图正甲，逮捕累累，受累之家无不破产，而积欠亦自始一清。"② 杜凤治日记与方志的记载可以互相印证。

（四）杜凤治潮州催征经历

同治八年到九年，杜凤治作为委员到潮州催征积欠多年的钱粮，他的经历和所见所闻，很能反映广东钱粮征收的积弊与暴力征收的情况。

同治八年初冬，广东督、抚向朝廷奏报，派委总兵方耀、道员沈

---

① 《日记》，同治十一年十一月廿八日，《清代稿钞本》第14册，第380页。
② 民国《佛山忠义乡志》卷4"赋税志·图甲"。按：同治无戊午年，陈善圻署理南海知县在戊辰年即同治七年（1868）。

映铃等赴潮州府查办抢掳、械斗等积案，清乡缉捕盗匪。① 这次清乡的另一个目的是征收潮州府多年的钱粮积欠。同治八年十一月，卸任四会数月、正在候缺的杜凤治奉藩台札委，充任此次催征的委员，先后在潮阳县的南阳、赤寮、门辟、柳岗以及揭阳县的槎桥粮站催征。

抵达潮州后，沈映铃的随员孙应霖（子珊）向杜凤治详细讲述了潮州钱粮积欠情况及该次催征的目标。第一，"潮俗向不完粮"，田产买卖"往往卖田而不卖粮"，民间"不完粮亦不为虑"，且敢于武力抗征。第二，当地州县官每年只能收到钱粮的二三成或四五成，对风俗强悍、欠粮最多的村庄"则督勇往办，枪炮齐施，彼村亦督众抗拒，两相轰击"，如官勇打不进村，就"不特此村无望其完纳一文，即他村亦效尤矣"。如果打进村，威胁要拿人办罪，才可以征得若干钱粮，还要该村罚缴勇粮军火费。第三，因为村人不知道应该缴纳皇粮，也不知道自祖宗以来欠粮几何，只是因为打不过官勇才交纳，交了钱粮也不知道要割串，因此，官收到钱粮，"官可大发财源，入己输公，听官自便"。这次方耀督重兵来拿办抢劫、械斗各案，趁此机会催征历年旧欠。因朝廷已豁免咸丰九年以前的欠粮，要催征的是咸丰十年到同治八年共十年的钱粮。同治六年以前的为旧粮，七年奏销未办及八年的为新粮，所征得之钱粮八成为旧欠归府库，以二成作为新粮归县官。②

杜凤治在几个月的征粮过程中，对潮州长期欠粮的情况与原因有了更多的了解。

例如赤寮粮厂，"每年仅收新粮不过三四百金，并无一分一厘完旧者"，下属各村积欠共 6 万余元（潮州纳粮以银元计算）。一些宗

---

① 《穆宗毅皇帝实录》卷 274，同治九年正月戊寅。
② 《日记》，同治八年十一月廿六日，《清代稿钞本》第 12 册，第 66~67 页。

族相当富有，但"祖父以来不识完粮为何事，积习相沿，拥资抗拒，官竟不敢过而问之"。① 洋贝附近各村积欠数额如下：洋贝 2929 元，洋贝田东 1816 元，树下 3768 元，桥头 4635 元，陂头 1589 元，金沟 1592 元，上底 1184 元，东湖 1076 元，大祠堂 5944 元，下底 6405 元，堂后 3865 元。② 其时每担稻谷正常年景价格为 1 元上下，潮州多数乡村靠种植为业，每村在短期内缴交一千多到数千元的钱粮，可说是难以承受之重。虽说是十年积欠，但其中部分"欠粮"，其实业户已缴银两，只是被官员、书差吞没而没有割串，在册籍上仍属欠户，官府此时也一例催征。此前官府的征粮书吏、差役不可谓不多。如潮阳县有 13 个粮厂，赤寮乡周姓聚居有 8000 丁，督催总役 3 人，图差粮差 10 余人。③ 柳岗乡粮厂每年额征只 1200 余元，每两地丁米 3 斗 3 升。知县派有"家人"驻厂督征，粮厂有户、仓书各 1 名、总役 5 名、督催 1 名、粮差 10 名。杜凤治议论："如此小穷厂，要此许多人何用？"④ 这近 20 名征粮人员竟然每年征不上多少粮，他们主要靠各种规费作为收入来源，其中的弊端就不难想见了。

潮州地区语言、风俗特殊，历来以民风剽悍著称，有抗官的传统。官府对潮州乡村地区的管治成效不如广州府、肇庆府，省城官绅对潮州地区更为隔膜。在入粤的太平军余部失败以及洪兵起事、土客大械斗等动乱被平息后，同治中期，粤中、粤西、粤北秩序逐步"正常"，于是整治潮州地区的秩序被提上日程。

潮州械斗多、盗匪多、钱粮长期难征，官府对乡村基层社会近于失控，原来的乡里制度在部分乡镇基本瓦解，钱粮都靠官员、吏役、

---

① 《日记》，同治八年十二月初一日，《清代稿钞本》第 12 册，第 80～81 页。
② 《日记》，同治八年十二月十九日，《清代稿钞本》第 12 册，第 109 页。
③ 《日记》，同治八年十二月初一日，《清代稿钞本》第 12 册，第 80 页。
④ 《日记》，同治八年十二月十四日，《清代稿钞本》第 12 册，第 100 页。

兵勇直接下乡征收。杜凤治在潮州的日记完全没有提及过地保，看来这些乡镇即使有过保甲制，也已名存实亡了。潮州府的官府与绅士的合作显然也不如广、肇等府，杜凤治在所到的潮州乡镇，多数没有提到公局一类机构，或者有而完全不起作用。因此，潮州的州县官不容易依靠有组织的士绅力量深入各乡各村维持清朝的统治秩序与催征钱粮。潮阳富绅郑维金对杜凤治"大谈潮属风俗之不醇，亦绅衿不肖有以致之，始而养痈，后遂绅衿亦势同骑虎，固结而不可解矣"。① 潮州绅士未能协助官府治理乡村，有些甚至成为明目张胆对抗王法、绅匪不分的地方权势人物。日记用很多篇幅写到的柳岗乡豪强陈同（陈开华）就是典型的例子。

陈同其时已 68 岁，是"职员"，大概是捐纳而得的虚衔，子侄众多，拥有武力（后交出三门大炮），"一村皆听其指挥，不准完粮"。多年前巡抚李福泰任潮阳知县时已将"陈同"拿获正法，但"被伊买人顶替脱去"，陈同真身继续在柳岗作恶横行，把柳岗经营得像《水浒传》中的祝家庄一样。② 他经常发起械斗，掳人勒赎，甚至随意杀人，在本村以外，还"专保各小乡不令输纳"，致使粮差不敢下乡，官府传见也不予理睬。③ 据说陈同前后所杀数百人。④ 恶绅、劣绅陈同，靠暴力把若干村落变成自己的势力范围。此前的潮阳知县对他无可奈何，官府的力量无法进入乡村，钱粮自然就收不上来。不过，潮州恶绅基本上都是在本村本乡横行的地头蛇，彼此经常械斗，难以结合成与官府对抗的力量。因此，当官府动员比较强大的力量清乡催征时，陈同这种地头蛇很快就会降服。杜凤治评论说："设其村

① 《日记》，同治八年十一月廿五日，《清代稿钞本》第 12 册，第 66 页。
② 《日记》，同治八年十二月廿五日，《清代稿钞本》第 12 册，第 111~112 页。
③ 《日记》，同治八年十二月十四日，《清代稿钞本》第 12 册，第 100 页。
④ 《日记》，同治八年十二月廿五日，《清代稿钞本》第 12 册，第 111~112 页。

村一心，早为化外矣，可惧哉，可幸哉！"①

在潮州的催征与在其他州县征粮一样都是要依靠权术、威胁和暴力，只是暴力的规模要大得多。杜凛辞时，布政使王凯泰明白地对他说："现同方镇督兵办匪，秉有兵威，借以征粮，故沈道以此往，你即速航海去，多一催官，多设一催征之地，多征几许亦好。交匪都是假的，但潮人均可杀，即假亦不冤，倒是征粮为有实际，好好办去，就此委缺亦未可知。"② 王凯泰的话说明官府要借兵威征粮，也要趁清乡征粮重整在潮州地区的统治秩序。杜凤治作为征粮委员，主要职责是督促、监督知县和征粮人员，出面劝说、威胁各乡绅士具结和催收本族本村的钱粮。直接催征的仍是知县派下的书吏、粮差，杜凤治则坐镇粮厂，定期和随时向沈映钤报告请示，而完成催征任务就必须借助方耀清乡武力的威慑。

仍以陈同所在的柳岗乡为例，同治九年二月，方耀清乡的主力来到柳岗乡附近，在方营办事的知县朱用孚还带来一艘装有大炮的火轮船。在此压力下，一直躲避的陈同，不得不同绅士陈炳坤（恩贡生）、陈忠爱（监生）来见杜凤治。杜对三人劝谕训饬了一番，便命陈同料理陈姓一族和外乡外村欠粮，不容分说，命陈立下限状，把欠粮完纳八成，按具结日期分批清缴，而且要求陈同"交匪"。③ 陈同仍软磨硬抗，回去后又躲匿。朱用孚一度威胁说，如柳岗绅耆不将陈同交出就开炮轰村。杜凤治认为轰村的办法不行，建议朱用孚先焚烧"匪村"新寮，"以服人心，以吓匪人，而完粮亦心中生畏"，向绅民表明抗粮者烧屋之说并非空言恐吓。④ 杜凤治曾建议只拿办陈同以造

① 《日记》，同治八年十二月十九日，《清代稿钞本》第 12 册，第 109 页。
② 《日记》，同治八年十一月十二日，《清代稿钞本》第 12 册，第 48 页。
③ 《日记》，同治九年二月十四日，《清代稿钞本》第 12 册，第 157～158 页。
④ 《日记》，同治九年二月十九日，《清代稿钞本》第 12 册，第 166 页。

成威慑，但后来朱用孚决定既不轰村，也不追究陈同，只要求陈同交出若干名年轻匪徒，并承担催征之事。杜凤治想到粮厂应征六万数千元，柳岗一乡占了一万五千元，这样处置有助于征收，就没有提出异议。① 朱用孚命在陈同家设局"交匪"、征粮，陈同赌咒发誓，如不"交匪"、催粮"甘以身受炮"。② 不久，陈同就捆送了几名参与械斗的"烂匪"，几天后这些"烂匪"都被斩决。③ 杜凤治和朱用孚都知道这些人不是首恶，甚至是冤枉的。但官员并不在乎是否罚当其罪，也不管是否真凶，只要有人可杀造成威慑，使绅民怕官赶快交粮就行了。

经过这些暴力强制手段，此后柳岗催征虽仍未能一帆风顺，但总算逐步挤缴出不少银两。

与在其他州县一样，在潮州催征过程中官员首先争取正途科举绅士或与官府关系良好的绅士支持。如同知职衔郭廷集（贤堂）是巡抚李福泰在潮阳任知县时的旧识，此时丁忧在乡，方耀、沈映钤对他都很倚重，南阳乡郭姓就是由郭廷集出面得以具结确定缴纳成数，官府也看在郭廷集的面子上予以适当宽限。④ 同时，官员们也尽量利用各种乡村权势人物，包括以往带头对抗官府的恶绅。方耀就笼络外号"土皇帝"的"烂仔头"郑四爷，"令伊传谕各村。伊深知何人欠粮多，何村欠粮久，一一分派，照数献出，不用一兵，可以成功"。⑤

对各处绅士都是软硬兼施，而以施压为主，又允许士绅以各种暴力手段催征。如杜凤治亲自入村，到欠粮多、"无粮之田多"的绅士陈来远家，陈躲避，杜命在其门口标字"三日无人无粮，必焚其

---

① 《日记》，同治九年二月二十日，《清代稿钞本》第 12 册，第 168 页。
② 《日记》，同治九年二月廿五日，《清代稿钞本》第 12 册，第 176～177 页。
③ 《日记》，同治九年二月廿七日，《清代稿钞本》第 12 册，第 176～177 页。
④ 《日记》，同治八年十二月初三日，《清代稿钞本》第 12 册，第 83 页。
⑤ 《日记》，同治八年十一月廿四日，《清代稿钞本》第 12 册，第 65 页。

屋"。① 士绅如不愿承担责任，不愿具限，或到限期本族本村未能按数缴交，则召来斥责、威胁甚至拘押。柳岗的陈忠爱本身的钱粮已完八成，但本族公户、贫户多未缴交，于是杜就派人"将陈忠爱拿来，以凭押追"。② 前洋乡粮欠责成生员陈其祥，职员陈德泉、陈阳意三人催缴，"如各家抗违，准三人指名禀知饬差协勇按拿、封屋，倘敢避匿，拿其妻子"。③ 又要求富者代贫者筹垫。在柳岗征粮局，命陈同之侄陈廷高入局为董事。规定富家承管贫户并管公户钱粮，"贫者将田或租押银，不得托故不受"。④ 这样，官府可以收到欠粮，而富户得到贫户的田产作为抵押，日后贫户不还，富户就有机会低价获得贫户的田产。

杜凤治是个了解实际的聪明官员，又有广宁、四会的催征经验，他明白十年的积欠一时全清很难做到，"民间盖藏已竭，室如悬磬，倘重加呼追，实有不堪之势"，能收到六七成也就差不多了。⑤ 征得沈映钤同意后，杜凤治把柳岗厂各乡分为上、中、下乡，分别完纳所欠钱粮之七成、六成、五成。于粮户中也为分上、中、下户，上户令其全完，中户九、八、七、六、五、四成不等，下户三、二、一成。⑥ 分别贫富减成征收的办法使各乡各户有可能承担，但判定贫富本来就不易，更难核实，官员、书差、绅士有太多自由裁量的空间，也就有大量纳贿的机会。

杜凤治在潮州征粮的时间大约为 7 个多月，同治九年六月交卸前他负责的门辟厂属下各乡村共欠粮 9 万余元，具限减成后，已收

---

① 《日记》，同治九年三月初六日，《清代稿钞本》第 12 册，第 190～191 页。
② 《日记》，同治九年五月初六日，《清代稿钞本》第 12 册，第 224 页。
③ 《日记》，同治九年二月廿三日，《清代稿钞本》第 12 册，第 176 页。
④ 《日记》，同治九年三月廿二日，《清代稿钞本》第 12 册，第 207 页。
⑤ 《日记》，同治九年五月十六日，《清代稿钞本》第 12 册，第 266 页。
⑥ 《日记》，同治九年六月初一日，《清代稿钞本》第 12 册，第 282 页。

53682元，待收4856元；柳岗粮厂原欠6万余元，具限减成后，已实收20560元，待收19393元。① 在槎桥粮厂，杜凤治经手收银九千数百元，待收600余元。② 不算开头短暂在南阳、赤寮粮厂的催征，杜凤治在门辟、柳岗、槎桥3个粮厂就征收钱粮超过83000元，稍后有把握续收到的有24849元，合计近108000元，折合约77760两。潮阳全县每年地丁正额加上米石折色共五万两到五万二三千两。③ 这是清末的数额，同治六年前折色未减时要多一些。这次催征仅3个粮厂属下的若干村庄就收到七八万两，可见杜凤治的出力，也可见这次催征对官府而言是成功的，但民间的痛苦就不言而喻了。

因为是十年的钱粮借助兵威一次性征收，杜凤治认为，"地方官即以所得三成，全解两年奏销，尚且多有余羡"，所以对潮阳知县张璿"庸庸多福，大发财源"有些羡慕，对其只分给委员数额无多的"厘头"十分不满。④

同治九年六月廿九日，杜凤治正式接到布政使调其任乡试帘差的札，即将催征事务交代，经汕头、香港回省城，在潮州没有待到催征结束。

二　征收群体与利益分配

（一）州县官及属下的人员

在所有公务中，征收是同州县官仕途与宦囊关系最密切的一项。杜凤治在所有任职的州县都把催征作为最重要的公务，在征收的重要

① 《日记》，同治九年六月廿六日，《清代稿钞本》第12册，第302页。
② 《日记》，同治九年七月初一日，《清代稿钞本》第12册，第305页。
③ 《广东财政说明书》，第47、52页。
④ 《日记》，同治九年六月廿九日，《清代稿钞本》第12册，第304页。

环节无不亲力亲为。除在四会任上，杜凤治在广宁、南海、罗定任上虽都派了代理人驻在各乡镇粮站，但自己仍要花很多时间亲自下乡催征。日记写：在广宁，"银米一项，非官自驻乡沿门亲催不肯完纳，故予任宁时一年实有半年在乡催征"，还说自己"官而亲作粮差"。[①]同治六年七月，宾坑粮站的"家人"梁升报告说："该处粮站不好收，非老爷亲去不可。"[②] 可见广宁经常出现州县官不亲自下去，粮就征不上来的情况。

两任南海首县时因公务特别繁忙，南海粮米额也远多于其他州县，杜凤治不可能经常亲自下乡，为此他聘请了多位催征委员，然而，只要稍为抽得出时间，他仍会率队下乡催征，主要是督促和检查各委员各粮站征收情况。如光绪三年杜凤治亲自到南海各乡，发现"各堡均有短绌"，两个小委员邱某和娄骏（杜的亲戚）都不在粮站，"头役亦多不到"。大委员知道杜凤治亲到，才派人持函报告征收情况。[③] 此外，杜凤治下乡时还会传见各地绅耆（尤其是局绅）协助完粮。

杜任罗定知州时，因罗定州有直接征收钱粮的辖境，且罗定其他公务不多，杜凤治就把大量时间用于下乡征收。他在上粮道之禀中说"此间情形必须交冬亲身下乡挨家严催方有起色"。[④] 他又在回复上司讯问禀报罗定州概况时说："（罗定）征粮极难，历来须官亲到，自九月下旬即赴乡，冬至前后旋署一转又行，逼除方归，一村不到，则皆以官尚未来为辞，观望不前，一冬劳劳奔走，新旧统核亦仅及八成已耳。"[⑤] 同治十三年九月杜凤治到罗定各粮站催征，行前拟定了一份《乡征照向章行辕驻扎先后日期》："先到素龙约驻二日，罗平驻

---

① 《日记》，同治七年十月十五日，《清代稿钞本》第 11 册，第 182 页。
② 《日记》，同治六年七月廿七日，《清代稿钞本》第 10 册，第 180 页。
③ 《日记》，光绪三年十一月初九日，《清代稿钞本》第 18 册，第 585 页。
④ 《日记》，光绪元年五月十五日，《清代稿钞本》第 17 册，第 108 页。
⑤ 日记中的散页，光绪二年三月初二日，《清代稿钞本》未影印。

三日（提船步卯到比），罗镜驻十日（提太平卯到比），太平驻二日，船步驻十日（提罗平卯，并葫塘），葫塘驻二日，金鸡驻四日，平塘驻四日，围底驻六日，回衙。"① "照向章"，一次乡征就计划外出43天。这次催征由九月十三日到十月十七日共用了35天，提前回到州衙，但十一月十五日又再次下乡，直到十二月十八日才赶回州衙，因为十九日要封印，第二次又用了34天。同治十三年九月到十二月，杜凤治有一半以上时间离开州衙下乡征粮。作为知州大老爷，乡征期间杜凤治虽有很多人侍候，但所居住的地方往往不蔽风雨，经常是白天到各乡村催征，传见绅士软硬兼施要求他们完本族本村之粮，晚上比责粮差，做完后已经三更，还得处理州衙派人送来的公文，第二天早上又要到另一个地方催征。催征期间的劳累、怄气和无奈，自不待言。

州县官属下参与征粮者大体有三类。

1. 州县官指派的代理人：委员、幕客、官亲、"家人"

本来，书吏、粮差也可以视为州县官的代理人，但委员、幕客、官亲、"家人"等则完全是州县官私人指派的代理，他们参与征粮、督促书吏和粮差，在法律、则例中都找不到任何依据。然而，州县官在乡镇设立粮站，本人不可能随时去，又很难放心地把征粮事务交给基本上是当地人的书吏、粮差，所以必须派出"自己人"常驻粮站。杜凤治首任广宁刚到任，就派出亲戚、征收师爷沈蘷亭与"家人"梁升赴石狗墟粮站，另一位征收师爷娄焕章（也是远亲）偕"家人"李福、萧荣赴江屯墟粮站，"家人"马玉赴森洞铺粮站收粮。② 在四会任上，也派官亲金十四爷和"家人"马玉、梁升、李福常驻塔塱等处粮站，而自己两个堂兄、两个儿子和四舅老爷则总管城乡各处粮

---

① 日记第29本之夹页，《清代稿钞本》未影印。
② 《日记》，同治五年十一月初六日，《清代稿钞本》第10册，第91页。

站，随时抽身往查。① 官亲、"家人"都不熟悉当地情形，也未必有征粮的能力和经验，但对州县官而言，他们要比书吏、粮差可信。

在南海县，杜凤治还委派了总催、分催征粮委员。南海钱粮数额巨大，故征粮委员要由布政使下札，但确定人选、支付报酬都是南海知县的事。甚至有同、通、州、县愿意当南海的征粮委员。杜凤治初任南海时就婉拒了两位愿就征粮委员的候缺州县官，禀请藩台下札聘请县丞班的叶振甫为总催委员，因其"有叶疯子之名，南海催粮老手，最出名，有起色，向肯认真办事"。② 南海县各属又派了分催委员：五斗口属王鏕（兼管捕属、城西堡旧粮），黄鼎属缪枝春，江浦属俞恩棠，九江属郑金源，金利、三江属韦庆清。他们均为候补、候缺之佐杂。③ 南海县有些地方，"粮差、完户有必待总催到方完纳者，历来如是，牢不可破"。④ 看来，催粮委员都是对南海县地方事务、催征业务比较熟悉和有一定能力的人。

2. 书吏、粮差

前人研究清代赋税无不注意书吏、粮差，故笔者无须多写。按道光时香山举人林谦所说，香山的图差是由民壮雇来帮办的散役。⑤ 但是否各州县都如此，笔者无从判断。杜凤治在潮阳做催征委员时，赤寮有"粮厂督催总役姚美等三人，又有图差、粮差共十余人"。⑥ 可见粮差、图差两者并非等同。杜凤治在日记中甚少用"图差"一词（只用过25次），同治九年三月二十八日后的日记中这个词就再也没有出现过，很可能是把"图差"笼统地包含在"粮差"之中了。杜凤治

① 《日记》，同治七年十二月二十日，《清代稿钞本》第10册，第491页。
② 《日记》，同治十年六月十二日，《清代稿钞本》第13册，第274页。
③ 《日记》，同治十一年二月初一日，《清代稿钞本》第13册，第596页。
④ 《日记》，同治十年十一月初二日，《清代稿钞本》第13册，第463页。
⑤ 黄彦辑《林谦文选》，《近代史资料》总44号，中国社会科学出版社，1981，第2页。
⑥ 《日记》，同治八年十二月初一日，《清代稿钞本》第12册，第80页。

同其他州县官一样深知粮差靠不住，但又知道"广东粮差可打而不可革，可病而不可死"，[①] 征粮少不了他们。如南海县有两名粮差，外号"大王甘""军师徐"，"凶恶无比而情形熟悉，催粮非二人不可"。[②]

3. 衙役、兵勇

州县官下乡催征通常随带很多衙役以便实行刑责、拘捕。如同治六年十月，杜凤治"带五十余名差役、吏户刑书吏、行杖皂班往附城各大家亲督催征，兼带图差令指引各家，不论男妇，如有延抗即行锁带回县押比追纳"。[③] 光绪三年在南海下乡催征，所带"门、印、跟、茶、号、三小、轿夫、执式、差头、壮勇将二百人"。[④]

各汛地弁兵不归州县官直接管辖，但州县官可以知会辖境内汛官的上司要求弁兵参与催征。在清乡、催粮同时进行时，兵威所及，征收会相对顺利。同治六年八月，杜凤治写信给在广宁石狗一带剿匪的安勇武弁："如上水一路办匪，即请枉过各村，借熊虎之威，或知畏惧，庶银米少有起色，全仗大力玉成。"[⑤] 同年冬，广宁森洞粮站征收较往年旺，"为有安勇三十人在此，究竟顺手"。[⑥] 为征粮，杜凤治自己又招募勇丁50人，连同衙役四五十人共百余人下乡催征，后留下30名壮勇随带催征，"各予号背心一件，上印'广宁县正堂亲军'七字"。[⑦] 但杜凤治此后在其他州县再没有组建类似的"亲军"。

（二）参与催征的殷丁

在杜凤治任职的所有州县，催征无不责成、依靠士绅，特别是

---

① 《日记》，同治十一年十二月十五日，《清代稿钞本》第14册，第401~402页。
② 《日记》，同治十一年十一月十二日，《清代稿钞本》第14册，第363页。
③ 《日记》，同治六年十月十一日，《清代稿钞本》第10册，第311~313页。
④ 《日记》，光绪三年十一月初六日，《清代稿钞本》第18册，第580页。
⑤ 《日记》，同治六年八月廿三日，《清代稿钞本》第10册，第203页。
⑥ 《日记》，同治六年十二月十七日，《清代稿钞本》第10册，第441页。
⑦ 《日记》，同治六年七月初二日、十七日，《清代稿钞本》第10册，第143、167页。

族绅、局绅。关于士绅与征收的关系，拟在本书第六章第二节集中论述。在杜凤治任职罗定州的日记中，有很多关于殷丁参与催征的内容。如果要了解清代广东殷丁如何参与征粮，杜日记是难得的史料。

以"殷丁"为关键词检索"中国古籍库"和"中国方志库"，广东以外省份检出的条目极少（外省的"殷丁"条目多与漕运有关），广东的香山、南海（佛山）、揭阳、清远等县的方志则有若干条，但内容都甚为简略。当然，方志不记有种种原因。杜凤治在罗定任上的日记有很多殷丁参与催征的记录，但罗定的方志却完全没有提及殷丁。

乾隆《揭阳县志》称："他郡邑则都有堡，堡有圕，圕有甲，以粮多者为甲长，为殷丁，使督催一甲之粮。"[①] 该志编撰者认为潮州以外各府、县都有殷丁参与催征。民国《香山县志续编》称，屯田征粮"择屯丁身家殷实者派为殷丁"包收包解，每所一人。[②] 道光年间香山举人林谦留下的文书，则表明香山原来"粮务只责成甲首（即本户殷丁），而以里长督之（里长本称'督催'）"，"里长催十户殷丁，殷丁催各甲花户"。但后来弊端日甚，图差兼里长、甲长，肆意勒索陋规而不在意粮务。[③] 林谦这批文书（包括其致官员的信函）要旨是站在士绅的立场上指控图差之弊，对殷丁没有多写，所谓"里长催十户殷丁，殷丁催各甲花户"很可能只是理想化的说法。杜凤治对罗定殷丁的记述，与林谦这些话有较大差距。

片山刚根据佛山、九江的方志资料，对清代南海的殷丁做了相当

---

① 乾隆《揭阳县志》卷1，"都鄙"。该志编撰者特地说明"圕"并非"图"字，相当于"鄙"字。
② 民国《香山县志续编》卷5，"经政"。
③ 黄彦辑《林谦文选》，《近代史资料》总44号，第2、5、6、7、12页。

细致的研究，他认为清代南海九江的殷丁是一种徭役，"殷丁的职务乃是处于实际的土地所有者与官府中间，完全垄断了掌握这些土地所有者的税粮数额以及向官府报告的权力"。到了乾隆、嘉庆年间，每由无业刁民充当殷丁，出现飞洒、干没等弊端，造成逋欠，宗族便以家法驾驭殷丁，由祖祠代收完赋。佛山二十图的资料则说明殷丁"负有征集各甲税粮向官交纳的任务"。"佛山堡的殷丁乃是由拥有总户的宗族内的族人承担，是管理和操持总户的具体人"，宗族对殷丁的控制力是很强大的。[①] 从片山刚的研究可以知道，即使在乾隆、嘉庆以前图甲制运作较为正常的时候，同在南海县，佛山和九江的殷丁地位与作用也是有差别的，故林谦笔下的香山殷丁与杜凤治笔下的罗定殷丁差异很大不难理解。

到了杜凤治任职南海知县时，似乎该县仍有殷丁存在。如南海县简岸的简建康，于洪兵战乱后主持家族祭祀事务，"公意尝产未丰，皆不以微薄废礼，而必先完国课，按户甲亲投粮局，不假手殷丁"。[②] 但从杜凤治的日记看，到了同治年间，殷丁在南海征收过程中似不起多大作用了。在他两任南海知县五年多的日记中，有关征收钱粮的记述不少，但从未提及"殷丁"一词。而他在罗定署理知州一年零九个月的日记中提及"殷丁"则有 317 次。杜凤治罗定之任恰好在两任南海之间，如果殷丁仍经常性地参与南海的催征，他不应完全不记。

根据杜凤治日记，罗定州的殷丁大致情况如下。

第一，如同片山刚所说的那样，殷丁是一种徭役，不可推卸。罗定的殷丁显然都没有功名、职衔，即使昔时殷丁出自殷实之户，但到

---

① 片山刚：《清末广东省珠江三角洲地区图甲制的矛盾及其改革（南海县）——税粮、户籍、宗族》，《明清广东社会经济研究》，第 345～348 页。
② 《粤东简氏大同谱》卷 11，"简岸系建康公"，民国 17 年铅印本。

同治、光绪年间殷丁已与贫富无关，以贫者为多，都是地位低下的庶民。知州每到之处，殷丁都要与粮差一起"跪接"。知州因"催征不力"比责殷丁时，可随时实施羁押、枷号、打藤条、板责、打孤拐等刑罚。杜凤治曾说："殷丁之疲玩至罗镜极矣，每比责孤拐百余、数百亦不畏也。"① 罗定的殷丁参与催征似乎没有酬劳，日记也没有提及殷丁随征时食宿如何解决。因此，殷丁能躲则躲，能逃则逃，要靠捕捉、刑责等暴力手段逼迫其参与征粮。

第二，殷丁的产生与册籍所记粮户有关。如罗镜粮站陈寿等五大粮户"欠多又疲"（陈寿欠新旧粮 200 石），各户殷丁隐匿不出，无法催征。晋康司巡检刘嵩龄受杜凤治委托"竟能将五殷丁弄到"，杜凤治为此十分高兴。② "陈寿"等粮户名只是赋税册籍中的登记单位，而且是多年前已载入册籍。但如何从"陈寿户"这种登记单位中产生殷丁？从日记对一宗诉讼的记载看，殷丁似乎由粮户自行产生，且可私相授受，官吏只要该户有人出任殷丁，谁当都无所谓。③ 不仅大户要出殷丁，小户也不能免，故罗定殷丁总人数不少。杜凤治催征到素龙粮庄，"到时有二三十人于路跪接，询知皆殷丁。嗣知区区一小庄，殷丁有百余，到者仅三十余人，来迎接者二三十人，殷丁未到者勒粮差限两日传来"。④ 殷丁由各花户产生，顾名思义，应该出自有粮可交、比较殷实的花户，但在杜凤治笔下，殷丁却未必有粮。当年设计此制度时很可能认为本户殷丁应该知道谁是真正业主，即使田产转手也应有所知闻。官府依靠粮差找到殷丁，如果找不到殷丁或殷丁躲匿就比责粮差，找到各户的殷丁后，通过殷丁找到应纳粮的花户。

---

① 《日记》，同治十三年十二月十四日，《清代稿钞本》第 16 册，第 389 页。
② 《日记》，同治十三年十二月二十日，《清代稿钞本》第 16 册，第 407 页。
③ 《日记》，光绪元年九月初二日，《清代稿钞本》第 17 册，第 326 页。
④ 《日记》，同治十三年九月十三日，《清代稿钞本》第 16 册，第 188 页。

第三，罗定的殷丁似乎并不经手钱粮，其责任只是向知州统率的征粮人员提供花丁信息，指证欠粮之花户。日记记：

> 殷丁知粮之所在，伊不言，竟无人知。粮房、粮差形如木偶，毫无所知，殷丁有权，因而多弊，往往包庇粮户，受贿延欠，伊得其贿，情甘比责，询以花丁所在，庶可饬差督勇往催，抵死不言。而花户中有不遂其欲，且与之有隙有仇，则已完亦谓未完，捏情妄禀，张扬其事。官亦无知，唯一味严比，向其要粮，伊则诉某某抗纳，某某拒捕，官有不听其而怒之而饬差督勇拿人烧屋者乎？而不知其中挟嫌捏禀者正多也。①

杜凤治所说粮房、粮差"形如木偶，毫无所知"或有夸张，但从日记看，在罗定确实离开殷丁就无从开征，而殷丁则往往利用指引催征的机会包庇、报复、索贿。

第四，殷丁不仅要向官、差指明欠丁，而且可以向官举报任何欠粮者，不论被举报者是否与此殷丁同族同村。如在围底粮庄，"有梁姓殷丁禀杜村陈姓每年九斗余米，自九年至今一粒不完，去催大出恶言，任告莫奈"，杜凤治即谕令明日派兵勇"再赴杜村拿陈姓欠丁，如已避匿，即将其住屋焚拆"。② 殷丁虽是庶民身份，但也可指证士绅欠粮。如荔枝埇生员陈彝德等户"无殷丁出来"，但另有殷丁指控陈彝德有三石米，"屡催不肯完纳"。③ 后来陈彝德、陈彝教对杜凤治说本户"向无殷丁，自行上纳"。杜就对他们说："凡荔枝埇陈姓之

① 《日记》，同治十三年十二月十五日，《清代稿钞本》第16册，第392~393页。
② 《日记》，同治十三年十二月十七日，《清代稿钞本》第16册，第398页。
③ 《日记》，同治十三年十月初六日，《清代稿钞本》第16册，第247页。

粮尽交与二位代收代纳。"① 于此看来并非所有粮户都有殷丁，何户有殷丁知州不易查清，很可能在书吏、粮差处也是一笔糊涂账，否则，杜凤治就不会见到二陈时才知道该村陈姓"向无殷丁"了。

第五，即使殷丁指控欠户不实，一般也不会受到追究惩罚。殷丁唐灶石拦舆控告监生唐岳元瞒粮匿税，唐岳元亦反控唐灶石飞粮偷税。杜凤治批："两造控词各执，唐灶石身充殷丁，催粮是其专责，唐岳元何故为伊所持，劣迹多端，恐非尽属子虚，亦必有因。"后唐姓二生员奉杜凤治之命调查回复，称"唐灶石飞粮匿税，将素龙飞入外庄，外庄又不完纳，渐成亡户，伊有田无粮，坐享年久"，唐岳元"请饬家人督同书差清丈"。② 唐岳元敢于请求清丈，很可能是理直的一方。但杜凤治一开始的批示偏向殷丁唐灶石而不是绅士唐岳元，显然是出于鼓励殷丁举报的考虑。后来杜凤治也只责令唐灶石完粮，惩罚其抗丈田亩，并未追究其诬控唐岳元一事。③

第六，殷丁利用催征机会狐假虎威，有时也会滋事。同治十三年九月，粮差、殷丁到金平粮庄催征时，有殷丁得知乡民李可维卖牛后身上有银，捏指李欠粮搜抢，并将其殴伤，引起众愤。墟众把一名粮差当作殷丁捉到练局，知其身份后立即释放。李可维回家后怕自己被作为祸首查拿，服毒自杀。杜凤治为处置此事颇费了一番心思。④

杜凤治在罗定催征时特别依靠殷丁，但也靠士绅。日记记：

（罗平）粮庄家人罗文说此庄又与素龙异，粮米不责限殷丁而责限各绅士（亦责限殷丁，不过亦可责限绅士耳），即如山田陈姓粮

① 《日记》，同治十三年十月十一日，《清代稿钞本》第 16 册，第 259 页。
② 《日记》，同治十三年十一月十五日，《清代稿钞本》第 16 册，第 322～323 页。
③ 《日记》，同治十三年十二月廿一日，《清代稿钞本》第 16 册，第 410 页。
④ 《日记》，同治十三年九月廿五日，《清代稿钞本》第 16 册，第 215～217 页。

最多，陈炳标为族长，自来未肯完纳，催亦不理，其意盖等官到俟官限出若干，一律照纳，庶得脸好看。予谓限绅士究比限殷丁有拿搦，素龙各殷丁皆如叫化乞丐，伊或完不出，或有心延误，即打死他容何益？着落殷丁之粮恐日久必不能行，何者？伊名为殷丁，实则并无身家，即性命亦不甚爱惜者也（往往每年大众族中或村中公举一人轮值，出受比责，稍有身家人断不充殷丁也）。当初作此名为殷丁，责成身家殷实之人，作法甚良，日久流弊一至于是，故吾知其久必不可行也（顾名思义，作法本良，今则徒存殷丁之名，一花子耳，如何向于身上要钱乎！必至比死殷丁而后改也）。①

"亦责限殷丁，不过亦可责限绅士耳"是杜凤治在日记里对粮庄"家人"所说的话的补充或修正，说明该州征粮时对殷丁、绅士都有责限，但"限绅士究比限殷丁有拿搦"当系实情。在广宁、四会、南海等县并无殷丁参与催征，对绅士的责限就更加明显了。

杜凤治写了殷丁、士绅参与催征，在其他州县，参与征粮的人物有时会令人大感意外。与杜凤治同时代的海康知县徐赓陛到任后发现："海康县属日久相沿，有钱粮店包纳钱粮之弊。在官不过略图安逸、不亲簿书之劳。而日久弊生，致有逐月加费、连年滚算之恶习，小民欠米一石，历时既久，有完至百数十千及十余千文不等者。"②"钱粮店"看来是因包纳钱粮而形成的"行业"。各种史料显示，钱粮越难征，弊端越多，某些参与征收的群体就越有机会获利。各种参与钱粮征收的群体的存在与滥权舞弊，进一步加剧了钱粮难收的状况，形成恶性循环。

---

①　《日记》，同治十三年九月十六日，《清代稿钞本》第 16 册，第 193 页。
②　徐赓陛：《不自慊斋漫存》卷 4，沈云龙主编《近代中国史料丛刊》第 78 辑，台北，文海出版社，1972，第 335 页。

（三）州县征收的利益分配

龚自珍有一句著名的诗"国赋三升民一斗"，说的是绅民实际赋税负担超过额定的几倍。龚自珍是江浙人，江浙钱粮定额本高，如果实际征收是定额的几倍就会觉得很离谱了。然而，在广东，绅民在征收时的实际付出则远远不止"三升"与"一斗"的比例。

杜凤治认为广东钱粮极轻，"核计将田中所出之草卖以纳完尚有多余"，对绅民不愿完粮感到不解。[1] 作为州县官，他不可能不知道实际情况，只是站在"官"的立场上空发感慨。从表面看，广东的赋税似乎并不重。如广宁人口30余万，共有额田地山塘水共约207937亩，地丁正银税额7406.18两（遇闰加153.4两），本色米1700石，官民米共8478.5石。[2] 平均每亩土地或每户居民的负担都不算重。然而，在实际征收中，"照向章每两条银收一两八钱"，加收80%已经成为规矩。同治六年，在士绅上省控告浮收的风头上，书吏们还想比"向章"再加收一钱。[3] 同时，钱粮征收中米石折色浮收也极为严重，同治年间正常年景市场价每石米约值银一两多，但广州府各县征收折色每石达七八两，其他州县也要四五六两。经巡抚蒋益澧奏减，各州县米羡自同治六年后每石减少二三两，广宁定为每石4.4两。[4] 也就是说，仅米石折色一项，州县一级按惯例已是定额的三四倍了。在潮州各县，地丁新粮一两要缴纳5元，旧粮则7元。[5] 广宁每两条银收一两八九钱、每石收四五两，以及潮州的新粮一两缴5元、旧粮缴7元，也只是指县衙按各级官府认可的惯例收到的数额，在征收过程中征收人员巧立名目的进一步浮收，州县官都难以搞

---

① 《日记》，光绪元年十二月初十日，《清代稿钞本》第17册，第488页。
② 道光《广宁县志》卷6，"赋役"。
③ 《日记》，同治六年十月廿四日，《清代稿钞本》第10册，第350页。
④ 广东清理财政局编订《广东财政说明书》，第50页。
⑤ 《日记》，同治八年十二月廿九日，《清代稿钞本》第12册，第120页。

清楚。在罗定征粮时，杜凤治注意到只有少数绅士知道"钱粮为正供"，"愚夫愚妇则实不知，以为官勒索之也。故殷丁每当责罚时皆供称上紧催粮与大老爷，直谓大老爷要之也"。[1] 殷丁的说法很直观，因为钱粮不仅是"大老爷"来收，而且花户所交之银两当中，不少也落入了"大老爷"本人及其手下的腰包。

册籍上额定的地丁和米石都是要上解藩库的，但州县官基本上不会足额上解（解够一定成数即不碍考成）。州县实际上征收到的银两远超册籍规定的数额，除上解部分以外，则在州县官及参与征收的各色人等中分配。州县官的收入固然有相当部分来自于此，各州县依靠征收作为收入主要或重要来源的人也数以千百计，日记透露了不少州县官及以下各种参与征收的人员在这个过程中获利的细节。

后一节会对州县官包括征粮在内的各种收入做论述。这里先举一个例子，杜凤治在潮阳催征时主管门辟、柳岗两个粮厂（站），催征所得要交给潮阳县知县张璿。到同治九年五月，杜凤治计算出门辟、柳岗两厂已收 6 万余元。三成归潮阳县完新粮，张璿可得 18000 元，折合 12600 两，而两粮厂所收最多实解藩库 8300 两即已足够，余下的 4300 两就是张璿的收益。此外还有"厘头等项"，而且两个粮厂仍在催征，尚有后续收入。[2] 因为这次催征除新粮外还要追收旧欠，一般情况下州县官收益率没有那么高。日记没有提及杜凤治自己在这两个粮厂有无直接收益，但写了自己带去潮阳的"家人"李福"常有银寄家"。[3] 李福只是催征委员的"家人"，竟也有额外收入，而这些收入不可能由粮厂发给，肯定直接、间接来自业户的贿赂。

① 《日记》，光绪元年十月三十日，《清代稿钞本》第 17 册，第 431 页。
② 《日记》，同治九年五月十七日，《清代稿钞本》第 12 册，第 267 页。
③ 《日记》，同治九年四月初九日，《清代稿钞本》第 12 册，第 226 页。

严重加收的米石折色，相当部分也在州县官以及参与征粮群体中分配。如晚清的清远县：

清远屯粮每石征银四两一钱，实解藩库银二两九钱五分，羡余杂费银一两一钱五分。内分屯丁银二分五厘，解费银二钱，拔费银七分，找差银三分，巡司督征银一钱，门费银六分，仓费银一钱，印费银四分，房费盘查上司差规共银三钱四分五厘，帐费四分，斗给二分。内司督征银四分，殷丁银五分，押差银三分……民粮串票每张五分，屯粮串票每张三分。内分公费三厘，印费三厘，门费三厘，房费二分一厘。屯田执照每张二钱。内公费银八分，钱席银二分，帐费银二分，督征银三分，房费三分，门费一分，印费一分。俱拔县署公费。①

由此可知，清远米石征收，大约有 28% 是留在本县分配的。粮户除按规定（包括按不合理价格比例的折色）数额交粮外，串票等还要另外付费。但在方志的记载中没有显示知县本人所得，也许是隐藏于五花八门的多项费用之中吧。

杜凤治四会任上的日记有记：

民米向收四两六钱，归官四两二钱，其四钱房费，二钱（仓规一钱）署内门、印众"家人"向各派分，今减每石仅四两，归官三两六钱，似乎减在官而若辈一文不减，殊非情理。昨晚下谕饬之，今询得仓一钱已提入帐房，拟令照办。串费三分，

① 民国《清远县志》卷 12 "田赋"。

归房一分，其余门、印、帐房、众"家人"、三小子均有派分。①

于此可见蒋益澧奏减米羡前后四会县民米折色的分配。"归官"的部分，知县首先要用于上解藩库，剩余的也要用于各种公私开支，再剩下的才是知县的宦囊收入。跟随知县的"家人"，甚至三小子（依附于书吏、衙役、"家人"，供差遣奔走的人，并非正式的衙役或"家人"）也有"派分"，但并非出自知县的宦囊，而是出自"仓规""串费"。

州县官会定期给"家人"分配钱粮催征的收益。日记记下了同治六年中秋节杜凤治为"家人"分钱粮股的情况：

> 此节外间大帐共卅二人，每股约分三两零，共五十二股。李芳、郎庆优给二股，钱粮上十人，每人分二金，李高、陆安二人跑上房、内签押房，于钱粮股中每月划出二元赏之。②

此时杜凤治初任广宁不到一年，当年征收尚未完成且不顺利，但一次分给"家人"的钱粮股已达一二百两。

同治十三年末，杜凤治在罗定州"为众家人分股帐"：

> 钱粮厘头共得一千零数十两，作一百股分；又钱粮上尚有小帐，共银二百六十二两零，作二十六股，以其余赏随同下乡之茶房阿茂。何老茶房自广宁跟随至今将十年矣，人极小心安静，给与股半约十两零银，裁缝、剃头亦各与一股。③

---

① 《日记》，同治七年三月廿五日，《清代稿钞本》第 10 册，第 547 页。
② 《日记》，同治六年八月十六日，《清代稿钞本》第 10 册，第 195 页。
③ 《日记》，同治十三年十二月廿七日，《清代稿钞本》第 16 册，第 422 页。

罗定州一年的地丁额不过9000多两，而一次的"钱粮厘头"就有一千二三百两，没有参与催征的"家人"，甚至裁缝、剃头者都"各与一股"。日记没有说明"钱粮厘头"的具体来源，但来自催征时的额外浮收应无疑问。

杜凤治的亲属，无论是否参与催征也分享征收的陋规。同治七年初，杜凤治派分"帐房应得户、仓房规例及传呈各费"320余两，分给其外甥莫雨香、内弟娄又庵、自己的两位堂兄、侄儿杜子楷、儿子杜子榕，杜凤治自己也提取36两。[①] 杜凤治此前也定下"在署子、侄、女、媳每月均与月费两千、一千不等，每月每节公帐上亦各有分，视其用钱之繁简分与钱之多寡"。[②] 因为州县官的账房是公私不分的，而"公帐"的收入很多也来自征收。

州县官所聘的征粮委员、幕客，在薪酬、脩金外还会有其他收入，大致来自勒索或擅自额外浮收。杜凤治的远亲陶桂熙请求杜凤治向东莞知县叶大同推荐自己主管东莞某个粮站，"盖向有千金，今不如前，尚每年出息有八百元也"。[③] 粮站幕客在正常的"出息"以外也可以再设法牟利。杜凤治在罗定聘请的粮站师爷陈森林懒于下乡亲催，"遣其仆人往，其仆以骑马到处来往，得贿即不催，并将殷丁放去"。[④] 罗定是个钱粮额不多的穷州，粮站师爷脩金不高，而在广东骑马养马的费用却不低，陈师爷的仆人竟可"骑马到处来往"，主仆的额外收入当不少。

书吏、粮差可说是专靠或主要靠赋税的浮收作为收入来源的群体。杜凤治对他们的收入没有直接记载，但从一些侧面记述可知书吏、粮差收入之丰。如广宁粮书沈荣被控舞弊逃匿，其兄沈大文为仓

① 《日记》，同治七年正月初三日，《清代稿钞本》第10册，第465页。
② 《日记》，同治六年十一月十三日，《清代稿钞本》第10册，第373页。
③ 《日记》，同治八年七月廿四日，《清代稿钞本》第11册，第497页。
④ 《日记》，同治十三年正月初五日，《清代稿钞本》第16册，第433~434页。

书，两人均捐有职衔，"大起祠屋，费数千金"，"祠屋夏间落成，雕甍画栋，金碧辉煌，前后三进，摆设精工，正室中设神龛，雕镂金饰，奢华极矣"。① 书吏、粮差收入之丰在其他资料中也有很多佐证。如林谦在道光二十三年因林族值年，一次就被图差勒索了 200 两银。林谦还说，香山图差每年开印强迫缴纳所谓"金花银"，名义上是县衙门、印所得，但"门印之所沾四百元耳，而粮房借是以讹于图差者四五千员，图差借是以讹于值年者且至万员"。香山"私抽之项，比正赋有加数倍、数十倍者"。②

弁兵、差、勇参与催征也有所分润。在罗定时，哨官何某带兵勇跟随催征，事后杜赠以"谢资"40 元。③ 兵勇随征期间的伙食等费应该也是杜凤治承担的。同治十三年十月罗定催征时，都司颜金主动表示"征粮要勇即可拨奉听用"，但杜凤治怕赏费太高婉拒了。自己带 40 名差、勇，每日也需 3200 文伙食费。④

州县参与催征的庞大人群，使钱粮征收的成本极高。如同治六年七月，杜凤治亲自下乡 20 多日，"银米共约收二百六十金"，但仅壮勇费用就要几十到百余两。⑤ 同治十二年在南海一次下乡催征，"自省赴乡共七艘，官座、轿伞、执事人等各一，均河头船；厨房船一，小于河头而秽杂不知何名；门上船一，乃紫洞艇也；书差缉捕船，船皆紫洞艇"。⑥ 如此多的船只、人员，加上原先已在乡的征粮人员，都会通过各种额外加征应付开支和获取收入，而这些最终也都成为绅民远超"国赋"定额的实际负担。

---

① 《日记》，同治六年十二月二十日，《清代稿钞本》第 10 册，第 444～445 页。
② 黄彦辑《林谦文选》，《近代史资料》总 44 号，第 2、3、14 页。
③ 《日记》，同治十三年十二月二十日，《清代稿钞本》第 16 册，第 407 页。
④ 《日记》，同治十三年十月十六日，《清代稿钞本》第 16 册，第 267 页。
⑤ 《日记》，同治六年七月廿六日，《清代稿钞本》第 10 册，第 177 页。
⑥ 《日记》，同治十二年十一月十五日，《清代稿钞本》第 15 册，第 226 页。

三　州县官的银两

（一）州县官的收入

州县官的宦囊收入首先是法定的俸禄与养廉。据方志记载，广宁知县每年俸禄 45 两、养廉 600 两。[①] 南海知县岁支俸银 45 两（实银 43.151 两）、养廉银 1500 两、心红纸张银 30 两。[②]

如果按照王法和则例，那只有俸禄和养廉是合法收入。俸禄为数不多，养廉表面上不少，但如系署理就减半，还经常打折。州县官的养廉要应付捐摊，即使有剩余，还要抵扣其他税饷、经费，布政使衙门书吏还要扣 5% 左右的 "领廉司费"。[③] 所以州县官实际上拿到手的养廉微乎其微。

由于很多公务开支要州县官自己承担，加上必不可少的向各级上司的馈送等，每年正常开支，广东州县至少要一万数千两，而南海这种大缺数额就更多。州县官不太可能靠俸禄、养廉维持县衙的基本运作，更不必说过上官员的生活了，因此，州县官必须获取俸禄、养廉以外的收入，这是朝廷、各级上司、绅民都知道的事实。

前文提过，杜凤治性格谨慎，在日记里支出会详细记载，收入则未必，但日记内容多，杜凤治又是喜欢写的人，所以在几百万字的日记中我们还是可以窥见州县官获取各种额外收入的途径或机会。

法定收入以外的收入，赋税征收的陋规当属大头。

同治六年，日记所抄录瑞麟沥陈 "广东折色民米碍难减价征收请仍照旧章" 的奏稿，其中有：

---

① 道光《广宁县志》卷 6，"赋役"。
② 道光《南海县志》卷 14，"政经略"。
③ 《日记》，同治八年十月初八日，《清代稿钞本》第 12 册，第 18 页。

粤东守令大异西北两省，除米价赢余而外别无丝毫陋规，而缉捕之费，繁难之缺动辄一二万金，中简之缺每年亦数千金，驿站向无开销正项钱粮，每年亦须津贴，而赡养家口亦所不免。月俸所入不足办公，所资者止此米羡耳。今欲尽革而去之，则必屏妻子、去僮仆、废缉捕、误驿递而后可，如其不能，必将取给于词讼。夫至取给词讼，其弊有不堪设想者。①

这份奏稿似乎没有拜发，笔者甚至对其真伪也有怀疑。奏稿的主旨是指责蒋益澧减米羡引发官场混乱，说广东州县官"除米价赢余而外别无丝毫陋规"自非事实，但上引大段话反映了米羡是州县官法定以外收入的主要来源。即使蒋益澧减了米羡，米羡收入仍是广东州县官陋规收入的大宗，只是因为州县官的支出是刚性的，必须另想办法弥补米羡的减少。

杜凤治的收入自然也有很大部分来自米羡和其他征收中的陋规。他的日记关于征收的记录很多，通常会记录征收的经过，某天为止收到地丁、米石多少，某日上解多少。但日记不是账本，所以从中看不出杜凤治在赋税征收中有多少收入宦囊。不过，杜凤治在所任州县都勤于催征，上节提到，杜凤治经常为官亲、"家人"分"钱粮股"，杜凤治自己自然不会倒贴。

日记记录了其他几个官员征收时的收入。上节提过的潮阳知县张璿是一例。还有一例是署理东莞知县张庆镰由增城调署东莞，"正值办乡之时，征收大有起色，人又勤能，公私俱顺，东莞卸篆即乞得一差回江西，携回囊资约有十余万金"。②但张庆镰自己说没

---

① 《日记》，同治七年十月十七日，《清代稿钞本》第11册，第183页。
② 《日记》，光绪三年八月三十日，《清代稿钞本》第18册，第466页。

有那么多。光绪六年十一月，杜凤治辞官归里时路过江西玉山，拜会"满载而归"的张庆鑅，张亲口对杜说："我东莞卸事足有实现银五万两，不敢要一意外钱，均系银米羡余。"① 即使张没有隐瞒，一任东莞"银米羡余"竟有五万两，数额也够巨大了。当然，其他州县官没有张庆鑅那么走运，征收时顺利，征收后找到机会，不必交代清楚就把东莞收入携带回家，因为张钻了空子，上司也奈何他不得。

州县官从税契（也称契税）中也可获得额外收入。税契是田地、房产买卖过户时所收的税。税契照例征收产价的 6.5%。民间平时为避税不愿交税割户，但州县官卸任前会把税契减为产价的 4%，甚至减到 1.5%。② 部分业户为使所买产业合法，也会趁此机会税契。杜凤治第一次任南海将卸任时，几个最亲近的官亲连夜抢收税契，日记记：

> 八兄、四侄、桂儿午初回公馆，予昨晚差桢儿早进署去帮助用税契印，恐八兄、桂儿熬一夜太辛苦。巳初都归，云前后共收税契产价五十四万两，较之赓任短少二十余万，予减收至二两四钱止，断不肯再减，赓减至一两八钱，故多少相去远甚，况予平日不减时所收已多，无怪卸事时少也。③

54 万两产价，按 2.4% 计算，可收 12960 两；其前任赓飏征收的产价 74 万两，按 1.8% 计算，可收 13320 两。

按清末的《广东财政说明书》，所有州县的契税实收都远高于契

---

① 《日记》，光绪六年十一月初六日，《清代稿钞本》第 19 册，第 51 页。
② 《日记》，光绪庚辰九月初四日后补记部分，《清代稿钞本》第 18 册，第 619 页。
③ 《日记》，同治十三年三月廿五日，《清代稿钞本》第 15 册，第 413～414 页。

税岁额，如南海县每年契税税额 4749 两多，但光绪三十二年实收 67910 两多，宣统元年实收 139372 两多。[①] 杜凤治任职时期的实收数额应该不如清末（因清末经济发展，地价、田价均大幅上涨），但实收数远高于岁额（杜凤治称南海每年税契须解 5000 两，与《广东财政说明书》记载相近）的状况则已存在。州县官只要多收，就有更多盈余归自己支配，减价就可多收。但前任减价，后任税契就会难征。

一些州县还会有其他固定的收入。有一次杜凤治与督署、府署名幕刘复斋聊天，刘谈及罗定"向来每年有万金船税，分厘都不用解的，裁去久矣"，杜回答："与广宁之竹木税每年八千金同，亦久无之。"[②] 杜凤治任广宁、罗定时，船税、竹木税已被裁去，两人的对话反映了有些州县存在州县官可较自由支配的杂税。

州县官的一项重要收入是书吏、衙役的充任"公礼"。书吏顶充时州县官与书吏的讲价还价，第三章第四节已有比较详细论述。书吏、衙役的"工食"低微，但可倚仗衙门权力谋私牟利，前文也提到某些书吏、衙役拥有惊人的财富。因为州县官对书吏、衙役的充任有决定权，"公礼"便成为州县官分享书吏、衙役法外收入的一种方式。逢年节、生辰，书吏、衙役也会给州县官馈送。

一些商业、手工业、矿业，因为盈利较多（如典当、银钱业），或容易被人指控（如采矿以及雇人较多的某些手工业），也要向州县官送"公礼"或"官礼"。广宁有纸厂 24 处，"每年应查有无聚匪，向有公礼，合计千余二千之则"。[③] 广宁的押店初开时要送 50 两"官礼"，另外还得送知县的"到任及节、寿礼"。连州学官康赞修在石

---

① 广东清理财政局编订《广东财政说明书》，第 189 ~ 192 页。
② 《日记》，同治十三年四月廿三日，《清代稿钞本》第 15 册，第 472 ~ 473 页。
③ 《日记》，同治九年闰十月初四日，《清代稿钞本》第 12 册，第 541 页。

狗开设押店，倚仗其堂弟康国器为广西布政使，一概不送，官员愤愤不平而又无可奈何。① 罗定有当铺 30 家，为领照每当各要送三四十元。杜凤治到任时，30 家当铺每家送一两二钱到任礼，共 36 两，另送门、印、跟班礼。②

第四章第一节写了多位州县官借县试"出售"案首获得数千两贿赂的事，杜凤治当然不会在日记里写自己卖案首，但也写了有人想向他买。县试考名列前茅以及院试后入学的生员，都会在拜见州县官时致送贽敬。例如，同治九年广宁武案首陈应韶来见杜，就送了100 元。③

在日记中杜凤治经常记自己璧还绅士贽仪、馈送，但这正说明绅士会向州县官致送银两，日记也零星记下了一些收受的事例。如杜凤治初任广宁时，绅士陈应芳（道衔）、冯庆猷（捐同知）、冯俊猷（生员）来回拜，"各送贽仪"。④ 同治十二年，杜凤治以南海知县身份亲临佛山，解决了疏河捐款等难题，疏河公局绅士就致送了"船轿、火烛费银百两，夫行工食银百两，又'家人'赏犒银三十两"。日记称再四推辞不了，只得暂时收下。⑤

州县官本人与父母、太太节寿、喜庆、升官、调任等也有礼可收，属员、吏役、"家人"、士绅等会致送。同治六年十一月，杜凤治太太生日，日记记"绅士唯杨承训送干礼四元"。⑥ "唯"字隐含了一些不满，其时广宁士绅与杜凤治有冲突，且杜凤治已有撤、调的

---

① 《日记》，同治九年闰十月廿一日，《清代稿钞本》第 12 册，第 567 页。康赞修是康有为的祖父。
② 《日记》，同治十三年六月初六日，《清代稿钞本》第 16 册，第 10~11 页。
③ 《日记》，同治九年十一月十七日，《清代稿钞本》第 13 册，第 4 页。
④ 《日记》，同治五年十月廿七日，《清代稿钞本》第 10 册，第 88 页。
⑤ 《日记》，同治十二年七月十七日，《清代稿钞本》第 15 册，第 97 页。
⑥ 《日记》，同治六年十一月十八日，《清代稿钞本》第 10 册，第 383 页。

风声，其他士绅就没有按"惯例"送了。同治十一年十一月，杜凤治为儿子杜子杕娶亲，"贺礼如官场、幕道、绅士、西商不下二百余分"。① 上司、同僚的礼物通常为喜幛之类实物，有时还要璧还全部或部分。但下属、吏役、"家人"、商人等所送的很可能是银两或贵重物品。如同治十三年，杜凤治调署罗定知州，旧"家人"高升、何贵就送了"元茶"白银百两。②

由于州县官在审案、羁押、罚款等方面的权力实际上没有监督、限制，故都有可能带来非法收入，羁押者的保释也可以勒索受贿。杜凤治在日记中自然不会写自己借审案、羁押牟利，但日记写了其他州县官借审案、羁押牟利的事。同治十一年，杜凤治在南海审理罗玉鼎、潘鸿儒互控案，两造后来都承认诬告。杜谕令："二人所为倘从轻发落，将来恐人效尤，不可不薄罚以示惩儆。罗玉鼎罚银千两，潘罚银二百两充公，作为修理衙署、监狱之费。"③ 这类罚款州县官是很容易挪用，甚至直接收入腰包的。日记还记录了杜凤治的一些零星收入，如离任后把衙门的物品带走寄回家乡。④ 在罗定州任上，"家人"严澄搭硝商扒船回省城，"上房有白盐二十包，交伊带去付泰兴暂存"。⑤ 可见，杜凤治也会运带私盐赚些钱。

杜凤治的亲属也有自己的私蓄，妻子陶氏之丰厚私蓄在杜凤治宦粤后期大部分被用于弥补亏空，但归乡时仍有数千两，其儿媳陈氏也有积蓄千余两。⑥ 这些银两，其实也是杜凤治作为州县官的"额外"收益，只是直接收受者是其妻、儿媳而已。

---

① 《日记》，同治十一年十一月初七日，《清代稿钞本》第 14 册，第 359 页。
② 《日记》，同治十三年五月初六日，《清代稿钞本》第 15 册，第 491 页。
③ 《日记》，同治十一年二月十四日，《清代稿钞本》第 14 册，第 5 页。
④ 《日记》，同治十三年十二月初八日，《清代稿钞本》第 16 册，第 373 页。
⑤ 《日记》，光绪二年正月初六日，《清代稿钞本》第 17 册，第 515 页。
⑥ 《日记》，同治十三年十二月初八日，《清代稿钞本》第 16 册，第 375 页。

日记有关其他州县官贪赃枉法勒索的记载甚多，前面第三章第二节已写了一些，下面再抄录两则事例。

同治十一年，东莞知县王炳文的委员、"家人"、书差胡作非为引发乡民抗官，王炳文放出风声要请兵剿办，"乡人知之，浼人与说愿出三竿谢礼消泯无事，伊不允，定要一万"。[①]

高明知县吴福田"大能生发"，光绪元年，有一村出一著匪已正法，吴饬令该村绅富交出余匪，"自驻村中两月余，每日要匪族绅富纠银四十两呈缴作火烛，族中按田亩均派，又按亲疏以定多寡。此四十金专送官的，门丁、家人、书差、执式、轿夫人等尚在外也。该村为族匪连累费去约万金"。[②]

这些勒索而得的银两，就全部直接落入州县官的腰包了。

（二）州县官的支出

州县官把各项收入收到账房后（部分则由本人或妻、子等亲属直接收起，不入账房），用于各种项目的开支。

最主要的支出就是上解地丁米石等各项赋税，对此，日记记载很多，但这是人所共知的事，此不赘述。

州县官要上解的银两有捐摊（或称摊捐）一项。捐摊一词常见于杜凤治的日记与其他清代文献，但笔者以往不清楚捐摊具体是什么。周健指出，捐摊是"地方政府以强制摊扣官员养廉银的方式，筹措无法'作正开销'的公务经费"。[③] 杜凤治两任广宁共两年六个月，一任四会一年七个月，四年"共有捐摊八千余金"。不过，广东的州县官对捐摊能拖就拖，杜凤治几次交代捐摊都没有交清。他说，尽管"捐摊不论年限，准以三成抵兑兵饷（按：即以30两实价购买

---

① 《日记》，同治十一年六月廿五日，《清代稿钞本》第14册，第166页。
② 《日记》，光绪元年七月廿三日，《清代稿钞本》第17册，第249页。
③ 参见周健《维正之供：清代田赋与国家财政（1730～1911）》，第38～41页。

武营 100 两的饷单，可用于抵交 100 两捐摊等项，但不可用于抵交正、部款），可谓便宜矣，上宪恩亦厚矣，而未闻有人解捐摊一分一厘者，则各州县目中无捐摊可知也"。① 说是这么说，但要交代脱身、委缺升官，捐摊还是要缴交的，只是不用按原额十足缴交而已。杜凤治后来也是基本清缴了各任的捐摊，才得以顺利告病离粤归乡。

上解后余下的部分，还要用于各种公务开支。例如，州县官幕客的脩金是一笔不菲的支出，远多于州县官的俸禄加养廉。州县官的"家人"很多参与了公务，但其酬劳只能由州县官承担。前文所述杜凤治亲自给"家人"分钱粮股，就是州县官从账房收入向"家人"支付酬劳。不过，有重要外务的"家人"，尤其是南海县任上的"家人"，自有不少收入渠道，但没有外务的"家人"，就要州县官全额或大部分予以酬劳。

衙署、监羁、学宫、祠庙以及辖境内城墙、道路、桥梁、堤围等的维修，按典制都没有"正常"的经费来源，基本上要靠州县官设法筹集，此类工程如要举办，州县官本人通常也要有所付出。杜凤治接署罗定知州后，发现州衙破烂得不成样子，稍为修葺就要花费 600 两。② 四会县城门一次小维修，杜凤治也要带头捐 10 元。③ 省城城墙维修首县知县支出更多。

在第四章第二节也提到过，狱囚上解、重大案件上报等，州县官都要承担不少的费用。有时剿匪的军费也得州县官自筹。杜凤治首任广宁知县时清剿土匪谢单支手、黄亚水二，郑绍忠带兵勇千余人来广宁剿捕。杜要添募勇丁以及增加团练，还要为郑部筹办船只等，支出

① 《日记》，同治十一年八月廿六日，《清代稿钞本》第 14 册，第 262～263 页。
② 《日记》，同治十三年五月廿六日，《清代稿钞本》第 15 册，第 523 页。
③ 《日记》，同治七年八月初八日，《清代稿钞本》第 11 册，第 121～122 页。

费用不少。这些费用不能挪用地丁正项，只能以杂款如税羡等项先垫付，而且上司一再指示，清剿滋事土匪的费用不准报销，最后须杜凤治个人筹还。①

州县官一项很大的支出，是向各级上司的馈送。日记说过，各种上解后的负担，"外州县最巨者莫如一年之道、府节寿礼，如广宁每年须二千四五百金"。② 这项支出超过了捐摊，而且不可以像捐摊那样能拖就拖以及用三成饷单支付。由于各种原因，州县官有时还得对道、府上司额外馈送，对他们的幕客、官亲、"家人"也要打点。在南海知县任上，杜凤治馈送各级上司以及用于各级上司衙署的支出，就远高于广宁县、四会县和罗定州。同治十一年，杜凤治所记为各上司衙署的支出如下：督署 11114 两、抚署 3445 两、臬署 1355 两、藩署 823 两、粮署 265 两、府署 460 两、学署 825 两、将军署 113 两。但杜凤治特地注明，一些"外杂差"和所送的玉器等贵重礼物不包括在内。③ 在日记另一处，杜凤治说督署"每年费用约在二万金以外"。④ 同治十一年三月总督瑞麟过生日，当时瑞麟兼署广东巡抚，所以寿礼要加上巡抚的一份，杜凤治所送的珠宝、绸缎等加起来价值 3000 两以上。⑤ 同治十二年，总督瑞麟添了个孙女、巡抚张兆栋儿子娶亲，各官送礼，杜凤治除送礼的支出外，督署、抚署的门包加起来近千两。⑥

州县官参见上司，要给上司衙署守门"家人"门包。同治六年九月，杜凤治因广宁绅士上控赴省城谒见各级上司，原先预计门包要

① 《日记》，同治七年九月初七日，《清代稿钞本》第 11 册，第 152 页。
② 《日记》，同治十一年八月廿六日，《清代稿钞本》第 14 册，第 263 页。
③ 《日记》，同治十二年二月初五日，《清代稿钞本》第 14 册，第 451 页。
④ 《日记》，同治十一年二月廿五日，《清代稿钞本》第 14 册，第 477 页。
⑤ 《日记》，同治十一年三月廿六日，《清代稿钞本》第 14 册，第 63 页。
⑥ 《日记》，同治十二年二月廿四日，《清代稿钞本》第 14 册，第 476 页。

300 两，但实际上超过此数，带去的 600 两很快就用完，不得不在省城借 200 两。① 杜凤治其时任官不到一年，收入有限，债累未清，短期内门包就要几百两，虽说当时情况有点特殊，但也说明上司衙署的门包是州县官一笔不小的开支。

上司请吃饭，州县官也要费钱。同治十年七月，杜凤治赴瑞麟的宴请，打赏了瑞麟的"家人"20 串钱，还有"压席"12 元。② 另一次赴按察使孙观之宴，"压席"则是 16 元。③

每逢新的督、抚、学政、藩、臬到任，两首县要为之办修理衙署、添置用物之差（前任高官之官亲、"家人"会把衙门的物品带走，甚至门窗也拆去），无不赔贴大宗银两。例如，新巡抚到任，按惯例可以领 3000 两银，但远不够。同治十年，刘长佑短暂任广东巡抚，次年的日记记曰："刘抚台事最为易办，于三千外两县补垫千四百余金。"④ 为其他高官办差，赔补就不止 1400 两了。

上司的其他公务，首县知县也要全部承担或补贴各项支出。同治十年，南海神庙秋祭，为总督或巡抚可以从座船登岸，必须修建浮桥，仅此一项就要二三百两，此外，"一切船只、伙食、夫马，所费不赀"，费用由南海、番禺分摊。⑤ 同治十一年正月，新春公宴，名义上是在省城的布政使、按察使以下各官每位"分资"18 两，但不够支出，两县的补贴加本身的"分资"共 380 两。⑥ 在省城万寿宫举行朝贺礼，杏仁茶、茶水等费两首县每次也要花费三四十两银子

---

① 《日记》，同治六年九月初八日，《清代稿钞本》第 10 册，第 231 页。
② 《日记》，同治十年七月十二日，《清代稿钞本》第 13 册，第 314 页。
③ 《日记》，同治十年四月廿四日，《清代稿钞本》第 13 册，第 194 页。
④ 《日记》，同治十一年四月三十日，《清代稿钞本》第 14 册，第 108 页。
⑤ 《日记》，同治十年十月初三日，《清代稿钞本》第 13 册，第 429 页。
⑥ 《日记》，同治十一年正月十三日，《清代稿钞本》第 13 册，第 531 页。

（实际上无须此数，因上司衙门承办者中饱）。① 光绪三年十月，督、抚阅兵，"代两院备赏，藩、运各百千，臬、粮五十千，府、县各二百千，又绸缎、银牌、猪酒、顶戴各件，皆两县备办"。② 过年前两首县还要向督署、抚署、学署等上司衙门送油、米等物品。日记说送油、米"用项实不轻，亦唯广东为然"。③

遇到督、抚去世等大事，首县知县花钱就如流水了。同治十三年八月瑞麟去世，"将军、抚台、海关、右都吊份以及司、道、候补各道份资，皆南海承垫。督署内丧事一切用度，其数甚巨，上司以及门阍、巡捕人等只知问首县，而南海一人都扛在肩上"，到灵舆、家眷启行时，费用更浩大。此间，新总督英翰将要到，首县又是一宗巨额负担，所以南海知县张琮（石邻）"在官厅见人即叫苦连天，说要跟中堂同去"。④ 因为瑞麟的亲属、"家人"要把督署一切可带走的东西都带走，"两县办差只板箱一项已用去七百余金，蒲包、绳索用去四百余金"。⑤ 六大县知县都要送较多奠敬，"南海五百两，新会六百两，旧香山田八百两，加二门包，张石邻真弄得不得了。此次丧事，其用度竟有匪夷所思者，即白布四人轿要用几乘，日后出殡，高脚牌七十二对，俱要两面全金，以及一切仪仗，不知多少银方办得下来"。⑥ 因为瑞麟的灵柩要走水路到南雄再转陆路，据说，"沿河州县闻之纷纷上禀求卸"。杜凤治卸任南海时曾想署任"优缺"南雄知州，后未如意。瑞麟死后，杜凤治想到瑞麟灵柩与亲属路过南雄时正当岁末，"拟在南雄度岁，供亿浩繁，不问可知。明岁春季新制军英

---

① 《日记》，同治十一年九月初三日，《清代稿钞本》第 14 册，第 271 页。

② 《日记》，光绪三年十月初四日，《清代稿钞本》第 18 册，第 528 页。

③ 《日记》，同治十二年十二月廿四日，《清代稿钞本》第 15 册，第 283 页。

④ 《日记》，同治十三年八月廿二日，《清代稿钞本》第 16 册，第 143 页。

⑤ 《日记》，同治十三年十月三十日，《清代稿钞本》第 16 册，第 286 页。

⑥ 《日记》，同治十三年九月二十日，《清代稿钞本》第 16 册，第 205 页。

宫保又须经此"，不禁为自己当年春天未能接署南雄而庆幸。①

"作州县官用钱无定，忽一事来用去数十金、百余金不等。"② 外州县任上，打发委员的程仪是一项可观支出，已见前文，还有应酬上司推荐的干脩师爷（只挂名不到衙署，白领脩金）以及来粤"打把式"的官员、资助已故的穷员等。杜凤治刚接署南海，就确定每年致送将军衙门师爷陈道村干脩 120 两、按察使所谕的游士刘应星干脩 120 两、督署教书师爷干脩 240 元。③ 同治十一年十月十四日的日记记了伙助故员、穷员教官王伯良（进士）、大挑令毛春岩（举人）、通判彭克应、知府昌善、光署正吴烺等人，杜本人共伙助 48 元，还要写信给各地州县官，以总督等上司名义请他们伙助。④ 来广东"打把式"的官员络绎不绝，六大（广州府六大县）、三阳（潮州府的潮阳县、海阳县、揭阳县）都是重要目标。⑤ 仅同治十二年四月初八日这一天，杜凤治就应付了三位来粤"打把式"的翰林院庶吉士，其中有日后任尚书、军机大臣的瞿鸿禨。对翰林瞿树镐，两首县各资助 50 元，顺德、东莞、香山、新会也各资助 50 元，另外两人未记资助数额。⑥

州县官通常会给同自己有交情又有地位的京官致送冰敬、炭敬。杜凤治致送的对象有潘祖荫、李鸿藻、周星誉、杨庆麟等人。如同治六年冬的炭敬，就致送潘祖荫 80 两、李鸿藻 60 两、罗家福与周星誉各 30 两。⑦ 日记经常有为"河阳师""伯师"（均为对潘祖荫的尊称）购物、购书的记载。光绪三年有一则日记记："又得伯师信，又

---

① 《日记》，同治十三年十月二十日，《清代稿钞本》第 16 册，第 275 页。
② 《日记》，同治七年八月初四日，《清代稿钞本》第 11 册，第 115 页。
③ 《日记》，同治十年五月廿七日，《清代稿钞本》第 13 册，第 245 页。
④ 《日记》，同治十一年十月十四日，《清代稿钞本》第 14 册，第 334 页。
⑤ 《日记》，光绪三年三月十二日，《清代稿钞本》第 18 册，第 220 页。
⑥ 《日记》，同治十二年四月初八日，《清代稿钞本》第 14 册，第 529 页。
⑦ 《日记》，同治七年正月廿二日，《清代稿钞本》第 10 册，第 476 页。

欲发棠，请假毛诗。本为恐其请益，每年两节每百，一年二百，较前已倍，不料仍有此请，大是难事，然不得不应酬之。"① 此前日记已多次记下潘祖荫借银之事。日记从未记载潘祖荫还银（其他人还银有记），作为门生，杜凤治也肯定不会追讨。

杜凤治的收入，除了用于本人、家庭用度以外，他对家族、亲属也颇为慷慨，为此支出不少。

在日记第 33 本中有一张夹页，可窥见杜凤治作为州县官额外支出的一些侧面：

> 中堂奠五百五十两，京炭三百六十两，观风八十两，借菊六百两，捐翎七百七十两，晨来三百五十两，娄病、娶四百两，科场二百两，章奠七十两，河阳三百两，俊奠三百两，祠捐一百四十两，花红二百十两，元卷六十两，书院二百两。②

其中，"中堂奠""章奠""俊奠"是瑞麟（总督）、章鋆（学政）、俊达（布政使）的奠仪；"京炭"是致送潘祖荫、李鸿藻等京官的炭敬；"河阳三百两"是潘祖荫所"借"；"观风"是罗阳书院考试的支出；"借菊"是借给族侄杜承洙（菊人）捐官的银两；"捐翎"是自己捐花翎的费用；"晨来"是族侄杜汝霖（晨芝）来粤的花费；"娄病、娶"是为内侄娄玉林（菊臣）治病、娶妻的花费；"祠捐"是对广东省城浙江乡贤祠的捐助；"花红"本义是赏金，此宗花红不知为何而赏，也可能是杜凤治此前挪用了缉匪花红，此时填还；

<hr>

① 《日记》，光绪三年九月廿七日，《清代稿钞本》第 18 册，第 518 页。"发棠"本意是开仓赈济，"毛诗"即 300 两。
② 此夹页夹于日记第 33 本中，大致记载同治十三年、光绪元年的部分支出，《清代稿钞本》未影印。

"科场"应是乡试所摊罗定州之份额;"元卷"是对赴乡试生员之馈赠;"书院"似乎是维修罗阳书院的捐助。上述各项共 4590 两,均系来罗定后,从瑞麟去世到俊达去世这不到两年中若干较大宗的额外支出,例行支出与零星小数均未写入。

(三) 州县亏累问题

此前有不少学者讨论过清代州县的亏空问题。[①] 刘增合指出:"清代州县在交代时出现亏空是非常普遍的现象,虽经过不断追缴、减免、清理,但陈欠未完,新亏又生,形成积亏。"[②] 清代巡抚、布政使通常会要求后任州县官承担前任的亏空,"少者数千,多者数万,不接不能到任"。[③]

杜凤治日记经常提到的"亏累"(或简称为"累"),含义与"亏空"不尽相同,但两者有联系。"亏累"一词是站在州县官立场而言,意思是州县官因亏空而受累,不能委缺升官,甚至被参揭罢免,还会贻累子孙。入不敷出、积亏已多的州县便被视为"累缺"。

州县官的各种赋税上解、捐摊、公务支出、上司馈赠、往亏流摊,一直到家庭生活开支等是必不可减的,一些突如其来的支出如委员程仪、衙署维修、办差、赙仪、贺仪、"打把式"等,也是难以避免的。州县法定收入的项目不多,额外收入有很大随机性,因此,当州县官就得善于经营,胆子大、心思细、手段多,还得要运气好,否

[①] 如李映发《清代州县财政中的亏空现象》,《清史研究》1996 年第 1 期;魏光奇:《清代州县财政探析(上)》,《首都师范大学学报》(社会科学版) 2000 年第 6 期;陈锋:《清代的清查亏空》(连载),《辽宁大学学报》(哲学社会科学版) 2008 年第 5、6 期;刘凤云:《康熙朝的督抚与地方钱粮亏空》,《清史研究》2009 年第 3 期;刘凤云:《雍正朝清理地方钱粮亏空研究——兼论官僚政治中的利益关系》,《历史研究》2013 年第 2 期;李光伟:《清中后期地方亏空与钱粮蠲缓研究》,《安徽史学》2014 年第 6 期;等等。

[②] 刘增合:《"财"与"政":清季财政改制研究》,生活·读书·新知三联书店,2014,第 8 页。

[③] 程存洁编著《朱启连稿本初探》下册,第 1590 页。

则就会亏累。

同治五年，杜凤治刚到广东还未去广宁赴任，就得知"（广东）七十余州县中十有九累，不得缺则已，一经接印竟有终身挂碍不克清厘者"，幸好广宁"历任无甚亏累，又无摊款及一切差使"，是个优缺。① 四会任上，杜凤治在致友人潘其璿（顺德人，时在浙江任州县官）函中说："（广东）通省情形大不如昔，又值蒋中丞骤减米价，在民未见富有，且未必知感，而州县艰苦不可言，著名如贵邑（顺德）自此亦不可为。捐摊、杂款之累甲于天下，牧令不缩绶尚为完人，一经南面，非特终身不得洁净，有为子孙之累者矣。"② 在此后的日记记载中，上至督抚，下至州县官，都说广东州县多亏累之缺。例如，肇庆府首县高要县是著名累缺，肇庆府幕客吴桢对杜凤治说："高要每年必要赔八千金。"③ 同治七年，有风声说肇庆知府不满意高要知县叶大同，有荐举杜凤治接署之意，杜凤治大为吃惊，因"高要署名赔累之缺"，"以上历任无不亏累"，自己广宁任上已有亏累，"再调高要，岂不身家性命均搁在内乎？"④ 但这只是一场虚惊。三水县地当西江、北江交汇，是高级官员往来必经之地，办差支出特别多，"为最累之地"。同治十二年，蔡忠沼任三水几个月，"已亏征存四千余金，加以捐摊、杂款，此刻下来约亏八九千金之则"。⑤ 蔡署任三水时刻了一枚印章"从今长作岭南人"，意思是自己任这个著名累缺，交代难清，恐怕难以回家乡了。后来蔡忠沼没等到调剂优缺的机会就病故了，杜凤治担心他死后会"抄家追款，子孙拖累，颠沛

① 《日记》，同治五年九月廿九日，《清代稿钞本》第 10 册，第 74～75 页。

② 《日记》，同治七年六月廿九日，《清代稿钞本》第 11 册，第 72 页。

③ 《日记》，同治八年十月十五日，《清代稿钞本》第 12 册，第 20～25 页。

④ 《日记》，同治七年七月廿三日，《清代稿钞本》第 11 册，第 101～102 页。

⑤ 《日记》，同治十二年六月初一日、初六日，《清代稿钞本》第 14 册，第 596、603 页。

流离"。①

　　日记曾记："番禺早列入累缺，东莞且列入最累缺。"② 此后，有一次杜凤治与巡抚张兆栋谈话，张说到广东"安得有不累之缺？"杜凤治则谈到一些著名优缺已大不如前，"番禺、东莞早成累缺"。③ 番禺、东莞都属于"广府六大县"，番禺还是首县，竟都被视为"累缺"，未免出人意表。广东巡抚李福泰、潮州知府何广龄都当过番禺知县，任上都亏累，李福泰是升任盐运使之后（一说升任布政使后）才把番禺任的亏空清理，何广龄未清理完就去世了。冒澄、徐宝符、张曰衔、杨先荣、胡鉴任番禺知县无不亏累，④ 可见番禺为累缺系实情。

　　日记里记载了很多因亏累而苦不堪言的州县官，其中不乏两榜出身者。如唐泰澜原先是岁贡教官，50多岁时连中举人、进士，到广东后任过黄冈同知，黄冈是苦缺，必然亏累，唐后任安良局委员，收入无多，死后萧条。⑤ 杜凤治认为他原先当学官虽然清苦尚可温饱，当地方官则要亏累。彭君谷是翰林散馆"老虎班"知县，来粤后八年一直有缺，还两任新会优缺，但"累日重一日"。⑥ 张曰衔也是翰林散馆的州县官，任过南澳同知、嘉应知州，得病去世，"官亏且莫论，闲住日久，私债丛积"。⑦

　　州县官本来就难做，上司多，经常受气，而且很辛苦，"十缺九累"，既然如此，为何候缺、候补官员还要想尽办法补缺？别说番

---

① 《日记》，光绪二年九月初二日，《清代稿钞本》第18册，第50~51页。
② 《日记》，同治十年十月廿八日，《清代稿钞本》第13册，第460页。
③ 《日记》，同治十二年二月初五日，《清代稿钞本》第14册，第450页。
④ 《日记》，同治十年十月廿八日，《清代稿钞本》第13册，第460页。
⑤ 《日记》，光绪三年六月初九日，《清代稿钞本》第18册，第351页。
⑥ 《日记》，同治十二年五月廿九日，《清代稿钞本》第14册，第591页。
⑦ 《日记》，同治十二年六月十九日，《清代稿钞本》第14册，第622页。

禺、东莞这样的大缺，即使高要、三水这样的著名累缺，也不会没人愿任。这其实也不难解释。其时的官员，除了当官，几乎没有别的"就业"途径（能当幕客的也不多），长期无缺的官员会度日艰难，只有补了缺，才可以过"出则舆马，入则高坐；堂上一呼而下百诺；见者侧目视，侧足立"①的日子，亲属也可过富裕生活。有缺愁累，无缺想补，州县官无不如此。缺有优劣肥瘠，争赴优缺肥缺、怕赴累缺瘠缺是人之常情，但得缺的机会转瞬可变，并非人人有后台、有本事挑肥拣瘦，因此，任何累缺、瘠缺都不至于无人赴任。州县官任累缺、瘠缺一段时间后，通常会被调剂到较优之缺作为补偿，这是累缺、瘠缺州县官的指望。此外，所谓亏空、亏累，是指是否完解正、部、杂各款而言，但州县官收入来源不仅是赋税。很多时候，亏空的是府库，州县官本人未必真亏。只要有心计、会经营、运气好，累缺、瘠缺未必没有盈余。如"开建虽名苦缺，然按部就班作去，每年尚可仗二千之则"。②如前文所说的张庆镳，在所谓"累缺"东莞只署理一任，就获得五万两。知府张崇恪早年任州县官时善于理财，"甚如韶州府最苦之缺，卸事后余剩二千四百金"。③

即使著名优缺，也是有的人做满载而归，有的人做就亏累不堪。南海县是全国著名、广东第一大优缺，钱粮额是一般州县的很多倍，获得额外收入的机会也特别多，但支出非其他州县可比，是个大进大出的缺。杜凤治的两位前任赓飏、陈善圻善于催征，日记虽没有写他们的宦囊如何丰厚，但也没说两人亏累，以常理言，收入应该不少。但杜凤治的后任张琮，人有点书生气，太顾情面，在钱银上心不算太

---

① 蒲松龄：《聊斋志异》卷5，"夜叉国"。
② 《日记》，同治八年七月廿九日，《清代稿钞本》第11册，第501页。
③ 《日记》，光绪三年七月十九日，《清代稿钞本》第18册，第418~419页。

狠，杜凤治早预见他会吃亏。① 张琮任上又碰上瑞麟丧事、英翰到任、俊达丧事等大事，支出颇巨。巡抚张兆栋原先就对张琮有看法，因张琮西樵禁赌办理不善，将张撤任。本来，在州县官已垫付大宗开支后，上司一般会给予时间弥补收入再撤任，但张琮突然被撤，他自己说这样一来要亏八万两。杜凤治认为没有那么多，大概是三四万到六万两。日记说张琮不仅欠下钱庄、银号大宗借款，私人债务也不少，其账房一空如洗，连挑夫钱也拿不出。杜凤治感叹："真自来南海卸事所未有者也。"②

但也要看到为亏累叫苦连天是州县官的例行表演，无论累缺、瘠缺、中缺、优缺都如此。叫苦求卸，往往是想在没有收入却有开支的时段卸任，或想调剂到更优之缺，或求减少、推迟上解数额，或诉穷以避免"打把式"等额外支出。真亏空者固然有，随时面临亏空的也不少，但州县官实际的亏空，往往不如他们自己说的那样严重。有一次，广州知府冯端本（其时署理盐运使）同杜凤治议论番禺胡鉴为何说"亏累至极"，但又要继续当下去（胡鉴未引见署理首县，本不合例）。杜凤治回答：

> 南海一进一出尚无出入，不过自己用去，而归咎于缺中用去，人人皆有此技俩，所谓官亏私不亏。其实缺何负人？番禺即以去年论，南海丁米收至十四万三千两，番禺收至十三万四千两，解款较南海短少万余，岂不与南海同乎！税契一项，南收产价七十余万两，番亦收六十余万两，以四六分派，南实吃亏。南胜于番者，只封赌馆一项每年有一万元进项耳。以此比较，南尚

① 《日记》，同治十三年三月十四日，《清代稿钞本》第 15 册，第 390 页。
② 《日记》，光绪元年二月十五日，《清代稿钞本》第 16 册，第 486～487 页。

进出可以相准，番何独不然乎？若夫妻兄弟，穷奢极欲，衣服器皿、饮食起居靡不讲究，挥霍散漫，到时算总帐，不言自己靡费，而归咎于应酬上司、帮贴同寅用去，则看各人良心，难言之矣。①

杜凤治对南海、番禺收支的比较有片面之处，但"官亏私不亏"五字道出了很多州县官"亏累"的真相。他所说胡鉴生活奢侈，也部分解释了胡鉴想继续当首县知县以及亏累的原因。

同治三年，巡抚蒋益澧奏定了一个"奏销处分"，规定"未完不及一分者均照例停其升转，罚俸一年"，未完八分以下者有不同处分，"未完五分以上照例革职"。也就是说，所有州县完粮九成即可，但多数州县官不甚理会这个规定，杜凤治认为，"处分倘如此认真办理，广东州县要无此等处分者百无一人"。② 法不责众，很多州县官即使有钱也不清解。如四会是瘠缺，乌廷梧任四会七年，"共短解正款银七千两零"，但私人有巨额资金存于银号生息，"人言共有五六万"。③ 普宁知县宋锡庚卸任后仍欠征存六千两，征存是已征收并割串的钱粮，必须上解。面临参劾，宋锡庚恳求首县知县杜凤治向上司求情，先解三千两免参劾，但布政使让杜凤治转告宋至少得解五千两。因为宋还有其他可参的情节，宋希望上司承诺此时不参，年终也不列入大计。宋锡庚担心解了五千两年终仍被参，上司就认为宋患得患失、有钱不解。④ 巡抚有一次问杜凤治，前开建知县俞增光交代未

---

① 《日记》，同治十三年二月十四日，《清代稿钞本》第 15 册，第 350～351 页。"四六分派"指省城公务支出两首县的赔垫，南海六成，番禺四成。

② 《日记》，同治十年二月廿二日，《清代稿钞本》第 13 册，第 143～144 页。

③ 《日记》，光绪三年九月初六日，《清代稿钞本》第 18 册，第 477 页。

④ 《日记》，同治十年八月廿六日，《清代稿钞本》第 13 册，第 375 页。

清，"闻甚有钱，何故观望?"① 光绪二年，交代局总办沈传经（拜庚）禀告总督：杜凤治、彭君谷、胡鉴等官"或赍项归家置田产，或将银留此存铺贪重利，而交代公事则置若无事然"。② 杜凤治说沈是恶意中伤，但从杜的日记看，沈所言确为事实。杜凤治交代未清，但寄了很多银两回乡购置产业，为子侄、亲属捐官，还在家乡投资了钱银店。

（四）杜凤治的宦囊

魏光奇指出，清代州县财政实际上实行州县官个人"大包干"制度，收支是公私不分的，各种钱粮解送、公务支出、上司馈赠后的剩余，才是州县官的净收入。③ 杜凤治的日记为"州县官的宦囊"提供了一个资料虽不系统完整但极为丰富生动的案例。

前面几目也写了杜凤治的收支，本目集中讨论杜凤治不同任上的宦囊收入。

杜凤治本是一介寒儒，赴粤前可说一钱不名，还背上了巨额债务。他抵达广东后，在省城等候赴任的一个月内就花费了1300两银，杜凤治慨叹："生平何尝如此用钱！作官真可危也!"④ 他赴任前后所借之债共8000余两，所借京债是到粤差不多两年后在四会任上才全部还清的。⑤

广宁本是优缺，但杜凤治一上任就碰上对黄亚水二、谢单支手两团伙的剿捕，花费了不少饷银；尤其因广宁绅士上控浮收、闹考，杜凤治无法在钱粮旺收季节多下乡，还增加了上省城谒见上司、应酬委员等支出；与绅士关系恶劣，获得其他杂项收入的机会又必然减少，

① 《日记》，光绪三年六月初二日，《清代稿钞本》第18册，第336页。
② 《日记》，光绪二年十月初七日，《清代稿钞本》第18册，第108页。
③ 魏光奇：《清代民国县制和财政论集》，第279页。
④ 《日记》，同治五年十月十四日，《清代稿钞本》第10册，第84页。
⑤ 《日记》，同治七年九月廿四日，《清代稿钞本》第11册，第163页。

结果，他首任广宁"统共亏万零九十余金，除认解款另列二千百余金，实亏捐摊、部杂款七千二百余金"。①

署任四会几个月后，日记记："会邑窘瘁异常，为肇郡首屈一指，著名苦缺，真乃作一日赔一日，一年统计进项不及三千，而公私用项实计七竿。"② 四会卸任前，杜凤治计算收支，认为此任"赔垫无疑矣"。③ 不过，杜凤治运气稍好，刚好碰上书吏期满另充，可以抵消"地丁新旧正款两千多两"，余下的"部款如税羡有限，尚可弥缝，耗米赢余等款约计千数百金无着落"。也就是说，四会亏空为数不多，账面上只有一千几百两。但广宁的亏欠自然不可能用四会任上的收入来清理。④

四会卸任后，日记记："予作令三年，只增身累，未名一钱，仅得三年妻子儿女食用快活而已，家中待臣举火者虽无晏子之多，然亦有数家，只苦予一人而已。"⑤ 他说此时尚无积蓄却有亏累当可信。

同治八年、九年杜凤治被委赴潮阳催征，委员薪水、夫价每月共"银七十五两二钱"。⑥ 即使催征时尚有其他收入，扣除本人所用，仍不够家庭在省城的开支，估计基本靠借新债应付。

杜凤治再任广宁前，筹措赴任费也不容易，省城的广裕银号原先应允借一千两，但后来反悔，杜通过新收的门上何贵同另一家银号商量，才张罗到一千两，答应到任后两个月即归还。⑦ 其时杜凤治已两手空空，但有把握到任后两个月就还清这笔千两的债务，可见他对补

① 《日记》，同治七年八月十四日，《清代稿钞本》第 11 册，第 128 页。
② 《日记》，同治七年六月廿九日，《清代稿钞本》第 11 册，第 72 页。
③ 《日记》，同治八年七月初四日，《清代稿钞本》第 11 册，第 472 ~ 473 页。
④ 《日记》，同治八年七月十九日，《清代稿钞本》第 11 册，第 485 页。
⑤ 《日记》，同治八年十一月初七日，《清代稿钞本》第 12 册，第 43 页。
⑥ 《日记》，同治九年六月廿一日，《清代稿钞本》第 12 册，第 298 页。
⑦ 《日记》，同治九年九月廿九日，《清代稿钞本》第 12 册，第 479 页。

缺后可以得到较大宗收入是有信心的。果然，到任不足两个月，就得以应付各种开支，并归还大部分借债，还寄给家乡亲属 310 元。① 其时尚未大举开征，杜凤治显然是靠到任礼等额外收入应付的。两个多月后，征收进入旺期，杜凤治除解送大宗钱粮上省外，把余下的私债清理完毕，又致送一批应酬银两，还给岳母陶老太太带了 120 元。②

杜凤治再任广宁期间，大概从这个优缺中获得了"正常"收入，调署南海之前，日记记："任广宁，移四会，正款毫无亏短，只广宁尚欠税羡千余金，而有养廉可抵；此外捐摊、杂款约及万金，清饷兑交三千金可了。"③ 也就是说五年宦粤共亏 3000 金。但他此时手头未必空空如也，甚至会稍有节余。

接署（不久实补）广东甚至全国著名大缺、优缺南海县后，杜凤治手头银钱进出如流水，日记不断说自己亏累。接任后数月，日记记："予作南海五十日已用去万八千金，零用需十二万金，正款需解十万，此缺尽收粮极旺可得十六万金，尚短三四万金，捐摊款尚不计在内，奈之何哉！"④ 同治十一年十一月，杜凤治称自己不善征求，"实亏万八千金"，"倘征收短四五万，均是向西号贷款，如何了结？子子孙孙不得了矣！"⑤ 日记中类似的话引不胜引。杜凤治的日记是写给自己看的，没有必要对自己说假话，可见他怕亏的焦虑。但他所说的亏未必是实情，因为收支都是动态的，未离任、会算前杜凤治也难以预知该任最终的盈亏。

日记一些记载则反映了南海任上收入的另一面。同治十三年四月，杜凤治将卸任南海赴罗定，日记记，交代仍亏短 2 万两（尚未

① 《日记》，同治九年闰十月廿四日，《清代稿钞本》第 12 册，第 572～573 页。
② 《日记》，同治九年十二月初九日，《清代稿钞本》第 13 册，第 25、27 页。
③ 《日记》，同治十年九月廿六日，《清代稿钞本》第 13 册，第 422 页。
④ 《日记》，同治十年四月廿六日，《清代稿钞本》第 13 册，第 163 页。
⑤ 《日记》，同治十一年十一月廿八日，《清代稿钞本》第 14 册，第 381 页。

会算），但在任南海知县的第二年就寄5000两回家乡买祭田百亩，清还了家族的各种债务，在绍兴投资钱铺等，两次寄回家乡17000两，"统计应酬、帮项、借贷，朋友累我者，此三年中二万元有多无少也，本家亦万元有余矣"，广宁、四会交代未清之款也在南海初任时清理完。[①]应酬、帮项等2万元，与本家1万元，以及寄回家乡之17000两，可能其中互有包含，不可就此相加，但这些作为宦囊收入，无论如何都相当可观。他又说过："所得者昏天黑地用了三年，妻子媳女享了三年福，每人均有衣饰私储，亲戚宗族俱有沾光，凡此算叨南海光耳。"[②]

首次署理罗定应该所得无多，因罗定钱粮有限，属于瘠缺，最多只是平缺，但日记也没说首次署理罗定有亏累。

再任南海之日记记录收支不如首任时详细，其中仍不乏对亏累的担忧，再任南海日记也没写到卸任，但在光绪三年，杜凤治仅为孙子在家乡结婚、购置房屋就两次汇寄8000元回乡。[③]此后再任罗定，"河头船十五六号，护送扒船两号，此外尚有家人自带家眷船四五号，共船在二十号以外，晚间停泊竟成一村。初任罗定亦如此，南海余波岂不阔乎"。[④]上面两个细节，可反映出他再任南海也是有盈无亏的。

再任南海卸任后，杜凤治的仕途逐渐不顺利，署理佛冈同知小有赔累，再任罗定期间，办学政按临考差费去二千两，方濬师又"借"去2000两，可能收入也不多，日记说"罗牧大赔"。杜凤治任佛冈、再任罗定没带家属，家属在省城的公馆日用浩繁，加上其他支出，用

---

① 《日记》，同治十三年四月初九日，《清代稿钞本》第15册，第445～446页。
② 《日记》，光绪元年正月三十日，《清代稿钞本》第16册，第424页。
③ 《日记》，光绪三年六月廿七日、九月初十日，《清代稿钞本》第18册，第387、485页。
④ 《日记》，光绪庚辰九月初四日后补记部分，《清代稿钞本》第18册，第627页。

去 2 万余两，儿子杜子榕在家乡又亏折了五六千元。①

光绪三年再任罗定卸后，杜凤治希望能署理广粮通判、香山知县等缺弥补此前亏累，但希望落空，日记说"赔垫费用已耗去二三万金"。② 日记不同地方所记亏去之金额不一定是实数，同样应有互相包含之处，不可相加。杜凤治对是否回任南海既有希冀也有忧虑，"两年来将太太积蓄用去二方"，曾想再回任南海弥补，又想到当官如同赌博，赌输了想再赌捞回，但未必不会输得更多，前思后想，杜凤治终于决定为保住既有宦囊不再冒险，引疾求退。③

光绪八年春，其时杜凤治已 68 岁，回乡已一年几个月，他写了一份"分房另爨条款"，把财产分配给子孙。从条款可知，杜凤治宦粤后先后置买、赎回稻田 240 余亩；钱庄存本 30000 元；典居大屋一间，典费加修理费共 6300 千文；当铺本钱约 9000 元；油车（榨油作坊）本钱 2100 元；店屋基地四五亩；三间街屋，每年共可收租钱 79 千文多，应都是小房屋；此外还有从广东寄回、带回之银锡瓷木器皿、衣物、皮绵夹单纱、玉器等件。另外妻子陶氏尚有数千两、儿媳陈氏有千两私房。④

"分房另爨条款"基本包括了杜凤治十几年宦囊的结余（还有大批藏书未列入，清代书价相当贵，这些藏书也是一宗财产，但如出售则价值大打折扣），即使他手头尚有若干机动使用的银两，估计也不会多，因为杜凤治始终维持自己在家庭、宗族中的权威，没有必要留私房钱，如未列入"分房另爨条款"的钱财太多，反会导致日后子孙的争端，有违他制定这个条款的本意。

---

① 《日记》，光绪庚辰九月初四日后补记部分，《清代稿钞本》第 18 册，第 637 页。
② 《日记》，光绪庚辰九月初四日后补记部分，《清代稿钞本》第 18 册，第 640 ~ 641 页。
③ 《日记》，光绪庚辰九月初四日后补记部分，《清代稿钞本》第 18 册，第 645 页。
④ 《日记》，"分房另爨条款"前之记述，《清代稿钞本》第 18 册，第 652 ~ 667 页。

我们就以"分房另纂条款"为基础估算杜凤治宦粤十几年的"纯收入"。把 240 余亩稻田姑且折价为 6000 两；按"九千元数核钱有一万串零"的比价，[1] 条款中的钱文可折约 4000 两；钱铺的 30000元折合 21600 两，当铺、油车本钱合共可折约 8000 两；再加上妻子、儿媳的私房数千两，还有衣物、玉器、首饰、书籍等。以上各项相加，可以认为，杜凤治宦粤十几年，除了自己和家庭过着宽裕生活、还清债务、为子侄捐了好几个官、接济帮助了很多亲戚朋友之外，从广东带回家乡的财产至少值白银 45000 两。前文提到，杜凤治宦粤最后两三年用了两三万两，儿子杜子榕在家乡亏折了数千元，如果杜凤治及早辞官归里，杜子榕投资不失误，杜凤治带回家乡的财产总额可达 70000 两以上。

45000 两是个怎样的概念，为让今人有更直观的了解，不妨以 2020 年 7 月初的银价、金价和粮价来折算一下。2020 年 7 月初，广州银价约 3.6 元 1 克，金价（金条）约 400 元 1 克，中下白米约 3 元一斤。按 1 司码两 37.3 克算，45000 两为 1678500 克。如按银价，45000 两约值人民币 604 万元。同治年间广州金银价为十九换，[2] 45000 两银可换黄金约 88342 克，按金价约值人民币 3534 万元。如按米价，同治年间广州府正常年景中下米每石价格约为一二两（省城会贵些），广东米粮很多从外地外洋输入，故本省、外省甚至外国的丰歉都会影响米价，姑且以每石中下米 1.5 两计算，其时 1 石约等于今日 120 斤，45000 两银如按现在米价约值人民币 1080 万元。如果按美元折算，2020 年 7 月初每盎司（31.1 克）黄金 1805 美元上下，以黄金再折合美元计算，杜凤治的 45000 两银就相当于约 513 万

---

[1] 《日记》，"分房另纂条款"前之记述，《清代稿钞本》第 18 册，第 659 页。
[2] 《日记》，光绪三年十一月二十日，《清代稿钞本》第 18 册，第 598 页。

美元。①

杜凤治很为自己没有亏累、还可携资回乡深感庆幸："唯宦粤十五年，屡膺繁剧，浮湛巨浸，任听升沉。粤中同僚凡任大邑者类皆空缺负累，予则刻意俭勤，不敢沾染宦途恶习，俸廉所入，稍积羡余。虽云囊资微薄，而无累归家，上宪同僚叹为绝无仅有。"② 他还说过："目下儿孙子侄均得温饱，门庭显赫，锦天绣地，俱由广东得来，虽云天恩祖德亦不可忘，粤人之厚我为不浅也。"③

杜凤治所说"凡任大邑者类皆空缺负累"，"无累归家，上宪同僚叹为绝无仅有"并非虚言。笔者的高祖邱才颖（1791～1864）就是一个例子，他是福建举人，大挑知县，分发来粤后历任大埔、饶平、西宁、高明、新会、东莞、香山知县及佛山同知。④ 东莞的方志说他"以贪酷闻"，香山的方志则说他是深受绅民爱戴的好官。⑤ 有人撰文对两种县志截然相反的评价做过讨论，指出两种评价都各有其理由。⑥ 笔者长辈说先高祖没有留下多少财产，因此他不能归葬福建故乡，子孙都留在广东，既不能回福建应试，又无力在广东捐考棚入籍考试。多年后，先祖父成年后家境好转，才得以将先高祖遗骨归葬福建，并回原籍考中秀才。杜凤治的日记也为先高祖的子孙"清苦不堪"提供了零星的佐证。⑦

其时北京、广东、绍兴都有人认为杜凤治当了五年多南海知县，

① 本段金银价格数据从网络 gold. cngold. org（金投网）、goldprice. cn/gold - price. html 查得（2020 年 7 月初），广州米价系笔者在粮店、超市所见。

② 《日记》，光绪庚辰九月初四日后补记部分，《清代稿钞本》第 18 册，第 650 页。

③ 《日记》，光绪六年十二月廿八日，《清代稿钞本》第 19 册，第 122 页。

④ 福建光泽县《洋营邱氏族谱》卷 7，1940 年刻本。也见相关方志的"职官表""宦绩"等。

⑤ 民国《东莞县志》卷 35《前事略七》；光绪《香山县志》卷 12"宦绩"。

⑥ 王一娜：《方志中的历史记忆与官绅关系——以晚清知县邱才颖在方志中的不同记载为例》，《社会科学研究》2016 年第 6 期。

⑦ 《日记》，光绪三年六月廿三日，《清代稿钞本》第 18 册，第 381～382 页。

宦囊至少有二三十万两银。① 光绪九年，给事中邓承修参奏广东官员中"赃私最著者"，"请旨责令罚捐巨款"，列举了瑞麟以下多名官员，其中有杜凤治之名（其时杜凤治已去世），清廷乃谕令彭玉麟确查复奏。彭调查的结果是邓所参各官"或业经病故，或早经离任，既无丁书可讯，亦无专案可推，均难指其赃私确据"。② 连刚直的彭玉麟都查不出个所以然来，最后只能不了了之。

---

① 《日记》，光绪庚辰九月初四日后补记部分，《清代稿钞本》第 18 册，第 639 ~ 640 页。

② 《德宗景皇帝实录》卷 174，光绪九年十一月丙申；卷 178，光绪十年二月辛酉。

第六章
州县官与士绅的合作与冲突

一　日记中的广东士绅

（一）庞杂的士绅群体

"士绅"是一种政治、文化、社会身份，是一个社会阶层的概念。在清朝，成为绅最主要（但未必是人数最多）的途径是科举，获得生员以上功名而未获得官职者，被视为"正途"绅士。任过实缺的官员，因致仕、守制等原因居乡，则同时被视作"官"与"绅"。官员的父、祖等长辈通过貤封获得散阶者，因军功、劳绩等被保举获得官衔、顶戴者，也是绅。在清朝，尤其是太平天国战争以后，捐例大开，很多人通过捐监生、捐官衔进入士绅阶层，使士绅成为一个人数颇多的庞大群体。①

不少学者讨论过"士绅"的定义以及"士"和"绅"的区别。②

---

① 参见瞿同祖《清代地方政府》第 10 章第 2 节"'士绅'的定义"、张仲礼《中国绅士——关于其在 19 世纪中国社会中作用的研究》（上海社会科学院出版社，1991）。王先明等学者在论著中也对"绅"的定义和划分提出了自己的看法。

② 徐茂明在《江南士绅与江南社会（1368～1911 年）》（商务印书馆，2004）一书"绪论"的第 1 节第 2 目"释'士绅'"中，对明清到当代"绅""士""绅士""士绅"等概念的含义、变化、不同理解等问题做了详细的分析，引述了多位知名学者的观点。徐先生的论述予笔者很大启发。鉴于杜凤治在日记中把最低层的捐职、捐监也视作绅士，故本书比较宽泛地使用士绅、绅士的概念。

如瞿同祖就认为，"绅"指政府官员，"士"指有功名或学衔而尚未入仕者，瞿同祖是根据大量清朝权威文献做出这个界定的。[1] 然而，在杜凤治几百万字的日记中，无论他本人还是其他官员，似乎并不注重"士""绅"分野。与之打交道的，大多数是乡村中下层的"士"，但日记一律称之为"绅"或"绅士"，哪怕是捐纳的监生、佐杂。可见，在晚清社会，"绅"的概念已经不限于"缙绅"，所有拥有功名、职衔者，即使他从来没有也不可能补缺任职，但都被官员、民众视为"绅"，他们自我认同的身份也是"绅"。

有人根据张仲礼对正途绅士的估算方法（文生员为学额的 21 倍，武生员为 10 倍）估算出太平天国战争前清代广州府正途科举绅士人数为 7111 人，而太平天国战争后因学额增加，文生员增加到 7266 人，加上武生员当超过万人。而仅仅咸丰前期几次"捐生"助饷的记录，估算出这几年通过捐纳获得监生功名者约 11000 人。[2] 在洪兵起事期间，很多庶民因"军功""助饷"等原因获得职衔、顶戴。在清末，要通过捐纳取得一个功名、职衔，实际上所费无多。公开的规定是，由监生、附生捐贡生需银 144 两，由增生捐贡生 120 两，由廪生捐贡生 108 两，由俊秀（童生）捐监生 108 两。捐低级职衔的，州同等官 300 两，州判等官 250 两，县丞等官 200 两，县主簿等官 120 两，从九、未入流者 80 两。[3] 但捐纳的价格一再打折，实际价格往往只为原规定的几分之一，甚至不到十分之一。保举顶戴、职衔也很滥，仅为同治年间平定天地会戴永英一事，罗定州

---

① 瞿同祖：《清代地方政府》，第 290 页。

② 王一娜：《清代广府乡村基层建置与基层权力组织——以方志的记述为中心》，南方日报出版社，2015，第 24～27 页。

③ 《光绪朝捐纳则例》，沈云龙主编《近代中国史料丛刊》第 3 编第 80 辑，台北，文海出版社，1996，第 59～78 页。

"保五品者不下八九十名"，① 加上五品以下的当数以百计。日记说："近年功令宽，十余金即捐一监生，故不成器人皆充绅士，况红匪闹后六七品功牌亦多，亦自以为绅士。即不然，年至六十外即自称'老民'，官前充耆民矣。"② 清代很多文献都"绅""耆"并称，按制度，并非但凡年老就自然成为"耆"。杜凤治再任广宁时，清查礼房典史冯贤舞弊，其中一项劣迹是"不奉明谕私报充耆民四十余名"。③ 可见"耆民"需要州县推举并在上司衙门备案，但手续并不严格。因为"绅"的门槛低，"耆民"在州县官眼里与下层士绅也基本相当。

捐纳职衔的门槛本来就低，据说"四两银可买一从九职衔"，且假印照多。④ 以当日的档案管理水平与技术条件，不可能一一检验数量巨大的低层官衔印照的真伪，杜凤治即使对某个绅士身份的真伪有怀疑，但除非涉及官司，多数情况下都不会去查核。乡镇的"绅"当中肯定有不少是冒牌的，他们本人也未必清楚自己的士绅身份是真是假（有可能在捐纳或购买印照时被骗）。

日记随处都反映出咸、同年间的广东，绅士数量很多。杜凤治有一次为一宗坟地纠纷到四会县沙塘勘查，"就地绅士在者约二十余人，梁姓高要、四会两邑亦十余人……予初到，迎上跪接者皆绅士，两边约四五十人"。⑤ 杜凤治每到一处乡镇，会逐一记下来迎者的姓名、功名、职衔，往往一个乡镇就有一二十名绅士，多数是生员、捐贡、捐监及捐职。如同治十三年在罗定知州任上到太平墟催征，当地绅士14人来见，姓名职衔如下：六品武生彭肇庄、同知衔例贡生都

---

① 《日记》，同治十三年十月廿一日，《清代稿钞本》第 16 册，第 276 页。
② 《日记》，同治六年十二月二十日，《清代稿钞本》第 10 册，第 446 页。
③ 《日记》，同治九年十二月廿一日，《清代稿钞本》第 13 册，第 49 页。
④ 《日记》，同治十一年二月三十日，《清代稿钞本》第 14 册，第 24 页。
⑤ 《日记》，同治七年七月廿四日，《清代稿钞本》第 11 册，第 103 页。

正陈荣基、花翎都司梁光宗、六品监生陈琳高、职员陈荣仁、封职例贡生周培桢、五品顶生员梁附周、六品顶武生陈永楷、六品顶武生陈荣元、生员陈荣燊、生员陈汝楷、武生彭高纶、职员陈鹤年、监生陈正宽。[①] 太平墟是较大乡镇，故正途士绅占了一半。几天后到合水墟，绅士12人来见，"无一略文秀之人，有蹋鞋者，类皆土俗不堪，有三武生尚成样，无一文生"。[②] 一个州县文生员总数不过数百人，自然不可能每个乡镇都有。

士绅的地位、经济状况差异很大。如在籍尚书罗惇衍、在籍太常寺卿龙元僖，是同治后期广东很有影响力的大绅。省城文澜书院大绅梁纶枢（盐运使衔、二品衔）、伍崇晖（道衔、三品衔）、马仪清（翰林、在籍道台），西关的大绅梁佐中（在籍道台、曾署苏藩）、梁肇煌（在籍顺天府尹）、李文田（探花、在籍翰林院侍读学士）、苏廷魁（原河道总督），省城书院的山长，南海西樵的大绅康国器（原广西布政使、护理巡抚，康有为叔祖）等都会受到督、抚等高官的礼遇。在乡镇，一些任过州县实缺的绅士，居于地方士绅阶层顶端。杜凤治在南海知县任上，对九江公局局绅明之纲很尊重，其中重要原因是明之纲为进士出身，任过实缺知县。有举人、五贡正途功名的绅士，多数会在该州县的士绅中具有影响力，杜凤治即使心里对其中一些人不甚尊重，也会给他们面子。

从日记看，中下层士绅富有的不多，日记中对他们的生活状况有不少有趣的记述。广宁著匪谢重官之兄亦捐监生，日记对此事评论："咸丰三四年起自捐项通融以来，乡曲无赖、僻壤陋夫，无不监生、职员矣。一有顶戴，最肯见官，其进退起居礼节，真堪喷饭。名器至

---

① 《日记》，同治十三年九月廿八日，《清代稿钞本》第16册，第222页。
② 《日记》，同治十三年十月初一日，《清代稿钞本》第16册，第229页。

是，真不堪也！"① 在四会，杜凤治有一次办案路过龙湾墟，要找绅士督促业户缴纳钱粮，"此地竟无绅士，有一父子新捐监生，家开油店，颇有几钱，即算是他。然尚短衣，黑早出野拾牛犬等粪也"。② 在罗定，杜凤治对一些下层绅士的土气与穷窘也有生动描写。在金鸡墟见到生员陈家驹："看甚寒酸，年四十余，以教读为生，着一蓝衫而穿一双方头靴，旧敝不堪，不知何朝物⋯⋯不知何处借来，或向戏班借来亦未可知。"在平塘墟又见到几名监生，穿着俭陋，"大抵皆耕田者"，老年监生陈其进说自己只是租种四五亩田，"除缴租外不敷一年口食，尚须为人助工糊口也"。③

捐纳虚衔的士绅地位远不如正途生员。杜凤治在潮阳下底、堂后乡催征时，该地捐职五品同知黄潜德为求延迟清缴本族钱粮，向从九品的实缺巡检下跪哭求。杜凤治到该地接见绅士处置催征事务，从日记描写看，生员地位都高于捐职。④ 杜凤治自称对正途士绅、硕德耆老很给面子，"而最恨者近日之监生、八九品职员，往往尽情唾骂，亦生性使然，未始非正直之气使然"。⑤ 杜凤治等州县官之所以看不起捐纳的下层绅士，既因为他们人数众多、地位不高，也因为他们缺乏文化与教养，但仍承认他们"绅"的地位。

由于广东通过捐纳获得士绅身份的人数特别多，而广东又有"重商""重利"的风气，因而士绅总体而言也显得"好利"。官员尽管本身贪污受贿，但又对广东士绅"好利"表示蔑视。瑞麟曾对杜凤治说"广东绅士不爱脸，见利忘义"。几天后署理按察使蒋超伯

---

① 《日记》，同治六年十月十七日，《清代稿钞本》第 10 册，第 332 页。
② 《日记》，同治七年九月初十日，《清代稿钞本》第 11 册，第 155 页。
③ 《日记》，同治十三年十月初六日、十一日，《清代稿钞本》第 16 册，第 246、259 页。
④ 《日记》，同治八年十二月廿二日，《清代稿钞本》第 12 册，第 111 页。
⑤ 《日记》，同治七年十一月三十日，《清代稿钞本》第 11 册，第 230 页。

也对杜凤治说："广东风俗重利无耻，即正途科举绅士亦不能免，为地方官亦正是难。"[①] 杜凤治对治下士绅印象好的不多，如任广宁时评论说："广宁绅士，无论举人进士，只要有人送与数钱银，便为出力。"[②] 拔贡何瑞图（后于同治六年中举，不久身故），方志称其"饶智略，兼善青囊之术"，在咸丰四年洪兵起事时曾率领乡勇收复县城。[③] 但日记中杜凤治在其姓名旁加注："讼棍，时时上控。"[④] 对举人陈应星则记"当秀才时品向不端，中（举）后无事不管，无钱不要"，"一寒士不三年富矣"。[⑤] 杜凤治再任广宁知县时同陈应星关系改善，但仍称陈"为人做到一邑人恨之，一族人恨之，即平日与联手办事之人亦无不忌之恨之，则其为人，概可知矣"。[⑥] 日记中把欠粮的生员周森、罗万钟称为"坐地虎"："不敢远寸步，万不敢至城，倘至城，为官所得，要如何便如何，毫无能事矣！可笑人也！广宁绅富类如是也。"[⑦] 四会生员刘泰升等与千总衔李运澄等对被捕疑匪李佑攻保互异，杜凤治由此大发感慨：

> 本县束发侍宦楚南，壮岁游历吴、皖、齐、宋、燕、赵，羁京最久，天下土俗民风颇知梗概，未有见重货财、轻廉耻如此邦者也。不论为盗、为贼、为娼优、为卒隶，一经发财即造祠堂、捐顶戴，自谓殷户，自谓端人，自谓绅士，人亦断不追问其财之

---

① 《日记》，同治六年九月廿九日、十月初五日，《清代稿钞本》第10册，第285、294页。

② 《日记》，同治九年十二月二十日，《清代稿钞本》第13册，第47页。

③ 龚炳章、伍梅编《广宁县乡土志》，出版时地不详（从内容看似在光绪年间），第5页。

④ 《日记》，同治五年十一月廿九日，《清代稿钞本》第10册，第101页。

⑤ 《日记》，同治六年五月十五日，《清代稿钞本》第10册，第104页。

⑥ 《日记》，同治九年十二月廿三日，《清代稿钞本》第13册，第53页。

⑦ 《日记》，同治六年十二月十九日，《清代稿钞本》第10册，第444页。

所由来与其身之所自出，见其富厚即以殷户、端人、绅士尊之，风俗之坏、品流之杂，积习已深，堪为浩叹。①

然而，包括杜凤治在内的广东州县官，仍不得不依靠这些"重利无耻"、流品甚杂的士绅治理乡村基层社会。

清代广东士绅的势力往往与宗族势力紧密结合，广州府尤其如此。公局局绅的地位一方面由本人功名职衔决定，另一方面与宗族势力有关，局绅多数也是某族的族绅。著名的番禺县沙湾仁让公局的局绅，同时也是沙湾大姓何姓宗族"树本堂"的族绅。② 如果没有宗族为后盾，即使任过高官的在籍大绅也不会有太大影响力。同治十二年四月，杜凤治与安良局局绅陈朴（西樵人）说打算拜会康国器，商议劝说西樵绅耆设局治理盗匪事。陈朴认为："亦无益，设局先要措资，伊乡前曾办过，因是不成，今更难。且康系小姓，族微人少，乡人恐不为用也。"③ 因为康氏家族势力不够大，当过广西布政使、护理广西巡抚的康国器说话也不管用，这从反面证明世家大族的绅士必然具有较大势力。士绅的政治、文化权力与宗族势力结合，使绅权在广东乡村地区具有稳固的基础。

广东士绅还有一个特点是不少宗族、公局直接掌控一定武力，特别是广州府的香山、顺德、东莞等县。如香山县，士绅一直拥有可观的武装，在嘉庆年间就组建了固围公所（附城公所），④ 很多炮台、炮位、巡船、巡勇都是士绅捐办并统率管理的。⑤ 该县大车乡举人林

---

① 《日记》，同治八年正月廿九日，《清代稿钞本》第 11 册，第 290 页。
② 据刘志伟教授提供之《辛亥壬子年经理乡族文件草部》照片。草簿作者虽未能查清其为何人，但从内容可判定他既是沙湾仁让公局局绅，也是沙湾大姓何姓族绅。
③ 《日记》，同治十二年四月初一日，《清代稿钞本》第 14 册，第 521 页。
④ 民国《香山县志续编》卷 4，"建置·局所"。
⑤ 同治《香山县志》卷 8，"海防·炮位"；卷 15，"列传"。

谦，在鸦片战争期间就在本乡倡建了有防御、缉捕功能的乡局，在道光后期，"分东乡为六局，督乡团，察游匪，设总局于邑城之东"。①其他州县的士绅在咸丰、同治之前都已有规模不等的武力，因而在平定洪兵起事时发挥了相当大的作用。第二次鸦片战争时期，大绅罗惇衍、龙元僖、苏廷魁奉旨在广东大办团练，使广东士绅武装得到进一步发展。杜凤治任职的广宁等县，在杜莅任前士绅已拥有规模不等的武装。由于有武力为倚仗，广东士绅对乡村基层社会就有更大的控制力，这个因素对官绅关系也有一定影响。

（二）乡绅与公局

吴趼人的《二十年目睹之怪现状》第 56 回提到："我们广东地方，各乡都设一个公局，公举几个绅士在那里，遇到乡人有什么争执的事，都由公局的绅士议断。"②"公局"一词常见于晚清广东的文献。从字面看，"公局"的含义是"公同办事的处所"，但在多数情况下特指士绅在乡村地区的办事机构，有时也称为"公约"。③

在清朝中叶之前，广东的乡村地区也有由士绅主持的乡约，按明清王朝原来的设想，乡约是单纯的教化组织，以补助官治之不足；如果说它们有权力，这种权力也只偏重于文化，并不具有强制的力量。公约是在乾隆年间出现的，其名称当从乡约而来，称之为公约是强调这个机构是为地方"公事"而设，公约管辖地域通常是若干个乡。顺德是广东最早出现公约的县，该县在乾隆年间建立的勒楼公约，拥有巡船、水勇，专门负责江面的巡逻、防范和缉捕盗

---

① 民国《香山乡土志》卷 4，"耆旧"。

② 吴趼人：《二十年目睹之怪现状》下册，人民文学出版社，1959，第 439 页。

③ 关于晚清广东公局，可参见邱捷《晚清广东的"公局"——士绅控制乡村基层社会的权力机构》，《中山大学学报》（社会科学版）2005 年第 4 期；《清末香山的乡约、公局——以〈香山旬报〉的资料为中心》，《中山大学学报》（社会科学版）2010 年第 3 期。

匪，已有维护地方治安的权力。① 嘉庆年间，顺德知县沈权衡下令在全县各乡普遍建立公约，他授予公约"保良攻匪"的权责，② 还授权公约可以处理民间纠纷，对公约的办事地点、如何遴选任命主持公约的士绅等做出规定，并颁发作为行使权力象征的戳记。③ 沈权衡下令普设的公约，已经具备了后来乡村士绅权力机构的许多职能。与此同时或稍后，邻近的县份也有了由绅士建立、以防卫为主要职能的组织。

在19世纪四五十年代鸦片战争与洪兵起事时，在官府的授意和支持下，广东各地士绅纷纷举办团练。原先设立的公约通常是团练的主持者，未设立公约的地方，也设立了专门办理团练的"团练公局"。

清王朝能够平定咸、同年间的农民大起义，士绅阶层的支持是重要原因。事后，大的动乱虽然暂时平息，但动乱的因素仍潜滋暗长，中小规模的盗劫团伙遍布广东全省。面对动荡变化的社会，官、绅共同的反应便是设法加强对乡村基层社会的控制。因此，已设立的公局不少得以延续，在官府的倡导下，还建立了一些新的公局。同治、光绪年间，在广东各级地方官员的提倡鼓励下，公局普遍设立，逐步演变为常设机构，这正是杜凤治宦粤时期的事，故日记中有很多关于公局和局绅的记载。

在各级公约、公局办事的绅士通常被称为"局绅"，局绅候选人是由本乡本镇绅士、耆老通过一定程序选举产生，再由州县官下谕单委任。出任局绅者多为生员，或异途、虚衔士绅，大公局会有举人、

---

① 民国《顺德县志》卷3，"建置·公约"。
② "保良攻匪"是涉及晚清广东基层权力机构常见的用语，"保良"指出具甘结保证嫌疑人是良民，"攻匪"指控告、指证"匪类"。
③ 咸丰《顺德县志》卷21，"列传·文职传"。

贡生，但进士极少，任过实缺官员的也很少。[①]

前面说过，广东士绅众多，但中下层士绅向上流动的途径不多，公局则为他们提供了掌握权力、提升社会名望的机会以及收入稳定的职位（局绅多有薪水、轿费等收入）。维持乡村社会的秩序，也有利于士绅，入局办事还有可能给局绅的家庭、宗族和个人带来额外利益，因此，公局这种非法定的权力机构获得了士绅的广泛支持。

按照清朝的法律和制度，国家最基层的政权建立在州县。但各州县官员以及"编制"内的人员都有限（尽管实际上人数要多得多），以当时交通、通信等方面的条件，州、县政府不可能直接完成对辖境的有效管治。要在乡村地区征收赋税、维持社会秩序、把国家的统治贯彻到每个乡镇、村落，就必须依靠乡村基层社会的一些"中介"，广东的公约、公局，正好适应了清王朝把统治延伸到县以下基层社会的需要。杜凤治的日记显示，州县官是依靠公局等机构实现对乡村基层社会管治的。

清朝重视保甲，但早有学者指出，不宜只根据保甲制度的设计高估其成效，实际上，保甲制度总的来讲是没有效率的。正因为如此，朝廷才不得不时常重申这一政策。[②] 道光年间，广东巡抚祁𡎴札令通饬全省举充地保，其中提到："本部院披阅各州县详报命盗等案，非称该处向无地保，即谓地保病故未充，一律千篇，几同印版文字，可见各该州县平日于保甲一事废弛已久。"[③] 于此可知，没有地保的情况早就很普遍。即使有，地保均系庶民，在地方上缺乏权威，既无归其指挥的武装人员，更无稳定充足的办事经费，只能奉官府谕令执行

---

① 但也不是没有，如南海县西樵乡的公局"同人局"，主持者为进士出身的回籍知府张乔芬。见茅海建《从甲午到戊戌：康有为〈我史〉鉴注》，生活·读书·新知三联书店，2009，第59~60页。

② 瞿同祖：《清代地方政府》，第253~254页。

③ 程存洁编著《朱启连稿本初探》下册，第1308页。

一些奔走性的事务，稍为重要的事就无力承担。杜凤治在日记里也常提到地保，但遇到大事都找士绅。选拔地保也会征求士绅的意见，例如，广宁县妙村新招铺无地保，杜凤治就令来见之士绅推荐人选并予以担保。[①]

杜凤治初任广宁时，"到任即奉督抚谕令绅士团练"，先令石狗等五地绅士于紧要处所设局团练，令其缉匪、交匪。此事先由副将郑绍忠出面劝办，日记记下杜凤治到石狗时与士绅的对话："众绅谓无本官谕，如何兴办？予言协台已告我，只要将绅耆名开上，予即发谕。"[②] 可见，尽管郑绍忠品级比杜凤治高，且正在广宁负责剿匪，但士绅仍认为必须有知县的谕令，办团设局才有合法性。此后，杜凤治在各乡发谕单任命团练公局的局董。在江积，杜凤治接见年轻的绅士王继曾，以王"家本素封，甚有宦兴"，当场就决定以王为局董，并命"将一村绅士名单开来，以便发谕帖与之办（团）"，又令其拟定一抽收竹木排筹集局费的章程。接见生员李桂芬、武生陈余业等人时，以陈余业"尚能说话，似有才能"，当场令其任团首。[③] 他到各乡时随身带有设局办团的空白谕单，遇到合适的士绅即填上。同治九年杜凤治重任广宁知县时，多数乡已设立了公局。对尚未设立的春水、石狗等乡，杜凤治找绅士严凤山等了解"何以无局"的原因，并责成设法从速建立。[④] 广宁县万洞有居民数百家，同治六年曲水绅民建一集贤社学于此，团练局即设于此。同治九年闰十月，杜凤治到万洞查验团练，曲水绅士20余人均集于此等候。[⑤] 他到江积时，"有

---

① 《日记》，同治六年十月十九日，《清代稿钞本》第 10 册，第 339 页。
② 《日记》，同治六年十月初八日，《清代稿钞本》第 10 册，第 306 页。
③ 《日记》，同治六年十月十三日，《清代稿钞本》第 10 册，第 316 ~ 317 页。
④ 《日记》，同治九年十月廿六日、闰十月初七日，《清代稿钞本》第 12 册，第 530、544 页。
⑤ 《日记》，同治九年闰十月十一日，《清代稿钞本》第 12 册，第 553 页。

三手本来，二系绅士、一系团练总局"。① 可见，"团练总局"也成为上手本的主体了。

公局虽无法定地位，但已被纳入官府的管理。有一次，广宁县曲水乡老妇莫陈氏报抢劫案，称有60余名盗贼抢劫其子之店铺，并将其子莫亚保掳去。杜凤治不相信60余盗匪抢劫一小店并掳人的情节，后查得莫亚保是因其他纠纷被对头扣押，其间有人乘机抢物，莫陈氏被人唆摆以其名义夸大案情捏报，局绅接受莫陈氏的报案，并作为劫案禀报县衙。杜凤治调查后很生气，责备局绅说："如何以此等莫须有之事为之递公呈作证？即使有之，汝乡局现有团练，何任贼匪鸥张？有不好看。"后来莫亚保找到，杜凤治谕局绅命莫陈氏修改原来报案的呈状，并教训局绅："谎状太不近理，且六十余人抢案，不但予处分重，汝辈乡绅既有团局，责成亦不轻也。"② 可见，在维持地方治安方面，实际上形成了知县、局绅分别承担责任的制度。因为60余人抢劫是大案，如案情属实，就要拘捕甚至处决多名案犯；如劫匪逃逸，知县、局绅都要担责；如系虚报捏报，知县、局绅也要受处分。

同治九年四月，方濬师札饬肇罗道属下州县举办保甲团练，亲自制定了《保甲团练章程》24条，规定"令绅耆举老成可靠保正一人"，再由保正选定牌长、甲长，在此基础上举办团练，"合保甲、团练为一事"。又规定保甲办公"一切费用均由地方官备办，丝毫不用百姓花费一钱"。又对各乡村建立望楼、备办器具、壮丁巡守等事项都做了规定，望楼、器具费用由各村派捐。③ 保甲团练的日常公费由地方官提供自不可能，士绅、壮丁没有报酬也不切实际。方濬师并

---

① 《日记》，同治九年十月廿六日，《清代稿钞本》第12册，第530页。
② 《日记》，同治九年十二月初十日，《清代稿钞本》第13册，第27页。
③ 方濬师：《岭西公牍汇存》卷2，第32～39页。

非颟顸之人，不会不明白，章程不提，主要是因为有些事不便见诸公牍，他属下的州县官自会相机行事。如广宁举人陈应星是仓务局绅士，又是公局局绅，"（在）各乡勒索写捐，抑且大胆在东乡抽茶厘"，"又为勇粮不足，向各渡船、竹木排设法筹派"，杜凤治也知道仓谷有巨额亏欠，陈应星"凭空开销，私肥己橐"，因陈勇于办团缉匪，便允许其抽收。① 陈应星等绅士得寸进尺，又请求在茶叶产销时"于江谷、东乡等四处设站，延请绅士坐办，并雇募壮勇扼要抽收"。这就等于擅自设卡抽厘了，不仅严重违反王法，也侵害了知县的权力，杜凤治乃不予允准，但"准仍照旧章酌量田户及竹木、土茶各行劝谕捐收，至茶客所捐，渡夫茶客互相推延，准饬差催令清缴"。② 不难想象，所谓"劝捐"无非也是强制征收。因为其时设立公局是督抚以下各级官员推行的要政，不办公局就无法办团练，无法依靠士绅维持地方治安、办理救荒等事务，无法通过公局催征钱粮，但官府又不可能提供公局经费，只能同意局绅采取不那么明显违反王法的方式去征收。

在四会，杜凤治也鼓励、督促士绅设立公局。同治七年九月，因威整铺一宗劫杀案前往验尸后，杜召集当地士绅说："以此地离城太远，官如何能照料及此？我看绅富尚多，必须设局办理团防方是。"回县衙后立即发告示命威整铺一带举办团防。③ 次年，杜凤治去大沙墟处置案件，到该地乡约，"乃伊村绅士议事之处也。为首诸绅俱在，随来者尚有三十余人，中设公案"，进见者为当地党正、副以及一班生员等人。④ 乡约本应是乡村民间"讲信修睦"的场所，但其时

---

① 《日记》，同治九年十二月廿三日，《清代稿钞本》第 13 册，第 52 页。
② 《日记》，同治十年二月初二日，《清代稿钞本》第 13 册，第 106 页。
③ 《日记》，同治七年九月十一日、十三日，《清代稿钞本》第 11 册，第 156、157 页。
④ 《日记》，同治八年四月廿六日，《清代稿钞本》第 11 册，第 371 页。

大沙墟的乡约已演变为县官授权、士绅掌控的常设的乡村基层权力机构了。

乡村基层社会的控制要靠文化权力和"武化权力"。在古代、近代中国的乡村，宗族、祭祀、教育、水利、救济、保甲等组织、机构也具有一定权力，但不是两者兼备，所行使的权力也只偏重于某个方面。而公局有州县官授权，有绅士担责任职，有常设机构，有办事制度，可征收局费作为日常运作的资源，而且公局几乎都有数目不等的武装人员，如更练、局丁，有时还拥有经过组织训练、人数更多、武器更好的常设或半常设的团练。这些条件，使公局虽无法定的地位，但得以成为真正具有权力和执行能力的基层权力机构，在州县官授权下具有一定的行政、征收、防卫、缉捕、司法等权力。

局绅的充任既要自愿，也要推举，州县官下谕任命，一旦出任则不可自行推搪卸职。如南海县良宝乡盗匪多，绅士廖庆谋（候补知府，升补用道，已罢官）等设立了团练局，有勇丁 30 人。在乡办事的原来还有举人、大挑一等知县廖翔等绅士。廖庆谋常年在佛山镇居住，以西樵发生抢劫丝船案归乡悬红购线缉匪，廖翔则在省城教书。[1] 因为盗匪多事难办，且本身不在家乡居住，二廖都想避匿不管，其他廖姓绅士更不愿意出头。杜凤治便鼓励、督促廖庆谋继续出头管事，尤其是要缉捕本族盗匪。杜凤治得知廖翔其时在省城，正捐办免大挑截留，想速赴广西试用，就认为廖翔想规避责任，"实属狡猾异常"，便命典史到廖翔在省城的住处"将其留住"，并托人转告：不要以为去广西就没事，"予必详禀上宪将其扣留，一面出差持票传拘，不为留脸"。[2] 廖庆谋、廖翔都是高级士绅，因不愿意承担局绅

---

① 《日记》，同治十年九月廿四日，《清代稿钞本》第 13 册，第 417 页。

② 《日记》，同治十年十一月初四日，《清代稿钞本》第 13 册，第 466 页。

责任出头办事，知县也毫不客气地予以督促甚至威胁。

公局这种士绅掌控的乡村基层权力组织是广东特有，还是其他地方也有，笔者对其他省份没有研究，不敢轻易判断。但既然州县官要依靠士绅把清朝的统治延伸到基层社会，士绅必然要有一定权力，有具体组织。就研究本问题而言，杜赞奇的《文化、权力与国家：1900～1942年的华北农村》是一本有借鉴意义的著作。但杜赞奇论及华北乡村基层权力机构的主持者时很少强调他们的士绅身份。① 而在杜凤治笔下，广东乡村基层权力机构主持者则全是士绅，较大公局的主持者通常还是科举正途出身的士绅。徐茂明对江南士绅与江南社会做了较长时段的研究。从他的成果看，咸、同以后江南士绅权力也全面提高，他们掌控了乡村乡约、社学、慈善组织等，在教化、里甲、保甲等方面也发挥了很大作用，但看不出有广东公局那样的具有行政、防卫、缉捕、司法等职能的基层权力机构，尤其看不出士绅的组织直接掌握一定的武力。② 在杜凤治最后几本写家乡绍兴生活的日记中，也看不出有类似广东公局那样的士绅乡村基层权力机构。也有学者对两湖地区的士绅、乡村基层社会、晚清团练组织等问题做了研究，③ 所揭示的情况与广东也有很大不同。在讨论清代士绅的乡村基层权力组织时，把广东与其他地区相比较，或许有不少问题值得讨论。

对公局在缉捕、司法、催征等方面如何协助州县官，后文会做稍为详细的论述。

---

① 杜赞奇：《文化、权力与国家：1900～1942年的华北农村》第6章"乡村政权结构及其领袖"，王福民译江苏人民出版社，1996。
② 徐茂明：《江南士绅与江南社会（1368～1911年）》第2章"江南士绅与社会基层组织"。
③ 杨国安：《明清两湖地区基层组织与乡村社会研究》第5、6章，武汉大学出版社，2004。

日记里提到过的都正副、里正副、保正副、堡正副、党正副、练正副、墟正副、街正副等人，多数是文武生员及有职衔者，由铺户等推举，州县官批准任命，经常要完成州县官交办的各种事项。他们应该有相对固定的办事地点（如庙宇、社学之类），有若干供他们驱遣的人员，也应该有日常的经费。练正副显然就是团练公局主持者，但其余的都正副等与局绅是否有交叉或分界，日记没有写，笔者也没有在其他资料中查到。看来，有关清代基层社会士绅权力机构，还有很多细节需要进一步研究。

（三）城镇的士绅

关于清朝士绅，学者们关注的多为"乡绅"，谢放早些年提出应该也关注"城绅"——在城市的士绅。[1]"城绅"并非严格的或约定俗成的概念，士绅应该比多数庶民更容易在城乡之间流动，不少士绅在城、乡都有居所，乡居士绅可能在城内有职务、职业或产业、商业，居住在大中城镇的士绅也有可能到乡下的公局当局绅，因此，要将某个具体的人确定为"城绅"或"乡绅"并不容易。一般来说，晚清大中城镇的"绅商"多为"城绅"，在省城、府城、州县城长期居住的绅士，也可以视为"城绅"。

杜凤治的日记增加了我们对晚清广东的"城绅"的认识。

在广东省城，官绅关系明显不同于乡村地区，也不同于一般州县所在的城镇。如前所述，在广东，州县以下的乡村基本上建立了士绅控制的权力机构——公局，省城郊区也是如此。例如，位于省河以南的番禺属的南洲书院，就是邻近30余乡的公局所在地。[2]

官府在乡村地区，不通过士绅机构就很难进行有效管治。但在省

---

① 谢放：《晚清文献中"乡绅"的对应词是"城绅"》，《近代史研究》2000年第4期。

② 《日记》，同治十一年十二月初十日，《清代稿钞本》第14册，第394页。

城则大不相同，城里文武衙署林立，官员的数量较多，且驻有绿营、旗营官兵，衙署有各种差役，还有数目更多的候补官员可担任各种维持治安的差事。省城的治安由官府、武营直接管理，并无绅士主持的具有司法、缉捕等权力且拥有武装的机构（省城的安良局、保甲局有官有绅，但由官员主持，也没有直接掌握的武力）。西关文澜书院虽被称为省城绅士的"公局"，但很大程度只是省城士绅议事之所，与乡村的公局很不相同。与城区接壤的近郊公局，也往往被认为没有必要存在。杜凤治以西关外的丛桂局局绅吕元勋"喜管事渔利"，下谕撤之，"并令缴戳"（"局戳"是公局行使权力的印章），"其地与西关保甲甚近，可以兼顾，办理该局绅士俱撤之矣"。① 乡村地区的局绅"喜管事渔利"者亦不少，但都没有全局被撤，但因为丛桂局所管地域与西关城区已连成一片，官府可对这个地段按照城市的方式管治，就不必像乡间那样继续维持士绅掌控的公局。

在省城虽也有聚族而居的家族，但远不如乡村地区普遍，官府也有意识在大城市限制宗族势力。大城市士绅流动的情况普遍，且地位高的大绅多，这就使士绅中不容易产生有威望的领袖人物。例如，同治十一年十月，因西关发生严重劫案，安良局奉督抚之命邀集官、绅商议各街保卫之法，但西关士绅领袖、文澜书院大绅梁纶枢（盐运使衔、二品衔）、伍崇晖（道衔、三品衔）、马仪清（翰林、在籍道台）都不肯出头管事，理由是"说亦人不听"。②

杜凤治下乡执行公务或巡视，一般会首先召见局绅。他在外州县任职，到任后一两天就会拜会该州县地位较高的绅士。但他首任南海知县时，几十天后才搞清楚西关士绅领袖、文澜书院大绅梁纶枢、伍

---

① 《日记》，同治十年十二月廿八日，《清代稿钞本》第 13 册，第 552 页。
② 《日记》，同治十一年十月廿四日，《清代稿钞本》第 14 册，第 346 页。

崇晖、马仪清三人的姓名，并首次拜会他们。① 因为杜凤治处理公务，可随时就近请示城内的各级上司，无须过多顾及士绅意见。他任南海知县时的两任总督瑞麟、刘坤一，都曾面谕他不必害怕士绅。

在省城的西关，官绅关系与在老城区相比又有微妙的差别。

如前所述，清朝时期广州的政治中心在城墙内的老城区（包括内城、新城），但商业中心则在西关。如果按照今天"城市"的概念，西关自然属于广州的重要组成部分，但在清朝，尽管在一般人的心目中西关也属于省城，但它却完全处在城墙以外。西关本由乡村发展而来，始终没有建筑城墙，繁华的商业区与乡村之间没有明显的边界。在明末清初，西关尚属郊区，"逾龙津桥而西，烟水二十余里"，到了清朝中期，西关才逐渐发展成繁华的商业区，著名的十三行就在西关。到同治、光绪之际，"绅富初辟新宝华坊等街，已极西关以西"，光绪以后西关继续向西拓展。②

在内城，城市治安基本由官府直接负责，但在西关，只有南海县丞、西关千总两名级别不高的文武官员常驻，故西关有普遍开办团练之惯例，主其事者是西关的绅商。在老城区，大绅士更多在文教、公益等方面发挥作用。越华、越秀、应元、菊坡等"课士、讲学、习艺"的大书院设立在老城区，山长都是著名大绅，督、抚等高官会定期到这些大书院巡视、监考，对山长都予以很高的礼遇。同治十二年，瑞麟65岁大寿宴请官绅，卸任在籍的原广西布政使康国器、原江南道台（曾署理布政使）梁佐中的座位都排在四大山长之后。③ 广

---

① 《日记》，同治十年六月初八日，《清代稿钞本》第13册，第265页。
② 黄佛颐编纂《广州城坊志》，仇江等点注，广东人民出版社，1994，第533～534页。
③ 《日记》，同治十二年四月初五日，《清代稿钞本》第14册，第524～525页。

东最大的义仓惠济仓，由应元书院山长史澄、菊坡精舍山长陈澧总理，但"西关绅富言：义仓之款，溯厥由来，还不是我们西关人捐的"，① 所以，西关绅商对义仓的管理也有很大的发言权。

广州的城市布局，一定程度上造成士绅势力集中在西关。因为官绅之间需要合作，但也有矛盾与冲突，官府势力相对薄弱之处，就会留给士绅更大的权力空间。所以，很多在籍大绅不住在内城而住在西关，省城绅商的议事中心和"公同办事"的公局也设在西关的文澜书院。文澜书院是嘉庆年间以十三行为主的绅商捐建的，开始时也有讲学、习文的功能，但到了同治、光绪年间，只是省城绅商集议和办事的处所了。文澜书院大绅梁纶枢、伍崇晖、马仪清均来自十三行家族。此外，一些外地士绅也侨居在西关，如顺德人、探花、在籍翰林院侍读学士李文田和高要人、原河道总督苏廷魁等。李、苏与十三行家族士绅有矛盾，苏廷魁就曾向总督刘坤一表示，对梁肇煌（在籍顺天府尹，梁纶枢侄）"目中无人"非常不满。②

同治、光绪之际是广东绅商世代交替的时期，由于丝业的初步发展带动了广东商业格局的变化，一批新的绅商逐渐初露头角，省城九大善堂之首的爱育善堂在同治末年建立，商界的"集成行会"七十二行也在这个时期开始成为全城商界的代表。③ 西关新兴绅商便与居住于西关的外地大绅交结，对抗原来十三行家族的绅商。日记称，梁肇煌以李文田非西关土著排挤他，李则与爱育善堂绅董交好，官府如果信任梁而不信任李，爱育善堂就不踊跃捐款。④ 因为刘坤一曾任江西巡抚，其间李文田任学政，两人共事过，刘坤一很支持李文田出

---

① 《日记》，光绪三年四月十八日，《清代稿钞本》第 18 册，第 266 页。
② 《日记》，光绪三年六月初六日，《清代稿钞本》第 18 册，第 346 页。
③ 参见邱捷《清末广州的"七十二行"》，《中山大学学报》（社会科学版）2004 年第 6 期。
④ 《日记》，光绪三年四月廿一日，《清代稿钞本》第 18 册，第 277 页。

来办省城之事。日记还提到，西关绅士多不睦，同一家族士绅亦各具一心。①

广州是富庶的大城市，其中有大量可供权势者谋取的利益，官绅在广州也常出现"争利"的情况。光绪三年四月，北江石角围决口，威胁省城的安全，省城的各级官员和大绅一再开会讨论修堤之事。丁忧在籍之顺天府尹梁肇煌主张立即开局办理维修石角围之事。总督刘坤一开头不赞成，因为他担心士绅借此向居民收捐。杜凤治报告说，西关绅士想抽房捐、铺捐已非一朝一夕，总督刘坤一和知府冯端本都指示杜凤治要设法防止西关士绅宣称奉总督谕征收铺捐。②

佛山位于南海县境，晚清时是广东人口仅次于省城的大城镇，有佛山同知、五斗口司巡检、都司、千总四个文武衙署。在清中叶以后，佛山士绅控制的大魁堂主管了佛山祖庙尝款以及公益事业的开支，并议决乡事。同治年间，大魁堂管事的有王福康（候选道，按察使衔）、李应棠（在籍知府）等人。③ 杜凤治作为南海知县，有时也要同佛山士绅打交道。

城镇街道有街正、街副，州县城也如此。杜凤治在四会任上的日记写到街正较多，下面以四会为例做些分析。

四会县城不大，全县城就只设立街正一人、街副一人。原先四会县城十七街街正是"六品顶戴蓝翎附贡生徐名诰号麟堂"。④ 但徐诰年已80岁，"且钱一入手即不忍拿出，口中尚说赔垫，以故众心不服"，各店递禀公请廪生李方铦做街正。⑤ 杜凤治认为李"人品尚端

---

① 《日记》，光绪三年四月十八日，《清代稿钞本》第18册，第266页。
② 《日记》，光绪三年四月廿三日，《清代稿钞本》第18册，第279～281页。
③ 参见罗一星《明清佛山经济发展与社会变迁》第5章第4节第1目"士绅与大魁堂对佛山权力的控制"，广东人民出版社，1994。
④ 《日记》，同治七年正月十八日，《清代稿钞本》第10册，第483页。
⑤ 《日记》，同治七年四月初八日，《清代稿钞本》第10册，第558页。

谨，众所悦服，可以接办。予因此决意退徐用李，谕签押明日即将徐诰及东门各铺呈禀批出"。与此同时，"徐诰递呈退街正"。① 徐诰、李方銈都是正途出身的绅士（徐的贡生是捐的，附生则是考的），两人的进退都经由县城及近郊铺户递禀，知县决定后再批准辞职或接任。

新街正李方銈接任后来见杜凤治，讨论了县城查夜问题。李还表示，他将与徐诰不同，"只办街中公事，不经理银钱，银钱另有人经手"。② 稍后，因需铺户凑钱建一棚厂供驻守之安勇驻扎，李方銈表示纠集搭棚厂的钱有困难，杜凤治托人传话："扎勇亦为保护街坊各店居民，非我们私事，为街正而不能纠钱，安事此街正为？"③ 因桥东地保李绍泰被窃，杜"批交捕厅协街正李方銈详查密察，为之调处息事"。④ 又有一次，一间杂果店发生纠纷互控，杜"判令街正李方銈会同街副将伊等帐目清厘，应着落何人，迅速禀复再行核断"。⑤

从日记的记载看，杜凤治把街正李方銈、街副李显廷（监生）都视为四会的重要绅士，予以相当礼遇。但委派他们所办事项似乎不及乡村地区局绅所办的重要。

在南海知县任上，可能因为其他公务繁忙，日记对省城街正副的记载很少。同治十年，南海县署附近的马鞍街发生劫案，街众拿获案犯一名，是汉军旗人，送到安良局，安良局知道是旗人便不肯收受。旗营官员请求街众将疑犯交由旗营自行处置，街正、街副均不允，乃将案犯解送南海县衙。⑥ 从此案可见，省城街正副拥有一定权力。其

① 《日记》，同治七年四月初八日、初九日，《清代稿钞本》第 10 册，第 448、559 页。
② 《日记》，同治七年四月十一日，《清代稿钞本》第 10 册，第 560 页。
③ 《日记》，同治七年五月初一日，《清代稿钞本》第 11 册，第 31 页。
④ 《日记》，同治八年七月十五日，《清代稿钞本》第 11 册，第 480 页。
⑤ 《日记》，同治七年六月十五日，《清代稿钞本》第 11 册，第 61 页。
⑥ 《日记》，同治十年七月廿五日，《清代稿钞本》第 13 册，第 326～327 页。

时旗人特权地位虽仍存在，但官、绅、民都已经不甚惧怕，反倒是旗营官员不得不低声下气求街绅和街众高抬贵手。同治十一年冬，巡抚命清查各街祠堂、书院、旅店、烟馆，按察使与杜凤治商议，待街正、街副选定后再全城"挨查"。① 两人也是考虑到没有街绅的配合，"挨查"是很难进行的。

二　州县官与士绅的合作

（一）州县官与士绅的一般关系

州县官代表清朝治理一方，绅为官民中介，州县官本身具有政治、法律权威，又通过考试、教化、祭祀建立和强化在绅士中的文化权威，还以各种手段驾驭、笼络，对士绅的基层权力机构予以鼓励、授权，听取他们对地方事务的意见。另一方面，州县官对下层士绅可以拘押，可以向上司详请斥革其功名。

局绅的人选要经州县官批准任命，杜凤治有时还直接指定公局的首事绅士。州县官向公局颁发"局戳"（木制印章）作为行使权力的凭证，公局比较正式的文书（如对州县官的禀）要加盖局戳。州县官与公局之间的文书往来也参照衙门行文的规范，命令局绅办事用"谕"，局绅的回复、报告用"禀"。如杜凤治再任广宁，到任不久即在各乡村贴告示，又"谕绅士团防、保甲、交匪，谕帖亦每乡一份"。② 告示是对全体居民的晓谕，谕帖则相当于专门对局绅的命令。

杜凤治下乡催征、缉匪，所到之处都会接见当地局绅和绅士，官绅相见的礼仪也参照官场的做法。如同治十三年十一月杜凤治到罗定

---

① 《日记》，同治十一年十二月初六日，《清代稿钞本》第 14 册，第 388 页。

② 《日记》，同治九年闰十月初四日，《清代稿钞本》第 12 册，第 541 页。

的罗镜墟催征，"众绅上手本，分两班见"，"均不令坐"，杜凤治命将未能按上次承诺催完本族钱粮的张姓绅士六人收押，又申饬其他催粮不力的绅士，待众绅表示畏惧后方"让之两边分坐"。① 局绅有事求见州县官，也如同下级官员见上司那样要送门包。同治六年七月，广宁局绅严凤山到县衙缴交剿匪费用400元，门包也要40元。②

在多数地方，州县官下车伊始就要拜会当地绅士首领，杜凤治首任广宁时，接印后连续三日与广宁绅士拔贡何瑞图、举人陈应星、举人冯毓熊、同知衔杨承训、道衔陈应芳等互相拜候。③ 再任广宁时，尽管此前同广宁绅士有过节，但接印后次日仍拜候绅士（多数绅士表示客气挡驾），还特地出城拜候新进士杨桂芳。④ 在广宁、四会、罗定任职时，杜凤治接印前手头已有当地同僚、主要绅士的"官绅单"。如署理罗定时，"官绅单"除列出文武官员外，还有"安良局绅士梁以文、黄亨衢、王寓辰、苏应春、陈殿镛、黄燎炘、黄曒林、谭肇章，德义祠理直绅士赖洲、陈荣时、彭肇庄"。⑤ 所以，杜凤治未到任即已对主要士绅有所了解。

在多数情况下，官员以正途出身的"正绅"为依靠对象，尤其依靠公局局绅。州县官会以召见、接见、公私函件往来等方式与士绅商讨公务及其他事务。如同治十三年十月十八日，罗定州局绅黄贯槎、陈晓闻便衣请见，同杜凤治商量了五件事：一、陈永义控梁子佐案，梁实理屈，兹判令充公，饬局绅饬梁子佐缴银；二、令黄亨衢等转谕县试雇请枪手之黄某：如捐助桥工，不仅不追究，且可与学政关说令其子入学；三、商议落实《帮助育女章程》；四、查复总督札谕

① 《日记》，同治十三年十一月廿一日，《清代稿钞本》第16册，第336页。
② 《日记》，同治六年七月十七日，《清代稿钞本》第10册，第167页。
③ 《日记》，同治五年十月十五、廿六、廿七日，《清代稿钞本》第10册，第88页。
④ 《日记》，同治九年十月十八日，《清代稿钞本》第12册，第532页。
⑤ 《日记》，同治十三年五月廿二日，《清代稿钞本》第15册，第517页。

本州办理义学情形；五、托以附城粮务。① 这次讨论的问题涉及粮务、司法、考试、教育、桥工、救济等多项事务，官绅之间的讨论相当坦率务实。

做地方官者，本人无不注重"民望"，上司对州县官的评价也是如此。一般庶民百姓文化不高，同州县官很隔膜，也难有表达对官员态度的途径；而地方士绅不仅有较多机会接触州县官，且有表达态度以及扩大影响的办法，因此，一个州县官的所谓民望，基本上就是本地士绅对他的评价。清代曾任知县的何耿绳说："凡绅士为一方领袖，官之毁誉多以若辈为转移。"② 杜凤治很介意绅士、县民对自己的评价。日记中不厌其详记载了不少绅、民的奉承话以及绅民所送万民伞等礼物。如同治七年十二月四会绅士致送德政匾额、高脚牌、万民伞等物的细节，详细记下参与此事的绅士姓名、印象。③ 又如同治九年六月，他在潮阳县当催征委员，因为不甚暴虐，当地绅士写了几首诗为杜凤治歌功颂德，尽管杜自己也认为"诗均恶俗不佳之至"，但也在日记里全文抄录。④

州县官也会注重去职后或身后之名。一般州县官虽难有机会进入皇朝的正史，但有可能在地方文献留下记录。而一个州县官在方志中的形象，基本上是由他与当地士绅，特别是与当地士绅领袖人物关系决定的。多数州县修志虽以州县官做挂名主持，但实际撰写的都是本地士绅，方志就反映了他们的集体记忆和评价。

作为一个比较成功的州县官，杜凤治在处理与士绅关系方面可谓费尽心血（尤其是首任广宁之后），如广宁举人何瑞图，杜凤治私下

---

① 《日记》，同治十三年十月十八日，《清代稿钞本》第 16 册，第 270～271 页。
② 瞿同祖：《清代地方政府》，第 326 页。
③ 《日记》，同治七年十二月十九日，《清代稿钞本》第 11 册，第 252～253 页。
④ 《日记》，同治九年七月十二日，《清代稿钞本》第 12 册，第 287～288 页。

对他评价不高，但何毕竟是在当地士绅中有影响的人物，他中举人后到各地祭祖牟利，不幸落水溺亡。其时杜凤治已调署四会，但当何瑞图棺枢路过四会时，杜"为之封船、拨役、发口粮送之东乡，人皆哄然传颂"。① 此举在广宁、四会士绅中赢得不少好感，对杜凤治后来再任广宁有一定助益。

州县官有时还得冒着一定风险支持地方士绅。同治十年八月，南海石湾士绅通过安良局报来一宗抢劫案，称拿获十余名"劫匪"，乃缉拿私盐扒船之巡丁。② 经调查，巡丁均系夜间在村内捉获，勇丁夜间入村本违法违规，就算确实是入村查缉私盐，事先也应该知会地方官。杜凤治知道，这是一起棘手案件。如果案件定为巡丁抢劫，案犯有可能被就地正法，缉私官员至少也要撤任。如果不是抢劫，石湾士绅则要反坐。但在南海县审讯过程中，石湾士绅态度非常强硬，而巡丁一方的供词和证人的说法都漏洞百出。盐运使钟谦钧偏袒缉私官员，要求杜凤治向士绅施压，让他们承认误拿勇丁，承诺不追究其误拿之罪，就此了事。杜凤治知道士绅们不会答应，就示意他们上控，士绅说如果上控，就不得不把知县也控告在内。杜凤治表示："不妨尽言予审断不公，有心护庇绅士，官官互相照应，愈说得利害，愈为予卸火，绅等亦不必到案矣。"③ 石湾士绅就按照杜凤治的提示办理，杜凤治推卸了责任，案件转由广州府谳局审理。此案的巡丁明显违法，人被捉获，缉私官员、巡丁在审理中的表现又太愚蠢，村里即使曾有私盐，证据早已消弭，石湾士绅处于主动地位。杜凤治在得罪盐运使钟谦钧和得罪士绅之间面临着选择，他没有按照盐运使意思去

---

① 《日记》，同治八年十月初十日，《清代稿钞本》第 12 册，第 21 页。
② 《日记》，同治十年八月初三日，《清代稿钞本》第 13 册，第 339 页。
③ 《日记》，同治十年八月初八、初十日，《清代稿钞本》第 13 册，第 347、349 ~ 350 页。

做，肯定做过权衡：盐运使毕竟不是督、抚、藩、臬等"正经上司"，对自己仕途难起关键作用，得罪了大不了受些气。但如果按盐运使意思向士绅施压，于法于理都说不过去，士绅不会接受，而南海的士绅盘根错节，背后的势力多大、何人会介入难以预测，一旦事情闹到不可收拾，自己有可能成为牺牲品。最聪明的办法是对士绅表示同情，再设法把这个案子推走，杜凤治做到了。在南海任上，杜凤治官做得比较稳，其中一个原因也是他善于处理官绅关系。

（二）士绅协助维持地方治安

杜凤治两次任广宁知县，下车伊始所发的告示，都称"学校、征输、听断、缉捕为四要务"。① 相比较而言，维持治安（缉捕）大概是州县官对士绅最为依靠、责成最重的一项。

杜凤治再任南海时在劝勉各乡团练的手谕中称："必须绅耆和衷办事，若责成于官，即化亿万千身，又如何遍历一村一乡而保护之？……绅耆中之良者，务期互相联络，乡村中绅耆有通贼为内诇、作米饭主，或民人中有素不安分常出为贼者，密禀官长，协力捆缚除灭，一面立法团防，有备无患。"② 州县官无法随时保护各处乡村，各乡绅耆就必须同官府合作维持地方治安。

公局本以防卫为主要职能，很多公局还办了团练，在官府监督下士绅掌管了有一定规模和训练的常设或半常设武装。清王朝平时不允准跨州县的大团练，在杜凤治任职之州县，通常是数十人最多百余人的乡镇级团练。公局即使没有常设的团练，也会有零星的更练、局丁之类武装人员可实施防卫、缉捕等事务。前文提到，杜凤治两任广宁两次亲自率队会营的大规模缉捕都依靠士绅的武力。杜初任广宁缉捕

---

① 《日记》，同治十年二月廿四日，《清代稿钞本》第13册，第147页。
② 《日记》，光绪三年六月廿三日，《清代稿钞本》第18册，第380页。

谢单支手时，程村绅士职员伍蕃昌、秦崀绅士军功黄国芳"各有壮勇五十名候调遣"。① 在该地，一个乡镇士绅统率的壮勇比一般巡检司的弓兵多得多。杜再任广宁围捕黎亚林等人时，周边乡镇绅士发动的壮勇达八九百人，而且在官勇赶到前已将匪首黎亚林等人捉获。

州县官对"正绅"建立、掌管的武力都会予以鼓励、支持。杜凤治初任广宁时，与四会知县雷树镛商讨缉捕事宜，两人都认为"如欲留兵防守，难乎为继，唯有令绅士团勇防剿"。② 杜凤治在任职的地方都要求士绅设局、团练，并为之制定章程。例如，他率队到广宁县石狗缉捕著匪谢单支手，79 岁的生员陈天宠等来谒见，传各铺户谕话：

> 嗣后不论白日黑夜，如闻鸣锣报警，大铺出二人，小铺出一人，预备器械、灯笼，与书院丁勇齐心防捕。如避差不出或迟到，大铺罚制钱一千文，小铺五百文，倘不受罚，禀知加罚。居民人等除老幼外，所有丁壮齐出协助，均听书院总绅士陈天宠调度，又发朱谕交陈天宠转谕。又谕陈生：书院团勇仅二十人，恐不敷用，宜再团集四五十名，谢匪意存窥伺，不可不防。③

有官府的鼓励、支持，办团绅士就更有合法性，更容易解决增加团勇、征收经费、购置火器等方面的困难。

州县官对士绅在缉捕盗匪过程中的各种违法甚至滥杀行为会采取宽容的态度。同治五年十一月的缉捕行动中，曲水铺绅士温良华等称，昨晚三更有贼匪 80 余人抢掠绸铺，以炮轰死一人，生擒二人，

---

① 《日记》，同治六年七月初五日，《清代稿钞本》第 10 册，第 145～146 页。
② 《日记》，同治五年十一月十九日，《清代稿钞本》第 10 册，第 96 页。
③ 《日记》，同治五年十一月廿二日，《清代稿钞本》第 10 册，第 98 页。

将二人及轰毙者首级来报。温良华以路远无轿为理由请求知县免于验尸。杜凤治立即起疑，坚持即使步行也要去勘验。次日，又得到报告称，另一名劫匪黄亚自亦被获，而典史张国恩接着报告，该处绅士以担心押解时路上疏失为由，已将黄亚自杀死。擅自杀死已捕获的疑匪，既违法也违背常理，杜凤治就猜测其中可能有隐情，杀人是为灭口或仇杀都有可能，甚至被杀者是否真为黄亚自也很难断定。但温良华、陈天宠等士绅在缉捕过程中非常合作，作为知县，杜凤治犯不着为一个疑匪被杀而破坏同士绅的关系。他决定只要动手杀人者与主使者及各绅士出结保证死者"实系黄亚自"，"恐其遁逸或被抢去，以此杀之，并非有仇，亦无他意"，尸亲领尸时也具结"黄亚自一向为匪，死当其罪"，就了结此案。并令典史把"姑不深究"的处理原则在勘验前转告各绅士。①

在大规模清乡行动中，绅士的参与更必不可少。同治十一年副将戴朝佐、候补知府林直到南海、顺德一带清乡，康有为的祖父、连州教官康赞修以南海西樵绅士的身份同去，戴朝佐认为："（清乡）不可无本地绅士，以其深悉其人，熟识各乡绅耆也。"② 光绪三年四月，九江著名绅士明之纲等通过省城的安良局告急，要求再举办大规模清乡。杜凤治嘱咐安良局局绅陈朴请明之纲等"先将匪名查明，其米饭主、包庇各姓名亦查记，以便一到责成交匪"。③ 是年秋天，广州府为举办清乡，知府决定亲自召集两首县、四营将及大乡局局绅先面议办法。因为担心清乡兵勇出发前盗匪会闻风逃逸到港澳，所以"先令局绅各抒所见，或先捆送，或设法羁绊，俟官往拘，或悬立重

① 《日记》，同治五年十一月十九日、二十日，《清代稿钞本》第 10 册，第 96～97 页。
② 《日记》，同治十一年正月二十日，《清代稿钞本》第 13 册，第 579 页。
③ 《日记》，光绪三年四月廿八日，《清代稿钞本》第 18 册，第 290 页。

赏，商定后行"。① 不久，康国器、明之纲等南海著名大绅应邀来到省城参加会议，"各绅各呈章程，本府与诸君商议酌定"，明之纲等提议杀掉著匪崔亚芬。广州知府本以其年纪太轻拟从宽礅禁不杀，杜凤治向众绅说："你们各必欲办之，到府中递禀可也。"② 后来就按照士绅的建议将崔亚芬处决了。

地方上，防卫、调查、缉捕、羁押、拘传、初审、解送等很多事项是由公局的绅士承担的。同治六年，杜凤治在广宁森洞验尸后，除签差缉拿杀人凶犯外，"并谕林芹香、欧春潮等就地绅士协同兜拿，恐其日久远飏"。③ 重任广宁知县不久，杜凤治便向局绅陈应星索要"逃往德庆、高要各著匪姓名、乡村，以便行文移缉"。④

州县官经常会责令绅耆"交匪"，所交之"匪"很可能会被"就地正法"，所以，绝大多数"匪"不会自动投案。而既然是盗匪，必有一定拒捕能力，并非一般绅民可以轻易控制送案。日记很少记载绅耆是用什么办法把"匪"交出的，但相信部分是依靠公局团练的武力，部分或用欺骗手段，很多情况下所交出的"匪"只是犯有一般过失的贫穷乡民甚至是无辜者。

为使士绅交匪，杜凤治常会采用各种逼迫手段，日记中这样的例子比比皆是。如同治六年，为拘捕抢案匪首程三苟、程二饱，杜命差役将厚街村程姓绅耆程爵官等四人传来，"责其交出三苟、二饱及全案控匪，将程爵官等三人交差，释一人回，指定回军要人，否则焚毁村屋，玉石不分"。⑤ 同治九年，杜凤治扣押罗洞绅士罗绍安、邹福

---

① 《日记》，光绪三年十月初七日，《清代稿钞本》第18册，第534页。
② 《日记》，光绪三年十月十七日，《清代稿钞本》第18册，第545页。
③ 《日记》，同治六年十二月廿一日，《清代稿钞本》第10册，第448页。
④ 《日记》，同治九年闰十月初三日，《清代稿钞本》第12册，第540页。
⑤ 《日记》，同治六年七月初四日，《清代稿钞本》第10册，第144页。

昌，要求交出著匪罗启始释放，后由陈应星等担保暂释。① 局绅陈应星报告，荔洞水曾村乡匪徒曾连英、曾子英、曾麻子饼三人是妙村著匪谢仲关凶伙，行劫多次，请求杜凤治密谕该乡绅耆曾友光等设法拿获捆交到案，如敢迟延，即治以庇匪通匪之罪。杜凤治即亲笔朱谕转交陈应星派人送交该处绅耆，限五日内立将曾连英等匪交到。② 不久，曾村绅耆便把曾连英、曾麻子饼解送公局转送县衙。③

杜凤治规定各族各乡"捆送"盗匪的人数达不到数额，即予申饬甚至惩处。对士绅要求保释的疑犯，只要不是"著匪"而士绅又出具书面保结，就予以释放。对士绅"捆送"或"保释"的人，杜凤治一般不甚关心证据是否充分。例如，同治六年永泰铺绅士来保兵勇捕获之两人，"肯交出四匪换此二人去"，杜凤治立即批准。④ 广宁局绅陈应星还向杜凤治建议，士绅"交匪"后，"如匪家父、兄、妻、子前往绅耆家挟诈图赖，除严密访拿外，准绅耆捆送惩办"。⑤ 这就使士绅"交匪"时更无顾忌，即使冤枉，被冤者的家属也很难申诉。

除缉捕外，绅耆平时在本乡本村亦行使维持治安的权力。如同治九年十二月，广宁江屯酬神演戏三日，粮站门口灯笼上的字被人挖去，又发生了会真堂抢案，杜凤治除命令地保、更练查灯笼挖字之人外，"下谕饬差至江屯禁戏，并谕绅耆何不先禁，何以不禀？"又"谕团练顺查会真堂案由"。⑥ 绅耆可以自行决定禁止演戏，如果禁不了也可以禀报知县。抢劫案本应由知县派差役侦缉，但知县会谕令、

① 《日记》，同治九年闰十月初十日，《清代稿钞本》第 12 册，第 551 页。
② 《日记》，同治九年十一月初一日，《清代稿钞本》第 12 册，第 579 页。
③ 《日记》，同治九年十一月十九日，《清代稿钞本》第 12 册，第 602 页。
④ 《日记》，同治六年十月十八日，《清代稿钞本》第 10 册，第 337 页。
⑤ 《日记》，同治九年闰十月初二日，《清代稿钞本》第 12 册，第 539 页。
⑥ 《日记》，同治九年十二月十二日，《清代稿钞本》第 13 册，第 30 页。

授权公局查案。

州县官经常依靠绅耆制止械斗、禁止赌博。光绪元年，罗定太平乡陈、彭二姓为争庙基事将要械斗，杜凤治除签差会营拨勇前往弹压外，"并谕练绅陈宗虞、彭肇庄、梁附周、周荣光等（尚有陈万基、彭松年又参入）调处息事，如滋事端，唯绅等是问"。① 光绪三年，南海梧村、河滘乡因排水水道问题械斗，杜凤治"连日邀集两边各乡村绅耆到公局劝喻立约永远不得械斗"。② 康国器曾与按察使周恒祺言及南海乡间赌博严重的事。周回拜康国器时说："官何能禁赌？官到皆逃，官归仍赌，倘绅士及司、汛文武官不收规自无赌。绅士更着重，一村有一村之绅士，各自严禁自然绝矣。"杜凤治对周恒祺说，禁赌的事"看九江主簿属便知，绅士明立峰办局务最公正，即禁大弛时该处亦无赌，绅民自禁也"。③

在南海这样的大县，知县更是把维护治安的事寄托在士绅身上。再任南海时，杜凤治草拟了一份两千数百字的"密谕各乡村堡绅富衿耆弭盗御盗简便易行一稿"。其中心内容就是号召"各乡村堡绅富衿耆"公举若干人为董事，"遵照本县所定御盗章程会商举行"，以弭盗御盗。④ 杜凤治通过这种办法把部分维护地方治安之责"外包"给了士绅，又通过章程规定了士绅的权责，这是一种很聪明的办法。

（三）士绅与州县司法

如果用今天"诉讼法"的观念去看清朝的审判制度，法律明文

① 《日记》，光绪元年八月廿一日，《清代稿钞本》第 17 册，第 309 页。
② 《日记》，光绪三年六月廿四日，《清代稿钞本》第 18 册，第 382 页。
③ 《日记》，光绪三年六月初九日，《清代稿钞本》第 18 册，第 350 页。
④ 《日记》，光绪三年八月廿八日，《清代稿钞本》第 18 册，第 363 页。该密谕稿本粘附于日记中，今已不存。但《申报》1877 年 11 月 17 日第 3~4 版以《除暴安良告示》为题全文发表了这份密谕。

规定最低层级的审判机关是州县衙门，只有州县官才有听讼的权责。但不少学者早就注意到，清代很多民事纠纷并不由官府审判，而在宗族、保甲、乡约等处得到调解和处置。这些学者对有关问题做了颇为深入的研究，提出了不少独到见解。① 在杜凤治日记里可看到大量民事纠纷案例，涉及田土、钱债、斗殴、婚嫁、家族、坟山之类。按照法律，受理词讼的应该是州县官，很多情况下州县官却交给士绅"理处"，当事人如果直接向衙门提起诉讼，州县官会要求他们先"投局"，直接到州县衙门告状甚至被视同越诉。

杜凤治在收呈日往往会收到二三十张状纸，如果是涉及宗族，通常要求告状者"投族"，由族绅、族老主持调处，或根据族绅的意见处理。如果是其他纠纷或案件，则会谕令局绅或当地绅耆理处。对一般民事纠纷或案件，杜凤治经常下谕"邀公正绅士出来理处"，如同治六年广宁的几个争山案，他就下谕请拔贡龚经贤、生员江汝舟等理处。② 同治九年十一月，杜凤治命当地江姓绅耆理处扶溪江昆聘与江清源争山案，判词称："扶溪绅富耆老最多，生长于斯，必能深悉，着秉公查明详禀，以凭复断。抑或两造绅耆均同一本，念切同宗，绅等为之公平调处了结，则更简捷。"③

民间租佃纠纷是经常发生的事，日记虽记载有租佃案件，但不算多。有实力的士绅地主自可依靠本身力量催租；中小地主遇到欠租，

---

① 这二三十年，笔者读过的著作主要有：郑秦的《清代司法审判制度研究》（湖南教育出版社，1988），梁治平的《清代习惯法：社会与国家》（中国政法大学出版社，1996），吴吉远的《清代地方政府的司法职能研究》（中国社会科学出版社，1998），黄宗智的《民事审判与民间调解：清代的表达与实践》（中国社会科学出版社，1998）、《清代法律、社会与文化：民法的表达与实践》（上海书店出版社，2001）、《法典、习俗与司法实践：清代与民国的比较》（上海书店出版社，2003），等等。

② 《日记》，同治六年六月十三日，《清代稿钞本》第 10 册，第 127 页。

③ 《日记》，同治九年十一月十六日，《清代稿钞本》第 12 册，第 599 页。

若走诉讼一途，催回的田租很可能弥补不了打官司的花费。对租佃纠纷，州县官通常也会交由宗族、公局绅耆处置，或根据绅耆的禀复做出判决。且中小地主与佃户的欠租纠纷，数额一般不会太大，属于"钱债细故"，多数就会在宗族、公局解决，不需要告到州县衙门。

州县官没有足够的人员与资源对各种案件都进行调查取证，而且，即使派出书吏差役，也不能保证他们秉公办事和有能力查清案情，更难预测的是当地士绅对案件的态度，因此最简单的办法就是让士绅调查，依据士绅的意见判决。同治七年，四会乡民邓世信与骆仁凤争田争山，经几次审理，两造反复相争，最后的处置是"判仍遵前断饬差协绅丈量，并令该处廪生罗元华等秉公体察，拨冗悉心确查禀复核夺"。杜凤治把丈量田土的责任交给绅士，差役只是协助，而且明确表示将会依据廪生罗元华的禀复做最后的判决。① 次年，杜凤治在四会审理一宗钱债案，债主提供了欠单做证据，但被告否认欠单是自己所写，杜凤治无法判断真伪，只好"判令延请就近无论四会、广宁有公正绅士本县所素心信者前来证明真假，再行比对笔迹核断"。②

乡民有纠纷会首先"投"士绅要求理处，根据宗族、住地会投不同的士绅，但士绅的理处也会有偏袒。当事者对局绅理处不服，有时也会上告到州县衙门，但州县官在复讯时仍不可能很快弄清案情，最后往往还得再令士绅理处，或根据他们的禀复判决。同治九年，广宁县民欧冠麟与梁觐光争山，绅士理处后不能平息纠纷，于是告到县衙。杜凤治验契后认为梁觐光情虚，"详细判斥令悔过具遵"，同时"谕绅耆冯绍远等（欧经投），李国达、黄卓时等（梁

---

① 《日记》，同治七年十二月十三日，八年二月十四日，《清代稿钞本》第11册，第246、301页。

② 《日记》，同治八年六月十三日，《清代稿钞本》第11册，第443~444页。

经投）两边开导劝谕销案，如梁姓不遵，限二日内禀复候复讯断结"。①

无论按照当时还是今天的法律观念，公局局绅的处理均非法定的审判，只是接受知县的"谕饬"调解纠纷，但公局的处理结果具有一定强制性。各级公局俨然成了调解、审判的一个层级。知县以"谕饬"的方式委托公局调查、调解、处理案件，局绅必须遵照执行，不可推卸。如同治十三年罗定州枫梢寨梁宽杀妻一案，梁姓绅耆、族老无人愿意出头作证。杜凤治便命局绅黄亨衢"作函与该处及附近村庄各绅耆即速出来秉公据实禀明，以便提犯研讯，如再观望不前，请将各绅耆姓名开来，本州按名严传，自取扰累"，黄亨衢立即作函叫各绅按知州所谕公禀。②

士绅实际上获得了民事案件甚至部分刑事案件的调查、调解、仲裁、初审（甚至审结）的"合法"权力，有时，士绅甚至以调解名义处置涉及人命的案件。杜凤治再任广宁前，岗边村因赌债纠纷，打死3人，前任知县曾灼光"急欲了事"，委派局绅陈应星、严凤山调处，岗边村允诺出200元，"尸亲"则要求200两"方肯允息"。杜凤治接任后仍默许士绅继续调处，只是表示："予不管此，唯待你们十日，为日太多恐干上诘，十日外不息，亦只可代曾官报出去矣。"③可见，即使是涉及3条人命的大案，且官、绅、民都知道案情，仍可出钱私和。知县完全委托士绅调处，其间知县、士绅获取好处是完全可能的。

在战乱时期，官府甚至默许局绅处决人犯。在19世纪50年代平定洪兵起义时，顺德县的公局拘捕了"贼匪"一万三四千人，大部

---

① 《日记》，同治九年十一月初十日，《清代稿钞本》第12册，第589页。
② 《日记》，同治十三年八月十八日，《清代稿钞本》第16册，第130页。
③ 《日记》，同治九年闰十月初七日，《清代稿钞本》第12册，第544～545页。

分在县城以及各乡处死。① 在非战乱时期，也有个别绅士敢擅自杀人。如南海县石湾乡的局绅吴景星，就曾决定私刑处死一名嗜赌并殴打母亲的族人。② 公局虽没有依法判决、执行死刑之权，但因为拥有武力，会在抵御、清剿、拘捕盗匪时杀死嫌疑者，地方官对士绅在缉捕盗匪过程中的各种违法甚至滥杀行为采取宽容的态度，已如前述。

杜凤治任南海知县时，监羁关押了不少已有口供，但无事主指证，或者有供又翻的盗案疑犯。总督瑞麟主张对盗犯从严，获取认罪口供即可杀。巡抚张兆栋不以为然，按察使张瀛建议由两首县写信给各县："如有犯供而无报案者，不得以查无报案率复，必须详查实在，令该处公局绅耆禀复方准照办，如逾两月限不查复，即作讳盗论。"③ 因为审讯盗犯必用严刑，有口供即杀肯定会有大量冤案，张瀛的意思是要有公局绅耆的禀复才可以定罪，公局的禀复就成为决定疑犯生死的重要佐证。

从日记看，案情稍重的嫌疑人的保释也要有士绅出面。同治六年十月，郑绍忠带勇在广宁一带清剿，在妙村捉拿到谢亚胡、陈亚进二人。妙村绅士谢廷琮、陈朝显、陈进魁来保，杜凤治"面问二人向安顿否，佥称向不为匪，即交与三绅带去"。④ 次年，四会的一宗抢劫案中捉到榨油之郑亚添，更练指郑是匪，但审讯时郑亚添不承认，该处绅耆一再联名请保。绅耆中有文生员胡必康、武生员何昌彪，杜批令胡、何二人先到学官处验明是否冒名顶替，是否真为生员。确定两人是生员以后，杜即将郑亚添提出，对胡必康说：如果日后同党供出、查实郑亚添有罪，你们就有滥保盗匪的罪名。胡等出具的甘结也

① 《顺德团练总局始末》，广东省文史研究馆、中山大学历史系编《广东洪兵起义史料》中册，广东人民出版社，1996，第 873 页。
② 宣统《南海县志》卷 20，"列传·吴景星"。
③ 《日记》，同治十二年闰六月廿六日，《清代稿钞本》第 15 册，第 62~63 页。
④ 《日记》，同治六年十月二十日，《清代稿钞本》第 10 册，第 345 页。

写明"如滥保甘受罪请办"字样。杜凤治就将郑亚添交给党正谢成德及胡、何两人，在场还有党副赖道忠，具体保领郑亚添的是地保赖道盛。[①] 郑亚添虽有更练指攻，但杜凤治还是相信生员胡必康等人的担保，把郑亚添释放。此案反映了绅士保释良民的一些程序。

在州县，士绅的意见往往是决定盗犯生死的依据。杜凤治再任广宁时，与前任曾灼光（华溪）的幕客李竹泉有一段对话，杜曰："华溪拿到土匪有钉死者，有站死者，有解府者，何以异乎?"竹泉言："钉死、站死者皆局绅意，用以示儆。案经通报，不得不解，故死者三人，解者五犯，为此故也。"[②]"皆局绅意"这几个字很重要。州县官非刑杀人如与士绅意见不同，日后士绅向上禀报或支持受刑者家属上控，州县官就会有麻烦。

同治十三年，杜凤治在罗定知州任上审理拐匪邱木泰、林亚旺两人，严刑之下两人仍不认供。杜凤治乃授意连滩绅耆、两姓族老上禀请求处死两人。绅耆、族老虽希望官府把两人杀掉，但又担心他们万一逃脱死刑被释放回去会报复，不敢递禀留下把柄。杜凤治便让晋康司巡检刘嵩龄（玉峰）转告他们："予之必要绅耆、族老公禀者，亦孟子国人皆曰可杀之意也"，如果怕两人日后报复，就更应该联名禀攻。[③] 此案中的邱、林二人没有口供，绅耆的禀攻就成为定罪的依据。有绅耆的禀攻，上送的盗案疑犯一般很难逃脱被"就地正法"的命运。

就算不能按绅士的意见把禀攻的盗匪正法，也可以用其他办法置其于死地。明之纲曾开列"匪单姓名"请求将尚未认供正法者速办，但杜凤治回复说如果疑犯挺刑不认供，就不可以将其处决，"惟有日

① 《日记》，同治七年六月十一日，《清代稿钞本》第 11 册，第 59 页。
② 《日记》，同治九年闰十月初四日，《清代稿钞本》第 12 册，第 540 页。
③ 《日记》，同治十三年六月廿一日，《清代稿钞本》第 16 册，第 31 页。

日严磨磨死之一法"。① 后来杜凤治查核明之纲所送盗匪名单，发现名单内的盗匪很多已经"病故"。② 盗匪都是年轻力壮者，监禁以后纷纷病死，监禁条件恶劣是一个原因，而其中一部分估计是故意"磨"死的。

（四）士绅与赋税征收

在史学研究者以外的人群心目中，可能会以为清朝官吏主要逼迫农民（庶民）纳粮，但实际上清朝是向田土的业主征粮，而不管业主的身份。虽然很难找到有关清代庶民、士绅分别占有土地比例的史料，但就常理而言，士绅一般会比庶民拥有更多土地，尤其是在广东（捐纳门槛低，有钱的庶民不难捐个虚衔）。清朝对士绅并无钱粮豁免的优待，因此，州县官征粮的对象也包括士绅。在杜凤治笔下，州县官催征对象甚至主要为士绅，而且士绅还经常被责成汇征一族、一村的钱粮。

按清朝法律，揽纳他人税粮属于违法行为，但又规定"其小户畸（残田）零（零丁不足以成一户）米麦，因便凑数（于本里）纳粮人户附纳者，勿论"。③ 清末，广东官府仍认为不可委托士绅征收，因士绅"平时武断乡曲，其行为与书差即无分别，若付以征收之权，势必恣意鱼肉，而挪移侵匿之弊且无所不至"。④ 然而，士绅早就参与了征收，从前文提到过的林谦留下的札记、书信，可知香山里长（士绅充任）早有轮流承担"督催"本图本甲钱粮之责，而粮胥、书总、图差在征收过程中还对里长敲诈勒索。⑤ 片山刚研究清代珠江三角洲图甲制的论文，分析了宗族组织在钱粮征收中的作用，并指出：

---

① 《日记》，光绪三年十月初二日，《清代稿钞本》第 18 册，第 524～525 页。
② 《日记》，光绪三年十月廿一日，《清代稿钞本》第 18 册，第 552 页。
③ 《大清律例》，第 233 页。
④ 广东清理财政局编订《广东财政说明书》，第 59 页。
⑤ 黄彦辑《林谦文选》，《近代史资料》总第 44 号，第 1～19 页。

"换言之，珠江三角洲的图甲制，是以这种同族组织对族人的控制为基础施行的。"① 片山刚并未特别关注士绅，但晚清广东士绅众多，尤其是南海这样的州县，能控制宗族的基本上是族绅而不是庶民族老。

士绅与庶民花户一样，对钱粮征收既有延抗的动机，也不乏延抗的事例。晚清一些地方的抗粮事件，甚至由士绅带头。在杜凤治笔下，各地士绅乐输的罕见，延抗的则不少。如"广宁读书有功名人，往往藉以抗粮"，廪生樊树仪十余年从未交过粮。② 杜凤治为征粮采取的缉拿、羁押、威胁甚至烧屋等手段，也往往以欠钱粮的士绅作为对象。江屯绅士江献图欠粮300余两，年底尚未完纳。杜凤治大怒，派"家人"李福带30名壮勇前往，杜交代说，如不将粮全迄，就把江献图带回，"如无钱并无人，过年不必归县，即在江献图家度岁可也"。③

杜凤治拿押欠户有所选择，如果拿押贫穷欠户，押不胜押，且威慑效果不大；如果拿押有地位、有影响的士绅则有可能惹来麻烦，所以，强制手段的对象主要是下层士绅。广宁生员樊树仪、樊树仁欠粮躲避，杜凤治悬赏提拿："无论绅民、差勇，有能拿得一名交案者，立时赏洋银二十大元，将二名全行拿交者，赏洋银四十大元，人到即付不误。"④ 悬赏数额不低的花红，是为了威胁其他欠户，尤其是欠粮的士绅。再任广宁时，杜凤治的侄儿杜子楷（师侄）与绅士冯寿山商量后对杜凤治说："附城各村各姓钱粮最为紧要，亦最疲玩，年内不严催，出年无有矣。必须将不上不下之欠户严办一二，方共知

① 片山刚：《清代广东省珠江三角洲的图甲制——税粮、户籍、宗族》，刘俊文主编《日本中青年学者论中国史·宋元明清卷》，上海古籍出版社，1995，第565页。
② 《日记》，同治十年正月初七日，《清代稿钞本》第13册，第78页。
③ 《日记》，同治六年十二月廿五日，《清代稿钞本》第10册，第453页。
④ 《日记》，同治六年十月廿六日，《清代稿钞本》第10册，第355页。

畏，可望起色。"① 于是杜凤治"令师侄带家人、书差亲往督催，拿到欠户叶思华、叶亦香二名，一经拿到，粮即清讫，可见家中有钱，有心抗匿，情殊可恶，虽经完纳，仍然提讯交押，治以有钱不完粮之罪"。② 在南海时，杜凤治也谕令粮差："完户疲玩，准锁拿押追。"③ 押追的对象包括士绅。上文提及催征时的革功名、封祠堂、锁木主的做法主要也是对付绅士的。

杜凤治在自己任官的所有州县，都会谕令、逼迫士绅协助征粮。他首次任广宁到任不足一月，传见绅士陈天宠、严凤山等人，"谕以曲水铺新旧银米着落该绅等往催，必须新旧全讫。予捐廉办公非为己私，钱粮上司催解甚急，予以寒士作令，不能为汝等赔垫"。④ 杜凤治有生以来第一次以州县官身份下乡催征，就把钱粮的着落压在刚认识的士绅身上，还说了一番坦率的话，这说明谕令士绅催征是广东州县官的惯常做法。在石狗，杜凤治又谕令局绅严凤山"代为催粮，并令酌保一二公正绅耆各处帮催"。⑤ 到附城一带催征时，杜凤治在各村先后召见杨、陈、林、周、冯等姓士绅，对秀才杨宝珊、杨作骧说"予今将大雾寨一村银米均交二公身上"，限 10 天完纳；廪生周宜绳等 4 人担保"合族完纳不迟"。⑥

杜凤治着重要求族绅、局绅、大绅协助催征。南海九江著名大绅明之纲深受杜凤治敬重，杜"时与通信，托伊帮催钱粮"。⑦ 杜凤治也曾亲自写信给佛山大绅梁植荣、李应材，托其协助催征。梁、李复

---

① 《日记》，同治九年闰十月初四日，《清代稿钞本》第 12 册，第 541 页。
② 《日记》，同治九年十一月廿五日，《清代稿钞本》第 12 册，第 611 页。
③ 《日记》，同治十年十一月初八日，《清代稿钞本》第 13 册，第 475 页。
④ 《日记》，同治五年十一月廿二日，《清代稿钞本》第 10 册，第 99 页。
⑤ 《日记》，同治六年七月十七日，《清代稿钞本》第 10 册，第 167～168 页。
⑥ 《日记》，同治六年十月十一日，《清代稿钞本》第 10 册，第 312 页。
⑦ 《日记》，同治十二年四月廿二日，《清代稿钞本》第 14 册，第 540～541 页。

信说明两家全讫外，会向各亲友致意促其完粮。① 南海"银米大半出于大家，往往宗祠中公业为多"，② 收粮更要依靠士绅，特别是掌管尝产的族绅。

士绅协助催征是不可推卸的，不管本人是否欠粮，往往被责成催完合族、全村之粮，否则就会被惩罚。如广宁永泰卢姓欠粮者多，杜凤治就将卢姓一族之粮责成卢姓族绅兼永泰公局局绅、监生卢庆韶三日内全清，另一位局绅岑鹏飞为卢庆韶做担保。卢庆韶未必能清楚本族各花户欠粮情况，只能依据书、差所说去催，也并没有强制全族清缴的本事，他禀报"本家人多，粮亦零星，人心非一，不肯听从"应是实情。杜凤治就决定亲自带人再到永泰催征，烧欠抗者之屋，要求卢庆韶在场指引。但杜再到永泰时卢庆韶、岑鹏飞均躲避，只有局绅岑鹏翀（监生）、岑钟奇（州同衔）来迎接。杜凤治大为生气，就命将岑鹏翀、岑钟奇羁押，要等卢庆韶与岑鹏飞出来、"粮有起色"时才将二岑释放。③ 卢庆韶被责成催全族之粮，并被要求引领烧抗粮族人之屋；岑鹏飞因担保卢庆韶被追责，岑鹏翀、岑钟奇不欠粮，又非卢姓，只是因为也是局绅，且为岑鹏飞族人，也被无辜羁押。从此事可见催粮时对士绅责成之泛、株连之广。

在罗定时，杜凤治为催征陈姓粮召见陈姓绅士陈彝德、陈彝教，对他们说了一番话，大意是"陈姓人多，官安能人人与言"，只能向有功名之人要粮，我是给你们面子，换了别的厉害州官，把你们收押，到时你们仍不得不清讫。④ 一个多月后杜凤治再见到陈彝教，陈解释说欠粮多的陈永春户"系五服外之本家"。杜凤治对他说："我

---

① 《日记》，同治十三年三月十五日，《清代稿钞本》第15册，第391页。
② 《日记》，光绪三年十月十九日，《清代稿钞本》第18册，第548页。
③ 《日记》，同治六年十月廿七日、廿九日、三十日，《清代稿钞本》第10册，第356、359~360、362页。
④ 《日记》，光绪元年十月廿八日，《清代稿钞本》第17册，第428页。

亦不管，既非你兄弟，你将此户的丁交出，我自押追他。"① 在替白村，因陈悦来户旧欠甚多，就要人转谕例贡生陈鼎晋等完缴，陈回复说不是自己欠，是族中贫户所欠，杜凤治就说："予安知伊贫户姓名？"陈鼎晋等人既不肯管，就发朱单拘传。无法逐一同花户打交道，所以就要责成族内有功名之人清缴，士绅收不到或不愿意承担就予以惩罚，这是州县官的逻辑，且不容分说。

在催征中，士绅为何在多数情况下仍与州县官合作？杜凤治在潮阳催征时曾召集南阳郭姓绅耆训饬，说道："读书人岂不知古什一之制乎？则是夏商周以来亦有完粮之事，历朝以来谁敢不遵？尔等人非化外，所耕皆国家之土，所居皆国家之屋，而竟以抗官为故常，抗官即抗皇上也，是情同叛逆也。"② 这些大道理士绅不能不认同。而不合作的士绅真的会受到惩处，仅在首任罗定时，杜凤治就以抗粮的罪名详革三名文生员、两名武生员。③ 而且，还有上文所写的种种逼迫手段。相对于缉捕、司法，征收是官、绅更容易产生矛盾的领域。

士绅协助州县官征粮，是否也有回报？应该说还是有的。例如，杜凤治对催征、缉捕事务上合作的士绅都会更给面子，在讼事上更相信他们的意见，他们出面保释疑犯时会爽快应允，在县试出图排名时适当照顾他们的子侄，等等。因为包括征粮在内的几项重要公务需要获得士绅的合作，州县官对士绅在乡村地区的权势就必须予以支持，甚至在一定程度上默许某些强势士绅武断乡曲。在催征这一具体事项中，士绅承担了责任，也有可能因此获得快意恩仇、优亲厚友的特权，甚至趁机索贿；有些有办法的士绅还会利用汇纳钱粮的机会牟利。

---

① 《日记》，光绪元年十二月十七日，《清代稿钞本》第 17 册，第 494～495 页。
② 《日记》，同治八年十二月初四日，《清代稿钞本》第 12 册，第 87 页。
③ 日记中的散页，光绪二年三月初二日，《清代稿钞本》未影印。

（五）官、绅在地方事务上的合作

各州县都有很多地方事务，如积谷备荒、兴修水利、赈济、祭祀、修桥补路等，既无常设经费，更无专管官吏，基本上靠州县官与地方士绅合作同办。杜凤治是个有心的地方官，日记记下了不少他与当地绅士同办地方事务的事例。

积谷防饥是各州县官都要同绅士合办的要事。广东不少州县的义仓在咸丰、同治年间或毁于战乱，或不再储谷徒有虚名。杜凤治任广宁、四会时都与绅士商议过恢复义仓的事。广宁的义仓由举人陈应星主持，因陈是个能人，尽管其间弊端甚多，陈本人私入不少，但"伊在文昌宫西立仓务局已三年余，闻收款不少，谷亦买得不少"，[①]在杜凤治任上算是把义仓积谷的事办成了。杜凤治与四会的绅士议论义仓之事，日久无成，他决意趁同治七年丰收谷贱时把此事办成，于是就指定四会富绅户部员外郎吴寿昌为义仓首董，并请吴"保荐公正能办事劝捐之绅士四五人"，杜凤治"按名往拜，或设席延请"，要求这几位绅士带头各捐出一二十两银作为义仓设局开办的经费，然后再"按田亩公派"。[②]办义仓是州县官必须办的一项地方事务，上司会下公文、派委员催促、检查，此事本与四会绅士切身利益有关，但最终还是靠杜凤治提倡，软硬兼施才得以推进。

在罗定知州任上，因公务相对简单，日记所记同绅士合办地方事务的例子最多。有一次，杜凤治从罗平到太平，半途遇雨，道路即难以通行。杜凤治认为修理道路"便利行人固有司之责，亦近村堡绅富所宜为也"，"见各绅时以此谕之，谓其有钱打官司吝钱整顿道路，兹辈亦以为是，无言可对，唯唯而已"。[③]铺修道路本非难事，经知

---

① 《日记》，同治九年闰十月初二日，《清代稿钞本》第 12 册，第 538～539 页。
② 《日记》，同治七年七月十四日，《清代稿钞本》第 11 册，第 86～87 页。
③ 《日记》，光绪元年十月初三日，《清代稿钞本》第 17 册，第 378 页。

州这番指责，当地绅富应该会有所动作。而更大的工程，就必须地方官同绅士共同筹款兴办了。罗定州城东门外石桥头的板桥，"自嘉庆年间倾圮未复"，前任知州黄光周从绅民请，签捐兴工，工未及半，经费告匮，于是停工。杜凤治接任后想继续将桥修好，修桥费用尚欠二千两银，杜凤治便率先捐款，再在公款项下拨数百千文，还把多项罚款指定用于桥工，但仍不够，"又于各绅富家酌量劝谕"，终于使修桥工程再次启动。"一切鸠工庀材等事，仍责成安良局绅士前署龙门县教谕梁以文、候选训导黄亨衢等经理收支数目，职员黄乔炘督工，每月列折开报"。① 对罗定这个穷州来说，数千两不是一笔小数目。两任知州都提倡并带头捐助，设法解决了经费，并指定局绅经管其事。官督绅办是类似工程的一般模式。

杜凤治见到罗定男孩甚多女孩很少，得知系溺死女婴恶俗所致，但要设立育婴堂收养女婴则经费不足，为此，他想出了一个资助生育女婴家庭的办法，设立助育女婴公局，"令局绅黄亨衢、王寓宸、陈殿镛、黄曒林、黄燎炘、谭璧章总理其事，并请王寓宸、陈殿镛、黄乔炘专司其事，会同黄燎炘公定章程，并嘱立一捐簿"，"以便送与同城文武各官、绅士及南门外如当押暨茶桂行各从丰捐助"。杜凤治自己先捐200元，并将罚陈姓款200两拨入，又在章程上写上"每年则任此州者捐银一百元"，"各官绅商民亦照此每年捐银若干两"。对助育女婴公局的管事人的责任、酬劳等也做了规定。② 杜凤治卸任罗定前向上司禀报具体办法是："贫民生女实在无力抚养者，由婴长赴局报知，初生时给钱一千五百文，弥月时再给一千五百文，此后每月给钱三百文，周岁截止，或给人或自养，由本父母自便。如生女不

---

① 日记中的散页，光绪二年三月初二日，《清代稿钞本》未影印。
② 《日记》，光绪元年十一月初七日，《清代稿钞本》第17册，第440页。

报，仍然溺弃，责成邻族查检，按照故杀子孙律治罪。卑职抵任已将两年，以无闲款可筹，迁延日久，至去冬始有成议，新正开办。"①

顺治年间，罗定州州同金芳在南明抗清军队攻破罗定州时"殉难"。杜凤治莅任后知道金芳虽有本州绅民建立的祠庙，但一直没有得到清廷的正式表彰，认为应该由当地绅士"查明据实禀请春秋祠祀并请赠爵予谥"。光绪元年六月，杜凤治请局绅黄亨衢等六人来讨论此事。黄亨衢等说已禀请两次，但"均被大宪衙门斥驳，书吏索费未曾给与之故"。杜凤治决心同绅士合作办成金芳立祠予谥之事，示意绅士再次上禀，自己在过年期间上省城再向督、抚、藩、臬等高官面禀此事。接着，他又同六位局绅讨论罗定送生员赴省城乡试宾兴酒宴之事，认为来赴宴的只有州城一带少数生员，不如把酒宴停办，把该项费用"添上一二十两为阖州诸生备买试卷"。局绅对这两件事都感到高兴。② 支持绅士禀请为金芳"立祠予谥"可以提高本州士绅的荣誉感和认同；为应试生员支付乡试买卷费，全州生员都沾惠，而且知州派人统一代买，应试生员也可少受苛索。做这两件事出力、花费无多，但对密切官绅关系则很有帮助。

在南海任上杜凤治也与绅士合作做了一些事。位于南海、顺德境内的桑园围，是西江、北江下游干流著名堤围，维护数十万亩良田。清代珠江三角洲面积迅速扩大，沿海沙田不断围垦，江水出海不畅，西江、北江遇上洪水，桑园围堤段就会出现险情，平时也要不时进行维修。光绪三年春夏北江大水，部分堤坝被冲垮。是年秋，九江局绅明之纲等绅士提倡趁冬晴水涸之际对桑园围进行一次规模较大的修葺。桑园围本有巨额公款，但叶名琛督粤时已将该项公款挪用。布政

---

① 日记中的散页，光绪二年三月初二日，《清代稿钞本》未影印。
② 《日记》，光绪元年六月十二日，《清代稿钞本》第17册，第170页。

使、广州知府认为全部归还堤围公款做不到，不过，可以把公款利息用于修堤。虽然大体上定了原则，但由何人牵头、何人具体负责、如何领款、如何施工，还需要官绅商量决定。明之纲应杜凤治邀请专程来到省城，送给杜凤治《桑园围总记》一部八本。两人计算修堤可以动用的利息有万余两银，但要修葺得坚固一点就要两万两以上，不足之数"于围内各乡村按田亩照向定章程，民视官发银数二成科派抽捐"。杜凤治将两人商议的结果禀报布政使，打算把自己到佛山查办私开闸姓店户的罚金万两用于补助桑园围的修葺，布政使表示同意。① 十月间，明之纲等绅士趁赴省参加知府召集的清乡会议之便，也呈上维修桑园围的红禀（正式的申请）。② 到十一月下旬，桑园围修葺开工。杜凤治为明之纲代领藩库发出的工程款项，又催促闸姓罚款尽快拨交修桑园围用。③ 因为十一月廿七日后日记停记三年多，所以后续情况未知，但经费既已落实，并已开工，此后的修葺应可继续。方志称"桑园围每领岁修官帑，之纲大都率先为倡"，④ 这次也是如此。知县杜凤治与局绅明之纲关系本好，两人的合作是这次桑园围修葺工程得以顺利开展的重要原因。

　　在南海任上杜凤治同绅士合作办成的另一件大事是清理佛山河道。流经佛山城区的汾江是运输要道，但隔一段时间就须疏浚，筹款施工难度颇大，加上城区商铺、住户往往在河道上搭建，拆除阻水建筑也会遇到阻力。佛山虽有文武四衙，佛山同知品级比南海知县还高，但因为南海知县是正印官，所以杜凤治出面要比佛山同知出面更有效。杜凤治首任南海时清河已开始，前后"时经六七年，款用十

①　《日记》，光绪三年十月初二日，《清代稿钞本》第 18 册，第 524～525 页。
②　《日记》，光绪三年十月十七日，《清代稿钞本》第 18 册，第 545 页。
③　《日记》，光绪三年十一月廿三日，《清代稿钞本》第 18 册，第 607 页。
④　宣统《南海县志》卷 14，"人物"。

余万"。佛山绅士由梁植荣（春圃）、李应材（仲培）等组织清河公局，得到地方官的支持。杜凤治曾应清河公局局绅的请求亲临佛山，根据方志、石碑责令占河店铺拆卸让出河道，并要求各行商人捐银作为疏浚经费，不捐即不准在佛山营业，对态度强硬者甚至予以拘押。①杜凤治明知梁、李"太不避嫌怨，径遂直行，似乎倚官作势，以至怨声载道"，但仍出面为之勒捐、罚款。杜凤治在清河事将竣时不无自豪地在日记中写道："大工冬月可竣，只我一人为彼作了多少人不能为之事，方有今日。"②在大城镇清河涉及的利益很复杂，仅靠官力也做不成，必须有梁、李这种有地位又勇于任事、不避嫌怨的绅士同杜凤治这种比较强势的地方官合作才可推进。

三　州县官与士绅的矛盾冲突

（一）士绅对地方利益的争夺

在维护清朝统治秩序这个问题上，官、绅基本上是一致的，官需要绅弥补官力之不足，就必须让士绅分享官员某些合法和非法的利益。士绅在乡村社会行使权力很自然会首先考虑本身的利益，公局局绅的行为有时也会超出州县官授权和允许的范围而侵蚀官权，甚至会对抗官府。在士绅力量特别强大的州县，官绅之间就经常发生矛盾和摩擦。例如，道光三十年，东莞县防御公局局绅、举人何鲲被官府指责"武断乡曲，假公济私"，另一个局绅张金銮竟下令鞭打奉知县之命下乡催粮的粮差。知县饬令拘捕张金銮等局绅，但未能拿获。③东

① 《日记》，同治十二年七月十五日、十六日，《清代稿钞本》第15册，第95~96页。
② 《日记》，光绪三年九月廿八日，《清代稿钞本》第18册，第519~520页。
③ 刘志伟、陈玉环主编《叶名琛档案：清代两广总督衙门残牍》第2册，第437~438页。

莞士绅由于具有经济实力和武力，所以敢于维护自己在地方上的利益，甚至挑战知县的征收、司法权力。

一些弱势或糊涂的州县官有时会被士绅欺骗和利用。继杜凤治任广宁知县的是饶继惠，局绅陈应星请求饶将地丁、屯米减少，保证所有新旧银米全完，且于饶母生日时送匾、伞、牌等物，外送银三千两。饶继惠得到好处，便应允减收地丁、屯米，谁知陈应星并未兑现承诺，饶任上钱粮只收到六成，亏累过万。杜凤治认为他上了陈应星的大当。①

在四会，一些富绅组织了一个专门收买田亩的合发堂，"自红匪乱后田多出售，价甚便宜，故数姓有钱者公立此堂收买田亩，其垄断图利、鱼肉乡里、贪贱噬贫不问可知"。合发堂对官府的赋税征收显然有害，又会导致纠纷和诉讼，故杜凤治以"此等设局渔利，大干厉禁"，"饬捕厅查明封禁"。②

绅士各自设法维护、扩大自身利益，有时他们之间也会产生矛盾。四会县党正、武生谢瑶琮、谢瑶芳等设立租佃顶手，大致办法是业主如果把田收回另佃，"必要业主及新佃人每亩出顶手银一两几钱，以半与旧佃，半充公修庙"。四会大绅黄翰华、吴寿昌等40余人"指控谢瑶琮历来霸道武断，一乡听其指挥"，租佃顶手银"其实皆谢武生等入囊肥己"。前任四会知县雷树镛曾出示禁止谢瑶琮收受顶手，但业主、佃户因畏惧谢瑶琮等，依然私相授受。③ 下层绅士谢瑶琮等设立顶手，限制业主随意退佃，目的大概是要争取一般佃农的支持，在乡镇建立自己的权威和秩序，也为自己谋利。谢瑶琮等人只是武生，如何令"一乡听其指挥"？很可能有其他办法和手段。但他

---

① 《日记》，同治八年十月初十日，《清代稿钞本》第12册，第20页。
② 《日记》，同治七年七月二十日，《清代稿钞本》第11册，第92页。
③ 《日记》，同治七年七月廿一日，《清代稿钞本》第11册，第95页。

们既然挑战大绅、富绅对地方的控制，大绅、富绅不会容忍，于是齐出指讦，借助官力打压谢瑶琮等人。知州当然首先要依靠黄翰华、吴寿昌等大绅，且谢瑶琮等擅自向绅民勒收钱银也违反王法，杜凤治便态度鲜明地站在黄翰华等大绅一方，把谢瑶琮、谢瑶芳拘押，逼迫两人具结承认收受顶手之罪，承诺日后不会再收。[①] 谢瑶琮等人敢武断乡曲，设立顶手，与其为官府认可的党正身份当有一定关系。

有些绅士利用官府的支持成了横霸一方的"劣绅"，在杜凤治笔下，族绅、局绅中"劣绅"不在少数。罗定州生员林华春残杀三命一案，是劣绅利用管理族事、乡事之机武断乡曲、营私牟利引发大案的极端案例。案情大致如下：同治十二年，林光才、林亚北父子等被控诱拐转卖林黄氏、林廖氏之媳，此案投明林姓族绅生员林华春。林华春先将林亚北捉回关禁，解至州城投明安良公局，拟将林亚北送官，此时林亚北亦未认是拐带。因林亚北是否拐带案情不能确定，故林姓一些族人与局绅劝令暂不将林亚北送官，如被拐带者当面指证林亚北，即令林亚北赔钱 160 千文；如系林廖氏等误指，亦要出钱 40 千文与林亚北做利市。但林华春知道林光才、林亚北父子稍有产业，一开始就想借此事罚林亚北 160 千文。在族人、局绅议定后，林华春要求林亚北另立限约，如到九月初仍找不到被拐带者，林亚北也要赔钱 160 千文。到九月初，林华春以林亚北人、钱均不交，纠率族众林绍安、林光扬、林绍荣等将林亚北捆回村，要他以房屋地段做抵，并书写契约。林亚北之父林光才不肯听从，引发冲突，林绍安用条凳将林光才头颅打破，林光才旋即身死。林华春、林光扬等恐林亚北母子报官，事后又前往林亚北家抢夺林光才尸身，在纷乱中林绍荣点放火枪，误把林光扬打死。林华春见已死两命，就一不做二不休把林亚北

---

① 《日记》，同治七年八月初八日，《清代稿钞本》第 11 册，第 121 页。

捉去推入河中淹死，然后把打死林光扬之责推到林亚北头上。杜凤治认为林亚北被控诱拐，"即使情真事确，其罪不至于死，只为林华春鱼肉视之，以为有利可渔，恃强把持，其意无非为一百六十千文之钱，而亦不自料事之溃败决裂一至于是也"。① 诱拐出卖人口这类案件，州县官通常都会允许甚至责成族绅、局绅理处，本来林姓族人、局绅已做出相对合理的处置。但林姓"劣绅"林华春为勒索林光才父子，不顾族人、局绅所议定条款，闹出三命大案，此时地方官也无法包庇隐瞒。闹出三条人命是事出意外，否则，林华春这样的绅士肯定仍可继续管理族内、乡内事务，绅士勒索族人一百几十千文，官府一般都不会当作一回事。

绅士利用管理地方事务之机舞弊牟利的事经常出现，引发士绅之间的纠纷。光绪元年，罗定州生员张焱等30余人禀控陈景言总理凤山义学公款有侵吞情弊，但"陈景言等堂呈簿籍，高有尺余"，杜凤治委派学官并谕饬安良局局绅梁以文、黄亨衢等和书院值事彭肇庄等"齐集公所，限五日秉公详悉算楚"再处置。经查，账目、借据等均有疑点，不无挪用、侵蚀之弊。陈景言年老不管事，均系其子陈裕基、伙伴陈存仁经手。杜凤治本拟将陈裕基、陈存仁押追，但陈景言谓"陈裕基、陈存仁押候，恐义学经理帐目无人"，杜凤治只好准许局绅黄亨衢具结保释了二人。② 此案涉及的凤山义学公项达八九千串钱，在罗定这个穷州算是一宗巨款。陈景言父子弊端显然，估计杜凤治也难以搞明白，最终仍只好让陈裕基、陈存仁保释以便其继续管理账目。

有时，州县官明知管事的绅士舞弊牟利，但出于种种考虑仍不得

① 《日记》，光绪元年三月廿八日，《清代稿钞本》第 17 册，第 20 ~ 23 页。
② 《日记》，光绪元年五月十一日、六月初三日，《清代稿钞本》第 17 册，第 97 ~ 98、146 ~ 147 页。

不继续予以笼络、支持。杜凤治初任广宁时的对头举人陈应星，借管理义仓等事务营私，获利不少。但杜凤治知道陈应星有能力，愿意出头任事，再任广宁时杜凤治特地予以优容，在陈应星首次来见时就给好脸色，邀请其同去各乡劝谕绅耆交匪，陈应星大喜过望，表现得十分主动，对如何对待各乡绅耆等提出种种建议，并承诺回去后即开上绅耆、盗匪名单。杜凤治在日记中评论说："伊之出力乐于从事者亦有所图，盖欲仓务将毕本可保奖，因而竭力办匪希图开复（按：陈的功名因闹考事被暂革），既闻曾（按：指前一任知县曾灼光）去予来，心颇索然，乃予纯用笼络，乐得用之，于公事不无裨益而彼亦从此可望复故也。然以今日观之，真能人坏人也！"① 陈应星这种既是能人又是坏人的绅士，是州县官办事时可依靠的对象。

在朝廷、官府控制力度薄弱的地区，遵守王法的正途士绅（尤其是文贡举、生员）往往在乡村地区缺乏实力，一些"恶绅""劣绅"成为地方权势人物，官府甚至不得不利用"劣绅""恶绅"完成催征等事项。杜凤治在潮阳催征日记中多处提及的潮阳柳岗乡的陈同（陈开华）就是如此。杜凤治在潮阳时，有一吴姓廪生对他说，在柳岗，"即使读书入学，倘非强房，又不富厚，一乡之人不服约束，出言人亦不听"，官府责成也不管用。杜凤治虽然知道柳岗有正绅恩贡生陈炳坤，但又知道他"屈于陈同等强房，乡中不能一言，言亦无益"，于是"将一切责成陈同、陈朝辅、陈廷诰、陈来远、陈忠爱诸强而且富之诸不逞徒也"。② 既然拥有正途功名的绅士不能建立权威，杜凤治只好利用官吏、兵勇的压力，将"完粮、交匪"的事责成"强而且富之诸不逞徒"。陈同等人虽非正途，也有捐纳职衔，仍属

---

① 《日记》，同治九年闰十月初二日，《清代稿钞本》第12册，第538～539页。
② 《日记》，同治九年六月初十日，《清代稿钞本》第12册，第290～291页。

于士绅范畴，但他们此前同官府基本不合作，使其势力所及之乡村"俨然化外"。杜凤治迫使他们完成官府交办的事务，是希望把部分地方豪强转化为官府治理基层社会的助力。

（二）士绅与州县官的较量

在州县官与士绅关系中，多数情况下州县官是主导和强势的一方，古时有所谓"破家县令"之说，如果州县官对付个别的绅士，特别是下层绅士，那自然处于非常强势的地位。但如果一方士绅集体反抗，那么，即使是像广宁县那样没有多少高级士绅的县，也可以把能干的州县官如杜凤治弄得相当狼狈。

州县官在很多公务和地方事务上需要同绅士合作，但责成士绅交匪、交粮、协助催征等，难免会损害士绅利益。例如，催收钱粮、责交族匪时往往会采用封祠堂、锁神主等手段，首先受到压力和屈辱的是族绅。士绅甚至会被威胁、叱骂、拘押、责打，乃至烧毁房屋。州县官一旦重责了士绅，特别是士绅在羁押期间自杀、死亡，就有可能发生严重的官绅对抗。

所以，在一般情况下州县官在羁押、责罚士绅时都会比较小心，刑责一个人之前都会查清楚其是否有功名、职衔，羁押士绅一般会押在条件较好的县衙，或者发交学官管押。如果误打了正途出身的士绅，有时会引致撤职。署理新会知县方观海，办事操切，"又为戒尺打一贡生，上控遂被撤"。① 在四会任上，杜凤治审理一宗坟山纠纷案时生员严嗣寅"哓哓执讼，上堂出语倔强，形神傲慢，小施申饬，断断争论不服判"。杜一怒之下命将其押捕回衙，严表示毫不在乎，杜凤治气头上喝令差役掌责，差役却不敢动手。此时杜凤治已冷静下来了，立即派人请来正、副学官，声称要对严嗣寅予以板责，两学官

---

① 《日记》，同治七年二月十九日，《清代稿钞本》第 10 册，第 503 页。

配合也很默契，为严求情。杜凤治就顺水推舟让学官把严嗣寅带回管教。第二天，两学官回报"严嗣寅悔罪悟非、惧威知畏，情甘纳礼赔罪，已带来署"。但杜凤治不在县衙处置，命把严嗣寅带回学宫明伦堂，会同正副学官对严嗣寅申饬、掌责，严嗣寅叩头悔罪求免，又经两学官恳说，将其暂时释放。① 杜凤治经历过广宁官绅冲突的教训，所以这次没有任性而为，处置得比较巧妙。他让学官参与惩罚、教训严嗣寅，且不在县衙而在学宫明伦堂对严嗣寅掌责，既打压了"目无官长"生员的气焰，又让士绅找不到鼓众闹事的借口。

在官绅矛盾发展到一定程度时，士绅会以各种方式同州县官较量。

最常见的是采取不合作的态度。一个州县的士绅数以百计，但如果州县官同最有影响力的绅士不合，就有可能引发相当部分的士绅对州县官不满而不合作，这样，州县官要完成缉捕、催征等公务就会比较困难。

极少数特别胆大妄为的士绅甚至会对州县官采取违法行动来报复。恩平知县柳应乔（子谦）有"既贪且酷"的名声，催粮严酷，曾扣押廪生，是绅民都痛恨的官员。其"因案撤任，行时距城仅四十里之地，有盗匪千余人下船囊箧搜刮，抢掠一空，女眷皆赴水中，幸水浅不致淹死"。后查明"乃该处巨绅冯廷华以强奸人妻案，子谦不与脸面核实办理，冯恨切骨，故嗾无赖于其行时辱之"。② 这是一个"劣绅""恶绅"以非法行为报复州县官的极端案例。

日记又记：同治十二年，遂溪知县白朴"为押死一贡生，偶然

---

① 《日记》，同治七年八月初六日、初八日，《清代稿钞本》第 11 册，第 117、120 ~ 121 页。

② 《日记》，同治九年四月十九日、五月廿九日、七月廿三日、九月廿三日，《清代稿钞本》第 12 册，第 233 ~ 234、281、338、462 ~ 463 页。

到乡，为贡生乡人所辱，不但辱殴，且将其须捋尽，不但拔须，且令妇女褫裤溺入其口。传闻或甚。如若所言，不堪极矣"。① 白朴的日记记：当年九月十七日踏勘抢劫现场，验尸毕，"仍回北坡，忽庞姓村拥出男女百余人，拦途截殴，将予掳去，弁兵、丁役均被隔绝，掳予至沟尾村关禁"，次日方放出，在此过程中白朴手指受伤。② 接任的遂溪知县徐赓陛在《复陈前任白令因案被殴情形禀》中所述案情大致如下：捐纳千总庞启清因买牛未税，书吏叶高攀将其牛拉走议罚，庞启清率众往夺，与叶方争殴，白朴审理此案，断令庞启清罚钱四千作为叶方养伤之资。庞启清不遵，在羁押于土地祠时"忽患痰迷之症"，保释回家后不久身死。庞的儿女姻亲生员李梦松率庞姓数十人到与叶高攀同姓不同宗的叶世豪等家肆行抢掠并伤人。白朴到被抢之家勘验后回署，中途被李梦松之父廪生李三元纠集百余人拥入该村肆行凌辱，并殴伤白之"家人"。③ 对照三种资料，可知杜凤治所记事出有因，但细节未必准确。在当时的乡村，如果没有李三元父子等有一定影响力的士绅鼓动，一般庶民不会有胆量掳禁殴辱县官。白朴如果平日处理好与士绅的关系，即使有事，也不至于如此狼狈。

以暴力对待州县官毕竟是个别例外，而且事后肯定会被追究。在正常情况下，士绅会以合乎王法或稍为偏离王法的方式同州县官较量。一个州县通常会有在京、在外省担任较高官职者，他们同本籍士绅必有联系，在籍的中高级士绅，也有可能对州县官的上司进言以影响州县官的声誉乃至任免。

赓飏曾任顺德知县，他说过："顺德甲科最多，官中外者亦多，

---

① 《日记》，同治十二年十月初一日，《清代稿钞本》第15册，第178页。
② 白朴：《筱云日记》第6册，同治十二年九月十七日至十九日，中国社会科学院近代史研究所藏。
③ 徐赓陛：《不自慊斋漫存》卷2，沈云龙主编《近代中国史料丛刊》正编第78辑，第135~140页。

绅士强大，与绅不睦，真能使你不敢去。"① 他因为催粮严酷，得罪了顺德县士绅，特别是得罪了龙姓士绅。在籍太常寺卿龙元僖便致函省中各高官批评赓飏，"谓其能催粮、能杀人，可惜顺德小县，大才小用"，赓飏于是被撤任。② 另一位顺德在籍大绅尚书罗惇衍（椒生）更是对广东官员进退可以起重大影响的人物。杜凤治同广宁绅士发生矛盾后，署理按察使蒋超伯说：如果广东省的官员把广宁的举人办得太严，但未奏革，他们仍可上京会试，如果举人们制造流言蜚语，一旦罗惇衍相信了他们的话，"由内雷厉风行，大声疾呼，如泰山压下"，不仅杜凤治经受不起，道台、知府也要受牵连。③ 署理两江总督何璟的父亲，因儿子的地位也成为很有影响力的大绅。香山知县田明曜（星五）没有按何老封翁的意思办事，又得罪了香山其他绅士，官职几乎不保。④

南海知县张琼是杜凤治的后任，因西樵大岗墟有积匪，张会同委员吴廷杰、吴其鉴前往传十三乡绅耆交匪，其中十二乡绅耆称所有著匪及赌匪俱在大岗墟，若要办匪，必须于墟场建一社学为十三乡公局，每乡公举一人，绅耆坐局。张琼先捐银500两为开办费，其余由大小村派捐，又查封大岗墟番摊赌馆20余家。大岗墟附近有潘姓大族（杜凤治称是光禄寺少卿潘斯濂家族）庇赌收规。次日，十二乡绅耆又见张，称潘姓不愿建社学，官回省后必背约。张即托二吴在墟监督，并借住潘姓宗祠，但二吴入祠后行李被打烂，轿亦被石头掷毁。张与二吴回省城拟向上司面禀，谁知潘绅先驶快船到省城于各高官面前捏诉反诬张琼，于是张被撤任，布政使挂牌另委人署理南海知

① 《日记》，同治七年闰四月廿一日，《清代稿钞本》第 11 册，第 21 页。
② 《日记》，同治八年三月廿五日，《清代稿钞本》第 11 册，第 340 页。
③ 《日记》，同治七年二月十九日，《清代稿钞本》第 10 册，第 501～502 页。
④ 《日记》，同治十一年六月廿五日，《清代稿钞本》第 14 册，第 166 页。

县。①《申报》对此案有颇为详细的报道，也认为张琮因禁赌得罪大绅而被罢免，由是慨叹"为政不难，不得罪于巨室，信哉斯言!"②不排除此案背后是不同宗族的士绅争夺地方权益，张琮站在大绅潘姓对头的一面，终被潘姓大绅控告而撤任。

上控也是绅士对抗州县官的常见办法。同治十一年，新会举人赵蓬航在羁押期间自尽，其家人京控，奉上谕交广东督、抚、臬审讯。赵蓬航家属控告称并非自杀，系被人毒死，又控县衙账房李某纳贿，李闻风逃走，知县张经赞不得不承担责任被撤。③ 在当时，死一个被押者是平常事，但死的是举人，于是知县就惹上了大麻烦。同治十二年，广宁知县江琛到石狗征粮，以文通书院作为行馆，与同在书院内教读的高要举人谢某发生争论，江琛一时官威大发，掌责了谢举人五下。谢连夜回高要，先邀集众举人在道、府上控，又再向藩、臬、督、抚控告。官员们虽对谢举人颇有看法，但江琛掌责举人违反功令，一下处于狼狈地位。④ 后来江琛在大计时被列入浮躁，仕途基本上就到了头，杜凤治评论说："日后必民强官弱，地方官愈难做矣。"⑤

张贴、散发匿名长红、揭帖是绅民同州县官较量的一种手段，执笔者多为下层士绅。各级上司一般不会根据匿名长红、揭帖就处置该州县官，因为怕"助长刁风"，但也会对这个官员产生负面看法，至少认为他未能和协绅民。

士绅与州县官较量的另一个重要手段就是利用州县试的机会发动罢考、闹考。咸丰元年（1851），东莞发生的"长红罢考案"（也称

① 《日记》，光绪元年二月十三日，《清代稿钞本》第 16 册，第 481 页。
② 《西樵实略》，《申报》1875 年 4 月 28 日，第 3 版。
③ 《日记》，同治十一年九月廿四日，《清代稿钞本》第 14 册，第 304 页。
④ 《日记》，同治十二年七月初十日，《清代稿钞本》第 15 册，第 89 页。
⑤ 《日记》，同治十三年十二月廿四日，《清代稿钞本》第 16 册，第 417~418 页。

"红条罢考案")不仅震动全省,而且也惊动了朝廷。东莞知县催粮严急,生员黎子骅因被控"欠粮"遭拘禁,在县衙号房自刎伤重身亡。东莞士绅就联名呈文控诉知县贪污,并匿名标贴"长红"鼓动罢考,又散布匿名揭帖攻讦知县。恰逢南海县西湖书院"因知府将书院经费改断归义仓,亦投书罢考",两事联系,引起督、抚震怒。总督徐广缙、巡抚叶名琛便奏请"将西湖书院肄业生童并东莞阖学暂停考试"。朝廷准奏,并谕令督抚严厉查办、惩处罢考的东莞士绅。举人何鲲、何仁山以及一批生员被"详革拘办"。① 东莞的方志称何鲲等人其实并未发动罢考和散发揭帖,然而,不管匿名者是何人,是否受何鲲等人指使,罢考事件毕竟反映了东莞士绅集体对知县的不满与反抗。

士绅利用考试发动集体行动也有时机的考虑。在当时,士绅互相沟通、联络、发动的方法有限,全州县士绅共同采取行动不容易,但考试时童生、廪生都会集中并密切交往,是采取集体行动的好时机,又易于造成较大影响。但这种方式不一定能扳倒州县官,而士绅首先却会受到严厉打压,东莞的例子就是如此。无论如何,罢考、闹考都是地方士绅(尤其是中下层士绅)不惜以功名、身家、性命为赌注鱼死网破采取集体行动与州县官一搏的激烈手段。

(三)广宁闹考事件

杜凤治首任广宁知县时,初攥印把,经验不足,对士绅严厉催征钱粮,不怕损害士绅的"体面",当地士绅乃向省级官员上控,后来还阻扰县考正常进行以示抗议。这次广宁的"闹考"事件,是官绅冲突的一宗典型案例。

同治六年四月,广宁县的士绅到布政使司衙门联名上控书吏浮

---

① 民国《东莞县志》卷35,"前事略"。

收。出头的是副贡周友元和生员刘骥、何应球，背后则是举人陈应星等人。省城官员以"劣绅刁控，挟制长官，目无法纪"的罪名将上控的广宁士绅代表拘押。巡抚蒋益澧对士绅控案的态度与署理布政使郭祥瑞一致，主张惩办；道、府均嘱杜凤治"从严办理，切勿姑息"。上控绅士的功名被暂时斥革。①

广宁士绅虽未预见到在署理布政使处会碰大钉子（周友元是郭祥瑞当主考时录取的副贡），但他们也是有备而来，上控前设立了"革除陋规公局"，筹集上控经费。② 杜凤治查获了"设局科钱"的单据，"乡间绅富粮户俱给讼费，或一百八十，或一两数钱"。③ 地位较高的士绅陈应星、陈益元、冯毓熊、杨桂芳等四举人躲在幕后。在周友元等人被押之后，广宁士绅展开了多方营救活动。

广宁士绅虽没有把矛头直接指向知县杜凤治，但只要上控成功，他必然要受处分。在广宁县城，士绅散发白头帖，攻讦杜凤治的幕友顾学传；省城不久也有了广宁"官幕凌虐绅士"的舆论，④ 可见省城的官绅也有同情广宁士绅者。广宁县衙有人"时时外出，与绅士交往，走漏公事风声"；⑤ 周有元等虽在羁押所，却仍有办法到巡抚幕客处打探消息。⑥ 于此可反映出广宁士绅有一定的活动能量。

当时，两广总督瑞麟与广东巡抚蒋益澧有矛盾，署理布政使郭祥瑞与署理按察使蒋超伯更是势如水火，督、臬为一派，抚、藩是另一派。广宁士绅利用了这种情况，设法争取到蒋超伯的同情。杜凤治的

---

① 《日记》，同治六年五月廿六日、六月初二日，《清代稿钞本》第 10 册，第 108、117 页。
② 《日记》，同治六年九月十五日，《清代稿钞本》第 10 册，第 240 页。
③ 《日记》，同治六年六月廿八日，《清代稿钞本》第 10 册，第 139 页。
④ 《日记》，同治六年六月十七日、七月十七日，《清代稿钞本》第 10 册，第 129、178 页。
⑤ 《日记》，同治六年六月初三日，《清代稿钞本》第 10 册，第 117 页。
⑥ 《日记》，同治六年九月二十日，《清代稿钞本》第 10 册，第 260 页。

日记记下署理按察使蒋超伯和发审局坐办、候补知府严伸之收受广宁士绅巨额贿赂的传闻。① 是否属实今日自然无法查证，但蒋超伯的确越来越偏袒周友元等人。主张严办的抚、藩，在同督、臬的互斗中，明显居于下风，案件逐渐出现了有利于广宁士绅的转机。

杜凤治也没有坐待事态的发展。涉案的书吏沈荣、冯才、冯殿逃走无踪，无论是否出于杜凤治的授意或放纵，也使"浮收"案无法深查。九月初，杜凤治得知"控浮（收）案大翻"及周友元等将被交保释放的消息，便放下繁忙的公务动身到省城活动。

杜凤治先后谒见了各个省级上司，蒋超伯表示同情周友元等人，并责怪杜凤治。郭祥瑞则向杜说署臬台得钱偏袒周友元等，并鼓励杜不要怕蒋超伯，自己和巡抚都会支持他。② 蒋益澧在接见时告诉杜凤治，署臬台一定要开释周友元等、要把他撤职，但蒋认为广宁官员并无过错，"皆是绅士不肖"。③ 在省城逗留期间，杜凤治与学政杜联见面五次，首次见面杜联即告诉杜凤治，此事对杜凤治"无大紧要"，只是藩、臬作对而已。④ 杜在谒见瑞麟时感觉总督对自己态度还好，心中也就踏实了。⑤

九月间，传来朝廷派吴棠为钦差大臣来粤查办督、抚不和的消息，广东的高层官员担心钦差到时羁押在省城的广宁士绅继续控告，这对双方都不利。经过一番"开导"，周友元等在做出"当日呈控县书浮收钱粮一案，虽事出有因，究属一时冒昧，联名上控，今知悔悟"的具结后取保暂释。⑥ 巡抚向杜凤治授意，在书吏中惩办一人，

---

① 《日记》，同治六年八月十二日，《清代稿钞本》第10册，第194页。
② 《日记》，同治六年九月十五日，《清代稿钞本》第10册，第239~240页。
③ 《日记》，同治六年九月十六日，《清代稿钞本》第10册，第244页。
④ 《日记》，同治六年九月十四日，《清代稿钞本》第10册，第236页。
⑤ 《日记》，同治六年九月十七日，《清代稿钞本》第10册，第252~253页。
⑥ 《日记》，同治六年九月廿一日，《清代稿钞本》第10册，第261~262页。

但把主要责任推在出逃的沈荣身上，以平周友元等人之心，周等如不再控告，则日后再为他们开复功名，了结此案。杜凤治在省城曾传见周友元等人，告诫一番并表示愿意找到官绅都可下台阶的办法。[①] 但广宁士绅却不肯善罢甘休。

不久，周友元等"在保脱逃"回到广宁，广宁士绅策划了又一次集体行动，提出的诉求是减钱粮以及立时将周友元、刘骥、何应球三人功名开复（三人的功名是"暂革"，尚未出奏），施加压力的办法是对即将举行的县试搅局。按惯例，次年春天广东学政出巡，必先到肇庆府，十月间高要、四会县试已取齐，广宁县应于十一月内考毕。杜凤治出告示宣布十一月初三开考，但在初一就得知"周友元、刘骥已归，与陈应星朋比，有阻挠县试之说"。[②] 他又了解到广宁士绅做了相当广泛的发动，陈应星、陈升元、周友元、刘骥"已要诸廪神前焚香设誓"。童生钱某"递一拜帖"要求"将钱粮减定立碑方考"；诸廪生"已遣抱赴府、省控告，请另简人考试；岑鹏飞、樊树仪（俱廪生）亦控催缴过严"。[③]

如果广宁县试不能如期完成，那么，肇庆府府试和学政的院试都会受影响，杜凤治肯定会被罢官，甚至受更重的处分。但如果事情闹大，对士绅来说后果更严重。按清朝法律，"借事罢考、罢市"，"照光棍例，为首拟斩立决，为从拟绞监候"。[④] 广宁士绅的做法是不直接抵制县试，而在"廪保"上做文章。童生必须有廪生或贡举书面担保家身清白并无冒籍等才可参加考试。如果廪生不出保，县试就无

① 《日记》，同治六年九月廿七日、十月初五日，《清代稿钞本》第 10 册，第 274～276、293～295 页。
② 《日记》，同治六年十一月初一日，《清代稿钞本》第 10 册，第 363 页。
③ 《日记》，同治六年十一月初八日、初十日，《清代稿钞本》第 10 册，第 369、372 页。
④ 《大清律例》，第 311 页。

法进行。举人陈应星、被革副贡周友元等出面联络廪生拒绝出保，赴考童生因无廪保，可能也受到陈应星等人的影响和压力，乃纷纷回乡，县试终于无法如期举行。清朝法律并无处罚拒绝廪保的条例，所以，士绅这一策略可以造成考试无法进行的事实，却避免了"罢考"的罪名。他们事前放出风声，是希望杜凤治迫于县考时限而主动妥协。

但杜凤治决心与广宁士绅一搏，他一面说服与陈应星有隙之新科举人何瑞图劝说廪生出保；一面嘱幕友"先拟禀稿，如若辈中变，先行专足飞速赍省递呈各大宪，先发制人，缕述非罢考，实为挟制把持而闹考"。① 当县试不能如期进行已成定局时，杜凤治即向各级上司呈递通禀，表示宁肯丢官也不向士绅屈服。但把事件定性为"挟制把持而闹考"，则留有一些余地；万一真的出现"罢考"，他及时报告也可减轻处分。他派出专人送信给学政杜联，"备述闹考颠末"，杜联为此专门致信署理布政使郭祥瑞，并复信给杜凤治嘱其对绅士"刚柔互用"，寻觅转机。杜凤治事前又派人到肇庆府向知府、道台禀报，道台王澍是杜凤治的同乡、亲戚、同年，授意杜"通禀劣绅闹考"，还下令，如果广宁县的士绅到府、道呈控，"即为留住解府，饬高要管押"。② 这就使广宁士绅逐级上控的途径受阻。

广宁士绅从省城抄回通禀内容，知道杜凤治已经取得主动，乃托人试探妥协。杜凤治提出"若辈只要令诸廪生出头，考事办妥"，则可设法把大事化小。③ 十一月廿三日，陈应星等举人通过学官求见杜凤治，但担心杜趁机把他们扣押，请求知县下帖召见。杜凤治这天的日记共3000多字，详细记录了自己教训陈应星等人的长篇大论，几

---

① 《日记》，同治六年十一月初六日，《清代稿钞本》第10册，第368页。
② 《日记》，同治六年十一月初八日、十五日、十六日，《清代稿钞本》第10册，第371、377~378、381页。高要是肇庆府首县。
③ 《日记》，同治六年十一月十八日，《清代稿钞本》第10册，第383页。

位举人表示愿意劝说廪生出保，就在这时 17 名廪生（包括两名"候廪"）"请考"的禀单呈递入县衙。杜凤治即命陈应星等转饬廪生通知各乡童生三日后开考。① 三日后虽未能如期开考，但十一月廿九日、十二月初一日终于有 600 多名童生赴县考（后一次是补考），杜凤治没有让步便赢了这个重要的回合。

在清朝，闹考的罪名虽不如罢考重，但也是极为严重的事件，署理布政使郭祥瑞奉总督、巡抚批示发下札文，下令严拿举人陈应星、副贡周友元，又称"倘杜令实有办理不善，亦即详请撤参"。② 道台王澍亲到广宁处置，省里加派候补知府周毓桂、候补知县俞增光为委员到广宁查办。

杜凤治成功使县试完成，事情没有闹大，接下来就是怎样收场的问题了。杜凤治不想把事情做绝，"在此为官，不肯与若辈为仇也"。③ 且案情定得越重，自己责任越大，所以也希望大事化小，但又怕与此前的通禀有出入。十二月初二日傍晚，道台王澍与周俞两委员、杜凤治、学官、典史、千总等一起召见廪生岑鹏飞等 10 人，王澍、周毓桂教训其一番后即入内，然后由杜凤治、俞增光两知县细问诸廪生不出保缘由，杜、俞授意他们写："生等皆乡下人，不知城中事。因县考出保来城，在寓有一不识姓名者来寓遍邀，据云诸绅士在文昌庙坐候，请为减粮事暂时缓考。"廪生们要求把"为减粮事"改为"求杜大老爷除去浮收粮事缓考"，最后再加上"至文昌庙，不见绅士，亦不见来邀之不识姓名之人"。④ 这就使闹考事件成为无头公案，避免牵连具体的人。

① 《日记》，同治六年十一月廿三日，《清代稿钞本》第 10 册，第 393~394 页。
② 《日记》，同治六年十一月廿二日，《清代稿钞本》第 10 册，第 388 页。
③ 《日记》，同治六年十一月三十日，《清代稿钞本》第 10 册，第 408 页。
④ 《日记》，同治六年十二月初二日，《清代稿钞本》第 10 册，第 412~414 页。

事情闹大，引起省、道、府各级官员查办时，被视为闹考主要的指使者举人陈应星也害怕了。"伊自知即是东莞闹考之举人何鲲，罪拟斩首，报死了事，二子亦举人，均革职，十分畏惧"，就推卸说是被其他士绅所误。[①] 道台王澍让教官向陈应星转达："伊一有钱举人，不要夜郎自大。我只要不要这道台，他不特丧元，唯恐家也无有矣。"又将律例说明："罢考律例严，照光棍办理，重则枭示，即自行投首，又要充军。"[②] 在震慑了幕后的为首者之后，王澍还亲自参与第二次禀稿的草拟，强调事件"并非罢考"，只追究陈应星、周友元等几个人；但考虑到署理按察使蒋超伯一直偏袒周友元，所以禀词"语语虚空，可重可轻"。[③] 此前，杜凤治致信杜联，"乞转恳方伯，少从容，且勿急促，将来成考，再发通禀销案，并为若辈求免罪"。[④] 杜联告诉杜凤治署理藩、臬两人对广宁闹考案的意见分歧，以及省里将派两委员到广宁查究，嘱咐杜凤治好好"安顿"这两个委员。道台王澍嘱杜凤治致函杜联"请其探两院口吻意见"，了解总督、巡抚是否都同意"以大化小"，再做决定。杜联又授意杜凤治为被罢官的教谕洗脱罪名，呈请宽宥周友元的罪名。[⑤] 按照杜联的嘱咐，杜凤治对委员都馈赠了重金。

总督、巡抚、署理布政使对广宁士绅闹考案都主张严办，署理按察使蒋超伯则认为杜凤治"不洽舆情"，不能只惩办绅士。但巡抚、署理布政使偏袒杜，总督的批语也只说严办绅士，没有提及惩

---

① 《日记》，同治六年十一月廿二日，《清代稿钞本》第 10 册，第 390 页。日记此处所记与东莞文献所记有出入。
② 《日记》，同治六年十一月三十日，《清代稿钞本》第 10 册，第 405 页。
③ 《日记》，同治六年十二月初七日，《清代稿钞本》第 10 册，第 424 页。
④ 《日记》，同治六年十一月十九日，《清代稿钞本》第 10 册，第 386 页。
⑤ 《日记》，同治六年十一月廿五日，十二月初一日、初八日，《清代稿钞本》第 10 册，第 398、409、427~428 页。

办杜凤治。① 道台王澍与蒋超伯关系较好，在蒋面前为杜凤治极力辩解。蒋超伯本来只是与郭祥瑞有矛盾，认为郭偏袒杜，后蒋益澧、郭祥瑞均受谴免职，而杜凤治又有杜联、王澍等人为之缓颊，蒋也就没有再坚持处分知县之说。王澍想出宽办周友元等人的办法：将陈应星、周友元提到再奏革严办，但这两人肯定会逃避，"是断提不到的"，案件就可不了了之。蒋超伯按此向总督提出，"中堂未明就里，亦即点头"。②

　　因为有硬后台且处置得当，杜凤治没有被撤职，但与士绅关系紧张，无法再留在广宁。他如果调回省城，就必须等闹考案结才可委任新缺，这就有可能一拖几年。后来，杜联提出让杜凤治换一个地方继续当知县的建议，得到巡抚、署理布政使的同意，于是杜被调到收入少得多的四会县。总督瑞麟给朝廷的奏片，关于杜凤治调职是这样写的："四会县知县雷树塆因病出缺，所遗四会县知县篆务，应行委员接署。查有广宁县知县杜凤治，年壮才明，堪以调署。"③ 而新任广东学政胡瑞澜同治七年关于广东岁试的奏折，向朝廷报告各属考试顺利完成，只是广州府、肇庆府等地枪替比较严重。④ 广宁闹考事件完全没有惊动朝廷，杜凤治没有受到任何处分，"官声"也并未受到多大影响，两年后再任广宁知县，不久又调署广东首县南海。而陈应星等人也没有受到严厉追究，仍在广宁当绅士，一场官绅冲突便这样平息下来。

---

① 《日记》，同治六年十一月廿五日，《清代稿钞本》第 10 册，第 399 页；同治七年二月初三日，《清代稿钞本》第 10 册，第 488 页。
② 《日记》，同治七年二月十九日，《清代稿钞本》第 10 册，第 502 页。
③ 《瑞麟奏片》(同治七年三月十七日)，中国第一历史档案馆藏《军机处录副·同治朝·内政类·职官》，缩微胶卷 4638 卷，第 80 号。
④ 《胡瑞澜奏岁试肇庆等府情形由》(同治七年八月廿九日)，中国第一历史档案馆藏《军机处录副·同治朝·综合·文教科举》，缩微胶卷 5002 卷，第 69 号。

不过，杜凤治在这场官绅冲突中还是有所损失，不仅从"优缺"广宁调到"瘠缺"四会，而且额外花费不少金钱。广宁士绅花费巨款，没有达到目的，也没有扳倒杜凤治，反受到一番打压。杜凤治在同治九年再任广宁知县时，官绅双方都吸取教训，非常注意调整关系。杜重任广宁，"绅士莫不凛凛畏惧，祥轩（陈应星）尤甚"。杜一番优容，使陈应星等人放心。此后，陈应星等对杜凤治表现得非常恭敬，在剿匪、缉捕事务上异常配合。在这几个月的日记中有很多陈应星来议事的记载，我们看到的都是官绅合作融洽的记录。

　　士绅控告州县官的事例，清代有不少，但广宁士绅没有把矛头直接指向杜凤治，杜凤治一直在士绅面前维持着"父母官"的身份。广宁的官绅互斗，虽稍有溢出王法之处，但终究在体制内进行，最后也在体制内取得了息事宁人的结果。这一方面与广宁士绅的相对弱势有关，另一方面，各级官员，包括杜凤治本人，都不想、不能对士绅采取过于强硬的态度。广宁的官绅较量，多少反映了这两个阶层间较量时的一些"游戏规则"。

结　语

　　如果在四十年前或更早，杜凤治这样的人物恐怕不易入研究者的法眼。现在研究者虽然很愿意关注这类"中小人物"，但要做深入的个案研究，足够的相关资料可遇不可求，因此杜凤治留下的这部数百万字的日记就弥足珍贵。这部日记是一个晚清中下级官员的"夫子自述"，通过这部日记，我们可以对杜本人及晚清官场进行深入研究。

　　杜凤治当知县、知州十几年，处于整个官场的中下层。一方面，他标榜忠君孝亲、修身治平、守法循规、勤政廉洁，也算精明务实、恤孤悯贫、好学不倦；另一方面，他又不遗余力地谋取功名利禄，为当官补缺使出浑身解数，巴结上司从不怠慢，在保证安全的情况下，不会轻易放过收受贿赂的机会，他时时强硬对待平民百姓与一般士绅，对敢违反王法、轻视官威的人毫不手软，惩处无辜者后也并无愧悔。鸦片战争后，外国势力不断深入广东州县，他不无忧虑、期望抵御外侮，但同上司一样既害怕又不了解"洋鬼子"，在咄咄逼人的外国在华官商面前无能为力，不得不经常妥协退让。上述种种矛盾表现集中于杜凤治一身，其思想、行为方式在晚清士大夫、州县官中都有一定代表性。日记还记录了很多其他州县官有血有肉的形象。这些详尽的记录，为今人提供了大量研究素材。如果我们要研究晚清士大夫、官员群体，乃至研究晚清社会、思想文化，都可以在这部日记中找到有用的史料。

杜凤治是官场中人，在日记中、细致地记录了晚清官场的方方面面，从中可见晚清官场的真实生态。我们以往都知道晚清官场"无官不贪"，但贪到何种程度并不了解，日记提供了大量具体的例证。清朝的制度设计决定了所有官员都无法靠"法定收入"（俸禄与养廉）维持正常生活与公务开支，更不用说不可缺少的官场馈赠贿赂与维持自身、家庭、家族的生活了。所以，官员们必须千方百计谋取"法外"收入。从督抚到佐杂的各级地方官员，大小武官，北京的各级京官，乃至"清贵官"如翰林以及学政、乡试主考等，无不千方百计谋取钱财，有时竟到了要钱不要名的地步。"贪"是清朝官场的常态。这部日记有关官员贪污受贿的描写，像《官场现形记》《二十年目睹之怪现状》等晚清谴责小说一样生动有趣，且作为史料则更真实可信。

　　清朝官场处处讲究王法、则例、规矩，官员之间也是等级森严、谨言慎行的，但又有大量与王法、则例违背的"惯例"和"规则"，在实际运作和交往中，王法、则例往往还得给"惯例"和"规则"让路。清朝成文的法规即使对传统的官僚机构运作也有很多枘凿之处，鸦片战争后中国面临千年未有之变局，这些法规自然不能适应不断变化的形势，使官员们时时处于被动之中。作为一个州县官，杜凤治既经常标榜自己按王法、则例办事，也时时对清朝法规的脱离实际流露出困惑和不满，还在日记中痛斥刻板地按法规办事的上司。日记记载了大量公务细节，我们从中可以了解清朝行政效率低下到何等地步。按制度清朝各州县的佐杂、书吏、衙役人数很少，但为了州县政权的运作以及把清朝的统治延伸到基层，实际上参与管治的人数是"法定编制"的数十倍甚至更多，包括不计其数的额外书吏、帮役，再加上州县官自己的幕客、官亲、"家人"，还有已经制度化的士绅乡村基层权力机构的局绅和公局的其他人员。州县衙门以及公局的运作费用绝大部分是民众在赋税以外的额外负担，除官员外，每个州县数以千计的吏役实际上由百姓供养，局绅等人也从百姓处获取多少不等的利益。如果从"百姓负担"的角度看，清朝的行政成本是极高的。但从州县政权到基层公局，其职能主要是维持清朝的统治秩序，以及为官员、吏役、士绅带来收益，却极少为一般居民提供"公共产品"。作为"亲民之官""父母官"的州县官，对一般庶民的权责也主要是管治而已。

杜凤治日记有关"听讼"的内容十分丰富，案例数以百计，为今人研究清朝各级官员特别是州县官既在王法之内又在王法之外执法提供了大量案例。从中更可看出清朝法律制度脱离实际、落后时代之处，以及实际执法过程中官员、吏役的贪婪残暴。

以上这些，将有助于我们加深对清朝官僚机构的实际运作、司法实践的认识，从而对晚清政治制度改革的社会基础和思想基础获得更深入的了解。

杜凤治宦粤时，鸦片战争已过去20多年，广东最早遭受外国侵略，也最先接触外国新事物。作为一个关心时局、有见识的士大夫，杜凤治感受到中国和世界都处于一个大变局之中，日记也反映了社会的变迁。从长时段看，近代中国的变迁是迅速的，但就个人的感受而言，物质、文化生活的变化却是一个比较缓慢的过程。鸦片战争后很长一段时间，包括官制在内的政治制度、官场运作、科举制度、家庭宗族、人际关系、物质生活等都与鸦片战争前相差不大。在杜凤治笔下，多数官、绅、民对世界和中国大变局的感觉看来并不敏锐。杜凤治本人的思想和行为没有走出前现代，其他人更是如此。日记全面细致地反映了近代中国"变"与"不变"的两个方面。

在杜凤治宦粤期间，清朝的政治制度没有质的改变，统治阶级内部要求改革的呼声极为微弱，官制、官场运作一仍其旧。他宦粤这十几年是晚清相对安靖的时期。杜凤治对清王朝统治的"合理性"没有怀疑，勤奋做官，认真地执行公务，在其治下的州县基本上维持了清朝"正常"的统治秩序。但他一再在日记中提到"广东十年内外必有事"，对日后的"大乱"似有预感和担忧。他当然不会从清朝统治制度等方面寻找原因，只是认为社会动荡是广东风俗不良、人口众多等原因造成的。他不可能认识到引发动乱的社会、经济、政治原因，更不可能想象有太平天国、洪兵、盗匪以外的新式反抗运动。虽然他所说的广东"十年内外必有事"没有应验，但杜凤治离粤后十几年，日记里多次出现的人物康赞修的孙子康有为掀起了维新变法的波澜；而在杜凤治来粤当年出生的孙中山在19世纪90年代也开始了推翻清朝的革命活动。这些，杜凤治不可能未卜先知，但他设想的广东千万"思乱"人群会被发动起来，却成为现实。广东果然成了冲击清朝统治的"大乱"发源地。杜凤治日记中大量关于社会动乱因素潜滋暗长的记载，也可使我们看到广东后来成为近代政治改革以及革命运动的策源地的一些远因。

参考文献

一 史料

陈碧池撰辑《海隅纪略》,《近代稗海》第 10 辑, 四川人民出版社, 1988。

程存洁编著《朱启连稿本初探》, 文物出版社, 2014。

《大清缙绅全书》(同治朝各册), 爱如生数据库"中国谱牒库"。

《大清律例》, 张荣铮等点校, 天津古籍出版社, 1993。

《大清五朝会典》, 线装书局, 2006。

道光《广宁县志》,《广宁县乡土志》, 出版时地不详(从内容看似在光绪年间)。

道光《南海县志》, 宣统《南海县志》。

杜凤治日记, 原件, 藏中山大学图书馆。

方濬师:《蕉轩随录 续录》, 盛冬铃点校, 中华书局, 1995。

方濬师:《岭西公牍汇存》, 光绪四年刻本。

官箴书集成编委会编《官箴书集成》, 黄山书社, 1997。

光绪《潮阳县志》。

光绪《大清会典事例》, 光绪二十五年石印本。

广东清理财政局编订, 广东省财政科学研究所整理《广东财政说明书》, 1910 年印行, 广东经济出版社, 1997。

广东省文史研究馆、中山大学历史系编《广东洪兵起义史料》，广东人民出版社，1996。

广州市地方志编纂委员会办公室、广州海关志编纂委员会编译《近代广州口岸社会经济概况》，暨南大学出版社，1995。

广州香山公会辑《香山东海十六沙居民五十余年之痛史》，翠亨孙中山故居纪念馆藏原件。

黄佛颐编纂《广州城坊志》，仇江等点校，广东人民出版社，1994。

黄彦辑《林谦文选》，《近代史资料》总44号，1981。

蒋超伯：《南溽楛语》，《笔记小说大观》第35册，江苏广陵古籍刻印社，1983。

《康有为全集》第1、10集，中国人民大学出版社，2007。

李宝嘉：《官场现形记》，人民文学出版社，1957。

李伯元：《活地狱》，上海书店出版社，1987。

《林则徐全集》第4册，海峡文艺出版社，2002。

刘志伟、陈玉环主编《叶名琛档案：清代两广总督衙门残牍》，广东人民出版社，2012。

民国《赤溪县志》。

民国《东莞县志》。

民国《罗定志》。

乾隆《佛山忠义乡志》，道光《佛山忠义乡志》，民国《佛山忠义乡志》。

《清实录》，爱如生数据库"明清实录"。

《清史稿》，中华书局，1977。

《清史列传》，中华书局，1987。

《清通典》，爱如生数据库"基本古籍库"。

《清通志》，爱如生数据库"基本古籍库"。

《清文献通考》，爱如生数据库"基本古籍库"。

《清续文献通考》，爱如生数据库"基本古籍库"。

《申报》，爱如生数据库。

同治《番禺县志》，民国《番禺县续志》。

同治《浏阳县志》。

同治《香山县志》，民国《香山县志续编》，民国《香山县乡土志》。

《望凫行馆宦粤日记》，《清代稿钞本》第 1 辑，广东人民出版社，2007 年影印本。

吴趼人：《二十年目睹之怪现状》，人民文学出版社，1959。

伍庆禄、陈鸿钧：《广东金石图志》，线装书局，2015。

咸丰《顺德县志》，民国《顺德县续志》。

《香港华字日报》。

筱云日记，影印件，原件藏中国社会科学院近代史研究所档案馆。

《辛亥壬字年经理乡族文件草部》，刘志伟教授收藏。

徐赓陛：《不自慊斋漫录》，沈云龙主编《近代中国史料丛刊》第 78 辑，台北，文海出版社，1972。

徐珂编撰《清稗类钞》第 3 册，中华书局，1984。

张集馨：《道咸宦海见闻录》，中华书局，1981。

中国第一历史档案馆等编《广州历史地图精粹》，中国大百科全书出版社，2003。

二 专著

艾永明：《清朝文官制度》，商务印书馆，2003。

安东强：《清代学政规制与皇权体制》，社会科学文献出版社，2017。

柏桦：《政治法律制度史析》，天津人民出版社，2019。

蔡东洲等：《清代南部县衙档案研究》，中华书局，2012。

常越男：《清代考课制度研究》，北京大学出版社，2010。

崔运武：《中国早期现代化中的地方督抚：刘坤一个案研究》，中国社会科学出版社，1998。

〔美〕杜赞奇：《文化、权力与国家：1900～1942年的华北农村》，王福民译，江苏人民出版社，1996。

关晓红：《从幕府到职官：清季外官制的转型与困扰》，生活·读书·新知三联书店，2014。

何文平：《变乱中的地方权势——清末民初广东的盗匪问题与社会秩序》，广州师范大学出版社，2011。

胡恒：《皇权不下县？——清代县辖政区与基层社会治理》，北京师范大学出版社，2015。

胡平：《清代科举考试的考务管理制度研究》，中国社会科学出版社，2012。

胡平仁：《中国传统诉讼艺术》，北京大学出版社，2017。

〔美〕黄宗智：《法典、习俗与司法实践：清代与民国的比较》，上海书店出版社，2003。

〔美〕黄宗智：《民事审判与民间调解：清代的表达与实践》，中国社会科学出版社，1998。

〔美〕黄宗智：《清代法律、社会与文化：民法的表达与实践》，上海书店出版社，2001。

〔美〕黄宗智：《清代以来民事法律的表达与实践：历史、理论与现实》，法律出版社，2014。

贾熟村：《太平天国时期的地主阶级》，广西人民出版社，1991。

科大卫：《皇帝和祖宗——华南的国家与宗族》，卜永坚译，江苏人民出版社，2010。

〔美〕孔飞力：《中华帝国晚期的叛乱及其敌人》，谢亮生等译，中国社会科学出版社，1990。

来新夏：《林则徐年谱新编》，南开大学出版社，1997。

李侃等：《中国近代史》第4版，中华书局，1994。

李世愉、胡平：《中国科举制度通史·清代卷》，上海人民出版社，2015。

李世众：《晚清士绅与地方政治——以温州为中心的考察》，上海人民出版社，2006。

里赞：《晚清州县诉讼中的审断问题：侧重四川南部县的实践》，法律出版社，2010。

梁治平：《清代习惯法：社会与国家》，中国政法大学出版社，1996。

林乾：《清代衙门图说》，中华书局，2006。

刘平：《被遗忘的战争——咸丰同治年间广东土客大械斗研究》，商务印书馆，2003。

刘伟：《清季州县改制与地方社会》，北京师范大学出版社，2019。

刘增合：《"财"与"政"：清季财政改制研究》，生活·读书·新知三联书店，2014。

刘志伟：《贡赋体制与市场——明清社会经济史论稿》，中华书局，2019。

刘志伟：《在国家与社会之间——明清广东地区里甲赋役制度与乡村社会》，中国人民大学出版社，2010。

刘子扬：《清代地方官制考》，紫禁城出版社，1994。

茅海建：《从甲午到戊戌：康有为〈我史〉鉴注》，生活·读书·新知三联书店，2009。

邱捷：《翠亨求学新论集》，广东人民出版社，2012。

邱捷：《近代中国民间武器》，社会科学文献出版社，2012。

瞿同祖：《清代地方政府》，范忠信、晏锋译，何鹏校，法律出版社，2003。

瞿同祖：《中国法律与中国社会》，中华书局，1981。

〔美〕芮玛丽：《同治中兴——中国保守主义的最后抵抗》，房德邻等译，中国社会科学出版社，2002。

商衍鎏：《清代科举考试述录》，生活·读书·新知三联书店，1958。

王先明：《近代绅士——一个封建阶层的历史命运》，天津人民出版社，1997。

王彦章：《清代奖赏制度研究》，安徽人民出版社，2007。

王一娜：《清代广府基层建置与乡村基层权力组织——以方志的记述为中心》，南方日报出版社，2015。

王玉棠：《刘坤一评传》，暨南大学出版社，1990。

魏光奇：《官治与自治——20世纪上半期的中国县制》，商务印书馆，2004。

魏光奇：《清代民国县制和财政论集》，社会科学文献出版社，2013。

魏光奇：《有法与无法——清代的州县制度及其运作》，商务印书馆，2010。

吴晗、费孝通等：《皇权与绅权》，天津人民出版社，1988。

吴吉远：《清代地方政府的司法职能研究》，中国社会科学出版社，1998。

吴佩林：《清代县域民事纠纷与法律秩序的考察》，中华书局，2013。

肖宗志：《候补文官群体与晚清政治》，巴蜀书社，2007。

徐茂明：《江南士绅与江南社会（1368～1911年）》，商务印书馆，2004。

徐忠明、杜金：《谁是真凶——清代命案的政治法律分析》，广西师范大学出版社，2014。

杨国安：《明清两湖地区基层组织与乡村社会研究》，武汉大学出版社，2004。

〔美〕曾小萍：《州县官的银两——18 世纪中国的合理化财政改革》，董建中译，中国人民大学出版社，2005。

张海鹏主编，虞和平、谢放著《中国近代通史》第 3 卷，江苏人民出版社，2007。

张研：《清代县级政权控制乡村的考察——以同治年间广宁知县杜凤治日记为中心》，大象出版社，2011。

张仲礼：《中国绅士——关于其在 19 世纪中国社会中作用的研究》，上海社会科学院出版社，1997。

赵秀玲：《中国乡里制度》，社会科学文献出版社，1998。

郑秦：《清代法律制度研究》，中国政法大学出版社，2000。

郑秦：《清代司法审判制度研究》，湖南教育出版社，1988。

周保明：《清代地方吏役制度研究》，上海世纪出版集团，2009。

周健：《维正之供：清代田赋与国家财政（1730～1911）》，北京师范大学出版社，2020。

周振鹤主编，傅林祥等著《中国行政区划通史》，复旦大学出版社，2013。

三　论文

陈志勇：《晚清岭南官场演剧及禁戏——以〈杜凤治日记〉为中心》，《中山大学学报》（社会科学版）2017 年第 1 期。

韩广道：《“就地正法”辨析》，《濮阳教育学院学报》2001 年第 2 期。

宽予：《望兒行馆手稿跋》，《艺林丛录》，香港，商务印书馆，1973。

李贵连：《晚清“就地正法”考》，《中南政法学院学报》1994 年第 1 期。

李荣忠：《清代巴县衙门书吏与差役》，《历史档案》1989 年第 1 期。

刘凤云：《清代督抚与地方官的选用》，《清史研究》1996 年第 3 期。

刘伟：《同光年间州县官选任制度的嬗变》，《安徽史学》2010 年第 1 期。

刘彦波：《清代基层社会控制中州县官与绅士关系之演变》，《武汉理工大学学报》（社会科学版）2006 年第 4 期。

刘志伟、陈春声：《清末民初广东乡村一瞥——〈辛亥壬字年经理乡族文件草部〉介绍》，柏桦主编《庆祝王钟翰先生八十五暨韦庆远先生七十华诞纪念论文合集》，黄山书社，1999。

茆巍：《万事胚胎始于州县乎？——从命案之代验再论清代佐杂审理权限》，《法制与社会发展》2011 年第 4 期。

娜鹤雅：《清末"就地正法"操作程序之考察》，《清史研究》2008 年第 4 期。

片山刚：《清代广东省珠江三角洲的图甲制——税粮、户籍、宗族》，《日本中青年学者论中国史·宋元明清卷》，上海古籍出版社，1995。

片山刚：《清末广东省珠江三角洲地区图甲制的矛盾及其改革（南海县）——税粮、户籍、宗教》，明清广东省社会经济研究会编《明清广东社会经济研究》，广东人民出版社，1987。

邱捷：《关于康有为祖辈的一些新史料——从〈望凫行馆宦粤日记〉所见》，《中山大学学报》（社会科学版）2009 年第 2 期。

邱捷：《关于清代香山基层区划的属性——兼向刘桂奇、郭声波两先生请教》，《海洋史研究》2016 年第 1 期。

邱捷：《潘仕成的身份及末路》，《近代史研究》2018 年第 6 期。

邱捷：《清末香山的乡约、公局——以〈香山旬报〉的资料为中心》，《中山大学学报》（社会科学版）2010 年第 3 期。

邱捷：《同治、光绪年间广州的官、绅、民——从知县杜凤治的日记所见》，《学术研究》2010 年第 1 期。

邱捷：《晚清广东的"公局"——士绅控制乡村基层社会的权力机构》，《中山大学学报》（社会科学版）2005 年第 4 期。

邱远猷：《太平天国与晚清"就地正法之制"》，《近代史研究》1998 年第 2 期。

太田出：《清代江南三角洲地区的佐杂"分防"初探》，张国刚主编《中国社会历史评论》第 2 卷，天津古籍出版社，2000。

王瑞成：《就地正法与清代刑事审判制度——从晚清就地正法之制的争论谈起》，《近代史研究》2005 年第 2 期。

王一娜：《方志中的历史记忆与官绅关系——以晚清知县邱才颖在方志中的不同记载为例》，《社会科学研究》2016 年第 6 期。

王兆辉、刘志松：《清代州县佐贰官司法权探析》，《西南大学学报》2014 年第 4 期。

魏光奇、丁海秀：《清末至北洋政府时期区乡行政制度考略》，《首都师范大学学报》（社会科学版）2004 年第 2 期。

魏光奇：《清代州县财政探析（上）》，《首都师范大学学报》（社会科学版）2000 年第 6 期。

魏光奇：《清代州县财政探析（下）》，《首都师范大学学报》（社会科学版）2001 年第 1 期。

魏光奇：《清代州县官任职制度探析》，《江海学刊》2008 年第 1 期。

魏光奇：《晚清州县官任职制度的紊乱——透视中国传统政治的深层矛盾》，《河北学刊》2008 年第 2 期。

吴佩林：《万事胚胎于州县乎：〈南部档案〉所见清代县丞、巡检司法》，《法制与社会发展》2009 年第 4 期。

郗志群：《封建科举、职官中的"官年"——从杨守敬的乡试朱卷谈起》，《历史研究》2003 年第 4 期。

冯玉清：《清代六省戏班在广东》，《中山大学学报》1963 年第 3 期。

谢放：《晚清文献中"乡绅"的对应词是"城绅"》，《近代史研究》2000 年第 4 期。

徐忠明：《台前与幕后：一起清代命案的真相》，《法学家》2013年第 1 期。

杨念群：《论十九世纪岭南乡约的军事化——中英冲突的一个区域性结果》，《清史研究》1993 年第 3 期。

张研：《对清代州县佐贰、典史与巡检辖属之地的考察》，《安徽史学》2009 年第 2 期。

张研：《清代县以下的行政区划》，《安徽史学》2009 年第 1 期。

周保明：《近年来清代吏役制度研究述评》，《历史教学问题》2007 年第 5 期。

周保明：《清代县衙吏役的内部管理》，《北方论丛》2006 年第 1 期。

周保明：《清代州县长随考论》，《华东师范大学学报》（哲学社会科学版）2008 年第 5 期。

左平：《清代州县书吏探析》，《西华师范大学学报》（哲学社会科学版）2011 年第 6 期。

左平、蔡东洲：《从〈南部档案〉看清代州县衙役充任》，《历史教学》2010 年第 10 期。

后　记

近 20 年，我都在读杜凤治的日记，不过，前面 10 多年还没有退休，其他事较多，阅读只能断断续续；2012 年开始标点、注释，2013 年退休后集中精力做这件事，今年终于初步点注完这部体量巨大、以较草行书写成的日记手稿。

但凡翻阅过杜凤治日记的人都知道不好读，要每个字都认出相当难。我早年没练过书法，不会辨认草书字体，只好靠书法字典应付。杜凤治写字不一定按照草书的规范，偶尔也有笔误、错字，行间插写的蝇头小字更令人眼花缭乱。我经常只能根据前后文猜测，但遇到"咕毕""从臾""挼藻"等写得既潦草又不规范的冷僻词语时，既猜不出，查多种工具书又无济于事，于是就拍成照片通过微信请教懂书法的朋友。知名度不大的人名、小地方地名如果写得潦草又有冷僻字，很难根据前后文猜测，懂书法的朋友也认不出，那就只好试用各种笨办法去碰运气。幸好，通过多年努力，这三四百万字总算基本上认出来，也全部读懂了。在阅读、点注过程中，我随手把日记中一些有趣的片段摘录，这就是本书的基本史料。2011 年，我在广东省社科规划办申报了一个"杜凤治日记研究"的项目，利用所抄的内容写出一个初稿，2018 年结项，但我觉得并未达到可以出版的水平。到今年，我才将 2018 年的结项成果增补、修改成这部书稿。也可以说，这部书稿是日记点注工作的副产品。

我曾想过把"杜凤治日记研究"的项目写成一本讲述杜凤治故事、适合一般读者阅读的书，甚至想过以《浮湛宦海：晚清官员杜凤治的经历和见闻》为书名。动笔后，发现这个目标不易达到，因为我不善于讲故事，写不出有趣的长篇。而且，如果写成一本文学色彩太浓的书必然会枝蔓太多、顾此失彼，难以反映日记丰富的内容；仅凭日记也重建不了杜凤治一生的历史。鉴于日记有关清代州县衙门运作、州县司法、钱粮征收、官员生活等方面的记录都很详细，我也曾想过就其中一个方面做专题研究，但又担心未必能写出学术新意。考虑再三，终于写成现在的样子，大抵上是一部读史札记，无非是抛砖引玉，希望更多学人注意和利用杜凤治日记。

因为杜凤治日记是本书的主干资料，我一直都在思考：杜凤治的日记究竟在多大程度上可信？当然，对任何史料其实都有必要提出"是否可信""在多大程度上可信"的问题。因为这部日记并非为印行与示人而写，杜凤治没有必要造假骗自己。多数日记是当天记下，记忆失误会少些。根据阅读全部日记的体会，我认为，杜凤治有关上司指示、同僚间的言谈、事件过程以及自己催征、审案时的严酷手段，对上司的馈送、晚年对财产的处置等记述，当大致可信。然而，日记是主观色彩特别鲜明的文体，杜凤治不可能在记录前做细致的调查、核证，他听来的未必是事实，他还会根据自己的好恶与兴趣来取舍、剪裁，因此，传闻失误、判断不当、知其一不知其二等情况在所必有，不可以把杜凤治的记述、观察与评论简单地视为信史，但日记所反映的杜凤治的认识与态度毫无疑问是真实的。日记所写的主要是杜凤治眼里和心中的官场，而这本书则是通过研究杜凤治的日记，力图反映清代官场的若干侧面与某些细节。

我退休前的学术成果主要集中于孙中山、辛亥革命、近代商人、晚清民国初年中国社会等课题，很少写有关清代官制的论文，不过，这个题材对我来说并不陌生。我的高祖是宦游来粤的州县官，因此，他的后代就成了广东人。先祖父是晚清秀才，在我幼年时教我认字、读《千家诗》，他不会讲适合儿童听的童话，所讲的除"三国"、"西游"、"封神"以外，就是清代宫廷、官场的事。先父和先伯、先叔等长辈闲谈的内容，往往是清朝、民国的掌故，我在旁听得津津有味，有时也插嘴提问。因为听得多，所以，我很早就知道清朝主要官员的品级，知道在广东当文官的一定是外省人，知道清朝官场上下的称谓，知道不少官员的别称，知道任何州县官都不能只靠俸禄、养廉度日，知道有些佐杂要比州县官富有（我的外曾祖就是一例），知道乡试时枪手在考场如何替别人代作，等等。这些知识，使我儿时在别人眼中大概是一个少年版的"孔乙己"。后来，我考上中国近现代史专业的研究生，毕业后以史学为业，幼年和少年时期听来的闲话就成为有用的专业知识。对研究清朝官制的著作、相关史料，我也一直有兴趣去读。因此，我点注杜凤治日记时，只要字认出来，对日记的内容以及所反映的清代官场微妙细节都容易理解。而且，在杜凤治日记中竟然发现了几段有关我高祖、曾祖、伯祖、祖姑的记述，这就使我怀有更大的兴趣去阅读。

退休之前，我做学问不是抓得很紧，成果谈不上丰硕，退休后反倒勤奋起来。尤其是近几年，想到自己年纪越来越大，如果突然生场大病，点注几百万字手稿这件事很难找人接手，就会成为"烂尾工程"，所以不敢放松。粤谚有"临老学吹打"之说，指的是晚年才努力学、努力做某件事，用来形容这几年的我就相当贴切。

今年夏天，小外孙女点点给我出了个谜语："头发又黑又白，耳朵又大又长，一个人坐在书房，不陪小朋友玩。"猜一个人，谜底当然是我。谜语编得相当传神。于此我想到，点注杜凤治日记和写作本书期间，外孙女果果、点点先后出生，现在果果八岁多，点点也五六岁了。这些年，我每天都一个人坐在书房，对着电脑或者翻书，确实冷落了两位小朋友，但她们几年间给我带来很多欢乐，很希望她们长大后会浏览一下外公写的这本书。

我点注和研究杜凤治日记，得到不少学者的鼓励和帮助。向燕南教授在辨认草书字方面多次予我指教；魏光奇教授回答了我有关州县制度的问题并惠赠著作；刘志伟教授惠赠著作和资料，因同事之便，我多次就清代赋税问题请教，得到他不厌其烦的回答，并承蒙他提示注意片山刚等学者的成果；胡平女士回答了我有关县试的问题；沈晓敏教授多次解答我有关绍兴方言的提问；程存洁馆长惠赠对本书很有参考价值的《〈朱启连稿本〉初探》。马忠文研究员寄赠了全部《筱云日记》的影印件，日记作者白朴是杜凤治的同僚，两人的日记也有可相印证之处。马先生对书名的确定也提出了建议。何文平教授、陈海忠教授、安东强教授、王一娜副研究员，或惠赠了著作，或提供了资料、资料线索。如果没有以上各位的帮助，我在写作中遇到的很多问题就难以解决。在此，谨对以上各位表示感谢。

感谢社会科学文献出版社让这本书得以出版。感谢宋荣欣女士、石岩女士和汪延平女士，她们从书名的确定、目录的设置到书的具体内容，都提出了很专业而有建设性的意见，在编辑过程中还帮助我发现了原稿的若干处硬伤。

辛苦近十年，总算把杜凤治日记点注完，"烂尾工程"的担心可以放下，同时也写出这本书。大部分工作是我年过七十以后才做的，由于水平有限，积累无多，加以精力、目力都已经衰退，点注本错误在所难免。这本书，原先的目标是既可为研究者提供参考，也可为历史爱好者提供一些故事，我虽不敢草率从事，但很可能这两个目标都没有达到。早几年想过到杜凤治的家乡浙江绍兴收集资料，因种种原因始终没有成行，写杜凤治家世就只好基本依据日记的内容。当然，书稿的遗憾与不足肯定不止这点。不过，事到如今，要做更多改动也难，只好出版后让读者判断与批评了。

邱　捷

2020 年 11 月 15 日于中山大学

图书在版编目（CIP）数据

晚清官场镜像：杜凤治日记研究/邱捷著. -- 北
京：社会科学文献出版社，2021.5（2024.3 重印）
（鸣沙）
ISBN 978 - 7 - 5201 - 8201 - 0

Ⅰ. ①晚… Ⅱ. ①邱… Ⅲ. ①政治制度 - 研究 - 中国
- 清代 Ⅳ. ①D691.21

中国版本图书馆 CIP 数据核字（2021）第 064011 号

鸣沙
晚清官场镜像
——杜凤治日记研究

著　　者／邱　捷

出 版 人／冀祥德
组稿编辑／宋荣欣
责任编辑／梁艳玲　石　岩
文稿编辑／汪延平
责任印制／王京美

出　　版／社会科学文献出版社·历史学分社（010）59367256
　　　　　　地址：北京市北三环中路甲29号院华龙大厦　邮编：100029
　　　　　　网址：www.ssap.com.cn
发　　行／社会科学文献出版社（010）59367028
印　　装／北京盛通印刷股份有限公司

规　　格／开　本：787mm × 1092mm　1/16
　　　　　　印　张：29.25　字　数：379 千字
版　　次／2021 年 5 月第 1 版　2024 年 3 月第 9 次印刷
书　　号／ISBN 978 - 7 - 5201 - 8201 - 0
定　　价／99.00 元

读者服务电话：4008918866